抗日战争专题研究

张宪文 | 主
朱庆葆 | 编

第六辑
战时经济
与社会

战时西北国际交通线

陈 櫓 著

江苏人民出版社

图书在版编目(CIP)数据

战时西北国际交通线/陈樗著. —南京:江苏人
民出版社,2023.5
　(抗日战争专题研究/张宪文,朱庆葆主编)
　ISBN 978 - 7 - 214 - 27160 - 0

Ⅰ.①战… Ⅱ.①陈… Ⅲ.①抗日战争—史料—西北
地区　Ⅳ.①K265.06

中国版本图书馆 CIP 数据核字(2022)第 060523 号

书　　　名	战时西北国际交通线	
著　　　者	陈　樗	
责 任 编 辑	马晓晓	
装 帧 设 计	刘葶葶	
责 任 监 制	王　娟	
出 版 发 行	江苏人民出版社	
地　　　址	南京市湖南路 1 号 A 楼,邮编:210009	
照　　　排	江苏凤凰制版有限公司	
印　　　刷	苏州市越洋印刷有限公司	
开　　　本	652 毫米×960 毫米　1/16	
印　　　张	32　插页 4	
字　　　数	370 千字	
版　　　次	2023 年 5 月第 1 版	
印　　　次	2023 年 5 月第 1 次印刷	
标 准 书 号	ISBN 978 - 7 - 214 - 27160 - 0	
定　　　价	128.00 元	

(江苏人民出版社图书凡印装错误可向承印厂调换)

教育部哲学社会科学研究重大委托项目
2021年度国家出版基金资助项目
南京大学“双一流”建设卓越计划项目
“十四五”国家重点出版物出版专项规划项目

合作单位

南京大学　北京大学　南开大学　武汉大学

复旦大学　浙江大学　山东大学

台湾中国近代史学会

学术顾问

金冲及　章开沅　魏宏运　张玉法　张海鹏

姜义华　杨冬权　胡德坤　吕芳上　王建朗

总　序

张宪文　朱庆葆

　　日本侵华与中国抗日战争是近代中国最重大的历史事件。中国人民经过 14 年艰苦卓绝的英勇奋战，付出惨重的生命和财产的代价，终于取得伟大的胜利。

　　自 1945 年抗日战争结束至 2015 年，度过了漫长的 70 年。对这一影响中国和世界历史进程的重大事件，国内外历史学界已经做过大量的学术研究，出版了许多论著。2015 年 7 月 30 日，在抗日战争胜利 70 周年前夕，中共中央政治局就中国人民抗日战争的回顾和思考进行集体学习，习近平总书记发表重要讲话，指示学术界应该广为搜集整理历史资料，大力加强对抗日战争历史的研究。半个月后，中共中央宣传部迅速制定抗日战争研究的专项规划。8 月下旬，时任中共中央宣传部部长刘奇葆召开中央各有关部委、国家科研机构和部分高校代表出席的专题会议，动员全面贯彻习总书记的讲话精神，武汉大学和南京大学的代表出席该会。

　　在这一形势下，教育部部领导和社会科学司决定推动全国高校积极投入抗战历史研究，积极支持南京大学联合有关高校建立抗战研究协同创新中心，并于南京中央饭店召开了由数十所高校的百余位教授、学者参加的抗战历史研讨会。台湾"中国近代史学会"也派出十多位学者,在吕芳上、陈立文教授率领下出席会议,共同协商在新时代深入开展抗战历史研究的具体方案。台湾著名资深教授蒋永敬在会议上发表了热情洋溢的讲话。经过几个月的酝酿和准备,南京大学决定牵头联合我国在抗战历史研究方面有深厚学术基础的北京大学、南开大学、武汉大学、复旦大学、浙江大学、山东大学及台湾"中国近代史学会",组织两岸历史学者共同组建编纂委员会,深入开展抗日战争专题研究。中央档案馆和中国第二历史档案馆也积极支持。在南京中央饭店学术会议基础上,编纂委员会初步筛选出130个备选课题。

南京大学多次举行党政联席会议和校学术委员会会议,专门研究支持这一重大学术工程。学校两届领导班子均提出具体措施支持本项工作,还派出时任校党委副书记朱庆葆教授直接领导,校社科处也做了大量工作。南京大学将本项目纳入学校"双一流"建设卓越计划,并陆续提供大量经费支持。

江苏省委、省政府以及江苏省委宣传部,均曾批示支持抗战历史研究项目。国家教育部社科司将本项研究列为哲学社会科学研究重大委托项目,并要求项目完成和出版后,努力成为高等学校代表性、标志性的优秀成果。

本项目编纂委员会考察了抗战历史研究的学术史和已有的成果状况,坚持把学术创新放在第一位,坚持填补以往学术研究的空白,不做重复性、整体性的发展史研究,以此推动抗战历史研究在已有基础上不断向前发展。

本项目坚持学术创新,扩大研究方向和范围。从以往十分关注的九一八事变向前延伸至日本国内,研究日本为什么发动侵华战争,日本在早期做了哪些战争准备,其中包括思想、政治、物质、军事、人力等方面的准备。而在战争进入中国南方之后,日本开始实施一号作战,将战争引出中国国境,即引向亚太地区,对东南亚各国及东南亚地区的西方盟国势力发动残酷战争。特别是日军偷袭美军重要海军基地珍珠港,不仅给美军造成严重的军事损失,也引发了日本法西斯逐步走向灭亡的太平洋战争。由此,美国转变为支援中国抗战的主要盟国。拓展研究范围,研究日本战争准备和研究亚太地区的抗日战争,有利于进一步揭露日本妄图占领中国、侵占亚洲、独霸世界的阴谋。

本项目以民族战争、全民抗战、敌后和正面战场相互支持相互依靠的抗战整体,来分析和认识中国抗日战争全局。课题以国共两党合作为基础,运用大量史实,明确两党在抗日战争中的地位和作用,正确认识各民族、各阶级对抗日战争的贡献。本项目内容涉及中日双方战争准备、战时军事斗争、战时政治外交、战时经济文化、战时社会变迁、中共抗战、敌后根据地建设以及日本在华统治和暴行等方面,从不同视角和不同层面,深入阐明抗日战争的曲折艰难历程,以深刻说明中国抗日战争的重大意义,进一步促进中华民族的伟大复兴。

对于学界已经研究得甚为完善的课题,本项目进一步开拓新的研究角度和深化研究内容。如对山西抗战的研究更加侧重于国共合作抗战;对武汉会战的研究将进一步厘清抗战中期中国政治、经济、社会的变迁及国共之间新的友好关系。抗战前期国民党军队丢失大片国土,而中国共产党在十分艰难的状况下,在敌后逐步收复失地,建立抗日根据地。本项目要求各根据地相关研究课题,应在以往学界成果基础上,着力考察根据地在社会改造、经济、政治、人才培养等方面,如何探索和积累经验,为1949年后的新中国建设提供有益的借鉴。抗战时期文学艺术界以其特有的文化功能,在揭露日军罪行、动员广大民众投入抗战方面,发挥了重要作用。我们尝试与艺术界合作，动员南京艺术学院的教授撰写了与抗日战争相关的电影、美术、音乐等方面的著作。

本项目编纂委员会坚持鼓励各位作者努力挖掘、搜集第一手历史资料，为建立创新性的学术观点打下坚实基础。编纂委员会要求全体作者坚决贯彻严谨的治学作风，坚持严肃的学术道德，恪守学术规范，不得出现任何抄袭行为。对此，编纂委员会对全部书稿进行了两次"查重"，以争取各个研究课题达到较高的学术水平，减少学术差错。同时，还聘请了数十位资深专家，对每部书稿从不同角度进行了五轮审稿。

本项目自2015年酝酿、启动，至2021年开始编辑出版，是一项巨大的学术工程，它是教育部重点研究基地南京大学中华民国史研究中心一直坚持的重大学术方向。百余位学者、教授，六年时间里付出了艰辛的劳动，对抗战历史研究做出了重要贡献！编纂委员会向全体作者，向教育部、江苏省委省政府以及各学术合作院校，向江苏凤凰出版传媒集团暨江苏人民出版社，向全体编辑人员，表示最崇高的敬意和诚挚的感谢！

目　录

导　论

在很大程度上，历史研究是对现实需要的某种回应。改革开放后，随着中国国力的快速提升，中国人的民族自信心大大增强，对中国近代的民族屈辱和抗争的历史，开始重新审视。在这一社会文化背景下，自 20 世纪 80 年代以来，抗日战争史逐渐成为学术界研究的热点，专业学者和历史爱好者对于这场中国历史上空前惨烈的民族解放战争的方方面面前前后后，都进行了多角度、多方位的考察、思考，研究成果硕果累累。但是，由于在长期历史过程中（包括抗战期间）俄罗斯（苏联）曾经严重损害中国国家利益的历史事实，20 世纪 60 年代以后中苏长期对立而沉淀的不愉快记忆，以及其后苏联解体及俄罗斯国家力量的衰落，加上中国西北地区复杂的现实状况，同时抗战初期苏联援华处于保密状态而导致相关文献资料的匮乏，对于曾经在抗战初期有过重大影响的苏联援华西北通道问题，学术界的关注始终不多，相关的研究比较沉寂。然而，鉴于从 1937 年到 1941 年中国战场上 80％的外援物资来自苏联，其中 90％以上通过西北通道运送而来这一客观存在的历史事实，不能不使部分研究者的目光转向苏联援华和西北通道这一问题。

　　全面抗日战争开始后英法美等国采取绥靖政策,对中日战争持观望态度,致使日本依仗强大的海空军实力完全封锁了中国的海上交通线,不久中国维持对外联系的主要陆路交通线滇越铁路、滇缅公路也相继中断,与苏联联系的西北通道成了中国与国际相连的唯一陆上通道,孤力奋战的中国迫切需要外部援助,这时的苏联援助对于全面抗战初期浴血苦战的中国可谓弥足珍贵。珍珠港事件后,英美的援华物资也曾经苏联中亚地区由新疆运往中国内地,美国援华物资改道印度中转,开辟了由印度列城驿运至新疆叶城再用汽车运至内地的印新驿运运输线。这些重要的历史事实不能不受到专业学者和历史爱好者的注意,近年来由于研究领域的拓展,学术研究环境的改善,苏联援华抗日和西北国际大通道问题也开始受到学术界的一些关注,出现了对这一问题研究的学术成果。

　　关于抗战盟国援华西北通道的概念和基本线路,经过文献研究和实地考察,认为西北通道分为北线和南线。北线起于甘肃兰州,经过甘新边界的星星峡,经新疆的哈密、迪化(今乌鲁木齐)、乌苏、塔城而至苏联的塞密巴拉丁斯克,与西伯利亚铁路相衔接。陆路通道大致走向是:苏联境内土西铁路上的萨雷奥泽克—霍尔果斯—迪化—哈密—安西—肃州—凉州—兰州,全长 2 925 公里。空中通道从阿拉木图,经伊宁、乌鲁木齐、哈密,到兰州。南线则从印度的列城穿越喀喇昆仑冰川到新疆叶城,然后经喀什、阿克苏、吐鲁番到兰州,主要运输来自英美等国的援华物资。人们所说的西北国际大通道,主要指的是接受苏联援助的北线。除此以外,学术界分别从下面几个方面展开研究。

　　一是从宏观的国际关系或中苏关系角度进行研究,国外学者主要从战时中苏关系的角度讨论这一话题。在曾经担任苏联外交部副部长的贾比才所著《苏中关系史(1931—1945)》和《苏中关系史(1917—1957)》,以及苏联著名中国问题学者斯拉德科夫斯基的《苏中经济关系概论》三部著作中,都谈到抗战时期苏联军事援华的话题,但对于具体情况没有交代。全面抗战初期来华担任军事顾问的苏军将领卡利亚金的回忆录《陌生的旅途(军事顾问回忆录)》、德波林主编的《第二次世界大战史(1939—1945)》(第二卷)和斯拉德科夫斯基的《苏中经贸关系史(1917—1974)》,对于苏联军事援华的具体数据有所记载,但各自说法有一些差别。

　　国内学者也主要从这一角度进行分析。武汉大学教授罗志刚在专著《中苏外交关系研究(1931—1945)》中,比较详细地介绍了从 1931 年九一八事变到 1945 年《中苏友好同盟条约》签订期间的中苏关系,他认为国家利益是中苏处理双边关系的出发点,苏联的援华是自利行为,战时两国合作是互利关系。田保国《民国时期的中苏关系(1917—1949)》也谈到了战时苏联援华的话题。涉及这一话题的论文,如王真《孙科与战时国民政府的对苏关系》《抗战期间中苏关系恶化原因初探》,以及朱敏彦《试评抗日战争时期苏联对华政策》,都认为苏联的战时援华服务于苏联的国家利益,同时伴有严重的民族利己主义和大国沙文主义。孟宪章《中苏贸易史资料》谈到战时苏联的对华军援,但对西北通道着墨不多。有些论文对苏联军援中国的性质、苏联援华物资种类和数量进行了介绍。王林涛《略论抗战初期中苏蜜月般关系——苏联援华抗日述评》、王真《论抗战初期苏联援华政策的性质》、张雪梅《试论抗日战争时期苏联援华政策》,都对苏联在抗战时期援华政策的性质进行了分析。在这些学者中,李嘉谷的研究成果比较多,在《抗日战争时期苏联对华贷款与军火物资援助》中,他介绍了中国抗日战争爆发后苏联政府先后向中国提供三笔从苏联购买飞机、火炮等军火物资的易货援助贷款,并派军事顾问、军事技术专家以及数百名空军志愿飞行员帮助中国的情况。在《评苏联著作中有关苏联援华抗日军火物资的统计》一文中,他对苏联著作中有关苏联援华抗日军火物资的数量进行了研究,认为苏联学者斯拉德科夫斯基《苏中经贸关系史(1917—1974)年》中的数据比较可靠。他的专著《合作与冲突:1931—1945 年的中苏关系》,则集中地体现了这些研究观点,可谓到目前为止比较全面翔实、令人信服的成果。2018 年,张青松出版的专著《中国上空的鹰:苏联援华航空志愿队战史 1937—1941》,根据已有的文献和研究成果,尤其是援引了翔实的日本资料,对于抗战前期苏联航空物资援华和苏联航空志愿队在中国的作战情况,进行了全面的介绍和研究。

此外,金娇杨的硕士论文《抗日战争前期苏联对华军事援助(1937—1941 年)》主要论述了 1937 年"七七"事变到 1941 年苏德战争爆发前这一时期的苏联对华政策和部分援华情况。在对史实进行总结、论述的基础上,该文对苏联当时的援华政策进行了评价。

这些著述论述的着眼点,均在于中苏关系这一宏观话题,对于苏联军事援华所经过的西北国际大通道问题,则较少涉及。

二是着眼于对西北通道本身的研究。前述论著都是从中苏关系全局展开的研究,对于西北通道本身的具体研究则很少着墨,在魏永理主编的《中国西北近代开发史》中,对于战时苏联援华和西北通道有所提及。以下著述则着力于西北通道的研究。王文元《抗战时期西北国际交通线大抢修》对于西北通道的抢修和维护进行了介绍。张磊《民国时期新疆通内地陆路交通线的变迁与发展》介绍了抗战爆发后西北交通线甘新公路、南疆公路与青新公路的修建。申晓云《抗日战争时期国民政府的西北开发》、石慧玺《透析抗战时期国民政府对西北及甘肃交通运输业的开发》、付辛酉《太平洋战争时期援华物资西北路线初探》，都对抗战时期西北通道的开辟运行进行了探讨。董凯的硕士论文《抗战时期苏联援华贸易中的西北通道》认为抗战时期西北国际交通线是一条最安全可靠的路线。文章介绍了抗战时期苏联援华贸易的由来及西北通道的开辟、抗战时期西北通道上苏联援华贸易的状况、西北通道在抗战中的地位和作用，以及西北通道开发对西北政治经济社会的影响。他在对苏联援华贸易状况进行梳理的基础上，结合地方文献史料以及公布的档案材料，分析了苏联援华西北通道的状态及特色，并对苏联援华在战时国际援华中的位置进行了定位。西北通道的开发客观上促进了西北地区的经济进步，从而推动了对西北地区的开发与建设。侯风云《抗日战争时期的西北国际交通线》介绍了中国接受外援的国际交通路线地位的重要性，认为抗战时期的西北国际交通线是一条最安全可靠的路线，这条路线为中国抗战做出了巨大贡献。李浩、梁永康在《中国抗日战争的西北国际援助生命线——苏联对华援助问题研究（1937—1941）》一文中认为，在中国全面抗战的初期阶段苏联援华为中国抗日做出了巨大贡献。作为中国连接苏联的唯一一条国际陆路交通要道，西北公路在运送苏联援华物资、沟通中苏联系方面，有着其他国际交通运输线所不具备的政治、地理优势。西北公路是一条至关重要的国际交通运输动脉，其历史价值应得到充分的肯定。文章分析了苏联援华政策的形成、中国方面西北公路的修筑、中苏通过西北公路进行的军事经济贸易，认为西北公路是中国抗战后开通最早、持续时间最长并且从未中断的国际通道，是抗战早期阶段唯一的保证外援物资进入中国的国际交通线。李成刚《论抗战时期的中苏西北战略通道及其作用》认为，"七七"事变后，日本的扩张和侵略威胁中苏两国的安全,共同的利益促进了中苏之间的合作。文章叙述了西北通道开通的背景与过程,介绍了苏联向中国提供军火武器,同时派出军事顾问和专家帮助训练中国军队,甚至参与作战指挥等方面的情况。文章还认为,西北通道成了苏联联系中共的桥梁,苏联因此成为抗战前期最积极支援中国抗战的国家。抗战期间,中苏西北战略通道是延伸距离较远、运行时间较长、安全程度最高的陆上国际战略通道,是苏联援华物资进入中国的大动脉,是名副其实的战争生命线,在抗日战争前期发挥了雪中送炭的重要作用。

有些著述还研讨了西北国际大通道的具体问题。牛丽瑞的硕士论文《盟国通过西北地区的对华军事援助》介绍了抗战时期经新疆地区运输盟国军援的路线主要有三种类型:公路运输、航空运输、驿站运输(简称驿运)。公路运输线是西北新疆通往苏联的主要线路,以苏联中亚地区的阿拉木图为起点,由霍尔果斯入境,经乌苏、迪化、吐鲁番、哈密,至星星峡出新疆至甘肃兰州。同时,中苏间的航空运输线随之开通。1939 年,自苏联阿拉木图至新疆哈密的航空线建成。新疆在伊犁、乌苏、迪化、奇台、哈密设立航空站,保障苏联的作战物资运往抗战前线。同援助物资一起到达的,还有苏联空军志愿队,他们直接参加了对日作战。驿站运输是中国传统的交通运输方式。抗战时期,铁路、公路遭到严重破坏,新疆地区的交通设施落后,为接受美国的部分援助物资,国民政府决定恢复驿运。1944 年,国民政府开辟中印驿运线,从印度列城出发翻越喀喇昆仑山口,将物资驿运到新疆叶城,再用汽车转运至兰州。1941 年,苏联出于自身利益考虑与日本签订了《苏日中立条约》,不久后苏德战争爆发,苏联中止了对中国的军事援助。与此同时,美国通过《租借法案》,成为援助中国抗战的主要国家。此后,盟国对华军援也有部分通过新疆,但新疆不再是盟国军援的主要路线。路琪琪、巨亚娟《抗战时期苏联西北援华物资通道的运输问题及应对》一文，介绍了西北通道的运输问题，认为胶轮大车和驮队、汽车、铁轮车、羊皮筏子构成了运输的主要工具，在援华物资的运输过程中出现了征集、运价以及油料漏耗等问题，各方合作解决这些问题，保证了援华物资顺利通过送往前线。邵建忠在《抗战时期的西北空中交通线》一文中，说明了抗战时期的西北空中交通线的建设过程，介绍了苏联通过这一路线与中国共产党的联系情况。

三是对西北国际通道经过的不同地域空间的研究。有些论著分别从西北通道经过的主要省区新疆和甘肃地方进行了研究。倪立保《抗日战争时期的新疆国际交通线》分析了全面抗日战争爆发后位于中国大西北的新苏交通线成了中国接受国际援华物资的主要通道，文章对新疆交通线发挥作用的情况进行了介绍。余贤杰《战时甘肃：苏联援华大通道》一文，对西北通道的修建、路线、管理机构进行了介绍。李荣珍《抗战时期国际援华大通道上的甘肃》对甘肃在西北大通道上的作用进行了介绍。此外新疆、甘肃等地方政协编辑的文史资料中，也有一些对于抗战西北大通道的回忆文章。

经过时间的积淀，2015年9月，第一部研究苏联援华抗战西北大通道的专著《西北国际大通道》面世，该书是迄今唯一一部系统介绍抗日战争中穿越中亚和中国西北国际援助通道的著作。作者刘志兵、邵志勇在查阅大量原始资料的基础上，从中国共产党打通大通道的努力、苏联意欲东方突围、地方军阀向西看、陆空并进紧急输血、第三条线、苏械装备扬威疆场、红星照耀西北等角度，透露了许多鲜为人知的历史画面和动人故事。书中介绍了1937年全面抗战开始到1941年苏德战争爆发近四年间来自苏联的援助，苏联军火物资通过西北国际大通道向中国战场输血，苏联援华志愿航空队以及军事顾问团为中国的抗战做出的非凡贡献。作者依据原始资料揭示了这段历史，再现了当时中苏双方以及西北人民为开通和保护西北国际大通道奋斗的场面。但可能由于相关资料的匮乏和作者的军队背景，该书以相当多的篇幅介绍了苏联在华军事力量参与对日作战及苏械装备在援华抗战中的作用，而对于国民政府、中国新疆和西北地方势力、中国共产党及苏联诸方在开辟和保护西北国际大通道过程中的各自战略意图博弈过程则着墨不多，因而内容上略有偏离主题之嫌。同时，此书材料全部取自公开发行出版的中文文献和相关的译文，从学术研究的角度来看，这是相当大的遗憾。

总体来看，对于抗战西北大通道的研究，已经出现了一些成果，澄清了一些历史事实，再现了某些历史场景。但从历史学研究的科学标准来说，现有的研究成果还处于比较低级的层次和阶段，比如说已有的研究基本上是对历史过程的描述，往往都是对中苏交涉、苏联援华物资和人员、西北各地参与建造和维护西北通道等情况的介绍，对于苏联援华人员、国民政府、中国共产党人和甘肃马步青、新疆盛世才当年在这条"生命线"上亲密合作历史的褒扬，另外就是一些讨论西北通道对于战时中国的历史定位。这些研究多为描述性，力图再现某些历史场景，不同程度地存在着碎片化、表象化的缺失。对于打通西北通道的各种背后工作与社会动员、参与西北通道开辟与维护各主体之间的利益博弈、各族人民参与西北通道建造维护过程中发生的思想变化及其对国家的理解认同、苏联在援华的同时扩张自己势力的情况，都着墨不多、语焉不详，甚至完全没有涉及，存在一些有待进一步澄清的暗区，需要做进一步的深化研究。

　　鉴于这种状况,本书在以上研究的基础上,一方面对于苏联援华抗战和西北国际大通道的开辟与运行做纵向的考察,介绍西北国际大通道开辟的背景、过程、运行情况;另一方面,对西北国际大通道开辟与运行过程中的各方博弈,主要包括苏联政府与苏联援华人员、国民政府、中国共产党人和甘肃马步青、新疆盛世才等方面的互动与政策变迁,做横向的分析。在这些考察分析工作之后,则要把西北国际大通道放在世界大战和中国抗战的宏观背景下,论述其对中国的影响作用,尤其是对中国抗战的作用。

　　本书的研究,基本上借助于对文献资料的梳理分析,主要通过对抗战时期档案、报刊等第一手资料的查阅与整理,对已出版发行的学术文献的查阅获取资料,同时通过参考地方史志、回忆录,获得相关材料,通过整理分析,以求尽可能本真地再现往昔。通过这些尝试,争取突破已有研究的简单描述和对于西北通道历史地位空泛分析的局限,在全面展示苏联通过西北国际大通道援华抗战历史场景的同时,着力于在以往的研究中很少或基本没有关注的一些问题的考察,比如在打通西北通道的各种背后工作与社会动员、参与西北通道开辟与维护的各主体之间的利益博弈、各族人民参与西北通道建造与维护的过程、苏联援华与扩张自己势力的关系等,使相关的研究得以拓展,从而丰富和深化对于中华民族抗战史的研究。

第一章　全面抗战开始后中国的国际环境
　　　　　与苏联援华抗日

　　自从 15 世纪末开始西方人进行的大航海运动把全球联结成为一个整体以后,世界力量的中心始终处于西欧地区。到了 19 世纪末 20 世纪初,虽然在东欧、东亚和北美,出现了俄罗斯、日本和美国等强国,第一次世界大战也严重动摇了西欧的世界力量格局的中心地位,但依然没有改变世界力量中心处于欧洲这样一种状况。到了 20 世纪 30 年代日本大举入侵中国之时,在世界主要强国中,除了受地缘因素影响的日本之外,其他的强国如美国、英国、法国、德国、苏联等,其外交和军事当局关注的核心目标,都集中在欧洲地区。这样的一种国际地缘因素,就决定了除当事者日本之外的世界主要大国,都不可能严重关注中日战争问题,更不可能投入资源去干预这场战争,也就使处于弱势的中国必然面临困难险恶的处境。中日全面战争进行的同时,快速崛起的法西斯德国也在猛烈冲击着英法主导下的世界秩序,世界力量中心欧洲的格局正在重新构造,世界主要国家因而更加关注欧洲,对于日本在远东地区破坏秩序的侵略活动虽然非常厌恶,但因尚未危及欧美各国的核心利益,于是都采取妥协观望态度。在这个过程中,苏联的态度略有差别。苏联虽然也以欧洲为重心,但由于它是与中国有漫长陆地边界的唯一欧洲强国,同时也与日本地理上相连(日苏之间在库页岛有陆地边界,日占朝鲜也与苏联有共同的陆地边界,九一八事变日本侵占中国东北后,更对苏联远东地区构成严重威胁),日本在中国的侵略行径对苏联利益的损害远大于欧美,因此苏联是最为关注中日全面战争的世界强国。这种严重关切,为中苏合作开辟西北国际大通道提供了条件。

第一节　全面抗战开始后的国际形势及中国的外交策略

第一次世界大战后,在英法美三国主导之下,世界形成了"凡尔赛—华盛顿体系",在这一体系造成的利益格局中,英法美三国既是主导者,也是既得利益者和这一秩序的维护者。1937年日本发动的全面侵略中国的战争,打破了远东华盛顿体系带来的相对的战略平衡状态,当然也就损害了英法美三国的利益,它们必须对此做出反应,其他主要国家出于自身利益的考虑也要做出反应。但由于世界性经济危机的影响,更由于德国法西斯势力在欧洲强势崛起而造成的对世界核心地区的巨大冲击,世界主要国家在面对中日全面战争时的态度表现得错综复杂,基本上都不愿意深度介入。出于各自的利益考虑,中日全面战争开始后,除苏联以外的世界主要国家对日本的残暴行径多予以道义上的谴责,但由于不关乎自身的核心利益,加上各大国之间矛盾重重,几乎都不愿意出面阻止日本的侵略活动,更不愿意实质性地援助中国。对于英法美等西方大国来说,除了国内问题外,在对外关系方面,崛起的法西斯德国和意大利对于欧洲凡尔赛体系的破坏,是它们需要优先考虑的问题。远东地区的权益虽然是它们世界性利益的重要组成部分,但毕竟不属于生死攸关的核心利益,所以它们既担忧日本破坏东亚秩序对它们利益的损害,因此对中国的抗战表现了一定的同情态度,但又不愿意卷入中日战争或者承受干预中日战争的代价。法西斯德国则力图彻底粉碎欧洲的凡尔赛体系从而称霸欧洲,因而鼓励日本挑战西方国家和苏联的利益以配合自己的欧洲战略。但是德国又与中日两国均有较多的利益联系,因此不希望中日战争扩大和持续。而对于日本威胁感受最深的苏联,在同时面对来自西方德国在和东方日本制造的安全危机的情况下,确保西部战略重心地区的安全是优先的选择,为此,苏联一方面支持中国抗战以牵制和消耗日本,另一方面则力避在远东与日本正面冲突对抗,所以也非常注意把握援华的方式和程度,以达到在最大限度地消耗日本的同时又不致引发苏日战争为限。

对日本而言,相对于中国,在军事、经济和政治外交上都处于绝对优势地位,其海空军实力在世界列强中都有相对的优势,在全面侵华战争之前,通过九一八事变、一·二八事变、热河及华北事变等一系列事件,逐步蚕食中国领土和侵蚀中国主权,更进一步扩大了优势地位,中国国民政府则一贯表现妥协退让,欧美列强也都执行绥靖政策,因此日本方面在对华战争开始时具有充分的信心,力图把战争局限于中日两国之间,防范其他大国干预中日战争。中国方面则在极力抵抗日本侵略的同时,积极加强与主要大国的外交工作,力图把中日战争"国际化",竭力争取一切可能的国际援助。

由于中日国力差距悬殊,国民政府对于依靠自身力量战胜日本始终缺乏信心,一直把获胜的希望寄托在国际社会尤其是欧美列强的干预之上,在卢沟桥事变发生不久,国民政府即向国际联盟递交请求制止日本侵略的声明,向国联控诉日本。同时请求九国公约签字国开会阻止日本侵略,甚至在全面战争激战正酣,到1937年11月初淞沪战场败相毕现的情况下,为了配合布鲁塞尔九国公约会议,蒋介石还是推迟了从上海撤军的安排。国民政府认为,自己虚弱的国力不足以战胜日本侵略者,争取外援成为国民政府战时外交的基本出发点,为此进行了大量工作。全面抗战开始后,国民政府的外交策略是争取英美法,倚重苏联,同时试图分化德、意与日本的关系。其中,联苏制日是当时中国外交工作的重心。

第二节　欧美主要国家对中日战争的态度

一、英法美等主要西方大国对中日全面战争的态度

第一次世界大战后形成的国际秩序是由英法美等主要西方大国主导的,这一秩序被称作"凡尔赛—华盛顿体系",这一体系的维护机制主要依靠国际联盟(国联)和九国公约缔约国会议。但进入20世纪30年代后,"凡尔赛—华盛顿体系"面临着法西斯德国和军国主义日本的强烈挑战,而主导这一秩序的主要西方国家,一方面在国内深受经济危机的困扰,限制了各自对外政策的施展空间,另一方面在对外政策上受强烈的孤立主义情绪(美国)和浓厚的和平主义思潮(英法)的左右,对于破坏国际规则的侵略行为的态度都较为软弱姑息。面对德国在欧洲咄咄逼人的攻势与日本在远东的挑衅时,主要西方国家都选择了妥协退让,尤其是对于并不属于核心利益的远东地区,西方大国更是试图以牺牲中国利益换取苟安。为了不断扩大非法利益,日本和德国在发动侵略活动的同时又高唱反共调门,更使得恐惧共产主义的西方国家对它们的侵略意图产生幻想,从而进一步助长妥协倾向。在1931年九一八事件后日本侵占中国东北的问题上,面对中国的申诉,国际联盟对日本侵略的表现非常软弱,客观上鼓励了日本的侵略政策。美国完全不愿

意干预欧亚大陆的冲突,拒绝任何集体行动;英国虽然想阻止日本的进一步侵华行为,发表声明暂停英日一切谈判,也想对日采取集体行动,但因为美国不同意而搁置;法国虽然对华态度友好,但也不愿意在英国和美国不参加的情况下单独采取任何行动。

在卢沟桥事变发生不久,蒋介石就连续会见英国和美国驻华大使,敦促两国共同表明坚决明确的态度,制止日本侵略。1937年8月14日,国民政府发表自卫抗战声明书,认为日军的行为已经完全破坏了国际盟约、九国公约、非战公约,呼吁国际社会干涉和阻止日本的侵略。国民政府派遣要员出访欧美主要国家,争取国际支持,希望西方列强介入中日战争。1937年8月30日,中国政府代表向国联秘书处递交了照会,控诉日本违反国联盟约等国际条约而侵略中国。9月12日,中国代表团正式向国联秘书长递交中国政府申诉书,同日出席国联大会的中国代表团还向报界发表声明,揭露日军侵略暴行,指出日本侵略不仅危害中国,也威胁世界和平安全,呼吁国联和国际社会制止日本侵略。9月13日,国联大会开幕,次日,国联行政院宣布了中国的申诉。英法两国认为,处理中日冲突问题需要获得美国合作,但美国不是国联成员,因此提议把问题提交到有美国观察员出席的远东咨询委员会上讨论。9月16日,国联行政院正式指派了远东咨询委员会调查中日冲突问题,但日本拒绝参加国联会议,声称只有中日两国直接交涉才能真正解决冲突问题。在会议期间,日军对中国南京、广州非军事目标的大规模轰炸激起世界舆论谴责,英法美苏甚至德意两国政府都表达了抗议,中国方面借此要求宣布日本为侵略者和对日本实行石油禁运。10月6日,国联大会通过了远东咨询委员会提交的决议,决议指责日本违反条约义务,驳斥日本方面关于中日冲突只能由中日两国自行解决的说法,对于中国的抗战表现了同情支持。

会议决定提议召开有美国参加的九国公约缔约国会议,讨论中日冲突问题。决议虽然认为日本的行为"系违反日本在九国公约及巴黎非战公约下所负之义务",但对日本的侵略却未采取任何实质性的行动,中国方面争取物资援助和制裁日本的目标,在国联会议上均未实现,国联会议把采取实质性具体行动的责任,交给了九国公约缔约国会议。

1937年10月5日,美国罗斯福总统发表了"防疫隔离"演说,指责有些国家发动侵略对世界和平造成威胁,表示要防止战争瘟疫蔓延。演说虽然没有公开点名批评日本,也未公开声援中国,但总算是表明了一种反对侵略的姿态。在10月6日国联大会通过决议当日,美国国务院声明,指责日本在中国的行为违反国际条约。但由于美国内部孤立主义者的强烈阻抗,美国政府对于中日冲突的立场很快就向后倒退,不愿意出面制止日本侵略,罗斯福指令出席九国公约缔约国会议的美国代表,不要出面领导或倡导对日本的抵制活动。1937年11月3日,九国公约缔约国会议在比利时布鲁塞尔召开,共有19个国家参加。日本称中日冲突与他国无甚利害关系,只能由中日两国自行解决,因而拒绝参加会议。中国方面提出的关于各国物资援助中国和制裁日本的要求,得到了西方国家代表的积极回应。11月15日,九国公约缔约国会议通过宣言,指出日本的行为没有任何法律依据,使全世界不安和忧虑,涉及国际大家庭所有成员。宣言发表后会议休会一周,此时英美国内都出现了对于各自出席布鲁塞尔会议代表的严厉批评,美国孤立主义者要求召回会议代表,英国参谋部则指出英国不具备同时抵抗德国、日本和意大利的能力,法国则以确保其印支殖民地安全为远东政策的基点,认为其部署在远东的微薄军力尚不足以维持其印支殖民地安全,因此这些国家都不希望与日本直接冲突,都试图减少对日本的敌对态度。九国公约缔约国会议复会后，中国代表的对华提供物资援助、英法美三国舰队联合在远东进行军事演习的提议，均被西方国家拒绝。11月24日，九国公约缔约国最后一次会议通过了一个宣言，重申了前述15日宣言的原则，要求尊重国际条约，建议中日停战。国联会议和布鲁塞尔会议使西方国家改变了原先对中日战争的"中立"态度，中国获得了世界上的道义支持，为以后获得实质性的物资援助打下了基础，对于争取世界舆论同情支持中国抗战有一定意义。不过，道义同情毕竟远水救不了近火，对于正在浴血奋战的中国而言，急需的还是实质性的物资援助。

在日本破坏远东秩序的情况下，由于同时要面对德国在欧洲的挑战（美国还要应对强大的国内孤立主义势力的阻抗），在实力不足以东西兼顾的状态下，为保证在欧洲的核心利益，英法美在远东采取了退让政策。它们打着"中立"和"不干涉"的旗号，实质上是向日本的侵略妥协。但同时它们对日本独占中国的企图又不甘心，因此在对待日本侵略和中国抗战的态度上，英法美采取两面政策。一方面它们希望在不损害重要利益的条件下对日本退让，有时以牺牲中国权益与日本交换，以维持它们在远东的殖民秩序。但另一方面，它们对于日本过分的进逼又进行一定的抵抗，也对中国表达了同情。日军侵占上海后，由于日本施压，英国在海关、在中国各地的租界等问题上，也都对日本做了退让。1937年9月2日，英国内阁做出决议，决定对日本封锁中国沿海的要求采取妥协态度，9月11日，英国公开声明接受日本封锁中国海岸的决定，并反对对日实施制裁。1938年5月，长期控制中国海关的英国与日本在东京非法签订关于中国海关的协定，同意日本把在中国的占领区已经积存和以后征收的税款存入日本正金银行，并同意要求中国政府支付从 1937 年 9 月就已经停止向日本支付的庚子赔款，由此使中国丧失了大部分的海关收入，引起中国方面强烈抗议。1939 年 2 月，日军在华南占领了海南岛，中国政府再次向英国呼吁，要求其放弃绥靖政策。但英国继续对日妥协，1939 年 7 月，英国驻日大使与日本外相协议，英国承认日军在华战争行为，对于妨碍日军目的的行为英国无意赞助，实际上是默认了日本的侵略。1939 年 9 月，欧洲战争爆发后，英国为集中力量对付德国，继续在远东对日妥协。在法国投降后，1940 年 7 月，英国应日本要求，封锁了当时中国最重要的国际交通线滇缅公路，还切断了香港通往中国内地的运输渠道。在中国强烈抗议之下，1940 年 10 月 18 日才重新开放滇缅公路。这一时期，英国及其自治领对日贸易也保持旺盛势头，在输往日本的货物中，军用物资占了很大比重。

相对于英国，美国的对日妥协更为明显。中日全面战争开始前后，美国持续不断地向日本出口大量军事物资。1937 年 7 月 16 日，美国国务卿赫尔发表《关于国际政策的基本准则》的声明，但声明仅空谈和平却根本不提日本的侵略行为，由此确定了美国对日本的绥靖基调。虽然受到中国的抗议和美国国内有识之士的批评，在日本全面侵华战争开始后，美国依然继续对日输出军事物资，日本尤其缺乏的钢铁和煤油大多由美国提供。在 1937 年 8 月 27 日日本宣布封锁中国沿海不久，美国不仅没有做出强烈反应，反而接受了其驻日大使格鲁避免卷入的建议。罗斯福于 9 月 14 日发表声明，禁止美国政府所拥有的商船在未接到通知前向中国和日本输送武器。这对缺乏远洋运输能力的中国来说，实际上是承认了日本对中国的封锁。罗斯福 10 月发表"防疫隔离演说"后没有几天，在国内孤立主义势力压力之下，又将他所讲的"隔离"解释为采取"更有力的中立"立场。美国许多企业依然与日本保持贸易,继续向日本提供可以用于军事的物资。1937年12月日军进攻南京时曾经在长江上攻击了英美船舰,但两国表现得非常"克制"。

深陷于欧洲困境中的法国,也与英美一起奉行对日绥靖政策。1937年10月,法国内阁违背战前中法早已达成的条约,拒绝为中国获得国际军火物资提供过境越南的交通便利。

西方大国的这些态度,实际上助长了日本侵略者的气焰。但日本得寸进尺的进逼使西方国家利益受损越来越严重,更由于中国的顽强抗战,西方国家逐渐改变了以往对中国抗战的悲观态度,在避免卷入战争的前提下增加中国的抵抗能力,逐渐成为西方决策者的对华政策目标。

全面抗战开始后,美国以略高于市场价多次购买中国政府已经退出流通领域的过剩白银,中国政府则以部分售银款项暗中采购了军事物资。1938年7月1日,以谴责日本轰炸平民为由,美国国务院发布了反对向日本出口飞机和航空设备的劝告信(被称作"道义禁运")。日军占领武汉和广州后,1938年11月第二次近卫声明中公开提出了建立"东亚新秩序"口号,表明了要独霸中国而成为西太平洋主人的架势,从而否定了美国提出的由各国承认和遵循的对华"门户开放"政策,此时的日本报刊充斥着对"东亚新秩序"的宣扬。西方大国的决策者意识到,必须给予中国更多的帮助,才能粉碎日本的图谋。因此,美、英、法三国先后照会日本,不承认所谓"东亚新秩序"。经过反复谈判交涉,1938年12月,以中美两国商业机构商业借款的形式,美国向中国提供了2 500万美元贷款,用以购买美国物资,中国则以桐油偿还。1939年2月,中美正式签署《中美桐油借款合同》,时称"桐油借款",此举标志着美国援华抗战的开始。1940年4月,美国又向中国提供了第二次贷款(2 000万美元,被严格限定在美国购买非军火类的工农业产品)。

1940 年 10 月,美国又为中国提供了 2 500 万美元的钨砂借款。
1940 年 11 月,罗斯福总统宣布准备对中国贷款 1 亿美元。1941 年
2 月,中美两国正式签署《金属借款合同》,中国以金属矿产为抵押,
向美国借款 5 000 万美元。1941 年 3 月,美国国会通过了向反法
西斯侵略的国家提供军事援助的《租借法案》,美国就此开始以租
借形式向中国提供军事物资。1941 年 4 月,罗斯福总统签署法令,
允许美国退伍军人参加陈纳德组建的美国援华志愿航空队,参与
中国空军对日作战。1941 年 4 月和 5 月,罗斯福总统两次批准向
中国提供 9 000 多万美元的军事物资,7 月,罗斯福批准向中国空
军提供装备和人员。至此,美国才算站在了中国的一边。

　　英国的态度也逐渐变化,1938 年 12 月 28 日,英国发表了不干
涉取道缅甸向中国运输军火的声明。在美国对华提供首笔援助贷
款前后,通过中国政府的努力,1939 年 3 月,英国也向中国提供了
第一次平准基金贷款 500 万英镑,同年 3 月和 8 月分别两次向中国
提供贷款合计 308.2 万英镑。1941 年 4 月,英国又向中国提供了
第二次平准基金贷款 5 000 万英镑。美英先后向中国提供了数额
有限的贷款支持,标志着其对华政策正式从"中立"向援华方向
转变。

　　对于日本和德国扩张不愿意单独采取行动的法国,"总是以欧
洲形势的发展和英、美的态度及意图为转移"①,此时也放松了中国
通过越南运输军事物资的禁令,并且采取了一些配合措施以便利
于中国的运输活动。在中国政府努力之下,中法两国先后达成了
两笔铁路借款协定和军事援华协定。1938 年 4 月,中法签署南
(宁)镇(南关)铁路借款合同,数额为 1.5 亿法郎和 14.4 万英镑,

---

① 《顾维钧回忆录》(缩编・上),天津编译中心编,北京:中华书局 1997 年版,第 364 页。

1939年3月,又补加了3 000万法郎,总共约合法币2 140万元。[1]
1939年12月,中法又达成了叙(府)昆(明)铁路借款4.8亿法郎。
当然,由于之后欧洲战事急剧变化,中法之间这两项借款合同中止
履行。法国方面还对中国军事援华的请求做出了积极回应,1938
年6月,两国达成协议,法国将向中国提供30—50个师的装备,其
中包括重炮与坦克,由中国分期付款。[2] 中法双方还商讨了军事合
作计划。在德国在华军事顾问被希特勒召回后,经过中国驻法大
使顾维钧和军事家杨杰的工作,法国政府同意派遣军事顾问来华
训练军队。1939年2月,日本占领海南岛,威胁到法国在华南的利
益及其印支殖民地的安全,为抵制日本的活动,法国政府马上派遣
由白尔瑞中将带领的7名现役军官组成的军事顾问代表团来到重
庆。法国顾问来华后,被派到陆军大学、中央军校、步炮兵学校和
空军担任教习,有的甚至直接到战区协助部队训练、策划作战,他
们还对中国军队的建军、作战、训练以及陆军礼节等问题提出了一
些针对性的建议,被蒋介石采纳。他们的到来,为中国抗战整军发
挥了一定的作用。欧洲战争爆发后这些军官被召回,中国政府挽
留未果,蒋介石对他们的作用作出了高度评价。

　　1940年6月,法国在欧洲战败,日军进逼越南,中国物资过境
越南的通道被完全封闭。英国此时在欧洲陷于苦斗之中,完全无
力援助中国,1938年通车的滇缅公路,英国方面也在日本的压力之
下关闭(数月后经过美国干涉又重新开放)。美国则高度关注欧洲
局势,同时对日本在亚洲太平洋地区的侵略活动进行抵制。

---

① 《民国外债档案史料》第十一卷,北京:档案出版社1991年版,第76—77、91页。
② 秦孝仪主编:《中华民国重要史料初编——对日抗战时期·第三编·战时外交》(二),
　　台北:"中央"文物供应社1981年版,第745页。

二、德国对中日全面战争的态度

近代德国摆脱受西欧列强宰割的命运而强势崛起,使积贫积弱饱受列强欺凌的中国人深受鼓舞,孙中山等人都希望从德国崛起的经验和精神中汲取力量。一战后,德国与中国一样,都深受西方帝国主义战胜国的压迫。不久,从一战战败国的处境中,德国迅速再次崛起成为欧洲强国,其"经验"对当时苦求救国良策的中国人具有极大的吸引力。正因为对西方战胜国的强烈不满,使中国和德国有了更多的共同语言,许多对西方帝国主义不满的中国人从德国人身上受到激励,有志之士纷纷赴德留学、考察。同时中德经济互补性极强,两国贸易发展非常迅速,早在第一次世界大战之前,德国的对华贸易总额就超过了对日贸易,到了1930年代,德中贸易总额更是大大超过了德日贸易,1936年上半年,德国对中国的出口额仅次于美国,超过了英国和日本。中国是德国工业产品的主要市场,进口了大量德国民用工业产品,还购买了大批德式武器装备。对此,当时的德国银行总裁施佩尔甚至认为可以通过对华贸易出口来解决德国的失业问题。同时中国的资源大量出口德国,尤其是钨矿等金属矿产,为德国的武器制造打下了雄厚的基础。

孙中山代表的国民党人在辛亥革命之后一系列挫折中,对于德国的奋斗崛起非常感佩,希望中国能够学习模仿德国。1927年后,当政的蒋介石等人也非常羡慕德国的军国主义和军事力量。1927年南京国民政府建立后,断绝了和苏联的联系,和德国政府的关系开始升温。国民政府自宣布统一中国大陆之后,其军队建设采取"以德为师"的策略,大量聘请德国军事顾问指导、协助训练中国军队,在建立中国的军事工业和使中国军队现代化的过程中,德国发挥了巨大的作用。在各种因素的共同作用下,中国和德国两国关系从1928年国民政府形式上统一全国开始进入了长达10年的"蜜月"期。

　　德国方面非常重视与中国的关系,曾经派遣前国防部长和前参谋总长来华作为军事顾问团团长,先后向中国派出鲍尔上校、柯利伯尔中校、佛采尔中将、塞克特上将、法肯豪森上将共五位军事顾问,帮助国民政府进行军事改革和军事训练,指导国民政府军队进行现代化建设。在这些顾问的帮助下,国民政府以德国体制进行军队现代化建设,大量引进德国装备与德式训练、军火相关的重工业集团、生产设备制造厂、原料供货商等,双方的合作范围不断扩大。国民政府更新了大批武器,打败了国内各地方军阀,维护了统一局面。同时在日本大举侵华前,进行了大规模的国防工事建设和工业布置,为对日持久抗战打下了一定的基础。全面抗战爆发前夕,约30万国民政府军队接受了德式训练和德国装备,全国陆军都采用德式训练方法,中国进口的军火也大多来自德国。可以说,中日全面战争开始时,中德关系已经到了彼此互有重要需求的程度。因此,在中日全面战争开始后,德国的态度非常矛盾。一方面,德国想维护和继续发展与中国的关系,保持和扩大其在华利益,因此不希望日本独占中国。另一方面,从德国的宏观战略而言,中国仅仅是德国在远东地区的棋子。如果南京国民政府能够和日本一道,在远东地区牵制苏联,与德国配合东西夹击苏联,则更符合德国的战略利益。在宏观战略上,德国与日本之间有更大的一致性:他们都想颠覆由西方主导的国际秩序,同时也都把苏联当作称霸的障碍。而日本的实力远强于中国,德国的欧洲战略及争夺世界霸权的战略需要日本的配合与协助。况且在中日全面战争之前的1936年11月,德日双方已经签订了《反共产国际协定》,

德日两国成为准盟友关系。从国家利益来看,日本国家实力强于中国,德日之间的共同利益也大于德中之间的共同利益。所以,德国希望中日停战,但若在中日之间必须做排他性选择的话,德国必然选择日本。

中日战争全面开始后,德国认为日本的侵略会使中国被迫倒向苏联从而使苏联获利,并使共产主义在中国蔓延,因此反对日本扩大战争。德国当时宣布对中日战争保持中立态度,但同时还在向中国提供军火,德国的军事顾问在许多场合帮助了中国的抗战。作为最后一位德国军事顾问,法肯豪森对中国的军事训练、改革及部队装备、海空军、防空设施等方面,都尽心尽责地做了大量工作。他主持了长江江阴要塞的布防,淞沪线、吴福线、澄阴线的构筑。在中德军工间的合作也起了积极的作用,尽量使买卖双方互惠互利,各取所需。甚至在抗战全面爆发后,法肯豪森依然在中日间斡旋,并帮助中国拟订了抗日的战略总蓝图,支持中国军民抗战。此时德国也仍然没有承认伪满洲国的意思,甚至曾拒绝日方提出的从中国军队撤出军事顾问的要求,驻华大使陶德曼还出马担任了两国谋求停战的中间人。在当时德国主管亚洲外交的务实派官员主持下,通过中立国的船只和港口,德国还向中国提供了大量军火物资。在全面抗战开始的最初几个月中,中国作战军火大多来自德国。当时德国向中国提供的军火物资,无论在总量上,还是在品种上,都居于第一位(苏联为第二位)。在当时苏联大量援助未到而西方观望妥协之时,德国的军火物资对于中国的抗战发挥了重要作用。同时,德国在华军事顾问积极参与了中国的抗日军事方案的制定,甚至深入前线战区指挥部参与指挥作战。德国非常希望中日停战,在日本向德国提出调停信息后,德国驻华大使陶德曼迅速向中国方面提出了停战,时值九国公约缔约国会议在比利时布鲁塞尔召开期间,中国方面期待会议伸张正义,因而对于德国的调停态度消极。布鲁塞尔会议未能如愿,加上淞沪战役和太原战役的失利,使国民政府一度倾向于接受调停。但在攻占南京后日本军方所要求的条件过于苛严,中国拒绝接受,1938年1月,陶德曼调停失败。

当时国民政府一度也把获得军事援助的希望放在了德国身上。1937年11月11日,中国政府特使蒋百里在柏林会见德国政要,他的外交工作取得了一定的成效,使德国对中国抗战提供了一定的支持。德国在远东的活动引起了日本的不满和强烈抗议,德日关系出现问题。1938年2月,德国政府改组,主张对中日战争严守中立立场者相继去职,德国调整了远东政策,希特勒宣布承认伪满洲国,袒护日本对中国的侵略,并且准备召回在华军事顾问团。为防苏联乘虚而入,陶德曼和德国在华外交人员及军事顾问均主张继续向中国提供军火和保持在华军事顾问,但德国政府还是在1938年6—7月间召回了在华军事顾问,并且停止了向中国的军火出口,其后虽然还有一些小规模非正式的军火贸易,部分德国军火通过苏联和法属越南及缅甸运入中国。

欧战初期德国通过法兰西战役在西欧得手后,1940年7月,蒋介石的前德国军事总顾问法肯豪森曾经致电蒋,在表示对中国抗战同情态度的同时,又希望改善德中关系。[①] 蒋于是派遣了新的驻德国大使,并且派朱家骅率团到柏林活动。但是由于中德双方在对日和平问题上的态度差距过大,这一段的接触没有产生效果。1940年9月德意日三国在柏林签署军事同盟条约,德国公开支持

① 《潘友新回忆录选译》(上),中国社会科学院近代史研究所近代史资料编辑部编:《近代史资料》,总108号,北京:中国社会科学出版社2004年版,第26页。

日本侵略中国,中国政府对此强烈抗议。1940 年 11 月,德国表示愿意出面调停中日战争,中国方面明确拒绝,中德两国关系基本停顿。

第三节　苏联对中日战争的态度及中苏互动

一、苏俄革命后的中苏(俄)关系

1917 年十月革命后,苏俄的国际处境极端困难,急需在外交上打开局面,中国成为苏俄外交工作的重要突破口。苏俄 1919 年 7 月 25 日发布了《俄罗斯苏维埃联邦社会主义共和国政府对中国人民和中国南北政府的宣言》,1920 年 9 月 27 日又发布《俄罗斯苏维埃联邦社会主义共和国外交人民委员部致中国外交部照会》。在这先后两次发表的对华宣言中,苏俄都宣布废除沙皇政府强加于中国的不平等条约、取消一切在华特权、把中东铁路无偿归还中国(因政权已逐渐巩固,苏俄第二次宣言则对无偿归还中东铁路问题做了保留,提出由中苏共管中东铁路)。在俄国革命后的混乱中,受协约国挟持的中国北洋政府参加了列强对苏俄的武装干涉。干涉失败后,北洋政府军撤退回国,中国政府对于俄国内战持中立立场。之后,中国与苏俄及其扶持的远东共和国之间进行了关系正常化谈判。由于苏俄力图在外蒙古和中东铁路等问题上保持以前沙皇政府的各种特权,不愿意履行此前的对华宣言精神,谈判持续了四年之久,直到 1924 年 5 月在双方妥协的基础上中苏两国才实现了关系正常化,对于未能达成一致的问题,则以签署《中俄解决悬案大纲协定》方式暂时搁置,留待以后解决。但苏俄并不准备解决大纲中的悬案,加之中国国内政局动荡,该协定事实上无果而终。在与北洋政府接触谈判的同时,苏俄不停地推动世界革命,主导成立了共产党国际联合组织——共产国际,在亚洲地区输出革命,为此在远东各国积极进行共产主义组织的筹建。在中国,在指导建立中国共产党后,苏俄还与孙中山及其领导下的国民党南方政府接触,支持中国国内的国共合作,援助国民党南方政府的北伐。但在北伐途中,国民党当权者与苏联关系破裂。在 1927 年国民政府南京定都以后,中苏政府之间意识形态截然对立,在许多现实利益上也多有冲突,1929 年曾经因"中东路事件"苏联军队进攻中国东北,两国断绝了邦交。"中东路事件"后,根据约定中苏两国在莫斯科会谈,从 1930 年 10 月到 1931 年 10 月前后进行了 25 次会谈,由于中国方面坚持收回中东铁路,在此问题及复交、通商等问题上双方关系都没有取得任何进展。这一时期,苏联和共产国际积极支持中国内部中国共产党领导的反对国民政府的革命运动,是国民政府的敌人。但在面临侵略成性的日本军国主义面前,中苏两国有着共同的敌人。

二、日本对苏联远东地区的侵略图谋和苏联的反制

明治维新以前,日本列岛是俄罗斯帝国向远东地区扩张的目标之一。明治维新后,快速崛起的日本逐渐成为俄罗斯帝国向远东地区扩张的主要对手,经过 1904—1905 年的日俄战争,日俄双方的矛盾并没有解决。苏维埃俄国兴起后,日本积极参与西方列强组织的武装干涉,曾经出兵西伯利亚,积极支持白俄的反苏活动,在俄国远东地区建立傀儡政权。在列强干涉军中,日本出兵最多,而且在各国撤军后日军依然驻留在苏俄远东地区,与苏俄形成对抗局面。只是由于苏联红军的逼迫和国际压力,日本才最后撤出干涉军。1925 年,苏日建立外交关系,但此后日本多次拒绝苏联

政府关于两国签订互不侵犯条约的要求,一直觊觎苏联远东地区。日军参谋本部曾经制定了以占领苏联远东滨海州为目标的作战方案,1931年3月,苏联情报部门截获了日本驻苏使馆武官给日军参谋本部的电报,电报主张应该尽早对苏开战。各种迹象表明,日本始终没有放弃侵占中国"满蒙地区"和苏联远东地区的图谋。

对于日本的侵略意图,苏联方面一直非常警惕,为此而不断加强远东布防,从国内其他地区抽调军队到远东,增加向远东地区移民,在远东建立军事工业中心,修筑防御工事。同时,苏(俄)和共产国际向远东各国大力输出共产主义革命,在包括日本在内的远东各国建立共产主义组织,积极进行工农运动,支持民族运动,这些也都对日本的殖民侵略和日本国内的统治秩序构成了一定程度的挑战。在远东地区的苏日对峙中,由于国内战争的破坏和不利的国际环境,加之苏联国家力量的中心和发展基地都在欧洲,在远离自己力量中心的东北亚地区面对虎视眈眈的日本,苏联方面一直处于守势,因而希望能够固境自守、保境息争从而充实国力、有备无患。1927年,苏联开始了第一个五年计划建设,到1932年,又开始进行第二个五年计划建设,加速进行工业化和军事化发展,特别需要稳定的周边环境。咄咄逼人不断挑衅的日本,成为苏联东部边境安全的巨大威胁。

1929年世界性经济大萧条发生后,经济基础脆弱的日本很快陷入危机之中,于是通过对外侵略以缓解和消除危机成为日本当权者的选择。在对外侵略扩张过程中,日本面对着苏联、中国和英法美三大对手,首先对中国下手,通过九一八事变及其后的入侵,日本侵占了中国东北,在那里建立了伪满洲国政权,将中国东北作为进攻苏联和南下进一步侵略中国内地的基地。为此,日本在不断侵掠中国内地的同时,在面对苏联的中国东北地区也集中了百万关东军,积极准备北上进攻苏联,日本陆军和政府中"北进"的呼声日高,并且频频在中苏边境地区向苏联挑衅,日苏矛盾不断加剧。尤其是在多次拒绝苏联签订苏日互不侵犯条约的要求后,日本却在1936年11月与德国签订了反共产国际协定,同时日德双方还签署了秘密补充协定,规定不得单独同苏联缔结违背反共产国际协定精神的条约,日本实际上关闭了与苏联签订中立条约或互不侵犯条约的大门,北上进攻苏联的迹象日益明显。

三、苏联试图以牺牲中国利益向日本妥协避免直接对抗

苏联方面在重点关注西部安全以应对德国威胁的同时,也要考虑如何应对东方日本的进攻。日本在威胁苏联的同时又不断扩大对中国内地的侵略,从紧张对立的中日关系中,苏联找到了减轻乃至消除日本压力的方法,即利用中国牵制和消耗日本。由于苏联是地理上与中国接壤的唯一世界大国,苏联与日本之间也有共同的陆地边界(在日据朝鲜和库页岛,日苏之间存在着陆地边界),在1931年九一八事变日本占领中国东北后,苏联远东广大地区更是直接面对日军的枪口,国境安全危机骤然而升,因此苏联对于中日冲突的关心程度远远高于其他列强,但苏联对待中日冲突的态度有着比西欧和美国更突出的两面性。

一方面,为了集中力量应对西部的威胁,苏联力图避免对日冲突,在对日本的挑衅和试探偶尔进行适当回击(如后来的张鼓峰战役和诺门坎战役)的同时,主要的倾向是同日本妥协,还试图以牺牲中国利益的方式换取其东部边境的安全,避免同日本的直接冲突。另一方面,苏联对日本的侵华行为表达了反对的态度,如在九一八事变后的第二天,苏联副外交人民委员加拉罕就向日本驻苏联大使广田弘毅表示"严重不安",并且要求日本方面进行解释,之

后苏联外交人民委员李维诺夫也表达了同样的立场。四天后,加拉罕向正在莫斯科进行中苏会谈的中国代表莫德惠表示了对中国的同情。当日军沿中东铁路北上扩大侵略时,苏联政府在 9 月 23 日向日本驻苏大使广田弘毅提出了强烈抗议,并且表示将在正当范围内采取防卫手段。9 月 24 日,苏联政府声明表示“在道义上、精神上、感情上完全同情中国,并愿做一切必要的帮助”。9 月 25 日,苏联《真理报》揭露了日本侵占中国东北的目的是在太平洋地区夺取霸权,苏联人民还进行了多次集会游行,抗议日本侵华。

　　但同时,苏联也避免与日本直接冲突。如九一八事变后苏联并未在外交场合公开谴责日本的行为,1931 年 9 月 25 日,李维诺夫对日本关于不扩大军事行动、不进入“北满”哈尔滨等地的立场表示感谢,并希望巩固双方关系。此后,1931 年 10 月 29 日,加拉罕就向广田弘毅声明,苏联对中日冲突采取不干涉主义。即使在日本不久之后背弃诺言侵入“北满”,1931 年 12 月底,苏联外交人民委员李维诺夫还依然向日本提出了签订日苏互不侵犯条约的建议,此后还多次向日本提出缔结中立条约,但均为日方拒绝。1932 年 2 月,苏联违背前不久不运送中日双方军队的诺言,允许日本利用中东铁路运送军队。苏联还以严守中立为名,拒绝参加国联调查团和国联关于“满洲”问题的常设委员会。在日本扶持的傀儡政权“满洲国”根本得不到任何国际承认的情况下,苏联却接受了伪满任命的中东铁路代理督办,同意与伪满共同经营中东铁路,确认了伪满对于中东铁路的“主权”,并且在欧美国家中第一个允许伪满在苏联国土(包括莫斯科)设立领事馆。此前几年,苏联还曾为了保护其在中东铁路的特权和中国军队张学良部打了一仗,这时为了向日本表示诚意、避免冲突,不但允许日军进攻哈尔滨时使用中东铁路,甚至于在此之后完全不顾中国政府的多次抗议,经过两年谈判交涉，竟然于 1935 年 3 月将这条铁路卖给了伪满洲国。

　　与此同时，苏联违背在《中俄解决悬案大纲协定》中承认外蒙古为中国领土的诺言，背着中国政府与外蒙古签订了各种主权国家之间的协定、议定书，九一八事变后苏蒙之间订立口头协议，更在 1936 年 3 月签订了为期 10 年的互助议定书。另外，苏联还与新疆地方政府背着中国国民政府进行了许多有损于中国主权的秘密活动。这些行为都严重侵犯了中国的主权。即使在援助中国抗日的高潮期间，苏联和日本在 1941 年 4 月签订的《苏日中立条约》，竟然声明"苏联保证尊重满洲国的领土完整和不可侵犯，日本保证尊重蒙古人民共和国的领土完整和不可侵犯"，遂正式承认了伪满洲国，并换取了日本对"蒙古人民共和国"的承认。

　　以上表明，苏联在通过损害中国权益巩固其远东地位的过程中，还试图安抚和稳住日本，不愿意与日本直接正面对抗。

　　日本得陇望蜀觊觎苏联远东，苏联也非常迫切地希望东方有一种力量能够抵抗和牵制日本，使之无法进犯苏联。但环顾远东和日本周遭区域，各大国与日本均无你死我活的冲突，亚太地区弱小国家早已经沦为欧美列强和日本的殖民地，没有能力也不可能抵抗日本。惟有广土众民尚有一定实力的中国，因深受日本欺凌且有亡国之虞，面对气焰高涨的军国主义日本，争取民族生存和国家独立的中国只有奋力抗争，因此中日矛盾几乎无法调和。中日矛盾为苏联的远东政策提供了施展的空间。但由于中日两国国力强弱差距巨大，中国国民政府又与日本有同样的反共立场，因此苏联非常担心中国会屈服于日本，认为这样必然导致苏联东部产生严重的安全灾难。斯大林认为，要确保苏联远东的安全，最重要的是促使中国抗日以牵制日本，使之无法攻击苏联，因此苏联方面迫切希望中国能够进行抗日作战，希望中国能够有效地拖住日本。

为此,苏联试图改善与中国国民政府的关系,曾经力促中共和平解决西安事变,要求中共与国民党合作抗日。中国全面抗战爆发后,在1937年9月的国际联盟大会上,苏联谴责了日本对中国的侵略行为,在随后的布鲁塞尔九国公约会议上,苏联是唯一坚决主张谴责日本侵略的国家。当时中国政府在军事上主要依赖德国,但由于纳粹称霸世界的国策和日本的压力,德国放弃了对中国的军事支持,而此时苏联开始在军事上大力援助中国。

四、中国政府联苏制日

(一)中国政府加强对苏工作

国民政府意识到,由于日苏互为敌手,苏联不希望中国被日本征服,而苏联与中国陆地接壤,苏联在其远东领土上部署着强大的武装力量,拥有其他强国不具备的迅速干预远东局势的能力和便利条件,因此争取苏联援助中国的抗战,是中国抗战外交的重要工作。

1932年6月,国民政府出席日内瓦裁军会议的代表颜惠庆奉命与苏联外交人民委员李维诺夫秘密会谈复交问题,并且建议双方先缔结互不侵犯条约。中国国民党中央政治会议1932年10月初决定与苏联无条件复交。1932年12月12日,颜惠庆与李维诺夫在日内瓦交换了复交照会,中苏恢复了外交关系。自1929年因中东路事件而中断的中苏外交关系,由于日本的侵略而得到了改善。1933年春,中苏两国互派大使,中国驻苏大使颜惠庆和苏联驻华大使鲍格莫洛夫(Bogomoloff)相继到莫斯科和南京就任。中苏双方开始考虑谈判签订互不侵犯条约问题,但不久因苏联提出向日本出售中东铁路的建议,遭到中国政府抗议,影响了条约的谈判。双方因为意见分歧,互不侵犯条约问题的谈判搁置。

　　1933年1月，日军进攻长城沿线侵入华北，中国政府对于国联和西方大国干预中日冲突的幻想逐渐破灭，于是加强与苏联接触。苏联方面也感受到了日军的威胁，也有与中国协商对付日本的愿望。1934年3月，蒋介石派遣国民政府军事委员会参谋本部次长、陆军大学校长杨杰率领军事代表团访问苏联，这是在恢复外交关系后两国军方的首次接触。这时颜惠庆在莫斯科向苏联表示：若爆发苏日战争中国将支援苏联。1934年6月22日，蒋介石邀请鲍格莫洛夫共进早餐，明确表达了希望加强中苏关系的愿望。同年8月，蒋介石考虑到一旦抗战全面爆发，中国将难以从海上获取外援，因而派主张联俄抗日的清华大学教授、历史学家蒋廷黻以搜集中国外交史研究资料为名，作为蒋介石私人代表身份赴苏联和西欧，试探中苏合作的可能性。① 在苏联，蒋廷黻同苏联外交副人民委员斯托莫里雅科夫密谈，希望改善中苏关系，从苏联获得军事援助，尝试与苏联方面秘密建立反日同盟的可能性。蒋廷黻与斯托莫里雅科夫的秘密会谈，结束了中苏之间的相互试探。之后，蒋介石又多次派人同苏联方面接触。

　　1934年10月，中国共产党在江西的根据地被国民党军队攻占，红军被迫进行战略转移，国民政府认为苏联支持的中共已经不再对自己的统治构成威胁，而对日抗战成了当务之急。1935年2月，国民政府决定派颜惠庆回任驻苏大使的同时，派遣蒋介石侍从秘书邓文仪任驻苏大使馆武官，此举被认为是"中国对苏联政策的

---

① 国民政府财政部档案：《蒋介石为指派蒋廷黻与苏洽谈事致孔祥熙密电》（1933年10月1日），《蒋介石为蒋廷黻赴苏事致孔祥熙密电》（1933年10月8日），《孔祥熙为蒋廷黻赴苏事复蒋介石电》（1933年10月9日），见中国第二历史档案馆编：《中华民国史档案资料汇编》第5辑第1编，"外交"（2），南京：江苏古籍出版社1994年版，第1425—1426页。

重大转变"①。邓文仪身负特殊使命,在苏积极活动,还接触了中共驻共产国际代表王明,此举成为国共两党秘密谈判之开端。同时,国民政府又批准了京剧艺术大师梅兰芳接受苏联文化协会邀请赴苏演出。1935 年 3 月,苏联无视中国主权,擅自将中东铁路卖给伪满洲国,为照顾中苏两国关系大局,中国方面对此并没有作出强烈反应。1936 年 8 月,替代颜惠庆担任驻苏大使的蒋廷黻,在经过与苏方人员的多次接触和观察后,1937 年 4 月在其关于中苏关系问题致外交部的报告中,正确地判断出了"苏联之外交政策,完全避战政策也。国人切不可有丝毫之误会,即对于日、德两国,苏联亦毫无挑战之意"。但苏联希望中国进行抗战以抵抗日本,这样"中日多事则日苏之间可以少事"②。1937 年春,行政院秘书长翁文灏(地质学家)受蒋介石派遣,以出席祝贺英王加冕典礼的中国代表团秘书长名义,赴欧寻求英法德等国对中国抗日的援助,随后以参加地质学会议名义赴苏,与蒋廷黻一起见到苏联外交人民委员李维诺夫,寻求苏联的支持。李维诺夫在会见中向翁文灏明确表达了苏联愿意与中国订立互不侵犯条约、通过换货方式向中国提供军械的立场。③ 经过多次摸底,中苏双方逐渐清楚了各自的态度,加快了合作的步伐。

(二)中苏初步形成合作关系

1935 年 5 月,在日苏纠纷不断加剧之时,蒋介石指示颜惠庆向

① [苏]季托夫:《一九三五——一九三六年南京政府同苏联的谈判》,《党史研究》1985 年第 4 期。

② 蒋廷黻个人档案:《蒋廷黻关于中苏关系问题致外交部报告底稿》(1937 年 4 月),见中国第二历史档案馆编:《中华民国史档案资料汇编》第 5 辑第 1 编,"外交"(2),第 1427、1436 页。

③ 翁文灏:《1937 年访问英、德和苏联的回忆》,见全国政协文史资料委员会编:《中华文史资料文库》第五卷,北京:中国文史出版社 1996 年版,第 474—477 页。

苏方表示：一旦日苏战争发生苏联可以得到中国军队的支持。苏方非常重视这一表态，指示驻华大使鲍格莫洛夫寻求一切方法与蒋介石合作。1935年5月9日，鲍格莫洛夫向中国提出了加强联系的建议，继而要求举行两国商约谈判，建议两国签订互不侵犯条约和互助协定。苏方还表示愿意提供5 000万美元信用贷款供中国购买苏联军火。但此时中方不愿因此过分开罪于日本，也不愿由此疏离与德国及西方国家的关系，拒绝了这一建议。1935年10月18日，日本的"广田三原则"①刚传到中国，为避免苏联产生对中国倒向日本的疑虑，10月19日，蒋介石便与鲍格莫洛夫秘密会谈，表示了加强和改善对苏关系的愿望，并且暗示为"促进中苏间的真诚关系和能够保障远东和平"，他想同苏联签订"有实质性的协定（即军事协定）"②。他向苏联大使表示：任何情况下都不会同日本签订反苏军事协定。而此时苏联方面对于蒋的态度还不放心，认为蒋只是利用苏联作为其可能与日本妥协的筹码。苏联非常担心蒋介石会向日本妥协，蒋介石则担心苏联援助中国共产党。但在此后的中日谈判中，中国方面坚决拒绝了日本为共同防共而进行警务合作和在西北边境进行军事合作的要求。

为消除苏联的疑虑，根据蒋的指示，孔祥熙向苏联大使详细说明中方的意图，孔在会见苏联大使时提出：中日战争一旦发生，中

---

① 广田弘毅出任日本内阁首相后，与日本外务省陆军省海军省经多次商议，1935年8月1日达成并于同年10月在日本五相会议上通过的对华政策，要求中国与日本亲善停止抗日活动，抛弃依赖英美政策；中国要承认伪满洲国，借以促进华北与"满洲"的经济文化关系；中国应与日本合作"防俄""防共"。这是日本大陆政策发展到一定阶段的产物，这凸显了日本政府全面侵华的纲领，其实质是控制中国。
② ［苏］季托夫：《一九三五——一九三六年南京政府同苏联的谈判》，《党史研究》1985年第4期。

国海岸线必将被日军封锁,这样就切断了中国获得欧美各国武器的供应线,届时可否经由新疆从苏方获得军需物资。1935 年 10 月 25 日,中国政府成立以立法院长孙科为主席,于右任、蔡元培为名誉主席的中苏文化友好协会,表明了加强中苏关系的意愿。1935 年 12 月 14 日,苏联政府指示鲍格莫洛夫通知蒋介石:同意就蒋提出的协定问题与中国进行具体谈判。蒋要求苏联方面安排驻苏武官邓文仪与国民革命时期苏联的军事顾问加伦会面,希望加伦能够再来中国合作抗日。不久,蒋派遣陈立夫和张冲以驻德国大使程天放随员的身份从柏林秘密赴苏,商讨缔结军事协定问题。同时派邓文仪在苏联莫斯科与中共代表团谈判,以争取中共配合。因未获得斯大林允诺,同时担心泄密而引起日本和英美的反应,蒋介石于 1936 年 5 月令陈立夫回国,在南京与鲍格莫洛夫商谈。1936 年 11 月,蒋介石派蒋廷黻接替颜惠庆任驻苏大使,以便加强中苏合作。1936 年 11 月 19 日,蒋廷黻会晤苏联外交人民委员,表明中国拒绝了日本关于共同防共的要求。当月鲍格莫洛夫在与中国外交部长张群谈话时表示,苏联方面不愿意刺激和挑战日本,因此不同意签订中苏共同安全条约,但表示愿意缔结互不侵犯条约。

　　1936 年 11 月 25 日,德日两国在柏林签订了《反共产国际协定》,并附有一个矛头针对苏联的秘密补充协定,苏联情报部门获得了秘密协定的内容,这使苏联感受到了联合中国抗日的紧迫性。

　　西安事变发生时,南京政府许多要员和驻苏大使蒋廷黻曾经一度怀疑是苏联策动了事变,当时中苏政府正在进行调整双方关系的秘密谈判。苏联非常担心西安事变会导致中国内战的延续与扩大,认为张学良发动事变实际上是在帮助日本,因此极力促进事变的和平解决。西安事变的和平解决,使中苏政府之间的信任得以加强。1937 年 4 月,蒋介石在上海秘密会见鲍格莫洛夫,对苏联在西安事变中的态度表示感谢,并且再度表达了加强中苏关系的愿望。同月,立法院长孙科与鲍格莫洛夫会谈,讨论了苏联援华方式的问题。鲍格莫洛夫提出苏方同意以战争贷款方式提供军事装备,但要求国民政府以不用于内战为担保。为了得到苏方援助,国民政府也加快了国共关系调整的进程。全面抗战开始后,蒋介石多次设宴款待苏方外交、军事人员,凡苏方重大节日,蒋和国民政府都向斯大林及苏联政府祝贺,中国政府方面也都举办庆祝活动。中苏文化友好协会在重庆非常活跃,政府要员经常参与协会活动。国民党的喉舌《中央日报》这一时期对苏联和斯大林进行了大量的颂扬和正面报道。1938年德国军事顾问团撤出后,在寻求法国军事顾问来华的同时,蒋介石亲自致电请求苏联派军事顾问,此后中国政府从苏联聘请了大批军事顾问和技术专家。这些活动,使中苏关系不断加强,为中国获得苏联援助铺垫了基础。

为了避免单独支持中国应对日本的侵略,1937年3月,苏联政府提议由中苏和欧美大国与日本一起,签署太平洋地区公约。1937年6月,苏联倡议由中国政府召集包括苏、英、法、美、日、荷等国的国际会议,起草太平洋地区集体安全条约,如果遭到拒绝,苏联则准备与中国单独签署共同安全条约。中国政府担心如邀请日本参加国际会议则面临日本要求承认伪满政权,同时中苏在外蒙和中东铁路问题上也无共识,因此对苏联提议犹豫不决。不久卢沟桥事变发生,中国进入全面抗战时期。

(三)《中苏互不侵犯条约》的签订

中国全面抗战一爆发,1937年7月8日蒋介石召集立法院长孙科和外交部长王宠惠到庐山,说在可能发生的全面抗战中,"最关键的因素"是与苏联达成协议,由苏提供军事装备,两国缔结互助条约。① 孙科和王宠惠于是赶赴上海，与鲍格莫洛夫商谈。

1937年7月卢沟桥事变发生后，苏联明确地声援中国抗战，苏联共产党机关报《真理报》发表了大量的消息报道、社论、评论、署名文章，揭露日本的侵略阴谋，表达对中国抗战的支持，同时批评西方大国对日本侵略行径的妥协姑息态度。1937年7月11日《真理报》发表署名文章指出："卢沟桥的挑衅是日本执行对华'新'政策的直接后果，这项政策是以臭名昭著的'广田三原则'为基础的"，因此对卢沟桥事件"应该给予更大的关注"②。7月30日《真理报》再次发表署名 B. 米纳耶夫的文章《中国抵抗日本的侵略》，文章回顾了在1932年淞沪战争和1936年绥远抗战中中国抵抗日本侵略的历史过程，以及中国军队在人民支持下打败日本侵略者的事实，指出："对于日本人来说，'轻松的军事溜达'有变成大规模的持久战的危险，这使得那些制订整个速战速决计划的冒险家们感到惊慌失措了。在大规模的持久战争里，优势在中国人方面。占领几个城市甚至几省并不能摧毁中国人民抗敌的意志。"③7月31日《真理报》发表社论《日本对外政策的侵略方针》，社论说："从目前华北发生的事件明显地看出，侵略成性的日本军人一意孤行地

---

① 孙科：《中苏关系》，中华书局1946年版，第16页。转引自王建朗、曾景忠：《中国近代通史·第九卷·抗日战争（1937—1945）》，凤凰出版传媒集团、江苏人民出版社，2007年版，第165页。

②《苏联〈真理报〉有关中国革命的文献资料选编　1937年7月—1949年》第三辑（1937.7—1949年），四川省社会科学院出版社1988年版。

③《苏联〈真理报〉有关中国革命的文献资料选编　1937年7月—1949年》第三辑，第62—65页。

奉行逐步侵占和奴役中国的方针。"①8月1日《真理报》再次发表社论《反击战争贩子的严酷斗争》,指出:"和侵略者妥协没有也不可能有出路。全世界人民日益深信,所谓'不干涉',所谓'有限战争',在当前的实践中是行不通的。对侵略采取姑息态度,不但不能延缓战争的爆发,反而会加速战争的来临。姑息让步只会加强掠夺者的贪欲。……在中国,抗日运动的浪潮日益高涨,抗日民族统一战线不断得到加强。日本侵略者不可战胜的神话已经不复存在。"②

　　除在舆论上表达态度外,苏联还通过外交活动和军事物资输出的方式,支持中国的抗战。7月14日,苏联外交人民委员李维诺夫接见中国大使蒋廷黻,表示愿意援华。同日,国民党中央执行委员张冲以蒋介石名义向苏联大使提交了一份军火供应合同草案,还提出希望苏方派遣军事教官训练中国军队,国民政府同时派出航空委员会官员赴苏购买军火。因苏方不愿意卷入已经迫在眉睫的大战,中国方面希望的中苏互助条约无从谈起。苏联同时担心中国政府会向日本妥协,因此坚持中苏须先签订互不侵犯条约,以此保证苏联援华武器不会用于对苏作战,然后才能向中国提供武器。经过多次磋商,1937年8月21日,苏联政府代表鲍格莫洛夫与中国政府代表王宠惠在南京签订了《中苏互不侵犯条约》,8月30日正式公布。应中方要求,苏方同意,在条约签署时,双方代表交换了绝密口头声明,即苏联保证在中日关系正常化之前不与日本签署互不侵犯条约,中方则同意了苏联方面关

① 《苏联〈真理报〉有关中国革命的文献资料选编　1937年7月—1949年》第三辑,第79页。

② 《苏联〈真理报〉有关中国革命的文献资料选编　1937年7月—1949年》第三辑,第83—86页。

于在《中苏互不侵犯条约》的全部有效时间内,不同任何国家签订反共条约的要求。[①] 条约实际上成为中苏双方建立抗日联盟的基础。

《中苏互不侵犯条约》内容非常简单,全文共有四条:第一条规定双方不得单独或联合他国侵略对方;第二条规定两国中一方遭遇侵略期间,另外一方不得直接或间接协助侵略者;第三条规定双方以前所签署的条约或协定继续生效;第四条规定条约有效期为5年。条约"斥责以战争为解决国际纠纷之方法",并且约定双方不对侵略者进行任何援助,并不采取任何不利于反侵略者的活动。苏联是全面抗战爆发后第一个与中国签订条约的世界大国,中苏条约的签订,对正在苦战中的中国是一个非常大的道义支持。为避免西方列强猜疑和日本的敌视,苏联方面对外声称这一条约没有在现实中针对某一国家的含义。中国也表示条约仅为实现中苏睦邻。但在中日全面战争已经开始的这一时刻,双方签署的条约,其战略针对性实际上是不言而喻的。这一条约的签订,解决了苏联援华的法律问题,也为后来西北国际大通道的开通提供了政治基础。1937年8月27日,陈立夫和鲍格莫洛夫代表中苏两国就苏联向中国提供军火问题达成初步协议,苏联同意向中国提供1亿法币的借款用于购买军事物资[②],中国开始接受苏联大批援华物资。

（四）苏联援华的方式

《中苏互不侵犯条约》签订后,苏联即开始援华抗日。但出于

①　[日]古屋奎二主笔,《蒋介石秘录》翻译组译:《蒋介石秘录》第四卷,长沙:湖南人民出版社1988年版,第46页。

②　刘志兵、邵志勇:《西北国际大通道》,西安:未来出版社2015年版,第59页。王建朗、曾景忠:《中国近代通史·第九卷·抗日战争(1937—1945)》,第170页。

苏联的国家战略利益，为了不过分刺激日本，苏联援华谈判和操作实施均秘密进行。苏联援华，是非常注意把握分寸的，总是以不超过日本的容忍度为底线。比如中国多次希望订购可以轰炸日本本土的重型轰炸机，但苏联只卖给了中国6架（基本都在江西为日军空袭摧毁，因此直到美国大举援华之前，中国没有能够对日本进行真正意义上的轰炸）。苏联军事援华主要通过信用贷款方式进行，整个抗战期间，苏联对华信用贷款总共进行了三次。

1938年1月，国民政府以立法院长孙科为特使到苏联争取贷款。由于面临严重的财政困难，中国政府短期难以支付大批军购款项，苏联在1937年11月和1938年6月两次给中国贷款共1亿美元，更在贷款协定生效之前就向中国提供贷款物资，出现了1938年才成立的贷款在1937年就使用的现象。首次5 000万美元的援华信用贷款于1938年3月1日在莫斯科确定，在《苏维埃社会主义联邦共和国政府与中华民国政府间关于实施五千万美金信用借款条约》中，两国达成了第一次贷款协定，苏联向中国提供贷款5 000万美元（1938年3月1日之前即已经动用了其中的款项，所以条约规定借款从1937年10月31日起算，年利率为3％，5年内偿还，每年偿还1 000万美元，并同时付清已经使用的款项之利息），名为购买工业产品与工业设备，实际用于购买中国急需的飞机、大炮等军火物资。苏方同意中国以茶叶、羊毛、生皮、桐油、药材、棉花、锡、锑、锌、镍、钨等农矿产品易货方式向苏方支付。1938年7月1日在莫斯科，中苏达成《苏维埃社会主义联邦共和国政府间关于实施五千万美金信用借款条约》第二笔5 000万美元的信用贷款协定，借款的使用、利率与偿还方式与第一笔相同。1939年6月13日在莫斯科，中苏签订了《苏维埃社会主义联邦共和国政

府与中华民国政府间关于实施一万万五千万美金信用借款条约》，
苏联向中国提供贷款1.5亿美元的协定，借款的使用、利率与偿还
方式与前两笔相同。条约规定，信用借款自1939年7月1日起算
利息，自1942年7月1日起10年偿还，每年偿付1 500万美元，年
利率仍然为3%。

　　苏联三次对华信用贷款，前面两笔共1亿美元的贷款至1939
年9月1日全部用完，由于1941年6月苏德战争开始后苏联无法
再向中国提供装备，第三笔对华信用贷款1.5亿美元中国只动用
了接近一半。苏联提供的三次贷款累计为2.5亿美元，中国共动
用了其中的173 175 810.36美元。[①]　太平洋战争爆发之前，中国从
国外获得的援助贷款总额约5亿美元（不包括租借物资），其中苏
联提供的贷款占了总数的一半，遥遥领先于居第二位的美国（美国
提供的贷款中，有1亿美元是1941年11月30日珍珠港事件前夕
才给中国的）。苏联贷款条件也非常优惠，利息为3%，英法美援华
的贷款利息为6.5%以上，而且苏联贷款的偿还方式是农矿产品各
半，显然对中国更有利。更为重要的是，苏联贷款全部是军火贷
款，而英法美援华的贷款中没有一笔军火贷款。除以信用贷款方
式向中国提供武器装备外，苏联还秘密派遣了大批军事顾问和技
术专家来华参加抗战，同时先后秘密派遣2 000多名航空志愿人员
来华参战。[②]

　　苏联军事援华是全面抗战开始后，中国同各大国外交工作取

---

① 国民政府行政院档案：《行政院对外易货委员会办理对苏易货偿债事宜进行情形节
　　略》（1944年10月25日），见中国第二历史档案馆编：《中华民国史档案资料汇编》第
　　5辑第2编，“财政经济”（2），南京：江苏古籍出版社1997年版，第644页。
② ［苏］杜宾斯基：《抗日战争时期的苏中关系》，《国外中国近代史研究》第11辑，北京：
　　中国社会科学出版社1988年版，第356—395页。

得的最重要成果。苏联的援助，大大增强了中国抗战的力量，从而有效配合了苏联的国家战略。

　　中苏信用贷款条约和苏联援华军火物资供货合同的谈判与签署，苏联援华物资运华以及苏联军事顾问、技术专家和航空志愿人员来华助战，都是秘密进行的。苏联在国内挑选航空志愿队员均以绝对秘密方式进行，队员事先不知道去向，来华前他们都取了化名，即使在中国战死，他们的亲属子女仅仅获得其在执行任务时牺牲的通知，不知道他们的具体死因和死亡地点。苏制战机在进入中国后全部饰以中国标识，1938年1月26日苏联航空志愿队空袭南京机场时，日军发觉突袭的战机中，其中1架有苏联机师遗骸。1938年1月29日，中国国民党中央宣传部接到命令："中央通讯社连登俄机师与俄方代表字样，应绝对禁止。"①中方还要求相关人员对于苏联援华助战之事保密。对于苏联援华抗日，日本政府曾经提出抗议。1938年4月4日，日本驻苏大使对苏联外交人民委员李维诺夫称，日军在华击落1架苏联飞机，机师跳伞被日军俘虏，承认其曾服务于苏军。日本驻苏大使说："细考苏联体制，此时发生殊觉遗憾，苏联政府应负重大责任。"李维诺夫答复说："苏联政府对出售军火以及飞机至中国问题之见解，完全依照一般公认之国际法标准，此点已经苏联驻日大使斯拉伏茨基与广田外相谈话时加以说明，因是，此问题，已不必再行论及，盖军火之供给中国，一如若干国家以军火之供给日本。关于在华日军逮捕苏联机师之供认，我人尚毫无所闻，但苏联政府于此事对日不负任何义务及受任何国际条约之束缚。因苏联未派军队及任何独立部队前往中国

———————
① 张青松：《中国上空的鹰：苏联援华航空志愿队战史　1937—1941》，北京：中国致公出版社2018年版，第85、87页。

参加作战,凡与此种事实相背之各种供认,均不能承认。"他还批驳日方的说法:"日政府当亦深悉各国现有一相当数目之外国志愿兵服务于中国军队中,就目前所知,日政府亦未见对有国民在中国军队中服务之外国有所声明,显然的,是人为此举无法律依据,同时有一公开事实,即某某国曾有大批军事人员服务于中国军队(实指德国),直至最近,日政府并未认为系敌对行为,甚至亦不阻止中国与此等国家建立最密切的条约关系,因此日政府究以何项根据,向苏联政府发出此种声明⋯⋯据日当局以前担保,谓日不拟对华作战,迨战争发生,日本又再三声明,系'偶然事件',两独立国间既未入战争状态,故苏联不负任何责任。"[①]为了阻止苏联援华抗日,日本曾经采取以攻为守策略企图迫使苏联放弃对华援助政策,为此对苏联挑起了张鼓峰事件和诺门坎事件。但由于受到苏联强力反击,同时军事力量深陷中国战场难以自拔,日方对此无可奈何。但苏联也不愿意进一步刺激日本,在诺门坎事件和平解决后,苏联对华援助逐步削弱。

(五)中苏合作抗日阶段的结束

全面抗战爆发后,中国政府方面一方面接受苏联的军火援助,另一方面极力试图与苏联签订互助条约,力促苏联对日出兵。但正面对抗日本不符合苏联的利益和既定的国策,苏联只希望维持稳定局面以发展军事力量,以中国牵制和消耗日军,并无出兵支持中国的意图。虽然对于日本过度的挑衅苏联在张鼓峰和诺门坎两地进行了有限度的反击,苏日冲突最终还是以和平方式获得了解

[①]《苏联对外政策文件集》第 21 卷,第 345—346 页。转引自李嘉谷:《合作与冲突:1931—1945 年的中苏关系》,桂林:广西师范大学出版社,1996 年,第 146—147、193—194 页。

决。苏联绝对不愿意过分刺激日本,甚至连在 1939 年 5 月 14 日中苏第三笔信用贷款合同已经商定好的情况下,5 月 16 日苏联外交人民委员莫洛托夫突然通知中国,由于外交界传闻苏应允大力援华,为避免过度刺激日本,苏联暂停对华贷款交涉,直到 7 月上旬弄清误会后苏方才同意履行条约。1939 年 8 月下旬,纳粹德国与苏联签订互不侵犯条约,违背了 1936 年德日之间反共产国际协定中的秘密补充协定,德日关系出现裂痕,加之在诺门坎战事中失利,日本于是暂时放弃北攻苏联的图谋,之后主动向苏联提出了签订中立条约或互不侵犯条约的意向。紧接着,德国侵略波兰,苏军与德军夹击波兰,苏联入侵芬兰,随后趁英法与德国在西欧战斗正酣之际,苏联强行占领波罗的海沿岸的爱沙尼亚、拉脱维亚、立陶宛三小国。苏联入侵芬兰战争发生后,1939 年 12 月,中国在国联行政院讨论开除苏联的议案时投弃权票,苏联在 1939 年 12 月 14 日被国联开除,成为国联历史上唯一被开除的国家(国联行政院决议采取全体一致原则,中国可以一票否决),这导致了中苏关系的疏远。

德国在西欧初战得手后,开始加大对苏联的压力。鉴于德国进攻的威胁,苏联为避免两面作战,急于谋求与日本的妥协以稳定其东方局势。经过多番接触和讨价还价,为了维护自身利益,苏联决定牺牲中国权益与日本妥协。纳粹德国 1940 年夏天闪击西欧大陆的成功,使得日本决定乘机南进夺取西方国家在亚洲、太平洋地区的势力范围。为了实施南进战略,日本在加强同德、意勾结的同时,也积极谋求调整对苏关系,以便巩固北方安全,并促使苏联停止援华,达到早日结束"中国事变"的目的。1940 年 7 月起,在日本的倡议下苏日两国开始会谈,8 月底谈判一度中断。德意日三国轴心同盟条约签订后,日本政府又致力于苏日中立条约的谈判,日本提出了《日苏互不侵犯条约方案》，并起用陆军中将建川美次为新任驻苏大使，加速日苏谈判步伐。1940 年 10 月 30 日，建川拜会莫洛托夫，提交日本政府草拟的《日苏互不侵犯条约方案》。1940年 11 月 18 日，苏联提出《苏日中立条约草案》及附属议定书草案。12 月中旬，谈判又告中断。1941 年 3—4 月，日本外务大臣松冈洋右访欧，企图再次借助德意力量促进日苏关系的改善。1941 年 3月，日本外相松冈洋右访苏，受到斯大林和莫洛托夫接见，重庆国民政府方面非常紧张，多次打探日苏谈判内容。中国驻苏大使邵力子为此紧急拜会苏副外长，然不得要领，但苏方表示对中国抗战态度不变。1941 年 4 月 11 日，苏驻华大使潘友新告诉张冲，苏外交政策不变，绝不会为自己而牺牲他国利益，接待日外相纯为过境礼貌。但话音未落，1941 年 4 月 13 日，两国即签订《苏日中立条约》，条约内容中称："苏联誓当尊重满洲国之领土完整与神圣不可侵犯性，日本誓当尊重蒙古人民共和国之领土完整与神圣不可侵犯性。"苏日两国都以中国利益进行交易，这严重损害了中国的国家利益和主权，苏联这一行为也是对《中苏互不侵犯条约》的严重违背，因此苏日条约一公布就在重庆引起波澜。

对于苏日双方以牺牲中国利益达成交易，中国方面事先缺乏充分的准备。1940 年 11 月，国民政府军事委员会参事室提交的《从中苏关系立场上判断苏日关系》认为，"这些年的中苏关系是互助，不是单助"；"在日本以侵华反苏双管齐下为国策的期间，尤其在日本鼓动国际反共联合阵线以后，中国第一步严厉拒绝了共同反苏的胁诱，第二步毅然决然单独对日发动了自卫抗战，这在军事形势上就天然的消减了日本对苏联的威胁"。中国的抗战也帮助了苏联，"苏联从无对一友邦放弃信义的事实"，"自列宁以来以援助东方被压迫民族为重要政纲，我们不相信斯他林（斯大林）会变更这政策,本来援助被压迫的中国现在忽变成压迫者的日本",加之中国非常感激苏联三年来的援华努力,"中国毕竟也是世界上一个大国,苏联在进行其世界外交之时,相信其应当不会忽略了有传统友谊的大中国""苏联是全世界最爱和平的国家"。因此判断"不相信苏联会接受日本的要求","因为相信苏联对于中国的信义,所以不相信苏联肯接受日本妥协的要求"。因为《中苏互不侵犯条约》第二条"如缔约国之一方,受一个或数个第三国侵略时,其他一方在整个冲突期内,不得对上述第三国予以任何直接或间接的援助,亦不得采取任何行动,或参加任何协定,使侵略国可用以损害被侵略国",而苏联若与日本签约,就等于帮助了日本,"我们是坚信决不变更援华政策的,所以决不相信这种与援华政策相反的情事可以发生";"因为深信苏联一定重视对中国的信义,所以不相信苏联肯接受日本的要求"。[1] 苏日突然宣布签订中立条约,对国民政府震动很大,军政要员几经研讨磋商,鉴于中苏关系对于中国抗战的重要性,国民政府决定对此采取克制和低调处理,仅由外交部声明不承认日苏条约对中国领土外蒙古和东北的约定。外交部长王宠惠于日苏条约签字后第二天发表声明指出:东北四省及外蒙古是中国领土,"满洲国"是非法的,中国政府决不承认苏日中立条约,中国政府与人民绝不承认第三国妨害中国领土与行政完整的任何决定,苏日两国公布的共同宣言对于中国绝对无效。[2] 1941年4月15日,国民党中央宣传部长王世杰致电驻美大使胡适:"日俄协定事,除由外部就满蒙问题声明立场外,我将不对苏作其他批

① 军事委员会档案:《军事委员会参事室对苏联与日本签订政治条约的意见》(1940年11月),中国第二历史档案馆藏,761—133。
② 国民政府外交部档案:《外交部关于苏日共同宣言的声明》,见中国第二历史档案馆编:《中华民国史档案资料汇编》第5辑第2编,"外交",第219页。

评,以免造成反苏印象,为敌利用。请密嘱有关人员注意。"①苏日条约的签订,表明苏联在中日战争中由支持中国转向中立的立场,这是苏联在中苏关系问题上的一个大倒退,也使中国政府数年来拉苏联参加对日战争的努力完全失败。苏日条约的签订,使国民政府认为"中国之抗战除自力更生外,比较最可靠之友邦,自为美国。美国此后对华之援助,将与苏联在远东之态度成一反照"。②自此,中苏关系急速降温。

苏日条约第二条规定:缔约国之一方成为一个或数个第三国敌对行动的对象时,则缔约国之他方在冲突期间即应如约保持中立。当时中日正处于交战状态,根据条约苏联不应该继续援华。1941年4月15日,中国大使邵力子向苏联外长莫洛托夫探询,得到的答复是苏日谈判未提及中国,条约专为苏联保持和平,与中国没有关系,不影响中国抗战。4月19日苏驻华大使潘友新见蒋介石,也表达了同样的意思。"苏使见委座,谓苏日条约不妨碍中苏关系,松冈与莫谈话中并未提到中国问题。苏俄决不改变,而且不能改变援华政策。西北运输及顾问工作如常。"③但自此以后,苏联对华援助逐渐减少。1941年春天,德国进军巴尔干半岛,攻苏态势已经明显。苏联自感应对吃力,莫洛托夫向邵力子表示苏联方面无法供给中国订购的货品。自此苏方虽然继续以易货贸易形式对华供应部分军用物资,但数量大减。1941年5

① 中国社会科学院近代史研究所中华民国史组编:《胡适任驻美大使期间往来电稿》,北京:中华书局1979年版,第76页。

② 军事委员会档案:《军事委员会参事室对苏联与日本签订政治条约的意见》(1940年11月),中国第二历史档案馆藏,761—133。

③ 转引自杨天石:《对苏外交的一鳞半爪——宋子文档案管窥之四》,《近代中国史事钩沉——海外访史录》,北京:社会科学文献出版社1998年版,第579页。

月28日,张冲在给宋子文的电报中说:"苏方上周给汽油2 500吨,机油940吨,及其他器材。似苏日中立条约对中国不受约束。如我内外无大变化,苏仍将接济我国。我在苏尚有6 000余万元押品之军火。"①不久苏德战争爆发,开战之初苏军严重溃败,苏联陷入苦战之中自顾不暇,遂停止了对中国的军事援助,此后中国方面仅仅从苏联购买了少量的汽油和机油,在华的苏联军事顾问、技术专家和空军志愿人员也都奉召回国,中苏合作抗日阶段结束。

第四节　中苏关于援华抗战问题的谈判

一、杨杰军事代表团到苏联

全面抗战爆发时,中日两国国力相差悬殊,仅以军力而言,双方就不在一个层次上。中国仅仅在现役军人数量上多于日本,但由于经济能力和动员水平很低,潜在的兵员数量也毫无优势。除此之外,中国在军事力量的所有方面都大大落后于日本。日本有完整的军事工业能力,能够大量生产各种军事装备,包括航空母舰在内的各种舰船和飞机,中国仅能生产少量简易轻型武器。中国几乎没有重型武器的生产能力,海军力量与日本相比基本可以忽略不计。仅以空军而言,当时日本的军用飞机年生产能力在千架以上,中国的飞机只停留在设计层面上,根本没有生产能力,只能从欧美各国购买。开战后,中国空军能够用于作战的飞机约300

---

① 转引自杨天石:《对苏外交的一鳞半爪——宋子文档案管窥之四》,《近代中国史事钩沉——海外访史录》,第581页。

架,中国的飞行员数量也很少。按照在华考察的陈纳德所述,"航空委员会飞机档案上的五百架飞机只有九十一架能适应战斗的需要"①。卢沟桥事变后不久,1937 年 8 月,中日两军在上海地区开战,弱小的中国空军虽然英勇作战,沉重打击了日军的嚣张气焰,但自己也损失严重。到 1937 年 11 月南京失守前夕,中国方面的作战飞机几乎丧失殆尽,完全失去了制空权,日机频繁轰炸中国各地,对中国的民心士气影响巨大。在《中苏互不侵犯条约》秘密谈判期间,1937 年 8 月 14 日,国民党中央执行委员张冲就以蒋介石个人的名义,向苏联驻华大使鲍格莫洛夫提交了一份军火合同草案,要求苏联提供 350 架飞机、200 辆坦克和 236 门大炮,其中 300 架飞机、136 门大炮和全部坦克要在合同签字后一个月内交付。草案还要求苏联派遣飞行员、航空技师、炮手和坦克手,来华训练中国军人。蒋介石还决定派遣王叔铭率领 7 名飞行员、2 名机械师,去苏联接收武器。② 1937 年 8 月 17 日,苏联同意中方提议,并且要求在莫斯科进行谈判。蒋介石急于得到苏联援助,1937 年 8 月 20 日,致电驻苏大使蒋廷黻,说明他派沈德燮赴苏联,请蒋廷黻帮助沈与苏洽商,要求获得驱逐机 200 架、重型轰炸机(双发动机)100 架,先聘苏联飞行员二三十人,驾驶飞机到兰州后再飞回新疆驾驶飞机回甘肃,往返十多次把飞机运完。"其联络路决取道新疆,并请供署派若干武官在新疆购备多量汽油存储以便飞行,盛世才已复电赞成此事。"③但此时还处于《中苏互不侵犯条约》秘密谈判阶

---

① [美]陈纳德著,王湄等译:《飞虎将军陈纳德回忆录》,杭州:浙江文艺出版社 1998 年版,第 56 页。
② 李嘉谷:《合作与冲突:1931—1945 年的中苏关系》,第 82 页。
③ 《蒋介石致驻苏大使蒋廷黻电》(1937 年 8 月 20 日),《中华民国重要史料初编——对日抗战时期:战时外交》(二),第 465 页。

段,苏联方面担心秘密暴露而不愿意接待。①

　　为了争取得到苏联的军事物资援助,在《中苏互不侵犯条约》签约后,考虑到苏联军火援助的重要性,中国方面决定提高赴苏谈判代表团的规格,1937 年 8 月 23 日,蒋介石任军事委员会参谋次长杨杰为特派军事代表团团长,国民党中央执行委员张冲为副团长,陆军少将黄光远为随团秘书,还有王叔铭、蔡庆华、夏全铎、余人翰、刘唐领等人,分成空军、坦克、步兵、炮兵等几个小组,一共 40多人,为保密起见,代表团以"工业部赴苏实业考察委员会"名义赴苏联访问,与苏联谈判对华军事援助问题。杨杰率团出发之前,1937 年 8 月 22 日,蒋介石在召见杨杰的谈话中,要求他的工作目标是尽力促成苏联出兵参战,同时获得苏联的军火物资援助。

　　以杨杰为首的代表团组成后,于 8 月 27 日飞抵西安,拟经西安、迪化飞往莫斯科。杨杰飞抵西安的同一天,在南京的陈立夫同鲍格莫洛夫已就军火供应问题粗略达成协定,其要点为:(1) 贷款总额为 1 亿中国元;(2) 条约以英镑形式缔结;(3) 贷款从提供后第 2 年开始分 5 年偿还;(4) 供应 200 架飞机和 200 辆坦克;(5) 全部贷款的 3/4 以金属偿还,1/4 可为茶叶或其他消费品;(6) 细约由杨杰代表团到莫斯科商定。同一天,蒋介石接见了鲍格莫洛夫,进行了长时间谈话,蒋向苏联表明了抗战到底的决心,并提出希望苏联能够转让部分其刚从美国获得的高速轰炸机,同时希望苏联政府允许苏联飞行员以志愿者身份加入中国军队。蒋还要求苏联尽快解决立即派遣部分苏联飞机和飞行教员前往甘肃的问题。②

---

①《苏联对外政策文件集》第 20 卷,第 468—469 页。转引自李嘉谷:《合作与冲突:1931—1945 年的中苏关系》,第 108 页。

②《苏联对外政策文件集》第 20 卷,第 480—481 页。转引自李嘉谷:《合作与冲突:1931—1945 年的中苏关系》,第 108 页。

如前所述，苏联希望中国抗战以拖住日本，消耗日本实力，从而帮助苏联从东西受敌的困境中解脱出来。苏联的战略意图是集中力量用于西线，并不想在东线直接与日本作战，因此蒋介石要求杨杰促成苏联参加对日作战的目标，由于不符合苏联国家的战略利益，这项使命是注定不可能完成的。当时中国驻苏大使蒋廷黻通过观察思考，已经悟出了苏联的这一国策。但为鼓励中国的抗战意志，苏联方面在许多场合对中国暗示其参加对日作战可能性，因而使得包括蒋介石在内的许多中国政要产生了苏联将参战的想法。杨杰初到莫斯科，由于苏方对于中国的军火要求大力支持，杨杰、张冲等人对于苏联参战产生了不切实际的想法，但经过多次督促要求，苏联始终没有参加对日作战，杨杰的这项使命未能达成。杨杰代表团在苏联工作的最大贡献，是完成了苏联向中国提供军事援助的具体内容。实际上杨杰代表团到莫斯科真正需要解决的是两大问题：一是进口军火的数量和种类，二是进口的运输线路（运输线路问题见后面的叙述）。对于第一个问题，当时几个小组根据抗战需要和中国军队的实际，提出武器装备购买计划，报国民政府批准，并提请苏联方面征求意见。

1937 年 9 月 8 日，杨杰代表团全体成员乘坐苏联政府飞机到达莫斯科，开始与苏方秘密会谈。苏联方面非常重视这次外交活动，杨杰 9 月 9 日日记记载：苏联国防人民委员伏罗希洛夫元帅"热诚爽快，即说可开始研究商洽问题。对于予之请求，完全应允"。"晚七时伏元帅派拔也夫及拉宁来寓商洽，予将所希望各物及开始输送时间告之，彼二人一一记录，会谈内容详备忘录。声明一二日内详为计算，由伏元帅批定后即可开始运输矣。""此种顺利之交涉，在世界上、国际（场）合中可称空前圆满。"[1]杨杰一行到莫斯科

---

[1]《杨杰日记》，转引自李嘉谷：《合作与冲突：1931—1945 年的中苏关系》，第108 页。

的时候，宋庆龄作为苏联政府和斯大林的特邀贵宾正在莫斯科。宋庆龄向苏联政府部门和人民宣传中国的抗战形势，她先后三次同斯大林会见，极力争取苏联援华抗日。为了表达对考察团人员的慰问，宋庆龄专门在中国驻苏联大使馆宴请了考察团的领导和部分团员。中国驻苏大使蒋廷黻，大使馆武官、商务参赞、考察团团长杨杰，副团长张冲，秘书黄光远，空军组长王叔铭和翻译刘唐领等人出席。宋庆龄在致辞中对考察团的工作表示赞赏，认为国内国共两党合作抗日，从苏联洽购武器，符合孙中山生前倡导的三大政策和打倒帝国主义的遗愿，并表示感谢苏联政府和人民的援助，希望全国人民团结一致，把抗日进行到底。

在决定援华抗日的同时，苏联方面对于中国的抗日决心并无把握，担心中国会同日本妥协。苏联尤其不想激化与日本的矛盾，不愿意刺激日本而引起苏日冲突，所以特别在意援华行为的隐蔽性。这种心态，不仅在中国全面抗战之初，即使到了中国抗战后期的 1943—1944 年依然如此。为了保密，杨杰率领的中国代表团到莫斯科后，苏联方面安排他们居住在距离莫斯科 40 公里远的一处郊野别墅院内。这个别墅是苏联政府高级官员的休养场所，院内景色宜人，有树林、湖泊、游船、跑马场、各种球场（包括网球、排球、台球等）、射击场等设施，别墅前有花坛、喷水池等，楼房之间有柏油小路通往林区和湖泊，大棚中种植着蔬菜和瓜果，冬天也能吃到鲜嫩的黄瓜。苏联方面为保密工作安排之周密，从当时发生的一件小事上可见一斑。有一次，时任中国驻苏联赤塔领事的焦绩华在莫斯科租用一辆小汽车去别墅见杨杰，到达门口时杨杰及许多随同人员出来迎接。但送焦绩华来的汽车司机立即就被扣留了，苏方管理者解释说，因租车来这里的情况是首次发生，司机看到了这里有很多中国人，倘若以后日本人租用这辆车时司机可能会不慎吐露今天所见,这样就会影响大局。苏方表示,将安排司机离开莫斯科去其他城市。① 在此以后,杨杰等人在苏联采办军火和航空器材时,都是直接与苏联国防部长接洽,而不通过苏联外交部或外贸部,苏联方面也不通过其外交部或外贸部与中国商洽,目的都在于保密。② 由此可见苏联方面对中苏军事合作会谈的保密程度,也可以看出苏联最高领导集团对于远东地区的中日战争用心之深邃缜密。

二、杨杰代表团与苏方的谈判

1937 年 9 月 9 日至 10 月 4 日,中苏谈判一共进行了四轮,内容是苏联向中国提供军火的品种、数量和方式。

《中苏互不侵犯条约》签订后,苏联国防人民委员伏罗希洛夫元帅负责主持对华军事援助计划,但最终决策者是斯大林。杨杰等人到达莫斯科后不久,苏方陪同的一位将军就通知考察团,苏联最高统帅斯大林拟接见考察团一行,考察团需在最短时间内拿出初步方案,并对口协调苏方有关人员参与中方工作。在与苏方人员接触的过程中,中国方面人员了解到斯大林的脾性和专断特征,知道最终的援华方案必须得到斯大林同意才能实施。所以,中国方面必须把自己的战况和需求讲得清楚具体,才能够得到斯大林的同意。

尽管在出发前考察团就根据抗日战场情况拟制了急需的武器装备清单,但要在很短时间内对照苏联能够提供的武器对采购方

---

① 刘志兵、邵志勇:《西北国际大通道》,第 60—61 页。
② 国民政府财政部档案:《许德光关于苏联购货借款过去我方订购军品及航空器材经过情形的记录》(1939 年 9 月 29 日),见中国第二历史档案馆编:《中华民国史档案资料汇编》第 5 辑第 2 编,"财政经济"(2),第 628 页。

案进行调整细化,仍然需要做许多工作,主要面临三大问题:首先是苏联对于卖给中方的武器有限制,不是中国想要的武器装备都能买到;其次是苏联不愿意刺激日本,因此非常顾忌国际影响,特别是苏联为避免日本方面出现强烈反应,要求除少量武器(主要是飞机)在苏联组装完整后直接运到中国之外,大部分武器都要以零部件形式运到中国国内再进行组装,这在数量、运输计价等方面都带来了非常大的麻烦;最后是苏方要求中国对支援的各种武器制定出具体透明的分配和使用计划,这需要国民党最高层来确定。面对这些紧迫的任务,杨杰领导考察团立即分工投入制定采购方案的工作之中,考察团成员日夜忙碌,连睡觉吃饭的时间都要压缩。经过紧张的工作协调,考察团终于在斯大林会见前把方案做了出来。

在接受斯大林接见时,杨杰向斯大林介绍了中国的抗战情况,特别是讲述了中日双方武器装备方面的巨大差距。杨杰告诉斯大林,全面抗战爆发时中国军队共有各类飞机近 600 架,两个月来被日军直接毁于地面的飞机达 400 多架,现在中国空军几乎丧失了作战能力,日本航空兵在中国天空肆意横行,对于在中国轰炸的时间、地点、目标和破坏程度,几乎任意选择。他们想飞到什么地方就到什么地方,想轰炸什么目标就轰炸什么目标,想怎么轰炸就怎么轰炸,中国方面损失非常严重,中日战争前景堪忧。杨杰还向斯大林举例说明了几个日军轰炸中国目标的例子:7 月 10 日,日军对北平进行 4 次轰炸,造成了中国 4 000 多人伤亡;7 月 13 日,日军轰炸天津,中国 3 000 多人伤亡;8 月 13 日,日军轰炸上海,中国 1.2 万多人伤亡;8 月中旬后日军连续轰炸南京,每天都有数百名平民死亡。① 在认真听取了杨杰的报告后,斯大林说只要中国国共两党

---

① 刘志兵、邵志勇:《西北国际大通道》,第 63 页。

真诚合作,中国全国人民团结一致,胜利一定属于中国。并且表示苏方将尽力满足对于作战物资尤其是对作战飞机的需要。斯大林还详细询问了苏方工作人员援华方案的情况,原计划不到半个小时的会见,实际持续了一个半小时。后来,在1937年11月11日的会见中,斯大林向杨杰说因为中国没有建立起国防工业才受到了侵略,希望中国能够有抵制侵略的军事工业。他表示苏联愿意帮助中国建立军事工业,建议由苏联帮助中国建立企业制造飞机和大炮,发展石油工业。[①] 由此可见,苏联当时对于援华抗日的积极性。

在中苏第一次会谈后,1937年9月10日,苏联国防人民委员伏罗希洛夫关于苏联国防人民委员部谈判小组与中国代表团会谈的内容、苏联国防人民委员部就落实对中国的军事援助和武器构成所提建议的秘密报告,以及苏联国防人民委员部谈判小组与中国代表团第一次会谈的记录,被送给了斯大林:

> ……
>
> 2. 通知中国代表团,我们同意出售 Cь(中型轰炸机)2个大队——62架;И-15(歼击机)2个大队——62架;И-16(歼击机)3个大队——93架;УТИ(教练歼击机)8架,总计225架飞机。
>
> 3. 拒绝中国人关于出售重型火炮的请求——这种口径的火炮我们自己也很少。如遇中国人一再请求之极端情况,则向其出售不超过50门122mm榴弹炮。

---

① 《斯大林与蒋介石特使关于援华问题的谈话记录(摘录)》(1937年11月11日),见沈志华总主编:《苏联历史档案选编》第11卷,北京:社会科学文献出版社2002年版,第707—708页。

4. 准许向中国代表团展示和提供以下武器的战术技术资料:Сь、И‑15、И‑16飞机;带瞄准具的高射炮;45 mm 反坦克炮;T26坦克。

5. 就是否可能向我们购买汽油和其他油料给予中国人原则上肯定的答复。

6. 同意向中国派遣教练员,其数量和专业应在最后敲定所购武器品名后明确。①

全面抗战爆发时,中国能够用于作战的飞机只有91架②,战争一开始就遭受很大损失。全面抗战开始不久,日军就全面掌握了中国战场上的制空权,对中国的抗战力量和人民生命财产造成了极大的威胁。1937年8月,国民政府要求苏联提供200架驱逐机和100架重型轰炸机。③ 9月9日在商洽购买苏联武器的第一次会谈中,中国方面提出,8月27日陈立夫同鲍格莫洛夫达成的协议中关于200架飞机的数量太少,应增加到350架,包括重型轰炸机100架、轻型轰炸机100架、驱逐机150架,另需聘苏联教官、技师70人。苏联方面同意立即从9月15日开始调运首批飞机共225架来华。同时苏方还同意派教练及技术人员来华,包括С‑5重型轰炸机、И‑15、И‑16歼击机的飞行教官、仪器教官、技师和总工程师等④,具体包括"拟聘请贵国教官、技师,计重轰炸教官十五员、

① [俄]乌索夫著,赖铭传译:《20世纪30年代苏联情报机关在中国》,解放军出版社2013年版,第210—211页。

② [美]陈纳德著,王湄等译:《飞虎将军陈纳德回忆录》,第56页;陈纳德著,陈香梅译:《陈纳德将军与中国》,台北:传记文学出版社1978年版,第40页。

③ 王建朗、曾景忠:《中国近代通史·第九卷·抗日战争(1937—1945)》,第170页。

④ 刘志兵、邵志勇:《西北国际大通道》,第61页。

轻轰炸教官十员、驱逐教官八员、飞行教官七员、技术人员三十员"①。后又提出要求苏联派遣教练人员："飞行教官：每十架一员。飞机修理师：每队（九架至十五架）一组（每组若干人，由贵方决定之）。战车教练官：由贵方决定之。高射炮教官：一员。"②伏罗希洛夫决定派遣教练及技术人员89人。③ 此外，还需要苏联供应飞机零配件、汽油、润滑油、航空炸弹、机枪子弹等物资。当时中国方面还要求苏联提供战车82辆、重炮138门、载重汽车6辆、机踏车18辆。不过，除了飞机、战车和汽油，其他的要求都需要在参观各种兵器后依照协定数目的余款再行确定。杨杰说："现因敝国战事紧急，需要飞机甚殷，故飞机须先设法运往敝国，其他兵器之运搬，可于研究路线及方法后，再行决定。"④9月11日，在第二次谈判中，拔也夫和拉宁代表苏联方面表示，对于中国方面"所需各物，尽量一次给与"，这使杨杰等人感觉交涉"进行之顺利，实出意料之外"。9月17日双方第四次会谈也是"结果圆满"，苏联对于中国方面的要求完全答应，并且替中国方面考虑和筹划运输问题，"所给各物均已准备完竣，只待运输"⑤。此后苏援飞机未能及时到达中国，是由中途各机场汽油及设备没有准备妥当导致的。

　　当时中国几乎没有重型武器生产能力，非常需要苏联提供火

---

① 《中国军事代表团与苏联商谈援华抗日械弹记录稿》，见《民国档案》1987年第3期，第32页。

② 《中国军事代表团与苏联商谈援华抗日械弹记录稿》，见《民国档案》1987年第3期，第39页。

③ 《中国军事代表团与苏联商谈援华抗日械弹记录稿》，《民国档案》1987年第3期，第40—41页。

④ 《中国军事代表团与苏联商谈援华抗日械弹记录稿》，《民国档案》1987年第3期，第32—34页。

⑤ 《杨杰日记》。转引自李嘉谷：《合作与冲突：1931—1945年的中苏关系》，第109页。

炮和坦克。为购买苏制火炮和坦克,杨杰代表团中的夏全铎、余人翰参观火炮试验,在观看了火炮的战斗演示后,中方代表对苏军火炮战术技术性能感到满意,只是感觉其重量过大(10 吨),不便于运输。对于苏联反坦克炮和坦克的性能也很满意,认为苏联高炮命中率很大,反坦克炮品质及性能均甚优异,强于德制同类武器,决定大量购买。在听取专家意见后,9 月 14 日,杨杰又召开了代表团全体会议,研讨购炮问题。中方很快同苏方就购买火炮和坦克问题达成了协议,购高炮 20 门,附加照空灯、听音机及其他仪器全套,炮弹 4 000 发;反坦克炮 50 门,炮弹 7.5 万发;战车 82 辆,外加修理车 5 辆,炮弹 12.3 万发,子弹 369 万发。苏方同意派若干教官和修理技师对中国军人进行培训使用这些兵器。①

　　由于苏联方面大力支持中国抗战,中苏谈判过程比较顺利。在初次交涉后,杨杰就说:"此种顺利之交涉,在世界上,国际场中可称空前圆满。"在 9 月 11 日的日记中,杨杰说:"晚拔也夫及拉宁来作第二次会谈……对于所需各物,(苏联)尽量一次给与,且开价极低,一切愿望中国胜利之热诚处处表现。彼二人走后,即将所得结果详报委座,并约于十三日检视各物。予到苏联任务可算大体完成。其进行之顺利,实出意料之外,愉快非常,喜而不寐,直至夜二时半始解衣就寝。"②在 9 月 12 日的日记中,杨杰又说:"委座真电询飞机何时起飞,其数量若干。当即呈复,重型轰炸机七十架,驱逐机一百六十五架,于十三日试验完竣后,即请苏方起飞输华。"③在谈判期间,中方代表不断向蒋介石汇报情况,蒋也向中方代表提出要求。例如,蒋介石曾经想要空袭日本,要求购买苏联超

① 刘志兵、邵志勇:《西北国际大通道》,第 61 页。
②③ 李嘉谷:《合作与冲突:1931—1945 年的中苏关系》,第 83 页。

重轰炸机。9月20日，杨杰、张冲致电蒋介石，说蒋反复要求购买的巨型四发动机超重轰炸机，苏联"已允拨六架，航力十六小时，可搭载四十武装兵，加聘高级教官、技师六员"[1]。除飞机之外的其他武器，蒋介石也随时致电杨杰，要求向苏联购置。1937年9月29日，蒋介石致电杨杰、张冲："轻机关枪需用甚急，可否购买一万枝，配足子弹，与第一批武器同时起运更好。"[2]在苏联方面支持配合下，中苏谈判进展顺利。1937年10月4日，中苏双方就运输问题达成共识后结束了谈判。到10月下旬，苏联首批援华飞机就到达了中国战场。

根据斯大林的指示和苏联国防人民委员部的要求，中方代表团迅速将拟采购的武器装备清单递交苏联国防人民委员部。由于中国抗战形势紧迫，在中苏双方尚未达成交易协议的情况下，苏联就向中国提供了武器装备的援助。苏联的援华飞机最早于1937年10月2日飞抵中国，但直到1938年3月1日，中苏双方才商订了第一笔5 000万美元的借款协定草案[3]，履行该笔借款的三个合同则分别是在3月3日、11日、22日签订的。在两国贷款协定和购买军火合同尚未签订的情况下，苏联就决定提前向中国援助武器装备，这打破了国际惯例。

三、中方开始培训和接收苏联武器

为了早日把苏联援助的武器装备运用到中国的抗日战场，考察团从9月10日开始，按照任务分工到苏军指定的地点接受相关

---

①②《中华民国重要史料初编——对日抗战时期·第三编·战时外交》(二)，第468页。
③ 南京国民政府财政部档案：《杨杰关于签订中苏第一、二次借款合约与蒋介石来往电》
　(1938年7月)，中国第二历史档案馆编：《中华民国史档案资料汇编》第5辑第2编，
　"财政经济"(2)，第602—606页。

武器的专业培训。由于饱受日本飞机轰炸之苦,中国首轮武器采购的重点是飞机,机组人员的培训任务也最为繁重。由于前线战事紧张,培训中的理论课安排很少,主要是进行飞行训练。这次来苏参加培训的中国飞行员,本已在国内接受过系统训练,都有近千小时的飞行经历,他们在培训中认真的学习态度和出色的表现受到了苏联同行的称赞。在试飞中,最危险的是单座飞机飞行,在苏联教官做完示范飞行后,即由中国飞行员驾机进行训练。据后来担任国民政府空军总司令的王叔铭回忆,当时苏方飞行员这方面的成功率不到90%,但中国飞行员在100多次单座飞机试飞中都圆满地完成了任务,没有发生任何事故。担任考察团空军组俄语翻译的刘唐领在回忆文章中说:

> 这一批中国歼击机飞行员在抗日战争以前,已经受过长期严格训练,抗战开始后,又参加过空战,颇有飞行经验。在掌握苏联新飞机的操纵技术以后,他们艺高胆大,在第二次试飞时,做了翻身飞行表演。苏联教官在地面上见状,大惊失色,以为飞机发生故障,赶紧用无线电话联系,问他们出了什么事故。飞行员回答说,一切正常。然而苏联教官却余怒未息,马上要他们降落,对他们进行了严肃的批评。从此,中国飞行员严谨地按照苏联教官的指示受训。①

从1937年9月10日到9月20日短短的10天时间里,中方人员全部掌握了采购武器的基本性能和使用方法,速度之快,即使是在战时也是惊人的。之后,中苏双方一起对首批运往中国的武器进行清点、装载。1937年10月1日,中国考察团的人员聚

---

① 刘唐领:《赴苏采购抗日武器的回忆》,见王佳贵主编:《盟国军援与新疆——新疆文史资料第24辑》,乌鲁木齐:新疆人民出版社1992年版,第9页。

集到了武器采购的最后集中和交接地点苏联中亚城市阿拉木图。苏方派出的航空器材交接代表是空军少校萨罗费约夫,而中国方面因国内战事紧张,派不出人员来,考察团就指派了翻译刘唐领代表军委会和航空委员会办理航空器材接运手续。第一批航空器材交接事务由空军组组长王叔铭办理,10 月 2 日王叔铭带领第一批飞机回国后,就由张矩祖飞机师继续办理器材接收手续。张矩祖乘第二批飞机飞回国后,由刘唐领继续负责办理接收手续。在王叔铭、张矩祖等飞行员相继离开阿拉木图回国后,负责接收航空器材任务的就只剩刘唐领一个人了,但刘唐领不懂飞行业务,无法进行飞机的试飞,在与苏方萨罗费约夫协商之后,确定飞机的装配、试飞和运送任务,全部由苏联方面的人员承担。

当时苏联飞机各个部件分别由各不相属的专业工厂制造,然后被集中到中央装配厂组装。有些小型飞机如歼击机等因体积小、续航力弱,无法长途飞行,就把飞机的零部件用飞机、汽车、火车、轮船等运到使用地点附近再组装。苏联援助中国的两款战斗机主力机型 И - 15、И - 16 型,就是从中央装配厂用火车把零部件运到阿拉木图后再进行组装的。随同这些零部件一起到达阿拉木图的,还有苏联政府派出的帮助中国抗战的军事顾问和飞行员及坦克驾驶员等。苏联机械师在阿拉木图机场不分昼夜地组装 И - 15、И - 16 歼击机,然后由王叔铭带领的中国飞行员和苏联志愿飞行队飞行员进行试飞,试飞合格后,由王叔铭与萨罗费约夫分别代表中苏两国政府办理交接手续。

10 月 2 日,空军组组长王叔铭带领部分中国飞行员和苏联飞行员驾驶亲自试飞过的轰炸机、歼击机从阿拉木图起飞,越过边境进入中国,经过伊犁、迪化、哈密飞往兰州。苏联第一批用汽车输送的援华物资,是 10 月 17 日从阿拉木图附近土西铁路上的萨雷奥泽克起运的。[1] 在这次采购苏援物资的谈判考察过程中,杨杰代表团 2 天内完成了武器装备采购的方案修订,10 天内掌握了所有武器的操作使用,从 1937 年 9 月 2 日考察团离开中国到 10 月 2 日首批苏联援华飞机进入中国,代表团只用了 1 个月时间就完成了首批武器的采购任务。他们高效率的工作受到了蒋介石的赞许,斯大林也对中国代表团做出了高度评价,要求苏联有关人员向中国代表团学习。[2] 综上可见,中苏关于军事援华的谈判过程和结果,都是令人满意的。

在最后一轮中苏谈判中双方商定,苏联援华物资运输主要通过苏联中亚的阿拉木图,到中苏边境的霍尔果斯口岸进入中国边城伊宁(伊犁),然后沿着伊宁—迪化—哈密—兰州这样一条通道进入中国。随着这一通道的开通和援华物资的增多,苏联中亚城市阿拉木图一下子繁忙起来。欧亚航空线、土西铁路(土耳其斯坦—西伯利亚铁路)和通向中国霍尔果斯的公路都在这里交会,苏联援助中国的军火大多从这里转运,双方往来人员也多从这里乘飞机出发。中国在这里设有总领事馆,中国交通部和军事委员会也有派出机构。考虑到在阿拉木图交接货物任务繁重,1937 年十月革命纪念日以后,苏方将萨罗费约夫空军少校调离阿拉木图,派出级别更高的苏联空军少将查列夫斯基接任。

为了运输援华飞机、汽车零配件和燃料等,应中国方面的要求,苏联组织了庞大的汽车运输队,每队由 50—60 辆汽车(卡车和油罐车、修理车等)组成,将货物直送中国,最远送到兰州。后来有

---

[1] [俄]乌索夫著,赖铭传译:《20 世纪 30 年代苏联情报机关在中国》,第 237 页。
[2] 刘志兵、邵志勇:《西北国际大通道》,第 67—68 页。

的送到迪化、哈密、星星峡,由中国新疆、甘肃两省及国民政府组织的运输队,用汽车或驿运送至兰州,再分发国内各战区。由公路运输的援华物资,在距离阿拉木图100公里远的铁路站萨雷奥泽克集中,由中苏双方工作人员验收交接手续,尔后由苏方人员直接驶往中国。承担运输任务的一部分汽车是向苏联借用的,货物运输到中国的交接地点后,返程接运中国偿还苏联借款的矿产品和农产品,如此反复循环。另一部分汽车,是中国向苏联购买的吉斯型汽车。苏联司机驾驶这些汽车把援华物资运到中国后,连车带货一并交给中国使用,他们再乘坐返程的苏联汽车或飞机回国。

四、杨杰赴苏使命的结束

为了坚定中国方面的抗战决心,在中日全面战争爆发之前,苏联方面曾经多次向中国暗示将参加对日作战,因此杨杰出使苏联的任务,除商谈军火物资援助外,就是争取苏联出兵参战。1937年10月22日,杨杰奉命向苏联方面探询:若讨论中日冲突的布鲁塞尔九国公约缔约国会议失败,中国坚持抗战的话,苏联是否有参战决心及何时参战?11月11日,斯大林接见杨杰,说苏联尚未到对日开战的时机。次日,苏联国防人民委员伏罗希洛夫再对杨杰解释说,因苏联敌人甚多且西部不稳暂时不能对日作战,目前在积极准备,很快便可以投入对日战争。斯大林、伏罗希洛夫在会见杨杰和张冲时都表示:在中国面临紧急关头时苏联将参战。1937年11月26日,当时南京危急,蒋介石要求苏联参战,杨杰向斯大林和伏罗希洛夫元帅转交了蒋介石请求苏联出兵的电报。1937年12月5日,伏罗希洛夫、斯大林致电蒋介石,称苏联若未受日方挑衅而出兵作战会被认为是侵略行为,日方将因此而改善其在国际舆论中的地位。斯大林开出的参战条件,是《九国公约》签字国全部或其中主要国家的允许以及苏联最高苏维埃会议的批准。在这些条件未满足时,苏联会用各种途径和方法增加对中国的援助,支持中国的对日抗战。1938年夏天,中日之间正在进行武汉会战,此时苏日之间发生了张鼓峰战役,国民政府热切期望苏联参战,杨杰再次奉命向苏联方面提出订立互助条约,要求苏联出兵抗日。苏方提出,只有在日本侵入苏联、英国或美国参战、国际联盟责成各国参战三个条件下,苏联才能对日作战,这实际上拒绝了中国方面要其直接参加对日作战的请求。中国对苏联直接出兵参战的期望,因不符合苏联的战略目标,最后必然无法实现。但在拒绝公开参战的同时,苏联秘密派遣了现役部队以志愿队名义来中国参战。

　　如前所述,中国政府派杨杰代表团赴苏的使命有两项:最重要的是促使苏联出兵作战,其次是争取苏联向中国提供军火援助。杨杰、张冲等人对苏联国策的理解不足,在赴苏之初,由于在军火援华问题上苏联态度异常积极,使杨杰对于苏联直接出兵打击日本产生了不切实际的想法,误以为苏联会直接出兵,因而对于驻苏大使蒋廷黻在此问题上相对理性的态度不以为然。在代表团争取苏联军火援助的使命完成后,杨杰奉命继续留在莫斯科商洽苏联援华事项,尤其是争取苏联出兵抗日。在接替蒋廷黻担任驻苏大使职务后,杨杰依然多次向苏联商讨催促,但苏联始终没有出兵。后杨杰回国由邵力子接任驻苏大使职务。1941年4月,苏日两国签署了《苏日中立条约》,这一条约的签订,使中国政府数年来拉苏联参加对日战争的努力完全失败。但杨杰等人在苏联争取军火援助的工作还是卓有成效的,受到了蒋介石的肯定。在苏期间,杨杰与苏联国防人民委员伏罗希洛夫元帅洽谈了由苏方向中国提供20个师的武器及其他军火援助等事宜,促使苏联军火源源不断运往中国。由于贡献卓著,杨杰于1937年12月被授予上将军衔,1938

年 2 月被委任为军令部次长,5 月被委任为中国特命全权驻苏大使,此时蒋介石给他的任务目标最高是促使苏联参加对日战争,最低是保持苏联对中国的军火援助。1938 年 11 月,此时已经身为中国驻苏联大使的杨杰,又以中国军方代表身份赴法国,期间他来往于苏法两国之间,与法国政府和军方洽谈合作,争取法国借款和军火方面的援助,直至 1940 年 1 月回国,他为争取苏联和法国援助中国抗日做出了重要贡献。

五、杨杰代表团关于开通西北国际大通道的设想

在由南京赴苏谈判途中,杨杰代表团途经兰州、迪化时,即与当地政府官员就苏联援华物资运输交通线开通的有关问题进行了沟通。1937 年 8 月 28 日,杨杰一行在兰州短暂停留,杨杰、张冲等会晤了主政甘肃的朱绍良、主政青海的马步芳等西北地区军政要人,对中苏交通线建设及苏联军援物资运输接管问题进行了商讨。之后,杨杰代表团在迪化,又要求操纵新疆省实际权力的边防督办盛世才做好苏联援华军火物资的转运工作。对于开辟苏联援华道路问题,甘肃省主席朱绍良和驻防河西走廊的马步芳胞兄马步青、实际操纵新疆政府的盛世才等人,均表现出了积极态度。

至于苏联军援物资的运输路线问题,当时主要考虑了两条路线:一条是从苏联阿拉木图经过霍尔果斯口岸入境,然后经过伊犁、迪化、哈密到兰州。这一条路线是古代中国通向中亚西亚和欧洲的丝绸之路的北线,沿途有一些小城镇,运输队容易获得食宿和补给保障,此线距离日本侵略军占领区比较远,运输安全能够得到保证。另外一条是从苏联的西伯利亚城市伊尔库茨克经外蒙古的乌兰巴托到兰州。这条线路多通过大面积的沙漠戈壁,沿途城镇很少,运输队难以获得食宿和补给保障,而且该线路距

离日本在内蒙古地区的占领区较近,运输安全无法得到保证。最后确定采用由阿拉木图经伊犁、迪化、哈密到兰州的线路。后来在实际上,也有少量物资是从伊尔库茨克空运过来的。

在苏联,杨杰代表团也与苏方讨论了军火物资的运输路线问题。当时考虑有陆海两条线路:一条是陆路通道,自阿拉木图经霍尔果斯口岸进入中国境内,然后经过伊犁、迪化、哈密、安西、肃州,到兰州,这主要用于运输火炮和飞机配件。根据苏联方面的估算,从阿拉木图用汽车把军火运到达兰州,需要用 147 天,即将近 5 个月的时间。[①] 与这条陆上通道并行的还有一条从阿拉木图到兰州再到汉口的航线即"空中桥梁",飞机零部件由莫斯科起运后到阿拉木图装配,再经过空中桥梁到中国。另外一条是海路通道,由苏联南部黑海海港敖德萨、塞瓦斯托波尔起航,经过博斯普鲁斯海峡、马尔马拉海、达达尼尔海峡进入地中海,通过苏伊士运河和红海进入印度洋,到英国属地缅甸的仰光港,再通过拟建之中的滇缅公路运至中国腹地,或者由印度洋穿过马六甲海峡进入南中国海,运至香港后再转至内地,或通过法属越南的海防港经滇越铁路运进中国内地,整个航程大约需要 25 天。海上通道虽然耗时较短但危险极大,因为除路途漫长、途中经历多国水域外,尤其是考虑到法西斯掌权的意大利可能会加入反共产国际协定(意大利于中日全面战争开始不久就于 1937 年 11 月加入了该协定),成为日本的盟国,意大利可能会从中阻拦苏联援华。鉴于此,加上空中航线成本高昂且运量有限,中苏双方确定主要运输还是通过中国西北的陆上线路。1937 年 10 月 4 日,中苏在第四次谈判中就运输问题达成共识,双方谈判结束。不过,还是有一些苏联军火通过海路运到

[①] 李嘉谷:《合作与冲突:1931—1945 年的中苏关系》,第 84 页。

中国,中国政府特许几艘英国货轮运送苏联武器。第一次海运苏联军火的 2 艘货轮于 1937 年 11 月从塞瓦斯托波尔港出发,1938 年 2 月初到达香港,上载有汽车和装甲车①,紧接着又有 2 艘运输苏联援华军火的货轮到香港,这两批海运军火价值中国法币 2 亿元以上。② 随着其后中苏之间西北国际大通道的开通,苏联的援华军火物资就不再通过海道运输了。

---

① 上载 6 182 吨军火物资,其中包括 82 辆 T - 26 坦克、30 台发动机、568 箱 T - 26 坦克零件、30 台拖拉机、10 辆 ZIS - 6 卡车、20 门 76 毫米高射炮和 4 万发炮弹、207 箱高射炮部件、4 套探照灯、2 套声源定位仪和航空武器。见张青松:《中国上空的鹰:苏联援华航空志愿队战史　1937—1941》,第 8 页。
② 李嘉谷:《合作与冲突:1931—1945 年的中苏关系》,第 84 页。

第二章　苏联援华国际大通道的诸多参与方

　　《中苏互不侵犯条约》签订及其后的一系列两国互动,表明中苏两国已经在事实上结成了抗日同盟,为了有效抗击日本侵略者,双方需要对抗日政策进行具体的实施操作。这对于苏联而言,就是要切实履行双方各项条约协议,为中国提供足够数量和效能的军事装备和配备相应的人员。对于已经完成了初步工业化过程、工业生产能力已经跃升为世界第二位的苏联来说,完成紧迫的援华任务固然有一定压力,但在一个强大的高度中央集权动员体制里,这就是一个国家领导人的决心问题。为了实现苏联的国家战略,避免东西两面受敌,必须使中国能够有效地牵制和消耗日军,斯大林等苏联领导人对中国提供了有力支持,用优惠的条件向中国提供军火物资。对于中国来说,要把苏联的军事援助落实成为战场上的战斗力,则是非常艰巨的任务。要达成这项目标,仅仅是把苏联援助的军事物资运进战场,就是一项牵涉到方方面面的巨大系统工程。苏联援华物资所要经过的中国西北地区,恰恰是中国社会经济最为落后、土地广袤、人口稀少、族群关系错综复杂、各种政治力量纠结的区域,国民政府尚未在此建立起有效的统治秩序。抗战是中华民族构建现代民族国家的重要过程,在国际反法西斯和国内抗日民族统一战线的共同旗帜之下,中国西北各种力量得到整合,通过共同努力,使苏联援华的西北国际大通道得以顺利构建、运行。

第一节　国民政府和社会精英抗日大后方设计中的西北

一、孙中山和其他国民党领袖关于把西北地区作为战略后方的设想

西北是中华民族文化的发源地,曾经长期是中国的政治经济文化中心区域,唐宋以后逐渐沦为边缘地带,近代以后除了发生英俄鲸吞蚕食领土及陕甘回乱等个别极端事件外,广袤的西北地区很少进入中国社会精英的视野。

作为具有强烈大中华情怀和浪漫想象力的革命家,孙中山很早就开始关注西北地区,他早年就提出过以西北地区为国家战略后方的设想,根据章太炎在《訄书·相宅》中的说法,他和孙中山在1902 年时有过一次谈话,其中有一段关于建国后定都的讨论,孙中山大胆地设想:"故以此三都,谋本部则武昌,谋藩服则西安,谋大洲则伊犁。"在孙中山看来,建都武昌则可保本部无忧,建都西安则可以控制满蒙和新疆,若要成为亚洲之主则应当建都伊犁。由此可见孙中山对西北地区的看重。

为了保卫疆土开发边疆,孙中山认为:"今日我国,如欲立足于世界,惟有速修铁路,以立富强。"[1]因此他设想了大胆的具有非凡想象力的铁路发展计划,其铁路计划中沟通全国的铁路,有三条连结大西北和新疆:一是南路:起于南海,由广东经广西、贵州、云南、

---

[1]《国父全集》第二册,台北:"中央"文物供应社 1981 年版,第 256 页。

四川,进入西藏,绕至天山之南;二是中路:起于扬子江口,由江苏经安徽、河南、陕西、甘肃,进入新疆而直达伊犁;三是北路:起于秦皇岛,绕辽东,折入内蒙古,穿外蒙古,终达乌梁海。①　1912年4月孙中山辞去临时大总统职务后,被袁世凯任命为全国铁路督办。孙中山在其《实业计划》中提出修筑有关新疆的铁路多达13条,其中实业计划第一计划第二部中,西北铁路系统第二线,经克鲁仑,达中俄边境,与塔城附近西伯利亚铁路相接;第三线以一干线向西北至迪化城;第四线由迪化向西,到达伊犁;第五线,由迪化经天山至喀什噶尔,转而东南,经帕米尔高原以东、昆仑以北及沙漠南至于阗,再于多伦诺尔、迪化间开一支线,经外蒙古库伦(今乌兰巴托)以至恰克图。孙中山实业计划第四计划第一部中央铁路系统有关新疆部分有:东方大港—塔城线、安西—于阗线、若羌—库尔勒线、迪化—伊犁线、北方大港—哈密线。其实业计划第四计划第四部中西北铁路系统包括蒙古、新疆与甘肃部分区域,仅在新疆部分就有迪化—乌兰穆通线、镇西—库伦线、焉耆—伊犁线、伊犁—和阗线、镇西—喀什噶尔线与其支线,西北边界线(沿着乌鲁木齐伊犁线、塔城线)。第四计划第五部高原铁路系统有关新疆部分有:拉萨—于阗线、兰州—若羌线等。②

　　20世纪20年代初期,孙中山派曾担任其警卫团团长和大元帅府参军的李章达到苏俄,向苏俄政府提出一项军事合作协议,即由苏俄派红军进入新疆和甘肃,接应和援助四川革命党人,苏俄帮助中国革命党人在外蒙古库伦和新疆的迪化建立两个军事基地,接

①《国父全集》第二册,第812页。
②《新疆研究》,交通·铁路,《国父全集》第一册,台北:"中央"文物供应社1981年版。
　　转引自周泓:《民国新疆交通概综》,《喀什师范学院学报》2002年第5期。

运苏联的援助。1922 年 12 月 20 日,孙中山在写给苏联外交代表越飞的信中说:我现在可以调动大约一万人从四川经过甘肃到内蒙古去……我们需要武器、军火、技术和专家的帮助。[①] 1923 年他派蒋介石去苏联,蒋赴苏很重要的一部分使命,就是希望苏联帮助国民党在新疆和外蒙古建立军事基地。但因与苏联策动外蒙古从中国分离的国策不符,此谋无果。在孙中山关于西北开发和铁路建设思想的倡导下,北洋政府于 1923 年筹设西北国道筹备处,并派京绥铁路的高级工程师林竞到新疆、甘肃等四省实地查勘路线。林竞后来写的《勘绥、甘、新路线意见书》和《西北国家路线计划书》曾被采纳,然因经费无着,未曾实施。

进入民国以后,由于英、俄(沙俄和苏俄)等外部力量的影响,加之中国自身政治经济的混乱,西北地区政治局面复杂,处于割据半独立状态,中国的有识之士对此忧心忡忡。国民政府统一全国后,由于视苏俄为心腹之患,急于统御和开发西北地区。从 20 世纪 20 年代起,中国朝野人士先后对西北进行了多次调研考察,提出了各种方案,国民政府也通过了不同的决议。但限于条件,这些方案和决议多沦为空文。

对于在新疆和蒙古建立革命基地的问题,蒋介石在北伐时期也有过类似的想法。[②] 蒋介石也非常看重西北边疆和交通运输在国家安全和维护统一中的意义,他曾经说:"今日政治与经济力量之开拓,乃以交通为首要之前提。凡我交通未达到之区域,事实上易为化外独立之地方……故交通之开发,乃治国经邦第一要务。一切政治家、外交家、军事家,不可不首先注意。今日国家所以纷

①《孙中山致越飞的信》,载《党的文献》1991 年第 1 期,第 56 页。
② 何晓鹏:《四川何以救中国》,《时代教育(先锋国家历史)》2009 年第 5 期。

乱，边疆所以危殆，泰半皆交通梗塞有以致之。试观日俄英法诸帝国主义，无不以铁道包围或深入我边疆，挟交通为其蚕食鲸吞之基本工具……所以敢肆意深入，视我数十万军队如无物，亦即欺我交通之缺劣也……公路、铁路能多修一里，必多修一里，多修一里，即为国家多存一里土地！治国安邦，悉于交通是赖。"[1]国民政府完成统一后，社会舆论上一时出现了开发西部的热潮。在这种热潮中，1934年《开发西部》杂志创刊，蒋介石为此亲笔题写了"开发西部"。九一八事变发生不久，蒋介石就有了在西北建立后方根据地与日本作战的考虑。1933年初中国与苏联复交不久，蒋介石秘书徐道邻在为蒋草拟的对苏意见中就说："我国边境气候较优，矿业蕴藏……以地理上之环境如斯而幸免强邻之觊觎实不可能。苏俄西土铁路之围绕新疆，其用心之深不难窥见。设法补救，惟有开发西北，发展经济。……西北若不开发，外蒙绝对无收回之希望，而新疆亦将为外蒙之续。惟在工业落后、农村破产之中国，欲谋边疆经济之发展，非有赖于外来之力量难见实效。我既不能抵挡俄国之侵略，则何妨与其谋合作之办法，共同发展，俾两无损失而各得其利。此就中俄地理上之关系言，中俄间之经济关系实有互助合作之必要。"[2]可见，蒋介石此时已经产生了明确的联苏和开发西北的思想。但限于种种因素，孙中山、蒋介石开发西北的计划、主张，基本上都停留在纸面上而未能落实。

　　除孙中山、蒋介石之外，当时许多政界人士注意到了西北对于

---

[1] 秦孝仪主编：《总统蒋公思想言论总集》卷十二，台北："中央"文物供应社1984年版，第105—110页。

[2] 国民政府资源委员会档案：《徐道邻拟关于中苏两国经济、外交诸问题的意见》(1933年3月14日)，见中国第二历史档案馆编：《中华民国史档案资料汇编》第5辑第1编，外交(2)，第1383页。

中国的重要意义。南京国民政府对于西北的开发建设提议较早，国民政府成立之初，就确定把开发西北、建设西北为政府要务之一，1928 年 1 月，国民政府成立建设委员会，1930 年 7 月，该委员会制定了《西北建设计划》，相继组建西北科学考察团、西北实业考察团等进行实地考察，为实施开发西北做准备。国民政府行政院设立了新疆建设委员会，专责编制《新疆建设计划大纲草案》，该文件明确将发展新疆交通列为当务之急，还为此编制了相应的计划，这个计划是：第一期沟通乌鲁木齐与兰州的公路联系；第二期沿乌鲁木齐—兰州公路修筑轻便铁路；第三期修通乌鲁木齐至兰州的正规铁路。① 显然这个计划过于庞大，诸多细节难以实现。尽管如此，大纲草案反映了国民政府对发展新疆和西北地区交通意义的认同和关注。

许多政界人士也对西北建设提出了建议。1928 年 8 月 8 日国民政府统一伊始，前总统黎元洪秘书、政府财政顾问龙骧，撰写《中国裁兵就垦移殖边疆有必要注意三点意见书》，10 月 18 日，他将此文呈献国民政府主席。他总结了历史上西北屯垦的教训，提议将屯垦士卒连带家眷一并移入，或使屯垦士卒中无眷者就地择妇成家，以繁衍人口固守边地；选坚毅朴实士卒散至各屯亦农亦兵；在屯垦地学习美国加拿大旱地种植技术。② 1932 年 5 月 31 日，皖北农民协进研究会严孝绵等人向行政院提出请求，要求组织 1931 年水灾后的灾民移民西北垦殖③，此事为省府所知，1932 年 6 月 13

---

① 周泓：《民国新疆交通概综》，《喀什师范学院学报》，2002 年第 5 期。

② 《龙骧呈报〈中国裁兵就垦移殖边疆有必要注意三点意见书〉》，见马振犊主编：《抗战时期西北开发档案史料选编》，北京：中国社会科学出版社 2009 年版，第 140—144 页。

③ 《严孝绵等请组织移民西北垦殖致行政院呈文》，见马振犊主编：《抗战时期西北开发档案史料选编》，第 144 页。

日，安徽省政府主席吴忠信专门为此查问。①

　　1932 年 6 月 17 日，陈果夫向国民党中央政治会议写了一个把解决历年积欠的教育经费与西部开发联系起来的提案。正因一·二八事变迁避洛阳办公的国民政府，于 1932 年 9 月 9 日以主席林森和行政院长、内政部长、财政部长的名义，向行政院发出办理陈果夫提案的训令。陈果夫提案要求以未开发的西北荒地为担保发行垦殖证券，以清偿历年积欠的教育经费。并且以此向银行抵借现款，以作为开发西北荒地的本金。陈果夫要求垦殖证券前三年由政府筹付最低利息，第四年开始付较高利息，第六年开始还本。"本息还清后，政府即再估定其地价，发行新垦殖证券，以其半数作为扩充教育经费，以其他半数作为开发其他地域之本金。"②国民党中央政治会议决议由朱家骅召集教育与财政组审查此案，朱家骅等审查后认定了先行垦殖区，并决定组织内政、教育和实业三部及银行和学者在一个月内去先行垦殖区调查，调查结束制订计划后再筹商发行公债办法。③ 10 月 7 日，财政部长宋子文和教育部长朱家骅拟定了垦殖区调查团章程。④

　　1933 年 8 月 2 日陶希圣致函汪精卫，提出了由政府帮助，对在东北沦陷后流入关内的难民移垦西北的意见。⑤ 1933 年 9 月 27

①《安徽省政府主席吴忠信关于皖北灾民拟组团移民西北致行政院秘书处函》，见马振犊主编：《抗战时期西北开发档案史料选编》，第 145 页。

②马振犊主编：《抗战时期西北开发档案史料选编》，第 148 页。

③《国民政府关于陈果夫提议积欠教育经费与开发西北土地办法致行政院训令》，见马振犊主编：《抗战时期西北开发档案史料选编》，第 145—148 页。

④《朱家骅、宋子文等拟具〈河套宁夏垦殖调查团组织章程〉致行政院呈文》，见马振犊主编：《抗战时期西北开发档案史料选编》，第 148—151 页。

⑤《陶希圣关于柳国明筹措救济东北难民移垦西北问题致汪精卫函》，见马振犊主编：《抗战时期西北开发档案史料选编》，第 153 页。

日，农村复兴委员会关于由东北难民救济委员会核议柳国明《东北难民移垦西北计划》致函行政院，提出了详备的方案。①

1933 年 8 月，行政院秘书处向全国经济委员会筹备处提交了《行政院秘书处关于推广金融发展西北实业计划致全国经济委员会筹备处笺函稿》，内含《华侨实业协进总会会长谢复初函送开发西北实业计划征求华侨投资致行政院呈文》《推广金融发展西北实业计划书》。②

1935 年 12 月，在国民党五全大会上由杨虎城提案 25 名国民党军政要人联署的《西北经济建设案》，经国民党中央执行委员会决议，由国民政府各主管机关分别从速合办。1935 年 12 月 31 日，由国民政府主席林森、行政院院长蒋中正署名，国民政府关于抄发杨虎城等在国民党五全大会上提《西北经济建设案》训令③，由杨虎城倡议，张冲、毛邦初、彭昭贤、邵力子、黄杰、何键、徐恩曾、刘镇华、鲁荡平等 25 人联署的提案中，提出了在西北发展重工业（煤炭、石油、钢铁、机械）、化学工业、制药、铁路的详细计划和经费安排。对此，蒋介石、汪精卫评论说："利用西北经济资源从事西北国防准备，诚属规划周详，用意深远"，并且对规划中的具体项目和经费安排提出了意见。④ 1936 年 3 月，卫生署署长刘瑞恒对《西北经

①《农村复兴委员会关于由东北难民救济委员会核议柳国明〈东北难民移垦西北计划〉致行政院函》，见马振犊主编：《抗战时期西北开发档案史料选编》，第 154—166 页。

② 马振犊主编：《抗战时期西北开发档案史料选编》，第 59—63 页。

③《国民政府关于抄发杨虎城等在国民党五全大会上提〈西北经济建设案〉训令》，见马振犊主编：《抗战时期西北开发档案史料选编》，第 63—78 页。

④《蒋介石、汪精卫等对杨虎城等〈西北经济建设案〉中有关项目的意见》，见马振犊主编：《抗战时期西北开发档案史料选编》，第 78—79 页。

济建设案》关于建立制药厂的问题提出了意见①，11 月 19 日，实业部部长吴鼎昌也对杨虎城提案中关于兴办实业问题向行政院提出了实施意见②，这表明了国民政府对于西北开发的积极态度。

1931 年东北沦陷后，国民政府诸多大员多从国防战略的眼光看待西北地区。1932 年 12 月 26 日，纪亮、苗培成提案《筹办兵垦开发西北以固国防而裕民生案》，提议由政府垫款，"以一团为单位，耕地一千五百顷，建筑简单之住屋，连同购置农具、耕牛、种籽"，耕作三年后政府可以收回垫款，"届时兵已化农，完全可以自给，然后以归还之款举行第二期之兵垦。如此循环，一期以八团计，则三期之后即可容二十四团，共有三万六千人。兵垦实行之后，秩序既然安全，则人民之垦荒者自必日渐增多"③。1934 年全国经济委员会委员宋子文在考察兰州时指出："西部建设不是一个地方问题，现在沿海沿江各省在侵略者的炮火之下，我们应当在中国发源地的西北赶快注重建设。"又说："建设西北是我们中华民族的生命线，西北人民所负之责任，不仅是充实本身利益。"④这是政府中央大员第一次把西北建设提高到国防战略的高度。另一位要员戴季陶在赴西北考察时说："若就历史上、政治上、经济上之地位而言，则建设西北国防，当先借西安为起点，现在中国整个之国防计划，主力即全集中西北，则建设国防，自当西安始。关中之建设

① 《刘瑞恒对杨虎城等〈西北经济建设案〉中有关建立制药厂的意见》，见马振犊主编：《抗战时期西北开发档案史料选编》，第 84—85 页。
② 《吴鼎昌关于杨虎城等〈西北经济建设案〉中兴办实业问题致行政院呈》，见马振犊主编：《抗战时期西北开发档案史料选编》，第 86—88 页。
③ 《国民政府文官处关于纪亮等提议"筹办兵垦开发西北以固国防"致行政院函》，见马振犊主编：《抗战时期西北开发档案史料选编》，第 151—153 页。
④ 李云峰、曹敏：《抗日时期的国民政府与西北开发》，《抗日战争研究》2003 年第 3 期。

完毕,乃经营兰州,而以甘肃为起点,完成整个中国国防建设。"①国民党元老邵元冲认为,没有东南就没有西北,没有西北就没有中国了,他说:"以今日之国势而论,东北则藩篱尽撤,东南则警号频传,一有非常,动侵堂奥。故持长期奋斗之说者,力主西北之建设,以保持民族之生命线。"何应钦称西北是"中华民族摇篮,又是中国大陆之屏蔽"②。张继也说:"西北问题也就是国家民族的生存问题,无论在政治、经济、军事各方面,都有重大关系。"③对于杨虎城等人的《西北经济建设案》,1936 年 1 月,军政部长何应钦从军需工业的角度向蒋介石提出了意见④,1936 年 2 月 3 日,军事委员会资源委员会提出了实施意见。⑤

面对东北尽失,华北、华东渐受侵凌,西南地区仍处于军阀割据的局面,南京国民政府便把战略撤退的目光放在了西北地区的西安。

二、九一八事变后朝野均提出以西北为长期抵抗的后方根据地

1931 年东北沦陷后,华北危急,西北地区的战略地位更加突出,更加为朝野关注。由于日本侵华逐步深入,为保证中枢的安全,在 1932 年的一·二八事变后,建设西北便成了国民政府的当务之急。

---

① 李云峰、曹敏:《抗日时期的国民政府与西北开发》,《抗日战争研究》2003 年第3 期。
② 刘俊凤:《抗日战争中西北地区的地位和作用》,《咸阳师范学院学报》2005 年第3 期。
③ 田澍主编:《西北开发史研究》,北京:中国社会科学出版社 2007 年版,第 395 页。
④《何应钦关于杨虎城等〈西北经济建设案〉中应先兴建利于国防的军需工业致行政院函》,见马振犊主编:《抗战时期西北开发档案史料选编》,第 80—81 页。
⑤《国民政府军事委员会资源委员会关于关于杨虎城等〈西北经济建设案〉中煤炭、石油、钢铁计划部分的审核意见》,见马振犊主编:《抗战时期西北开发档案史料选编》,第 81—84 页。

当时日本侵略者为了减轻侵略中国东北而受到的国际压力，同时为防止密谋筹建伪"满洲国"的计划暴露，将英、美等国的注意力从东北吸引到南方来，于1932年1月28日发动了进攻上海的一·二八事变。事实上，这时的日本还远未做好全面战争的准备，并不想顺势扩大战场。但在蒋介石等人看来，日军进攻上海的目标是占领南京并控制长江流域，因此国民政府要做好长期作战的准备。蒋介石误认为一·二八事变是全面战争的开始，于是决定马上迁都。他在对武汉、重庆、西安、洛阳这几个城市反复比较后决定迁都洛阳。

1932年1月28日，国民党召开临时中央会议，改组政府，由汪精卫代替孙科继任行政院院长，罗文干代替陈友仁继任外交部部长，并指定尚未复职的蒋介石为刚恢复的军事委员会常委。1月29日，国民政府宣布了迁都洛阳的决定。尚为在野之身的蒋介石当天通电全国，表达了迁都抗日的决心。行政院院长汪精卫、副院长兼财政部部长宋子文、军政部部长何应钦等人也出面力挺蒋介石，称迁都是为了长期抗战，希望人们理解。怀着复杂的心情，蒋介石在日记中写道："余决心迁移政府，与日本人长期作战，将来结果不良，必怪罪于余一人，然而两害相权，当取其轻，政府倘不迁移，随时受威胁，将来必作城下之盟。"1月29日当天，铁道部就增发了多列由南京开往洛阳的快车，党政要员们遂收拾行装，火速搬迁。在国民政府主席林森的带领下，1000多人由南京下关上船，之后乘火车赶赴洛阳。但当时洛阳并不具备作为首都的条件，国民政府迁入后使狭小的洛阳县城拥挤不堪，连要员们办公、交通、居住问题都无法解决，很多政府公务员上下班都得步行。国民政府于是另做打算，1932年3月1—6日，国民党四届二中全会召开，会议表示国民政府准备退守西北作为长期抵抗的根据地。国民政府

4月7—12日在洛阳召开国难会议,发表宣言历数日本侵略东北与上海的罪行,表示要集中全国财力长期抗战,提出向东北、西北移民巩固国防。不久,淞沪停战,时局稍为好转,1932年12月初,国民政府及各院部正式迁回南京。迁都洛阳只是一时的权宜之举,洛阳并不是最佳的退守之地。

1932年3月1—6日,在洛阳西宫东花园召开了国民党第四届中央执行委员会第二次全体会议,3月5日会议通过了《国民党中央确定行都与陪都决议案》,具体内容为:一以长安为陪都,定名为西京;二以洛阳为行都;三关于陪都之筹备事宜,应组织筹备委员会,交政治会议决定,由中央特派专员担任筹备,以一年为期筹备完毕。3月6日,经秘书处函请查照并经中央执行委员会第302次会议讨论之后,正式确定张继为西京筹备委员会的委员长及诸委员人选。至此西京筹备委员会正式组建,并于是年4月17日办公,开始了陪都西京的筹建工作。国民政府还决定设立行政院直辖的西北拓殖委员会,负责对西北各省的开发建设。全国经济委员会也专门设立了西北办事处,侧重从事西北的交通水利等建设。

西京筹备委员会从1932年建立至1945年裁撤,进行了长达13年的筹备工作。后来虽已决定迁都重庆,国民政府也并未终止西京筹建,国民党五全大会第三次会议依旧将《西北国防经济之建设案》作为重要问题来讨论,该议案称:自东北事变以来,建设西北已为全国一致的主张,但如何利用西北经济资源,如何从事西北国防准备,似尚未有根本的具体计划。兹就西北之可靠资源,与国防的实际需要,拟具西北国防经济之建设草案。[①] 西京筹备委员会成

---

① 西安市档案局、西安市档案馆编:《筹建西京陪都档案史料选辑》,西安:西北大学出版社1994年版,第6页。

立后不久,1932年11月间,蒋介石向国民党中央第四十次常委会提议把西安改为行政院直辖,兼负建设陪都之专责,规划陪都计划划定适当区域为市区,并由国库筹拨经费。经中央政治会议讨论通过这一决议,决议明确了西京市的地位与性质、西京市区范围和西京筹备委员会的职能与工作任务。西京筹备委员会制定了"西京筹备委员会工作大纲"和西安及西北各省的调查与建设蓝图①,工作大纲几乎涵盖了西京筹备社会、经济、文化的各个层面,但在国民政府后来迁都重庆、应对侵华日军入侵的紧迫情势下,实际上根本无法实施。

　　九一八事变后,认识到西北对于中国国防的重要地位的,不仅是蒋、汪等少数当权者,几乎是当时社会精英的普遍共识。1932年6月1日,宁夏省政府参事马保成向林森提交了《开创西北巩固国防条陈》②。同年12月,刘守中、张继、吴敬恒、张人杰、于右任、居正等联名向国民党中央政治会议提出了《开发西北提案》,说"开发西北,在近日已为时人通常套语",针对西北具体问题,他们要求组织西北建设委员会,建设交通、垦牧互助、教育开化。③原第四十七军参议刘昭晓向内政部提交《条陈开发西北之意见书》,要求实行屯垦、移民、振兴工业、救荒、修筑道路。④ 1933年2月,甘肃省政府主席邵力子与陕西省政府主席杨虎城也向林森等提出了西北开发的问题。1936年1月15日,行政院长蒋介石向财政部批示了1935年12月王超凡等二十五人在国民党五全大会上提出的《拟请组织健全机关集中人力财力积极开发西北以裕民生而固国本案》,

---

① 西安市档案局、西安市档案馆编:《筹建西京陪都档案史料选辑》,第154页。
② 马振犊主编:《抗战时期西北开发档案史料选编》,第1—5页。
③ 马振犊主编:《抗战时期西北开发档案史料选编》,第12—15页。
④ 马振犊主编:《抗战时期西北开发档案史料选编》,第5—12页。

该案分析了国民政府统一之后西北开发仅仅停留在宣传层面的原因,认为缺乏专门机构、财力、人才,从政治、经济、国防、"剿匪"等方面论证理由,要求设立专门机关、拨出专门经费,建设铁路、公路,开发矿产、整修水利,以及改良农产、移民。① 该案认为:"以西北六省面积一千一百余万华里,可容纳一万万以上之人民,政府若大规模举行移民计划,将国内水旱及匪灾流离转徙之人民,及海外被排归国之侨胞,泄诸西北,充实边圉,一方面可减少内地一万万人之消耗,一方面可增进西北之生产,固又一举数得也。"该案提出了具体的设计和经费方案,并要求以轻重缓急分期操作。国民党中央执行委员会要求全国经济委员会及实业、交通、铁道、内政、军政部参考。② 成文于九一八事变后和全面抗战爆发之前的《柳民均拟〈开发西北刍议〉及〈开发西北之计划大纲〉》,痛陈西北危局,要求政府对西北开发要有一贯政策和健全组织,准备投资并对于参与开发的商民进行有力保护。提出在行政院直辖之下设立委员为15—19 人的西北建设(或拓殖)委员会,由西北各省主席及政府任命专门委员 6—8 人和技术委员 3—5 人构成,选任设常务委员 5 人负责。委员会下设国道(负责铁路公路运输养护)、劝业(负责政府和商民企业、国际贸易与信托保险)、采矿、垦殖局。该文提出了详细的规划,包括对于从西安到伊犁道路的规划、线路设计、经费使用、车辆配备等,同时提出了由国民政府设立垦殖局和垦殖银行,办理向新疆、外蒙古各地移民。③ 除此之外,当时还有大量的关于

---

① 马振犊主编:《抗战时期西北开发档案史料选编》,第 19—26 页。

② 马振犊主编:《抗战时期西北开发档案史料选编》,第 21 页。

③ 作者柳民均,成文日期不详。见马振犊主编:《抗战时期西北开发档案史料选编》,第 42—57 页。

西北开发强化国防的民间舆论。

　　面对九一八事变后中国大片国土沦陷所激发的沸腾民怨,国民政府提出以西北为长期抵抗的后方根据地,可以转移国人视线,表明政府抗日的决心。加之中原大战后冯玉祥部战败,中央势力已控制陕甘宁青地区。而当时西南地区还处于军阀割据状态,所以立足西北也是迫不得已的抉择,同时也有在西北地区防范潜在敌人苏联的考虑,这是国民政府确立以西北为长期根据地的原因。在前述 1933 年初中苏复交不久后蒋介石秘书徐道邻在为蒋草拟的对苏意见中说,辛亥革命后外蒙已经落入俄国掌控之中,"至于新疆,苏俄亦极注意。最近西土铁路成功,其进窥之心益显。盖该路计长一四四二启罗米突,而一〇〇〇启罗米突之路线沿我国新疆,在苏俄第二次五年计画(划)中,更注重西伯利亚及中亚西亚之发展,故我国若不开发西北,俄国亦将越俎代谋,甚至利用诱惑及压迫手段使新疆等处宣告'独立',亦非不可能之事。抑俄国在西伯利亚交通便利,数小时内即可占我领土。至于我国自本部至边界交通阻塞,运输困难,国防上设置之缺乏尤为重大。故开发西北,就国防上经济上着想,均有立即进行之必要。"这份意见提出了公路、铁路、矿产开发建设的问题,认为在无力抵制的情况下,要与苏联合作进行西北的开发。但在合作中,中国要掌握用人权、经营管理权、材料使用权等。① 同时,鉴于两国政治制度差异和苏联自身状况,意见认为在西北开发中不能对苏联有太高的指望。

---

① 国民政府资源委员会档案:《徐道邻拟关于中苏两国经济、外交诸问题的意见》(1933年 3 月 14 日),见中国第二历史档案馆编:《中华民国史档案资料汇编》第 5 辑第 1 编,外交(2),第 1389—1391 页。

国民政府强调以西北为复兴基地，提出了开发西北的计划和决议，政府对西北根据地的重视引发了一轮开发西北热潮。西北地区干旱少雨，农业收成不稳定，南京政府相继投资修整了渭北的灌溉系统。西北交通闭塞，政府首先把陇海铁路向西延长至宝鸡。另外还修了西兰公路、西荆公路、川陕公路等。西兰公路由西安到兰州，西荆公路由西安经紫荆关到湖北宜昌，川陕公路由西安跨越秦岭，经汉中到成都和重庆。这些举措初步改善了以西安为中心的交通状况。国民政府立足于国防建设，还在西部兴修了一些大型工厂。政府推进的西北经济建设，试图以增强未来大西北作为战略后方的地位，这些工作为后来全面抗战时期西北成为支持前线的战略基地奠定了重要的基础。

关于抗战大后方的建设，在政府决策者之外，有远见卓识的知识分子也有同样的考虑。著名军事战略家蒋百里早在1923年就提出了中日之间在洛阳、襄阳、衡阳决战的思路。1934年，蒋百里阐述了"三阳线"决战论的观点①，主张国防线划分以"三阳线"为准，此线以东地区应利用空间换取时间，消耗和疲惫敌人；此线以西因资源丰富足以持久抗战。蒋介石采纳这种观点，1932年11月，蒋介石提出："强国之国防重边疆，取攻势；弱国之国防重核心，取守势。""战时以努力经营长江流域，掌握陇海铁路为第一要旨。"②

三、迁都重庆后西北地区成为中苏国际通道

中国西部地区土地辽阔，以秦岭山脉为界分为西北和西南两

---

①② 张永涛、任宝明：《试论蒋百里的抗日持久思想》，《十堰职业技术学院学报》2007年
　　第2期。

大区域。西北地区曾经是中华文明的重要发源地和古老的政治经济文化中心之一,有过富庶繁荣的历史。但经历了唐宋以后的历次战乱和灾荒,西北地区早已失去了曾经的政治经济文化中心地位,经济凋敝,物产贫瘠,人口稀少,文教也比较落后,虽然地下矿藏丰富但尚未勘测,而且缺乏与国际联系的交通线。在地理上陕西及西安等地靠近华北,宁夏、甘肃邻近日本侵占和影响下的内蒙地区,容易受到日本侵略的威胁;同时西北地区还靠近国民政府的潜在敌人苏联,再加上西北地方军阀并未被国民政府完全控制,尤其是新疆相继建立的金树仁、盛世才政权明显亲苏,甘青宁地区的回族诸马也与国民政府若即若离。这些因素,使得将西安作为战时首都和将西北作为未来抗战的核心后方基地的选择显得并不理想。所以在国民政府确定建设西安和西北之后,蒋介石并不十分满意,他在1933年便产生了在四川经营抗日后方根据地的考虑。而以四川、重庆为中心的西南地区,一直都是历代中央政府非常重视的战略后方,这一区域地势险要,易守难攻,土地广阔,物产丰饶,而且人口众多,历史上一旦中原变乱,中央政府往往退居四川等西南地区然后再图恢复。在西南各处,重庆的地位尤其突出。近代以来,随着经济和交通的发展,位于长江与其重要支流嘉陵江汇合处的重镇重庆,战略上扼守着进出四川的咽喉,同时是四川也是西南地区最大的工商业城市和经济中心,还是内陆地区模仿沿海现代化城市建设方面最为成功的城市。它与西南各省有密切联系,又有通过云南联结越南、缅甸、印度等西方国家统治地区的国际交通线,一旦东部沿海被日本封锁,重庆仍能同国外维持交通联络和获得国际援助。在国防地位和自然经济条件上,重庆对于抗战前途自然有着非常重要的意义。

　　由于西南固有的国防地位和自然经济等条件,加之西南与中央统一问题的解决,国民政府遂决定将国防的中心由西北转向西南。随着1935年国民政府中央势力借追击中共红军而进入和控制了西南,西南各省统一问题得到解决,国民政府的关注重点由此发生了变化。在1935年获得对西南的实际控制权后,蒋介石就明确意识到了四川在天时地利人和方面的重要性,决意将其作为"复兴民族"的根据地,国民政府开始大力投资于四川的开发建设,四川的交通状况和工业经济环境大为改观。1935年,蒋介石建立"军事委员会委员长重庆行营"与"峨眉训练团"。1936年4、5月间,蒋介石再次视察西南,对于建设后方的情况大为满意。1937年,召开"川军整军会议",筹建以四川为中心的抗战大后方基地。因此,战时迁都重庆成了一种必然选择。从1935年3月起,蒋介石两度入川,遍历西南各省,将其理想中的抗日后方根据地逐步由西北地区转向西南地区。全面抗战爆发后,国民政府最后决定建设西南,迁都重庆,由此正式确立了以四川为中心的抗战大后方的战略地位。这样,在国民政府抗战战略的总体布局中,西北地区的战略地位大幅下降,但伴随着全面抗战爆发后局势的变化,西北地区尤其是西北国际大通道在抗战大剧中依然扮演了不可或缺的重要角色。

西南地区固然在国际通道及自然人文诸般条件上均好于西北地区,但全面抗战开始后,中国能够获得的国际援助,却是来自西北方向的苏联,因而保持对苏联系的畅通,成了必要而紧迫的任务。西北地区土地辽阔,地貌和气候条件都非常复杂,交通状况极端落后。为改善这一局面,全面抗战之前国民政府也做了一定的努力。1928年,国民政府交通部拟定了全国国道计划,后来又成立铁道部,制订"国道道路网"计划,这些计划中都有在西北发展公路和铁路的内容。但由于种种原因,这些计划规划实际上都未能有效落实。1931年4月，国民党中央政治会议决定设立全国经济委员会，10月，筹备成立全国经济委员会，11月15日，全国经济委员会正式成立，蒋介石为委员长，宋子文为副委员长。1933年9月，为进行西北开发，宋子文带领经济委员会主要负责人对陕西、甘肃和青海进行了考察，随后在西安设立全国经济委员会西北办事处，1935年1月，成立了西北国营公路管理局，规划、勘探西北地区的公路。1934年6月，全国经济委员会召开公路委员会会议，拟定了全国公路建设的原则，对干线支线划分、公路建设标准、中央与地方政府分担筑路经费比例、运费收取、道路养护等内容，都做出了原则性要求。1934年，全国经济委员会拟就了《兴筑西北公路进行办法》，提出建造西安至兰州、西安至汉中、兰州至古浪三条公路，对于沿线现状、建造计划、经费概算都做出了明确说明。[1] 1936年初1月29日、30日，行政院就邵力子发行公债修筑西北铁路[2]和张学良关于拨发铁路建设公债用于筹建由陕通川铁路的提议[3]，两次致函铁道部。1936年2月6日，孔祥熙也为加发铁路公债用于开发西北铁路致函铁道部。[4] 为了在西北建造道路，1933年9月，铁道部组织了绥（远）新（疆）公路查勘队，同年10月，查勘队离开北平，经归绥（呼和浩特）穿越绥远、宁夏两省，进入正处于金树仁政权倒台后混战中的新疆，查勘活动历经危难，1934年10月，离开迪化东返绥

① 《全国经济委员会拟〈兴筑西北公路进行办法〉》，见马振犊主编：《抗战时期西北开发档案史料选编》，第189—192页。

② 《行政院就邵力子请发公债筑西北铁路致铁道部函》，见马振犊主编：《抗战时期西北开发档案史料选编》，第201—202页。

③ 《行政院就张学良请拨发铁路建设公债用于筹建由陕通川铁路致铁道部函》，见马振犊主编：《抗战时期西北开发档案史料选编》，第202—203页。

④ 《孔祥熙关于加发铁路公债为开发西北铁路之用致铁道部函》，见马振犊主编：《抗战时期西北开发档案史料选编》，第203—204页。

远,再经过甘肃陕西,1935 年 2 月到南京。查勘队长途跋涉,沿途制作路线图 350 张,表册 58 页,照片 140 帧。根据查勘队的调查,1936年 2 月 17 日,行政院在关于铁道部筹治西北道路办法致函全国经济委员会中说:"新疆富厚,甲于全国……交通落伍,乃至货弃于地,民智闭塞,于是工艺不兴。母国运货,既道远费重,外货充斥,乃民困财竭。……振兴实业,增加物产,必须开发交通,移民垦殖。""绥新、甘新及新省境内公路修整估需 2 653 940 元,甘新及新省境内铁路建筑估需 269 150 000 元。公路之修整,轻而易举可救目前之需要,铁路之建筑,投资虽多,然运输力强,可垂永久。"①但限于财力条件,"惟有暂先整治公路以济急需。盖绥新甘各处道路,原已略有雏形,如就原有路面尽量采用,仅在不平或太陡之处加以整理,并略置车站、油库,先求畅通载重货车,日后再渐改进"。铁道部称仅能筹集绥新、甘新及新省境内公路修整费用 260 多万元的一半,因而要求行政院向全国经济委员会再筹另外 130 多万元。② 1934 年 5 月,700 多公里的西安—兰州公路开始动工,1935 年 4 月完工。这条公路的修建,为后来全面抗战开始后西北国际交通线的运行打下了基础。

全面抗战开始后,公路交通成为军事运输的首要问题,交通部长张嘉璈,副部长兼军委会后勤部长俞飞鹏,都把大部分精力投入到这上面,在西北方向重点加强"羊毛车"③运输路线,公路总管理

---

① 《行政院关于铁道部筹治西北道路办法致全国经济委员会函》,见马振犊主编:《抗战时期西北开发档案史料选编》,第204 页。

② 《行政院关于铁道部筹治西北道路办法致全国经济委员会函》,见马振犊主编:《抗战时期西北开发档案史料选编》,第 204—205 页。

③ 指运输苏联援华军用物资的汽车队,当时经济委员会为保密而将其作为代号。见赵祖康:《旧中国公路建设片段回忆》,见全国政协文史资料委员会编:《中华文史资料文库》第十三卷,北京:中国文史出版社 1996 年版,第 730 页。

处处长赵祖康等人受命勘察陕西甘肃路线,赶筑甘肃境内的公路,交通部派陈体诚(原经济委员会公路处处长)为西北公路特派员,在兰州设立西北公路特派员办事处,负责督促改善西安—兰州、甘肃—新疆两条公路和对苏联的铁路衔接。

为应对全面抗战后西北开发和国际大通道开辟的需要,国民政府在管理机构上也做了调整。1937年10月20日,全国经济委员会决定在该会下设中央运输委员会(简称中运会),新疆设立分会作为接待苏联援华运输的专设机构。1937年10月29日,全国经济委员在兰州设立了西北公路运输处,专门负责国际运输及军运事务。为适应战时需要,全国经济委员会于1937年12月被撤销,各事业并入经济部、交通部、卫生署等机构,公路处改为公路总管理处,并入交通部。1939年7月,交通部把工程业务和公路运输业务分开,公路总管理处管理工程业务,下设西南、川滇和西北三个公路管理处。新设的公路运输总局管理运输业务,下设陕甘、川新、川桂、川滇、滇缅五个公路运输管理局和驮运管理所。1938年1月,铁道部也被并入交通部。1941年,交通部公路行政与业务改为军委会运输统制局,公路总管理处改为统制局的工务总处。

随着全面抗战的爆发,日军大举侵入中国内地,以及随后中苏关系的急剧变化,开辟西北国际交通线已经箭在弦上。1938年9月,行政院长张群和交通部长张嘉璈在重庆召集公路水道交通会议,拟定了两年公路实施计划,决定加强改善干线公路工程,工程主要分为西南路线和西北路线。西北路线主要是改善西安—兰州、兰州—星星峡、兰州—西宁、西安—汉中—成都公路,1943年新修了康青公路和青藏公路,1944年筹备次年动工的新疆南疆公路。鉴于"西北地域广袤,路线绵长,而地方财力人力,均感不足。中央对各省筑路,仅拨款补助一部分者,在西北则每全部拨给,是中央对于西北,素具特予优厚之意"①。国民政府拨付款项修建西北公路,尤其是通往苏联方向的甘新公路。政府要员对西北交通开发非常着急,甚至有些操之过急异想天开。

1937 年 10 月 2 日,苏联驻华临时代办梅利梅特致电苏联外交部,称中国铁道部长张嘉璈在与其会谈时,说蒋介石在全面抗战开始之前即有建造从西安到乌鲁木齐铁路的想法,抗战爆发使这条铁路的建造成了当务之急。张嘉璈说中国方面已经对沿线情况进行了考察,还设计了建造草案,预计全部费用为 3 亿元(法币),建造期限是 5年。张嘉璈想试探苏联方面对于建造这条铁路的兴趣,并且建议中苏分别开始工作,苏联方面负责从本国边境到乌鲁木齐,中国方面负责从西安到乌鲁木齐的铁路建造。张嘉璈甚至提出若苏联无法参与这条铁路的建造,是否可以考虑修建从兰州到苏联边境的公路。②1938 年 4 月,张嘉璈③又向苏联政府提出修建从中苏边境经过乌鲁木齐到陕西的铁路计划。④ 苏联援华军火主要通过新疆运入中国,以兰州为交接地点。1938 年 1 月 27 日,孔祥熙与苏联驻华大使会谈,提议由苏联承担修建从苏中边境经乌鲁木齐、哈密到兰州铁路的问题。⑤ 全面抗战一年多后,据苏联大使在 1938 年 11 月 19 日的

---

① 国民政府交通部公路总局等公路机构档案:《交通部关于调整公路机构及办理西北交通实在情形代电》(1939 年 10 月 5 日),见中国第二历史档案馆编:《中华民国史档案资料汇编》第 5 辑第 2 编,财政经济(10),南京:江苏古籍出版社 1997 年版,第341 页。

② 《梅利梅特致外交人民委员部电:修建苏新铁路》,见沈志华编译:《俄国解密档案:新疆问题》,乌鲁木齐:新疆人民出版社 2013 年版,第 74 页。

③ 1938 年 1 月铁道部撤销,并入交通部,张嘉璈任交通部长。

④ 《鲁加涅茨致外交人民委员部电:修建苏新铁路》,见沈志华编译:《俄国解密档案:新疆问题》,第 78 页。

⑤ 《鲁加涅茨致外交人民委员部电:修建苏新铁路》,见沈志华编译:《俄国解密档案:新疆问题》,第 75 页。

工作日记记载,张嘉璈在与苏联大使谈航空、通信合作问题时,再次提及这条铁路的话题。① 1938 年 3 月 1 日,苏联大使致电其外交部,称中国外长王宠惠向苏联方面请求其开放从上乌金斯克经外蒙古乌兰巴托、达兰扎达嘎德到兰州的公路交通线,但苏方因为担心中国对于外蒙古的主权要求和日本人有可能的卷入而婉拒了这一要求,坚持通过新疆的交通线输送援华物资。②

　　1939 年 6 月《中苏通商条约》签订后,苏联在兰州设立商务代办处,办理移交苏联军事物资、验收商品事宜。中国代办对苏联出口业务的各大公司都设有驻兰州办事机构,经营来自西北五省的畜牧农产品及江南的钨、锑、桐油、茶叶、丝、猪鬃等物资的出口。苏联援华工作基本结束后,1942 年 7 月,蒋介石宠信的交通部副部长龚学遂随第八战区司令长官朱绍良、经济部长翁文灏到新疆考察,在其《新疆省交通运输研究报告》中,对新疆公路各条线路及与苏联、印度的连接、对外驿运和空运、新疆币制都做了全面周密的考察,对于借道苏联运输和从新印线驿运空运英美援华物资提出了看法,还提出了在新疆修建公路、改革币制的具体意见。③ 1942 年 10 月,蒋介石依然致电张嘉璈等人,要求尽快建设连接甘肃、四川、陕西的西北铁路④,

---

① 《鲁加涅茨与张嘉璈谈话纪要:航空公司和对华援助》,见沈志华编译:《俄国解密档案:新疆问题》,第 87 页。

② 《鲁加涅茨致外交人民委员部电:开通中苏公路交通线》《斯托莫尼亚科夫致鲁加涅茨电:使用中苏公路》,见沈志华编译:《俄国解密档案:新疆问题》,第 76—77 页。

③ 国民政府交通部公路总局等公路机构档案:《龚学遂关于新疆省交通运输研究报告》(1942 年 7 月),见中国第二历史档案馆编:《中华民国史档案资料汇编》第 5 辑第 2 编,"财政经济"(10),第 371—387 页。

④ 国民政府交通部档案:《蒋介石关于建设西北铁路今后步骤与张嘉璈等来往代电》(1942 年 10 月),见中国第二历史档案馆编:《中华民国史档案资料汇编》第 5 辑第 2 编,"财政经济"(10),第 192—194 页。

其目的应该是通过这些通道接受拟议中的英美援助物资，当然这是以与国民党集团长期以来对于西北地区地位的设想为背景的。考虑到全面抗战初期中国面临的困难环境，国民政府对于西北国际大通道的重视，也是情势发展的自然结果。

第二节　苏联在中亚及其新疆的政策

一、俄罗斯帝国和苏联在中亚

俄罗斯帝国为了向印度洋方向扩张，对于中亚地区进行了长期经营。从1717年开始，沙俄就调集大军经略中亚地区，继吞并哈萨克汗国后，还不断向南蚕食布哈拉、浩罕、希瓦三个中亚穆斯林汗国，先后征战100多年，付出了巨大的代价，才把中亚拿下来。到了19世纪70年代，俄罗斯帝国终于完全吞并中亚的这三个穆斯林汗国。同一时期，通过19世纪60年代的《中俄勘分西北界约记》及其以后的一系列条约和非法强夺，俄罗斯帝国在中亚割占了大片中国领土。不过，当时俄罗斯帝国占据的中亚虽然土地广阔，但是人口并不多，全部总和只有1000多万人口，管控成本并不太大。吞并中亚之后，俄罗斯帝国在这里设立了土耳其斯坦总督区，统管中亚的土地。1884年，在中亚肥沃的费尔干纳谷地移植美国棉花获得成功，棉花于是成为该地主要产品，中亚成为俄罗斯帝国本土和其统治下的波兰地区纺织工业的主要原料供应地。为满足俄罗斯工业需求，中亚地区棉花种植面积迅速扩大，大量的俄罗斯族和其他东欧斯拉夫族裔人口被迁移到这片新征服的土地上，导致欧洲血统民族人口在中亚的人口比例中不断上升。由于大量土地被用于种植棉花，中亚的粮食逐渐依赖于从俄罗斯、东欧等地的输入,由此中亚对俄罗斯本土产生了依赖,经济上呈现明显的单一性和依附性。

沙俄这种人口政策和经济政策,被后来的苏维埃政府继承下来。1917年俄罗斯本土发生"二月革命"和"十月革命"后,中亚地区也发生了类似的革命运动,经过一段时间的动荡变乱,到1920年莫斯科控制住了中亚的局势,先后成立了花剌子模(希瓦)人民共和国和布哈拉人民共和国,又经过几年对穆斯林暴力反抗运动的镇压和农民集体化运动,苏联中央政府稳固了在中亚的统治。在十月革命后的一段时间内,中亚地区的白俄、地方民族宗教势力和其他反苏势力活动猖獗一时,因此1925年以后,为了防止泛突厥主义的侵蚀,分化瓦解可能出现的地方民族势力,苏联中央政府一方面进行移民分化,通过迁移大量的俄罗斯人或者俄罗斯的斯拉夫近亲民族到中亚,使俄语成为中亚的"超民族"语言,割断中亚土著与波斯、阿拉伯和突厥的文化联系,试图同化中亚突厥族系人口,由此也造就了大批俄化或具有明确亲俄(苏)意识的中亚精英。另一方面,在中亚地区采取分而治之的策略。苏联政府对中亚穆斯林进行民族划分,根据划分后的中亚民族情况进行混居,先后成立了哈萨克苏维埃社会主义共和国、土库曼苏维埃社会主义共和国、塔吉克苏维埃社会主义共和国、乌兹别克苏维埃社会主义共和国、吉尔吉斯苏维埃社会主义共和国,以联盟国家的形式使它们均作为加盟共和国加入苏联,而且这些加盟共和国之间的国界不按民族界限进行划分,还将五国的首都都放在临近的边界,由此导致各国领土划分错综复杂,使中亚内部自我消耗相互牵制,以此强化莫斯科中央政府的指挥和领导。中亚五国中的哈萨克苏维埃社会主义共和国、塔吉克苏维埃社会主义共和国和吉尔吉斯苏维埃社会主义共和国与中国新疆省接壤,其中的哈萨克苏维埃社会主义

自治共和国（1936 年 12 月定名为哈萨克苏维埃社会主义共和国），
与中国新疆省之间的边界线长达 1 700 多公里，边界地带没有严重
影响交通的自然障碍。中苏边界靠近哈萨克苏维埃社会主义共和
国的首都阿拉木图，距离中国的重要边城伊犁、塔城非常近，阿拉
木图通过土西铁路和飞机通往苏联境内各主要地区，中国境内的
伊犁、塔城则有公路通往新疆省城迪化，迪化有公路和机场通往中
国主要城市。中国全面抗战爆发后，苏联援华的军事物资，自然地
就通过这条交通线路。

　　为了巩固中亚新征服地区，在第一次世界大战前，俄罗斯帝国
就筹划修建联通中亚和俄罗斯内地的铁路。1915 年，在第一次世
界大战激战正酣的时候，沙皇政府从今天的土西铁路的两端开始
修建铁路。东边是 1915 年开始使用的 650 公里长的阿尔泰铁路，
这条铁路从新西伯利亚经巴尔瑙尔至塞米伊，西边则从俄罗斯中
部和塔什干之间向塔拉兹修建铁路。1917 年俄国二月革命和十月
革命使得这个工程暂时停止，几年的国内战争结束后工程又开始。
1921 年铁路修到塔拉兹，1924 年到达比什凯克，此时长约 550 公
里。为了尽快修建铁路以加强对中亚地区的控制，在 1927 年苏联
的第一个五年计划中，将这两条铁路通过哈萨克斯坦东南部的草
原和半沙漠连接到一起，这成为苏联当时一个被广泛宣传的大项
目。1927 年，苏联政府成立了土西铁路建设协调委员会，组成了
14 个勘查小组来确定线路的走向。通过实地勘察比选，最终确定
了土西铁路选线方案：塞米巴拉金斯克—阿亚古兹—阿克斗卡—
阿拉木图—楚城—鲁戈瓦亚。1927 年 7 月 15 日，土西铁路建设从
南北双方向同时展开，经历极端高温、严寒的气候条件和恶劣地质
条件的考验，1930 年实现了南北两段铁路的接轨，1931 年土西铁
路通过国家验收并投入正式运营。

　　这样,正在开发的西伯利亚就与苏联的中亚部分连接到了一起,通过已有的塔什干铁路与费尔干纳盆地中的杜尚别联系了起来。除此之外,通过 1880 年代已经建造的铁路,它还可以通到撒马尔罕、布哈拉、阿什哈巴德,最后通到里海边的土库曼巴希。新建铁路开通后,两端的原有线路也并入了土西铁路,使土西铁路总里程达到 2 351 公里,北起西伯利亚大铁路支线的塞米巴拉金斯克,向西南经阿拉木图到塔什干,都连成为一线,又与苏联的土耳其斯坦和外里海铁路连接在了一起。

　　土西铁路的建成,极大地带动了苏联中亚地区的经济发展,加快了苏联中亚地区的工业化进程。在土西铁路建设带动下,阿拉木图逐渐取代克孜勒奥尔达,成为哈萨克斯坦加盟共和国的首府。土西铁路基本上沿着中苏边境的苏联一侧修建,它围绕中国新疆约 700 公里形成弧形状将新疆包围,沿途与新疆的三大边境城市塔城、伊宁、喀什有公路连接,在阿拉木图至中国边境口岸的霍尔果斯之间有路况较好的公路,可以通行汽车,运输非常方便。土西铁路上的阿亚古斯车站距新疆塔城不过 200 公里,由塔城进入苏联,从阿亚古斯车站乘土西铁路向北,沿阿尔泰支线进入西伯利亚大铁路再向东,就可以到达中国东北的满洲里等地。当时中国华北地区和新疆之间的来往,多通过这样一条路线。由华北的京津地区到满洲里,然后借道苏联西伯利亚铁路和土西铁路到新疆塔城地区,全程仅需 25 天左右。此线虽然距离长,但是用时很短,特别是苏方加强了对铁路沿线的治安管理,相较匪患出没的新(疆)绥(远)线和甘(肃)新(疆)线更加安全。直到抗战之前,在中国新疆地区与内地之间,很多人员的往来都借道此线。可见,土西铁路的通车,使苏联在中亚地区的地缘政治竞争和中苏政治博弈中占据了优势,借此苏联政府有力影响了中国新疆地区的政局变化。

中日全面战争爆发后,这条铁路成为苏联援华物资的主要通道。

二、苏联的新疆政策

与过去的俄罗斯帝国一样,苏联政府关注的重心也是在欧洲。出于世界革命战略,苏联曾经大力援助欧洲的共产主义运动,支持欧洲各国共产党的政治活动。到了 20 世纪 30 年代,法西斯势力在德国等地快速崛起,其颠覆欧洲秩序的势头咄咄逼人,这使苏联对于其国土西部地区的安全格外重视和警觉,因而在中亚和远东,其政策的目标在于保持稳定,苏联迫切希望在东方稳住日本,使其避免陷入东西两面受敌的被动局面。20 世纪 30 年代苏联正在埋头进行第一、第二个五年计划建设,迫切需要一个稳定的国际环境特别是周边环境,因此面对日本在其东部边境的不断挑衅,苏联一方面进行猛烈回击然后适时收手,希望借此使日本知难而退,如在张鼓峰(苏联方面称之为“哈桑湖”)和诺门坎(苏联方面称之为“哈勒欣河”)两次战役中沉重打击日军后,苏方及时停战不扩大战争;另一方面,苏联大力支持中国内部各派政治势力团结抗战,让中国牵制和拖住日本,消耗日本的力量。在中亚,苏联也希望稳固局势,防范中亚地区的泛突厥主义思想对莫斯科统治的威胁,避免中亚地区和与之毗邻的新疆出现混乱,尤其是防止这一地区被英日等国渗透变成乱苏反苏基地。由于实力不足,苏联对于旧俄疆界之外的土地,当时并没有占领吞并的想法,仅仅是希望这些地区稳定进而亲苏。因此,苏联在稳固了在中亚地区的统治权力以后,开始大力扶持亲苏势力掌控中亚周边地区,尽力避免在其中亚周边地区出现反苏力量或者陷入混乱局面。

在对待与苏联中亚地区有着漫长边界的中国新疆省的问题上,苏联也非常希望有一个稳定而亲苏的新疆政权,使新疆作为苏

联与英日等敌对势力之间的缓冲区。1933 年 8 月 3 日的联共(布)
中央政治局会议"认为支持把新疆从中国分离出来的口号和政策
是不可取的";"认为应支持同乌鲁木齐政府保持友好关系,即维持
目前新疆省的自治状态";"继续开展和巩固我国同新疆的贸易关
系,保持新疆同苏联之间已经建立的密切经济联系";"削弱新疆同
中国东部和印度经济联系的必要性"①。1935 年 1 月 28 日,莫洛托
夫在第七届全苏维埃联盟代表大会上宣告:"有必要强调苏联真正
的对华政策:苏联认为夺取外国领土是同它的政策不相容的,它绝
对维护包括新疆在内的中国全部领土的独立、完整和主权。"②在尚
不具备并吞新疆的实力和时机的条件下,苏联只能尽力保持和扩
大对新疆的影响力。 为此,苏联修建了多条通向新疆的公路交通
线(其中阿拉木图附近铁道线上的小镇萨雷奥泽克到中国边境的
霍尔果斯公路,成为全面抗战后承担苏联援华物资运输的重要通
道),对于涉及与新疆贸易的机构和交通线实行军事化管理。1933
年 12 月 5 日,斯大林签署了 1933 年 11 月 17 日联共(布)中央政治
局会议关于苏新贸易公司的决定,确定对于苏新贸易公司靠近新
疆的运输线各职能部门全部划归红军管理序列,对阿拉木图实行
边境管制。③ 在杨增新、金树仁当政时期,新疆政权对苏保持了友好
合作态度,到了 1933—1934 年之间新疆金树仁政权倒台前后的新疆
内乱中,苏联在面对由南京国民政府支持的张培元、由英国扶持的南
疆喀什所谓的"东土耳其斯坦伊斯兰共和国"和被苏联怀疑为由日本

①《联共(布)中央政治局会议第 143 号记录:新疆工作》,见沈志华编译:《俄国解密档
    案:新疆问题》,第 15—17 页。
②包尔汗:《新疆五十年》,北京:文史资料出版社 1984 年版,第 194 页。
③《联共(布)中央政治局会议第 150 号记录:苏新贸易公司》,见沈志华编译:《俄国解密
    档案:新疆问题》,第 23 页。

操纵的马仲英及有极端亲苏表现的盛世才之间,坚决选择了扶持盛世才,从各个方面大力支援盛世才政权,甚至多次直接出兵帮助盛世才作战。① 在盛世才政权逐渐站稳脚跟后,联共(布)中央政治局1934 年 7 月 21 日会议通过了《关于重建新疆经济的措施》,决定对盛世才政权提供 500 万金卢布贷款,以及一系列贸易、交通、财政、货币、工业项目的支持。② 1938 年盛世才瞒着重庆国民政府赴苏联秘密访问期间,苏联最高层还秘密接受了盛世才加入联共的要求。③ 可以说,没有苏联的支持,就没有新疆的盛世才政权。但鉴于力量有限和时机不成熟,在 20 世纪 30 年代后期和 40 年代初期,苏联多次婉拒了盛世才在新疆建立苏维埃政权和加盟苏联的要求。

对于苏联来说,当时吞并新疆不仅没有成功把握,而且必然会引起与中国及英美之间的严重冲突,面对当时在西边虎视眈眈的纳粹德国,苏联在东边借中国之力消耗和牵制日本的需要更为重要、更加迫切。中国全面抗战爆发后,西北国际大通道的开通和运营,正是苏联、中国共产党、中国国民政府、新疆盛世才政权和西北诸马等各种势力合作的结果。

三、苏联对外政策的两面性

在对外关系上,苏联既有推进世界革命实现共产主义理想的

---

① 参见《联共(布)中央政治局会议第 152 号记录:新疆问题》、《联共(布)中央政治局会议第 153 号记录:对新贸易》《联共(布)中央政治局会议第 5 号记录:新疆问题》、《联共(布)中央政治局会议第 8 号记录:新疆问题》,见沈志华编译:《俄国解密档案:新疆问题》,第 24—27、30—31 页。

②《联共(布)中央政治局会议第 11 号记录:重建新疆经济》,见沈志华编译:《俄国解密档案:新疆问题》,第 37—62 页。

③《斯大林等与盛世才谈话纪要》,见沈志华编译:《俄国解密档案:新疆问题》,第 85—86 页。

普世情怀,也有从俄罗斯帝国传承下来的民族利己主义和大国强权政治的特征,有时为了自己的片面利益,不惜牺牲他国利益,践踏他国民族尊严。20世纪30—40年代,为了自身的安全,苏联在对周边国家关系上做出了许多违反国际法和侵犯主权国家权益的行为。在欧洲,苏军进占比萨拉比亚、与德军夹击波兰、进攻芬兰、控制并吞波罗的海三小国等等,均为此类行为。而在远东和中亚,苏联也有同类行径。比如控制占领中国的唐努乌梁海地区、违背诺言长期占据和控制中国的外蒙古、默认乃至承认伪满政权、背着中国中央政府与新疆地方势力发展各种关系等行径,实际上都对中国的国家权益造成了严重伤害。在对待新疆的问题上,在处理与杨增新、金树仁和盛世才几个地方政权的关系上,苏联政府许多活动背着国民政府,都侵犯了中国的国家主权,客观上也助长了中国边疆的分裂倾向。在研究苏联援华抗战这一重大话题的时候,苏联政府行为的这一面,也是不能完全忽略的。

如前所述,苏联军队多次越境介入中国内战,帮助亲苏势力。国民政府曾经因为金树仁主政新疆期间与苏联密定《新苏临时通商协定》而将金判刑(其中当然有国内政治上的考虑)。金树仁倒台后,国民政府明确向新疆省政府表明外交权力归中央政府,反对苏联与新疆地方政府直接签订协约。1934年8月29日,中国外交部政务次长徐谟会见苏联驻华大使鲍格莫洛夫时,提请苏联政府在未经国民政府同意的情况下,不宜与新疆地方政府签订协约,但鲍格莫洛夫说:"新疆现有当局,既系中国中央政府承认之官吏,苏联方面,自可与其发生必要之往还。"①这种态度,显然违反了国际关系准则,侵犯了中国的国家主权,也是苏联对外关系中霸权主义

① 张大军:《新疆风暴七十年》,台北:兰溪出版有限公司1980年版,第3 538页。

心态的表现。为防止新疆地方政府与苏联直接签订协约,1934年8月31日,中国外交部致电中国驻苏大使馆,请其向苏外交部表明中国政府的态度。但苏联政府依然与盛世才政府谈判借款问题,在国民政府不同意的情况下,1935年5月,盛世才政府仍然通过了向苏联的500万金卢布借款合同①,然后才向南京政府行政院和外交部、实业部报告。1937年1月,盛世才政府再次向苏联借款250万金卢布。1940年11月26日,未通过中国国民政府,苏联与盛世才政府秘密签署了《新苏租借条约》(俗称《锡矿协定》),这一协定使苏联在新疆享有广泛的特权,实际上把新疆变成了一个既不受乌鲁木齐省政府控制也不受重庆国民政府控制的国中之国。条约有效期长达50年,规定了苏联在新疆勘探开采矿产、利用一切自然资源、进行工程建设、从事交通通讯、苏联人居住生活、设办企业、产品进出甚至驻军等一系列特权。这个条约显露了苏联完全控制新疆的图谋,极其严重地侵犯了中国的主权。在合作抗日的蜜月期,1938年8—9月,斯大林等苏联最高领导在完全背着中国国民政府的情况下,秘密接待盛世才这位中国的地方官员并将其吸收为联共党员,对盛世才的接待远远超出对一国元首的规格。苏联为了保护盛世才政权,还秘派红八团进驻哈密。这一方面表现出了国民政府的软弱无能和地方军阀的滥权蛮横,另一方面,也清楚地显露了苏联践踏他国主权的霸权意识和赤裸裸的民族利己主义。

中国全面抗战爆发后,苏联开始秘密援华。为协调、保障援华工作的顺利进行,苏联政府在与国民政府强化联系的同时,也在中

---

① 据张大军调查,该合同后附有密约,内容为苏联对盛世才政府实行全面支配,在新疆推行共产主义制度等。见张大军:《新疆风暴七十年》,第3540—3541页。

国西北地方加强了工作。在新疆,通过大量人员、物资的进入,苏联全面掌控了新疆的政治经济军事文化。在甘肃,苏联也派驻了政府人员,于1937年10月先后在兰州设立了苏联政府驻兰州军事代表处、外交代表处和商务代办处。军事代表处职权很大,负责指挥驻兰州的苏联空、地勤人员。首任军事代表是阿克莫夫中将,此人曾在大革命时期来华出任冯玉祥将军的军事顾问。1937年11月7日,国民党甘肃省政府举行庆祝"十月革命节"招待会,欢迎在兰的苏联援华人员,苏联驻兰军事代表处代表阿克莫夫将军代表苏联援华人员致答谢词。阿克莫夫回国后,1938年夏天,苏联政府派遣杜特喀姆来兰州,就任新的军事代表。外交代表处主要负责苏联与中国政府之间的外事活动,负责人是阿扎诺夫。苏联驻兰州商务代办处首任代办是伯牙连次夫。苏联驻兰军事代表处、外交代表处及商务代办处,是苏联政府协调办理援华事务的主要机构,地址在今兰州市城关区颜家沟。

为了确保兰州这一西北的交通枢纽和物资转运集散地,苏联还在兰州建立了空军基地,由援华的苏联空军志愿队与中国空军共同保卫兰州。苏联空军志愿队由两部分组成:一是援华的航空志愿队(主要是驱逐机),二是援华航空志愿运输队(主要是运输机)。苏联还派出相当数量的技术人员和地勤人员提供技术帮助。在兰州常驻志愿队驱逐机一队,多时有参战飞机十余架,在兰州东郊飞机场有数十名苏联地勤人员。为了培训指导中国飞行员尽快熟悉苏联援华飞机的驾驶和维护,苏联政府在兰州设立培训机构,由苏联志愿队培养训练中国空军人员和急需的军事人才。由苏联空军战士组成的援华航空志愿队和援华航空运输志愿队,直接参加对日寇的作战。在激烈的兰州空战中,苏联航空志愿队战士斯切帕诺夫、雅士、古力芝、波拉基诺夫等7位飞行员英勇牺牲,为中国人民的抗日事业付出了生命。

　　苏联对外政策既有推进世界共产主义革命和维护和平的一面，又有着强烈的民族利己主义和强权政治色彩，决定了它在处理与中国关系的时候，当其维护和平的一面为主流的时候，两国关系发展就比较顺利，双边合作能够正常进行；而当其民族利己主义和强权政治抬头的时候，双方关系就必然出现曲折。当日本大举侵华，苏联表现出了国际主义精神，援华苏联顾问专家尤其是志愿人员，都体现出了牺牲奋斗的可贵品德，中苏两国在反对法西斯侵略的共同目标下进行了成功的合作。但在中苏合作的同时，苏联的民族利己主义和强权政治也有种种表现，尤其在新疆地区，这就埋下了后来两国冲突的种子。当苏德战争爆发，苏联无力影响新疆局势后，两国关系出现曲折，由此导致了以后在新疆发生"三区革命"、中苏在外蒙古独立、东北地区权益尤其是旅顺大连权益等一系列问题上的尖锐对立。

第三节　新疆盛世才政权的亲苏政策

一、民国后的新疆

　　苏联援华西北国际大通道的开通与运营，必须得到大通道所经过地区的地方势力的支持与配合，如新疆的盛世才、西北回族诸马势力和从东北来到陕西的张学良等。南京国民政府当时虽然名义上统一了中国，但是中央政府的权威尚未真正树立起来，西北地区地方军阀依然势力强大，国民政府与这些地方势力之间矛盾重重。

　　新疆与苏联中亚各加盟共和国之间有 2 000 多公里的边界，边境两边人民历史上有着密切交往。在清朝后期，左宗棠率军收复新疆后,1884 年在新疆设立行省,实行与内地一样的统治。1914
年原属中央直辖的伊犁将军(民国后改为伊犁镇边使)改为镇守
使、1916 年塔城参赞改为塔城道、1918 年阿尔泰办事长官改为阿
尔泰道,全部由新疆省统辖。这些政制调整统一了事权,解决了清
代以来新疆一省之内巡抚、将军、参赞大臣三者事权不统一的问
题,从而使新疆省政府完全统辖了全疆。辛亥革命发生后,伊犁革
命党人发动起义,新疆巡抚袁大化从乌鲁木齐派兵镇压,双方处于
对峙状态。袁大化不久被召回北京,推荐正在招募军队的提刑按
察司杨增新为督军。清廷倒台后袁世凯委杨增新任新疆都督兼布
政使,杨增新迅速平定了新疆各地的变乱,残酷镇压了新疆地区的
革命党人,继而妥善处理了苏俄内战后流入的大量白俄军政人员,
维持了与苏俄的良好关系,大力整肃新疆吏治,稳定了局势。从此
直到 1928 年南京国民政府统一全国为止,杨增新虽然在名义上接
受北洋政府管辖,1928 年又接受南京国民政府任命为新疆省主席,
但实际上是独立统治新疆。

　　清廷倒台后,袁世凯统治时期尚能够维持对全国的控制,袁死
后中央政府势力涣散虚弱,杨增新治理下的新疆无论内政和外交
都处于半自立状态。凭借灵活的外交手腕,杨增新主导下的新疆
当局一直努力将外部势力的影响拒斥于新疆之外,极力防范新疆
当地少数民族王公贵族与外国人接触,凡有外国人与少数民族王
公贵族接触的场合,杨增新一定布置亲信暗中监视。1914 年,哈密
的沙木胡苏特亲王要求假道俄罗斯到北京,他极力阻止。一战期
间日本派调查员来新疆活动,他密令各地官员严密注意,防止日人
在蒙古哈萨克王公、地方绅耆间拨弄是非。[1] 1920 年 5 月 27 日,在

---

① 包尔汗:《新疆五十年》,第 79 页。

北京政府尚未承认苏俄的情况下,新疆省政府派伊宁道尹许国祯与苏俄地方苏维埃代表议定了《伊犁中俄临时通商条款》,确定互设商务机关。

在防范外国势力的同时,杨增新及其继任者主导下的新疆当局也防范着国民政府力量的渗透。1928 年,南京国民政府名义上统一了全国,杨增新当局通电拥护南京政府。1928 年,试图革新政治的军务厅长兼交涉署长樊耀南刺杀杨增新,在短暂的乱局中,政务厅长金树仁控制了局面,不久,南京国民政府任命金担任了新疆省政府主席兼总司令,随后又将总司令名衔改为边防督办。与杨增新政府一样,金树仁政府也是在表面上服从中央政府,实际上极力防堵中央势力的渗透。1930 年前后经过多次沟通后,国民党新疆省党部方才成立,之后成立的县级党部全都由金树仁控制。

在对外关系上,新疆也基本上处于自治状态。1929 年中东路事件发生后,中苏两国断绝了外交关系,南京国民政府电令新疆撤回由新疆选派中央委任的驻苏联中亚地区的五个领事,但苏联向新疆省政府提出其与新疆互设的领事馆是根据"局部关系之协定互换成立的",要求继续驻留各自的领事馆。新疆省政府于是多次向南京电商,以国防空虚、苏联中亚地区华侨众多需要照顾为由,迫使南京收回成命,允准新疆与苏联之间保持"局部和平",因此在中苏断绝邦交后,新疆派驻阿拉木图、塔什干、安集延、斜米、斋桑的五地领事,苏联派驻乌鲁木齐、伊犁、塔城、承化(今阿勒泰)、喀什的五地领事,依然照旧执行职务,新疆与苏联的贸易也依旧进行。[1] 1931 年 10

---

① 国民政府行政院档案:《马绍武报告新苏继续互维驻领关系致国民政府电》(1929 年 8 月 14 日)、《外交部为批复新苏互维驻领关系致马绍武电》(1929 年 8 月 29 日),见中国第二历史档案馆编:《中华民国史档案资料汇编》第 5 辑第 1 编,"外交"(2),第 1416—1417 页。包尔汗:《新疆五十年》,第 157 页。

月 1 日，在中苏没有邦交的情况下，金树仁政府与苏联秘密签署了
《新苏临时通商协定》，规定苏联商务机构和公民可以在新疆各地
自由交易，享受中国商民同样待遇，苏联可以在乌鲁木齐、伊犁、塔
城、喀什设立财政所。苏联允许新疆通过其领土与中国内地进行
贸易往来，新疆省政府可以通过苏联领土从德、英等国进口军火、
机械等。此时日本通过九一八事变已经侵占了中国东北，东北地
区与苏联的交往被逐渐切断，苏联与中国政治经济交往的重心由
此开始转移到新疆。通过这一条约，苏联逐渐控制了新疆的经济
命脉，苏联的军事力量也开始渗透至新疆。金树仁政府与苏联《新
苏临时通商协定》的签订是秘密进行的，直到签约 10 个多月后的
1932 年 8 月 10 日，金树仁才把该协定抄送给南京国民政府秘书处
备案。在金树仁倒台后，为强化国家统一，国民政府外交部长罗文
干曾经在 1933 年 6 月 29 日致电中央政府派去新疆的宣慰使黄慕
松，要求由中央统一新疆对外交往权力，新疆省政府不得与任何外
国订立约章，新疆与苏联的交往必须经过中国驻苏使馆。[1] 1933
年 4 月 12 日，由于金树仁政府腐败无能导致局势动荡，新疆政府内
部的革新力量在迪化发动政变，推翻了金树仁政府。金树仁下台
后回内地，曾经因擅与苏联秘密订立商约而被南京国民政府拘捕
判刑，经盛世才等人奥援方被特赦。[2] 但新疆的半独立状态并未改
变，原来在金树仁军中任职的盛世才与政变者合作，担任了新疆省
最高职位督办，开始了对新疆长达 11 年的统治。

---

[1] 国民政府行政院档案：《罗文干转报统一新疆对外交涉三项办法致黄慕松电》(1933
　　年 6 月 29 日)、《外交部为批复新苏互维驻领关系致马绍武电》(1929 年 8 月 29 日)，
　　见中国第二历史档案馆编：《中华民国史档案资料汇编》第 5 辑第 1 编，"外交"(2)，第
　　1420—1421 页。
[2] 包尔汗：《新疆五十年》，第 157 页。

二、盛世才政权的建立

盛世才 1895 年出身于辽宁开原县(今辽宁省北部开原市)盛家屯的一个小地主家庭,1915 年,毕业于上海吴淞中国公学专门部政治经济科。1917 年,盛世才赴日留学,于东京明治大学攻读政治经济学,期间接触到《共产主义 ABC》等左翼刊物。1919 年,盛世才回国参加五四运动,认为读书不能改变中国的落后面貌,决定投笔从戎,进入广东李根源主办的云南陆军讲武堂韶关分校第二期步兵科学习。毕业后经李根源介绍,回东北在奉军第八旅郭松龄部,任排长、连长及上尉参谋等职,深得郭松龄的信任。1923 年,经郭松龄推荐,张作霖送他到日本陆军大学中国学生队第四期学习。1925 年,郭松龄倒张反奉失败,盛世才曾参与郭松龄反奉倒张,张作霖撤销了保送他学习的公费资助。但盛世才经过钻营,又先后得到了孙传芳、冯玉祥、蒋介石的资助,完成了日本陆军大学的学习。1927 年毕业后回国参加北伐军,任国民革命军总司令部上校参谋,1928 年任行营参谋处第一科代理科长,后调任参谋本部第一厅第三科上校作战科长,先后在朱绍良、贺耀祖手下工作。这些低微的职位,完全不能满足盛世才的勃勃野心,他于是试图重新寻找出路和发迹的机会。

1930 年,盛世才准备去云南省政府主席龙云手下任职,恰在此时,新疆省政府主席金树仁要求新疆驻南京办事处代表鲁效祖介绍军事人才赴疆效命,经鲁效祖介绍,盛世才来到新疆,得到金树仁赏识,被任命为新疆省边防督办公署上校参谋,继而升任参谋处长和参谋长、第一师师长。由于金树仁自 1928 年执掌新疆后内政处置不当,激起了新疆民众反抗,一些地方统治者也趁机纷纷割据独立。1931 年,东疆哈密发生暴动,不久西北回族军阀马步芳的堂弟马仲英率领 6 000 多人从甘肃进军新疆,占领新疆东部。1932
年,盛世才被调任东路"剿匪"总指挥部参谋长,很快就升为督署中
将参谋长兼东路"剿匪"总指挥。这是一个掌握军权的实权位子,
借此盛世才通向了新疆省最高权力的宝座。盛世才多次击败哈密
暴动民众和马仲英军队,威望日渐提高。

　　1933 年 4 月 12 日,具有革新思想的新疆省府迪化督署参谋处
处长陈中、迪化县长陶明樾、航空学校校长李笑天等人,利用由白
俄组成的归化军发动军事政变,赶走了省政府主席金树仁。他们
认为自身力量单薄,于是想到请手握重兵的盛世才出来主持大局,
李笑天亲自驾驶飞机到盛世才驻军地接其回省城。盛世才回师迪
化,被各方推举为新疆临时边防督办,教育厅厅长刘文龙被推举为
新疆临时省主席。1933 年 12 月,盛世才就以刘文龙涉嫌谋叛,将
刘及其全家软禁,迫其辞职,而指定年迈多病的老官僚朱瑞墀为临
时代理省主席,不久,朱因惊恐病故,盛提出让李溶担任省主席,
1934 年 10 月,南京政府正式任命李溶为新疆省政府主席,1940 年
3 月 21 日李溶病逝,盛接任省主席。从 1933 年 4 月开始,盛世才
掌握了新疆最高统治权,在 1940 年兼任省主席职务之前,盛世才
一直以"边防督办"名义操纵新疆的实权,地位却远在接替刘文龙
的傀儡省主席李溶之上。

　　1933 年 4 月金树仁倒台之际,南京国民政府本想顺势把新疆
纳入直接控制之下,盛世才担任新疆省督办之初,国民政府迟迟不
肯正式任命。盛世才于是采取外投苏联、内肃异己的手段,逐渐掌
稳了新疆的军政权力。1933 年 6 月,南京政府派遣参谋本部次长
黄慕松率领庞大的宣慰团到新疆,想在政变不久盛氏立足未稳之
际直接接管新疆。黄慕松进疆"宣慰"伊始,与陈中、陶明樾、李笑
天等人谋划了一个撤督办成立军事委员会的方案,也就是撤销盛

盛世才送给瑞典探险家斯文·赫定的照片

世才为督办的新疆边防督办公署,代之以新疆军事委员会,容纳哈密暴动领导人和加尼牙孜、原金树仁政权残余、入疆的东北抗日义勇军、马仲英、伊犁屯垦使张培元等为委员,以盛世才为委员长。黄慕松希望通过这个方案既能够限制盛世才的权力,又可以平息当时遍及全疆的动乱,这引起了盛世才的极大不满和猜疑。1933年6月下旬,盛世才以突然手段用"谋叛"罪名枪杀了陈中、陶明樾、李笑天,威逼其他与国民政府宣慰团密切接触的人,迫使黄慕松于7月21日离开迪化回南京。但南京依然想直接控制新疆,1933年,国民政府行政院118次会议正式任命刘文龙、盛世才、张培元为新疆省政府委员,刘文龙为省政府主席,盛世才为边防督办,张培元为伊犁屯垦使兼新编陆军第八师师长。8月15日,国民政府又派外交兼司法行政部长罗文干到新疆,名义是出席刘文龙、盛世才的就职典礼并代表中央政府监誓。但9月2日罗文干飞到迪化后,奔波于哈密、吐鲁番、迪化、塔城、伊犁之间,目的在于联络组织各派力量,使反盛的马仲英和张培元合作结盟,使反盛实力大大超过盛世才的力量。

在国民政府为控制新疆加紧活动之际,国外的各种势力也在强化在新疆的活动。当时英法等国在迪化等城市设立天主教堂、开设洋行,德国的传教士在一些城市进行传教活动,瑞典人在英吉沙设立医院。这些国家以不同的名义为掩护进行间谍活动,寻找机会进行政治浸透和影响。日本更是力图控制新疆,以便从南方和西南方向谋取外蒙古,同时作为入侵苏联的基地,所以也派遣许多间谍渗透到盛世才和马仲英军队之中。为了保护在印度的殖民利益而希望在新疆建立一个反苏的缓冲地带的英国,于1933年11月唆使沙比提大毛拉和穆罕默德·伊敏等民族分裂分子在喀什建立了一个所谓的"东土耳其斯坦伊斯兰共和国",使几乎整个南疆脱离了新疆省政府的控制。

新疆地方少数民族一些封建上层人士为了各自的利益,试图开始寻找和投靠外部势力。当时维吾尔民族武装首领和加尼牙孜、回族军阀马仲英和驻守伊犁的张培元,均拥有一定的武装力量。其中马仲英得到了南疆伊斯兰教力量的支持,与喀什伊斯兰教领袖马绍武建立了联盟。马仲英控制着北疆大部分土地和南疆喀什部分土地,同时掌控着东疆哈密、镇西、吐鲁番、鄯善,其军队已经进逼到距省城迪化仅25公里处,马仲英部属马赫英占据北疆的阿山并正向塔城推进。得到国民政府支持的伊犁张培元与马仲英结为反盛同盟,也正在向省城推进。盛世才只控制省城附近几个县,省城之外只有已经陷入四面楚歌的塔城一地在其掌握中。在危局之中,盛世才在省城的部队总共仅有6 000人,且老弱涣散,内部情况复杂难以掌握,补给困难。张培元与马仲英结为反盛同盟的军队人数超过盛军3倍,且多为青壮年,补给充足。

　　在极端不利的处境中，经过利弊权衡以后，盛世才把争取苏联的谅解与援助作为巩固自己政权的最重要措施。1933 年 5 月，他打起了亲苏反帝旗帜，派外交署长陈德立到苏联驻迪化领事馆拜见总领事孜拉肯，表示愿意在金树仁政府同苏联签订的《新苏临时通商协定》基础上，进一步加强双方友好关系。盛世才向苏驻新疆外交人员大力标榜自己的共产主义信仰，他装出对马列主义颇有研究的样子，讨好苏联。他声称要在新疆建立苏维埃政权，同时以重礼馈送苏方外交人员。他宴请苏联驻迪化总领事孜拉肯等人，征询他们的意见，争取苏联协助他加强对新疆的控制。在家里设宴款待孜拉肯等人时，盛世才预先在书架上摆放了《共产党宣言》《资本论》《列宁主义问题》等马列主义书籍，表示他早在学生时代就信仰马克思主义，认为中国只有走共产主义道路才有前途，所以，希望在新疆建立苏维埃政权。孜拉肯于是在给莫斯科的电报中称盛世才是一个马列主义信徒。1933 年 10 月，盛世才又派出特使陈德立和姚雄赴莫斯科直接求援，提出加入苏联共产党、在新疆建立共产党组织等要求。他还成立了新疆民众反帝联合会，把新疆边防军改为反帝军，甚至两次提出要求把新疆并入苏联。当时中苏已经恢复邦交，苏联政府为避免中国强烈反应，同时担心列强的态度而未敢接受。[①] 盛世才的表现赢得了苏方人员的好感，1933 年 11 月，苏联方面改派熟悉东方事务的阿布列索夫为新任总领事，对盛世才进一步考察。盛世才的投机本领，使其取得了阿布列索夫总领事的信任。同时，由于新疆对于苏联国家安全具有的重要意义，苏联政府出于其国家利益的考虑，不顾共产国际的反对意见，决定向盛世才提供援助。1933 年底，苏联决定向盛世才提供飞机、装甲车、

---

① 包尔汗：《新疆五十年》，第 193—194 页。

机枪、弹药等军火援助,而且决定,苏联红军将直接进入新疆,帮助盛世才作战。同一时间,盛世才与加尼牙孜、马仲英或谈或打,逐渐稳住了阵脚。

　　1934年初,马仲英率领大军围攻迪化,张培元军从西向东进逼迪化,遭受两面夹击的盛世才政权岌岌可危,1934年1月中旬,苏联直接出兵,苏军在边界换上中国军服,以盛世才部队中招募的白俄归化军名义,以突袭方式先后打败了张培元、马仲英反盛同盟。马仲英在向南疆败退的途中,为了争取苏联的好感和信任,扫除了英国扶持的喀什"东土耳其斯坦伊斯兰共和国",但苏联还是怀疑他勾结日本,依然继续扶助盛世才使其统一新疆,在马仲英放弃军队进入苏联后,1937年苏联再次出兵帮助盛世才彻底消灭了南疆马仲英余部。在苏联大力援助和民众支持下,盛世才最后消除了各派反对势力,稳定了新疆政局。

反映当时新疆混乱局面的漫画

三、亲苏与"六大政策"

在苏联帮助下掌稳了权力之后,盛世才在内外政策上完全倒向苏联。他拒绝接受中央政府的外交统辖权、国民党的党化教育和财政统一,同时取消国民党新疆省党部,拒绝国民政府与德国合营的欧亚航空公司的飞机进入新疆,拒绝新绥汽车公司班车开进哈密以西。1934 年 8 月 1 日,盛世才政府成立了"新疆民众反帝联合会",简称"反帝会",关闭了西方国家在新疆设立的洋行和天主教堂,把外籍人员驱逐出境。除了苏联人,凡是到新疆的外国人,几乎一律被逮捕。大批的苏联专家、顾问参加了新疆省政府的工作,进行整理财政、整编军队等。在一段时期,新疆省政府的重大决策和官员任免,无论苏方是否要求,盛世才在事前均向苏联领事馆报告或商酌。这时的新疆,省政府和督办公署都有苏联顾问,学校有苏联教员,军队有苏联教官。迪化飞机场、安集海炼油厂、独山子石油厂、阿山金矿局都有上百名苏联工作人员。省建设厅、农矿厅中都有苏联顾问,一切建设计划都由他们或制订或审核。苏联顾问可以到全省各地自由视察、调查。1934 年秋,盛世才政府聘请苏联专家米哈尔曼为省政府财政顾问,全省每年的预决算、税赋增减、特别费审核、财政议案均需米哈尔曼签字。这一期间,新疆省银行也有苏联顾问,新苏贸易公司设于迪化,在全省各地均有分公司,它们都享受《新苏临时通商协定》规定的各项权利。1935 年 5 月 16 日,新疆省政府同苏联签署了 500 万金卢布的借款合同,为避免像金树仁那样因暗中与苏联交易而获罪,盛世才呈报南京政府并且公开通电内地各省。1937 年 1 月 27 日,盛世才政府又向苏联借款 250 万金卢布。[1] 盛世才用苏联借款购买了许

---

[1] 包尔汗:《新疆五十年》,第 259—260 页。

多军火和机器、农机等物品。除了许多苏联专家来新疆各地工作，还有大批新疆各族青年被派到苏联留学。

全面抗战爆发后，中苏合作通过西北国际大通道运送军事物资，为了帮助盛世才维持权力，防止国民政府系统的西北回族军队借此渗透新疆，苏联方面与盛世才秘密商定，竟然于1938年1月派遣了一个骑兵加强团（苏联方面的番号为"俄罗斯骑兵第八团"，中国方面简称为"红八团"），以保障哈密地区治安和护送援华物资为名进驻哈密。为掩人耳目，该部以新疆省军"归化军"骑兵第八团的名义进驻新疆东部哈密，帮助盛世才稳定东部疆土。除骑兵外，该团还有部分步兵、一个轻坦克连和一个炮兵营，实际兵力和编制对外保密，实际兵力大约为1 500人。① 新疆军事上完全由苏联掌控，督办公署和各部队均有苏联顾问和教官，军队装备都来自苏联，军队改编、装备、训练的权限均操于苏联顾问之手。苏联教官和技术人员勘探测量绘制新疆全境地图，各处物产、人口、险要地区，均特别标记，详图只存留于莫斯科。1940年11月26日，盛世才还不惜牺牲国家利益，和苏联政府代表巴库林、卡尔波夫秘密签订了为期50年的《新苏租借条约》，使苏联在新疆享有各种不受当地政府干预的独立特权，获得了新疆的矿产以及交通、工业等资源，苏联可以在新疆驻军，苏联各类人员可以

---

① 为避免异议，初到哈密时，该团装束完全与新疆省军一致（青天白日帽徽，只有领章没有肩章），不同哈密机场、汽车站和苏新贸易公司的苏联人来往，后见未引起中国政府异议和对盛世才政府的质疑，就逐渐显露了真实身份，但对外行文依然是新疆边防军俄罗斯骑兵第八团。他们同哈密苏联空军基地、汽车站、苏联商务处来往日益密切，甚至派出了部分官兵在哈密苏联空军基地驻防。见徐智：《哈密见闻》，新疆维吾尔自治区文史资料研究委员会编：《新疆文史资料选辑》第7辑，乌鲁木齐：新疆人民出版社1981年版，第189—193页。

在全新疆自由活动。盛世才还对个别仇视苏联的军官进行清洗，承诺在当地宣传共产主义观念。督办公署专门从事境外情报工作的边务处处长是苏联人，受苏联边务局和中国新疆省督办公署双重领导。1937年卢沟桥事件发生后中国政府在江西庐山召开国防会议，新疆省的代表竟然是长期为苏联做情报工作的中国东北人赵园元。①

1938年8月应斯大林邀请，盛世才以就医为名瞒着中国政府秘密访问苏联，经斯大林同意，他在苏联秘密加入苏共，从莫洛托夫手里接受了第1859118号党员卡。② 盛世才一到莫斯科，便受到苏方官员极为热情的接待。不久，斯大林就在克里姆林宫接见了他，参加会见的有莫洛托夫与伏罗希洛夫。在莫斯科期间，盛世才获得了斯大林三次会见，斯大林满足了盛世才的全部援助要求。盛世才为了讨好苏联，曾多次提出在新疆建立苏维埃共和国，脱离中国加盟苏联。但是出于对国际舆论和对中苏关系的顾虑，苏联没有答应盛世才的这个要求。1941年1月，盛世才再次向苏联提出在新疆建立苏维埃政府并加入苏联的要求，被苏联拒绝。③ 1942年1月，苏联在莫斯科战役中击败德军进攻，盛世才提出乘此时重庆政府和英国均无法干预之机，把新疆并入苏联，但再遭苏联拒绝。④

---

① 周春晖：《狱中八年记（上）》，见全国政协文史资料研究委员会《文史资料选辑》编辑部编：《文史资料选辑》第24辑，北京：中国文史出版社1992年版，第227页。

② 周泓：《民国新疆社会研究》，乌鲁木齐：新疆大学出版社2001年版，第137页。

③ 秦孝仪主编：《中华民国重要史料初编——对日抗战时期·第三编·战时外交》（二），第437页。

④ 莫洛托夫致盛世才函：《苏中关系恶化》（1942年7月3日），见沈志华编译：《俄国解密档案：新疆问题》，第123页。

　　盛世才主政下的新疆成为当时中国最独特的单元,也是中国唯一同苏联直接发生密切联系的行省。

盛世才的"六大政策"

　　除了1933年5月提出的反帝、亲苏之外,到1935年4月,盛世才又提出了一系列任务,后来他将其全部执政思路总结为反帝、亲苏、民平(民族平等)、和平、建设、清廉等六大政策。

　　在"六大政策"指导下,盛世才对新疆的政治、军事、财政金融进行了整顿。1934年底,成立"新疆省设计委员会",1935年,在苏联顾问、专家帮助下,在新疆制订和实施了第一、二期三年建设计划(1936年—1939年6月为新疆第一期三年计划时期,1939年7月—1942年6月为新疆第二期三年计划时期。1942年7月起,本有第三期三年建设计划,因盛反苏反共而中止)。新疆的政治和社会局势逐渐稳定,经济条件得到改善。在苏联帮助下,新疆有了使用近代机械经营耕作的农牧场、水利工程,有了近代农牧技术和相应的人才,到 1936 年,新疆畜牧业恢复到战乱前的状况。文化教育事业也得到了发展,从 1934 年起新疆省政府派遣各族青年去苏联学习,1934、1935 两年分别选派 84 和 90 名学生赴苏学习,1935 年选派学生中,汉族 18 人,维吾尔族 31 人,回族 8 人,锡伯族 5 人,哈萨克、蒙古、满族共 28 人。此外,1934—1937 年,还先后派出各族青年约三百人去苏联学习。他们学成回国后,对新疆的建设发展发挥了积极作用。[①] 在苏联军事顾问帮助下,盛世才对新疆军队进行了整编,裁减老弱,优化装备和供应,举办军事干部训练班,由苏联教官制订和实施军队训练计划,新疆省军中的步、骑、炮、工兵均仿照苏军。新疆的交通运输业也有长足发展,1935 年春节,新疆公路局开始动工修筑由苏联专家帮助设计的总长度为 1 859 公里的迪(化)伊(犁)和迪(化)哈(密)公路,于 1937 年 7 月 1 日正式通车。这条北疆干线公路,成为全面抗战爆发后苏联援华的西北国际大通道的重要组成部分,为抗战事业发挥了巨大作用。

为了巩固权力,盛世才在新疆实行了恐怖统治。1934 年上台之初,盛便成立了"督办公署侦探队",刺探各级官员动态,随后在苏联顾问普利豪特卡(汉名包国宁)和联共党员王立祥帮助下,1934 年 8 月成立"新疆省政治监察总管理局",这是一个公开的公安组织,盛世才自兼局长,联共党员张义吾为代局长,引入一批苏联人和留苏华人担任副局长及科长、组长,其中包国宁为副局长,王立祥为秘书长,局下设立七个科,由盛世才亲信和苏联人任科长和副科长,在全省建立情报网络,将克格勃的工作模式搬入新疆。

[①] 新疆社会科学院历史研究所编著:《新疆简史》第三册,乌鲁木齐:新疆人民出版社 1987 年版,第 221—227 页。

该局搜集整理的情报，一份送盛本人，另外一份送苏联顾问。1934年10月，该局改组为新疆保安总局，包国宁离局，张义吾为副局长兼代局长，1935年冬，王立祥被解职返回苏联，1936年5月，新疆保安总局又被改组为新疆公安管理处，张义吾为处长，联共党员刘贤臣为副处长兼保安科长。为了完全控制该处，1937年春，盛世才将共产党员张义吾、刘贤臣打为"托派"而送回苏联，另派督署副官长赵剑峰为公安管理处中将处长。

新疆公安管理处后来还衍生出了边务处等关联机构，边务处是共产国际情报局派驻新疆的军事情报机构，专门搜集新疆邻国和邻省的情报。1936年成立的边务处，是盛世才的苏联军事顾问根据其本国经验和新疆环境向他提出的，盛世才亲自担任边务处处长，而实际控制该处的是苏联红军参谋部派遣的由七名教官组成的军事情报组。1941年，盛世才制造案情，接管了该处。

通过情特组织，盛世才在1933—1944年执政11年间先后制造了6起大型"阴谋暴动案"和若干小型案件，逮捕处决的各界人士数万人。尤其是盛世才1933—1941年期间制造的案件，都是为了巩固和加强个人权力，并未影响苏联势力在新疆的渗透。

盛世才政权的"六星旗"

四、盛世才与中共的合作

在苏联和共产国际的安排下,中共与盛世才进行了合作。1936 年 6 月,中共驻共产国际代表、中共中央政治局候补委员邓发,作为中共长征到达陕北后被派往共产国际的第一位代表,途经新疆前往莫斯科。在赴莫斯科的途中,邓发代表中共在迪化与盛世才建立了联系。1937 年 4 月,盛世才派专车到中苏边界,将共产国际和中共代表团为运送支援中共的武器而选派的陈云、滕代远一行从中苏边境接入迪化,配合陈云等人接受并且安置了中共西路军余部。按照陈云的要求,在 1937 年 5 月 1 日,盛世才派出 1 个团的兵力和 40 辆汽车,满载军需物资,随陈云等人前往新疆东部门户星星峡,将历经磨难、仅存 400 余人的西路军余部接入新疆。

1937 年 7 月全面抗战爆发后,新疆的战略地位更加重要,新疆政府与苏联和中共的关系也更加密切。1937 年 10 月,中共中央派遣的八路军代表周小舟,与盛世才商讨在迪化设立八路军办事处事宜。1937 年 11 月,中共重要领导人王明和康生从苏联回延安,途经迪化时受到了盛世才隆重欢迎,盛世才要求中共派大批干部来新疆工作,并且在宴请王明等人的宴会上,提出了加入中共的要求。根据盛世才的要求,从 1937 年秋天开始,中共中央派出了中华苏维埃政府国民经济部部长毛泽民以及陈潭秋、林基路、张子意、吉合、方志纯等几十名干部来新疆工作,盛世才安排他们在文教、财经、行政部门任职。1937 年冬天开始,《新疆日报》《反帝战线》的编辑长和工作人员几乎全部是来自延安的人。这些共产党人进入新疆以后,帮助盛世才政府完成了第一期三年经济建设计划,1938 年底还参与了新疆省第二期和第三期计划的制定和实施工作。中共人员来新疆后,在各方面都产生了巨大的影响,以至于连盛世才的新疆省省军的军歌,都是使用《三大纪律八项注意》的曲调(另配歌词)。盛世才在其《六大政策教程》中,还多次引用毛泽东著作中的话语作为论据。[①] 当时,对于盛世才加入中共的要求,中共中央同意接受,但由于共产国际的反对,盛世才这一要求未能如愿。共产国际认为盛是一个军阀和投机分子,为此曾经反对苏联政府援助盛世才。1937 年冬天,中共八路军正在配合正面战场积极作战,盛世才派新疆运输局多辆卡车装满棉衣、皮袄,由督办副官押运,跟随苏联援华车队开抵兰州,然后转平凉运至延安。[②] 在中苏合作开辟西北国际大通道的工作中,盛世才政府也进行了积极配合。

在与苏联和中共合作的过程中,盛世才政府的显著特点是排斥国民政府。1933 年盛世才上台后,即阻止新绥汽车公司进入迪化,仅让汽车开到哈密,再由迪化汽车局接运货物至迪化。新疆省的车辆置备全部仰仗于苏联进口。全面抗战爆发后,国民政府为接收苏联物资,除开辟航空线外,还希望开通由兰州至迪化的公路,但盛世才为防范国民党势力进入新疆,非常不愿意修筑沟通新疆与甘肃之间的哈密至星星峡的公路。1938 年,国民党军委会派交通组长辜达岸视察公路至星星峡,盛即电辜东返,不让其在新停留。[③] 全面抗战开始后,盛世才依然想对中苏航运进行控制。1938 年中苏联合航空公司成立,拟开通从阿拉木图经伊犁、乌苏、迪化、哈密、兰州的航线,全长 3 000 公里,并在迪化头电河修建飞机修配

---

① 周东郊:《新疆狱中八年记》,见全国政协文史资料委员会编:《中华文史资料文库》第五卷,第 330 页。

② 徐智:《我所知道的哈密中运会》,见全国政协文史资料委员会编:《中华文史资料文库》第五卷,第 489—490 页。

③ 周泓:《民国新疆交通概综》,《喀什师范学院学报》2002 年第 5 期。

厂,在哈密建大型航空站。1939年1月,国民政府交通部与苏联航空总局正式订立合约:开通哈密—阿拉木图航线,合组中国航空公司新疆分公司,10年为期,由中苏航空公司飞行哈密、迪化、伊犁、阿拉木图。1939年12月正式开航,国民政府交通部指派张元夫协理,但盛世才将所派人员囚禁,形成了独霸哈密—阿拉木图航运权的局面。同时,国民政府中国航空公司于1939年在新疆伊宁的艾林巴克筹建航空队,从内地招青年,从苏联聘请教练。① 这与盛世才的想法充满矛盾。

在全民抗战高潮背景下开通西北国际交通线的事业中,依然充满着各种政治力量之间的斗争博弈。

第四节　回族诸马控制下的甘青宁

一、诸马势力清末以后的演变

清初,陕西、甘肃分治,甘肃布政司行政中心从巩昌(今陇西县)迁至兰州市,辖今甘肃和新疆、青海、宁夏省区的部分范围。民国时代开始后,当时的甘肃包括现在的甘肃、青海、宁夏三省区。

民国成立后,甘肃(包括后来成立的宁夏及青海省)名义上均由中央政府领导,但其实际的控制权落入了当地回族诸马(马家军)的手中。

在民国以前,河州诸马军事力量延续马占鳌降清时的格局,即以马占鳌系(子马安良)为首,辖制马海晏系(子马麒、马麟)和马千龄系(子马福禄、马福祥),逐渐形成马占鳌、马千龄、马海晏

---

① 周泓:《民国新疆交通概综》,《喀什师范学院学报》2002年第5期。

三个集团,各集团都以他们的家族成员为主要骨干,并由其亲戚、同乡、同民族、同宗教的人士凝聚而成。一部分汉族依附者多是参谋及文职人员,未列于内,故称之为"河州三马"。民国后,马占鳌子系在政争中逐渐淡出,马海晏子系和马千龄子系则分据青海(青马)和宁夏(宁马),形成不同的地方势力。到了马福禄之子马鸿宾、马福祥之子马鸿逵时,先后控制过宁夏、青海、绥远(今内蒙古呼和浩特一带)三省区,活动范围广达甘肃、陕西、河南、山东、安徽等省。马海晏之子马麒从马安良军中分化出来,另成一个集团,入据青海。马麒逝世后,弟马麟(勋丞)继任青海省主席。后来马麒之子马步青、马步芳与其子马继援等相继而起,三世拥兵,控制了青海全省和河西走廊,军事活动范围先后达到西藏、甘肃、陕西等省区。这一集团的支系马仲英,1930年代曾遍扰甘肃、青海、新疆等省区,险些颠覆了盛世才政权。诸马先后投靠北洋政府和国民政府(冯玉祥、蒋介石),发展成为半割据状态的军阀势力。

　　与清末崛起的各派地方军阀相比,西北回族军阀势单力薄,他们无意问鼎中原,而是依附于在国内各派军政势力角逐中得势的派别,潜心经营自己的巢垒。在归降后他们随同清廷镇压西北回民暴动,在此过程中,与原有的西北地方宗教势力割断了联系,因而彻底阻断了自立门户的可能性,回族诸马军人集团的权力完全来源于中央政府的认可而不是宗教影响,因此出于特权利益,他们只能完全站在维护国家统一的立场之上。到了20世纪30年代中期,通过长期博弈,终于形成了西北四马势力的半割据状态:青海方面由马步芳占据,河西凉州地区由马步芳胞兄马步青控制,宁夏则由马鸿宾和马鸿逵占据。全面抗战爆发前后,日本人曾经进行一系列拉拢利诱,许愿为他们建立伊斯兰国,马占鳌、马千龄和马海晏的后代所组成的西北军阀还是没有背弃中国,都选择了抗战阵营。诸马统领的军队和官职，多为父死子继、兄终弟及；相互之间又多姻娅相亲，有共同的利害和共同的敌友，形成了"一荣俱荣，一枯俱枯"的局面。在关键时刻，他们往往相互支持一致对外，维护共同的利益。他们内部之间亦有矛盾与斗争，在权势、地盘、资财面前，相互之间钩心斗角，彼此防范，其关系相当复杂。在"宁马"和"青马"之间，青马内部的马麟与马步芳叔侄之间，马步芳与马步青兄弟之间，以及宁马内部的马鸿宾、马鸿逵堂兄弟之间，也常常争权夺利，但到了全面抗战时期，大敌当前，他们不得不暂弃前嫌，共同对敌。

二、进入民国以后甘肃政局的混乱

辛亥革命爆发后，清朝陕甘总督长庚、陕西巡抚升允坚决反对共和，策划武装镇压陕西革命，马安良等西北地方势力组织军队支持长庚、升允。但马福祥等人推动清朝护理布政使赵惟熙，联络绅士与甘肃省咨议局议长代表全省通电承认共和政体。清室退位后，甘肃代理布政使赵惟熙出任甘肃都督兼民政长，在袁世凯支持下取得了甘肃的统治权。赵竭诚拥护袁世凯"中央集权"，他想拉拢回军以自重，报请袁世凯任命马安良为甘肃提督，马麒为西宁总兵，马麟为凉州总兵，马占奎为中营协统，马国仁为秦州总兵，马福祥为宁夏总兵。这时，甘肃八镇中回族人占其五，世袭相承。到北洋政府时代，只保留甘州、凉州、西宁、宁夏四镇。这时马安良权势极盛，甚至能够控制县知事等官员的任命，他于是积极谋求取代赵惟熙。马安良加入了国民党，1912年国民党甘肃支部成立时，他任支部长，并兼任该支部机关报《大河日报》社长。

袁世凯为防范国民党势力，同时忌惮回族将领势力坐大，赵惟熙离开甘肃后，任命甘肃内务司张炳华代理都督。张炳华无力控制局势,1914 年 3 月,袁世凯委任其干将张广建出任甘肃都督兼民政长,直到 1920 年 12 月离任的这段时间,张广建掌握了甘肃的军政大权。张广建先挟袁氏声威入主甘肃,后依靠皖系势力,逐步分化利用诸马,笼络马福祥,着力排挤打击马安良,在政治、军事、经济等方面也施行了一系列不当举措,还从其家乡带来了一批皖籍老官僚、旧政客,对社会民众大肆搜刮,导致甘肃政治腐败、经济萧条,人民怨声载道,兵变、民变时常发生。

　　1920 年,皖系在直皖战争中失败,张广建失去靠山,诸马借"甘人治甘"的口号,发起驱张运动,甚至准备武力驱除。1920 年 12 月 24 日,马福祥等人通电声明与张广建脱离关系,不受其节制,直接听命北洋政府。张广建在甘肃的统治无法继续,北洋政府鉴于甘肃省内外反张声势浩大,遂任陇东镇守使陆洪涛护理甘肃督军,1922 年,陆洪涛正式就任甘肃督军。1924 年 3 月,陆洪涛兼任甘肃省省长。1925 年 1 月,废除督军,改任甘肃军务督办。回族几位镇守使对于陆洪涛的上位很不满,多不听其号令,一度竟自行委任辖区内官吏,直接从所在地税局提取军饷。经过士绅斡旋会商,这种局面方得以改善。1925 年 3 月,陆洪涛中风卧床。在下属军官威迫之下,1925 年 7 月,陆以自己的风疾不治致电北洋政府临时执政段祺瑞,辞退督军兼省长职。

　　在 1924 年第二次直奉战争后,冯玉祥任西北边防督办,马福祥任西北边防会办,甘肃(包括青海、宁夏)即在冯玉祥掌控之下。陆洪涛辞职后,北洋政府任命冯玉祥为甘肃督军,冯玉祥令第二师师长刘郁芬前赴甘肃,代行督军职务。刘郁芬督甘后,杀戮桀骜不驯的陆洪涛原属下军官,还试图制造甘肃各派军人之间的冲突,也没有处理好与回族的民族关系,因此造成甘肃各地地方军人自危防范,省政府权力难以施展。

1929年8月,刘郁芬调任陕西省主席,青海省政府主席孙连仲接任甘肃省主席,马麒任青海省主席,青海大权落入了马麒、马步芳父子手中,后来的"西北诸马"中最有实力的"青马",从此走上了大发展时期。在1929年冯玉祥反蒋活动,以及1930年的"中原大战"中,刘郁芬及甘肃地方回族军人追随冯玉祥,期间马鸿逵等背叛冯玉祥倒戈投蒋。孙连仲刚入主甘肃时,地方军阀势力尚未完全削平,各地民变、土匪活动时有发生,不久孙连仲就奉冯玉祥之命率领军队参与冯玉祥和阎锡山与蒋介石之间的"中原大战"。孙连仲东去中原以后,甘肃省政府主席由民政厅长王祯代理。后来冯部在甘肃势力日益减弱,王祯辞职,由省政府八个委员(杨思、张维、裴建准、喇世俊、赵元贞、王廷翰、王祯、李朝杰,是地方士绅和冯部残余的混合体)共同负责,当时人称"八大委员执政"。并且因为兰州是甘肃省会,兵力不足,由青海主席马麒之弟马麟为甘肃全省保安总司令,率兵驻兰州防守。在此以前,1930年马麟已任临夏宣抚使,并由青海调马为良旅驻防临夏地区。1931年,"中原大战"结束后,蒋介石任命马鸿宾代理甘肃省政府主席,随后又正式任命为主席,马鸿宾带少量防卫军队赴兰州上任。

在此期间,甘肃地方军人曾经发生过反叛,如1926年奉系张作霖和直系吴佩孚联合进攻冯玉祥后,甘肃陇东镇守使张兆钾起兵讨伐刘郁芬;1928年3月,马仲英等起事三次围攻导河县城(今临夏),这些活动虽然都被平定,但甘肃政局一直没有稳定。当时兰州因扩充军队,就地筹饷导致人民负担骤增,又经1928年河州变乱,民众更加穷困。及至1929—1930年间,冯玉祥军大部调走,地方大小军阀分割盘踞,极为混乱,马仲英、马谦等在张掖、酒泉一带;马廷贤在天水一带;鲁大昌在陇西、洮、岷一带;陈珪璋在平凉一带;黄得贵、王富德、李贵清等在固原一带,蒋介石都给以各种名义,使之反冯。这些势力各霸一方,为所欲为。他们不相统属,在地方上横征暴敛,冯玉祥残部只有吉鸿昌留下的一个旅,旅长是雷中田,后扩充为一个师,蒋介石也给以暂编第八师的番号,雷任师长,驻在兰州。

行伍出身的马鸿宾不擅长政治操作,又不善联系地方士绅,也没有得力助手为之策划,主政后根本无法打开局面。马鸿宾到任之初,各方都表示欢迎。雷中田师部原驻甘肃省政府内,为试探马鸿宾的态度,雷向马表示愿意迁出。马鸿宾为客气而谦让,未驻进省府而暂住民政厅(今兰州警备区),也不换城门岗哨。此后,雷就不再提迁移之事,马鸿宾为示大度也只得容忍。但后来为了安全,他就携带幕僚到兰州城外的小西湖居住办公,只有开会时才进城。

马鸿宾就任后的一些理政措施产生了消极因素:比如裁员减薪,取消兼职。当时甘肃各地军阀割据,这些军人就地筹饷,全省财政无法统一。经过变乱及荒年之后,本来就贫瘠的地方民力接近枯竭,并且只靠兰州附近八个县,无法维持省政府所需军政费用。而公教人员因薪金微薄,许多人也靠兼职兼课维持生活。因为省财政无法开辟财源,马鸿宾就想通过裁员减薪、取消兼职来节约开支,此举引起公教人员的不满。在对马麟部属待遇的问题上,马鸿宾的举措也引致怨恨。马鸿宾就任时马麟的保安司令部尚未撤销,其所部 2 000 余人仍在兰州驻扎,原来每兵每日口粮按一斤十二两(旧制十六两为一斤)发给,马鸿宾减为按每兵每日一斤半发给。所以后来"雷马事变"发生时,这支军队竟然视若无睹,任由雷中田无所顾忌地拘押马鸿宾。对于地方士绅头面人物保荐职位的,马鸿宾也没有妥当应对。他曾经强调考试取才,为此他亲自在民政厅后西花园内四照厅(今通渭路省图书馆内)面试县长。为表示公正,他与面试对象之间悬挂幕布互不见面隔幕问答。但事后首批发表的县长却有他的亲朋故旧,因此引人诟病。对当时窃据一方的各地军阀,他既无力驾驭,又不善接纳,打不开局面,无法建立有力的统一政权。马鸿宾政令不出省城,财政收入也难维持,甘肃政局恶化之势愈益明显。

雷中田见马鸿宾在政治上无法施展,其在兰州的兵力也很少,全省各地军阀也都与其离心离德,于是产生觊觎之心。蒋介石这时派马文车、严尔艾、刘秉粹、谭克敏等四人为视察员,来甘肃视察国民党党务。马文车和雷勾结,想取马自代。雷中田有通讯设备和冯玉祥保持联系,计划由苏雨生从彬县、长武回攻宁夏,雷同时起事扣押马鸿宾,想占据甘、宁,发展势力,于是发动了甘肃现代历史上的"雷马事变"。事变前雷中田与其换帖弟兄、甘肃士绅的领袖人物杨思(曾任甘肃省长)会晤密谈。

1931 年 8 月 25 日,马鸿宾带少数卫士进城参加会议,到会议室后感觉气氛不对,就离开会议室越墙至城隍庙(今兰州市工人俱乐部)内躲藏。此时雷中田即关闭城门,在全城进行大搜索捉拿马鸿宾,同时派军队解决马鸿宾驻兰军队,双方交火。马知无法脱身,又怕交战伤及无辜,于是到街上对站岗武装警察说明身份,要其带往省会公安局长高振邦处。高振邦为雷属下旅长兼任公安局长,马鸿宾受命来甘之时,先派其子马敦信来兰与各方接洽,曾与高结为兄弟。高将马鸿宾安置在家,为了给自己留后路而未把马鸿宾交给雷中田。马鸿宾提出双方停火商谈,马鸿宾仍由高振邦负责暂时软禁起来。这时,苏雨生等率部袭取宁夏失败,但宁夏守军实力有限不敢远离来兰援救,而马鸿宾自带之兵又因马被软禁也不敢轻举妄动。

雷马事变第二日,马文车等就以各界代表名义开会,成立了甘肃临时省政府,27 日又开会推举马文车、雷中田、杨思、李朝杰、赵晚江、李克明、陈珪璋、鲁大昌、王家曾、喇世俊、裴建准、马锡武、慕寿祺等13人为委员，由马文车兼代主席。这些人中有些是被拉拢的甘肃绅士，陈珪璋、鲁大昌是意图拉拢的甘肃军阀，但大部分人均未来兰州。雷中田、李朝杰、王家曾是冯玉祥国民军残余，在雷马事变发生之后，冯玉祥曾派人来兰与雷联系。马文车是蒋介石派的甘肃党务视察员，赵晚江原是潼关行营主任杨虎城派来的代表，自他参加雷马事变，杨就另派了代表。这个临时省政府从8月28日到11月5日一共开了常会27次，直到马文车、雷中田等失败后告终。

雷马事变后，只有少数人附和，实力派军持观望态度，马麟试作调解未成。此时恰好吴佩孚自四川经甘肃陇南天水过临洮来到兰州，吴仍然以"孚威上将军"名义，托词闲游，到兰后进行调解，劝雷中田释放马鸿宾，马仍回到宁夏。蒋介石怕吴佩孚利用甘肃混乱局面乘机再起，遂令潼关行营主任杨虎城派其师长孙蔚如以甘肃宣慰使名义，率陕西军队杨渠统部，由陈珪璋前导，向兰州进攻，雷中田在定西防御失败，将残部交鲁大昌，鲁资送雷中田离甘。马文车随吴佩孚仓皇离兰，经宁夏往北平。孙蔚如进入兰州以后，设宣慰使署管理省政。马鸿宾被释之后返回宁夏，之后他与马鸿逵堂弟兄之间又因军队驻地及械弹补给问题发生龃龉。

三、国民政府基本掌控甘肃

为彻底控制甘肃，国民政府决定派人掺沙子。1932年5月，蒋介石正式任命邵力子为甘肃省政府主席，但文人出身的邵力子不能有效地解决复杂的矛盾。为了削弱陕西杨虎城的实力，1933年3月，蒋介石以"军政分治"为名，免去了杨虎城陕西省主席职务，专任陕西绥靖公署主任，主管军事，把邵力子调任陕西省主席，转由军人朱绍良任甘肃省政府主席兼甘肃绥靖公署主任。1935年,朱兼任西北"剿共"军第1路总指挥。

为实现甘省统一,首先要求贯彻政令,朱绍良一面打着中央的旗号,一面依仗着胡宗南的军队,对甘肃地方武装采用利诱势迫的手段,使其先后就范。朱绍良故意在少数民族内部制造分裂,从而左右操纵,又极力笼络和培养马步芳为镇压少数民族的工具,使少数民族处在高压下忍气吞声。朱一到任,即调来胡宗南第一师第五团和另一宪兵营驻扎兰州。当时甘肃民族问题和地方势力纠结,地方军阀把持地方行政,各据一方。马步青的骑兵新编第二师驻武威一带,马步芳的三〇〇旅韩起功部驻张掖一带,二九八旅马步康部驻酒泉一带,邓宝珊的新十旅李贵清部、新十一旅石英秀部驻定西、静宁一带,马锡武的东路交通司令部所属的一个团驻华家岭、界石铺一带,鲁大昌的新编第十四师驻岷县、渭源一带,杨渠统的陇东绥靖司令部所属部队驻陇东各县,这些部队的饷项来源就是靠就地拨款。当时在甘肃全省70余县中,凡是地方军队所驻的县份,县长和地方行政人员多半是由驻军保荐。驻军和地方官员对民众任意附加地丁、钱粮,还常有各种临时性派款。全省地面上土匪乘机横行,商旅停滞。

朱绍良主政后,确定以"安定中求进步"的方针治理甘肃,采取了一系列稳定社会、改善民生的措施:(1)笼络地方士绅以建立私人关系,取得他们的协助;(2)联络地方军队头领,以私人感情的办法获得拥护;(3)与地方军队首领协商,各县县长由省政府委派,按省政府统一规定征收钱粮税款,不得任意附加,收到款项一律解交财政厅。地方军队所需军费由省政府统一拨发;(4)由省政府分别报请中央军政部核定地方各军的编制和粮饷。这样就从表面上实现了甘肃全省的统一,政令得以畅达,治安也得到了改善。朱绍良很注意处理与地方势力的关系,尤其对于实力强劲的诸马使用灵活手段,特别注意利用诸马彼此之间的矛盾,使他们加强与南京的关系,强化了中央的权威,也使得朱绍良始终能得到四马(马步青、马步芳、马鸿宾、马鸿逵)的拥护。从此,国民政府势力稳固地控制了甘肃。这时,马步芳控制青海,马鸿逵控制宁夏,马步青 1931—1941 年间主政河西走廊武威,控制东西交通。期间国民政府又先后任命于学忠、贺耀祖和谷正伦担任甘肃省政府主席(朱绍良为绥靖公署主任、第八战区司令长官),国民政府势力掌握并且稳定了西北地区,基本结束了之前的混乱局面,这为不久全面抗战爆发以后中苏合作西北国际大通道的开通建设和运营维护准备了基础。

这一时期,西北马家军参与了国民政府的"剿共"战争。1932年 1 月,刘郁芬被南京政府委任为陕甘青宁四省"剿匪"总司令,围剿红军。1934 年,红军向西北地区长征。1934 年秋,马鸿宾部三十五师除留少数部队驻中宁等地外,派 103 旅旅长马玉麟、105 旅旅长冶成章,率部向甘肃庆阳、环县出发,马本人也往陇东指挥。1935 年夏,马鸿宾部骑兵曾在六村与红军有所接触,发生了几次小规模战斗。这时,蒋介石令朱绍良指挥马鸿宾堵击北上抗日红军进入陕北,马鸿宾派 104 旅步兵在平凉一带布防。1935 年秋,红军二十五军徐海东部路过平凉,马鸿宾部设防堵击,并派兵尾随。红军二十五军在平凉县白水镇附近马莲铺击溃了尾追的三十五师的马吉庵团三个营,马鸿宾赶到马莲铺参加战斗,时已黄昏又下大雨,红军撤离了战场。第二天,红军已进到泾川县王母宫山上,击溃马鸿宾部三十五师 208 团,击毙团长马开基,北上顺利进入陕北根据地。后来另一支红军经过陇东,陕北革命根据地派出红军接应,与马鸿宾部冶成章 105 旅交战,击溃 105 旅,冶成章受伤被俘,经红军教育后释还。马鸿宾部其后又在固原与红军遭遇,一个营被打垮。经过几次交锋,马鸿宾接受教训,不再敢轻举妄动。1936
年秋,中共西路军西征时,在南京政府的部署下,马步青在河西走
廊征集沿途群众修筑碉堡、工事,并积极修补武威旧城垛口,准备
防守。

第五节　张学良希望借助苏援收复东北

一、九一八事变后张学良的自责与联苏心理

1936 年 12 月,张学良与杨虎城发动西安事变,1937 年全面抗
战爆发西北国际大通道开辟时,张学良已经丧失自由。但在西安
事变发生之前,为收复东北老家,张学良曾经为开通西北国际大通
道做出了许多努力,因此也可以说是西北国际大通道建设的一个
重要参与者。

1928 年初夏,由于国民党北伐军逼近北京,奉系军阀张作霖被
迫向东北老家撤退。日本关东军为乘乱控制东北,于 1928 年 6 月
4 日制造皇姑屯事件,炸死张作霖。张作霖之子张学良紧急赶回奉
天(今沈阳),继任东北保安军总司令,随后张学良与国民党南京政
府达成停战默契。1928 年底,他排除了日本势力的干扰,果断实行
"东北易帜",宣布服从南京国民政府领导,国民政府特任张学良为
东北边防司令长官,由此使国民政府在形式上统一了中国。当时
张学良年轻气盛,面对苏联在中东铁路侵犯中国权利的现象,在国
民党鼓吹"革命外交"和废除不平等条约的气氛中,在国际国内反
苏反共浪潮影响和南京国民政府的鼓动下,1929 年 7 月,张学良轻
率地以武力强行收回当时为苏联掌握的中东铁路部分管理权,苏
联因此和中国断绝了外交关系,苏军进攻张学良东北军,导致中苏

之间发生"中东路事件"。在东北军战败后,张学良被迫与苏联签订城下之盟,苏联恢复了在中东铁路的特权。1931年9月18日,日本关东军发动了九一八事变,开始谋取整个东北三省。出于对自身利益的考虑,加上误判日本军队和决策当局的意图,张学良对日军挑衅和入侵采取了不抵抗政策,轻率地把军队撤出了东北。而当时正在南方忙于"剿共"和处理国民党内部纷争的蒋介石,则提出了"攘外必先安内"的政策,要求全国对于日本的侵略"暂取逆来顺受态度,以待国际公理之判断","希望我全国军队,对日军避免冲突",默认了张学良的不抵抗行为。这样,东北三省迅速沦陷。

张学良率东北军入关后,受到全国各界一致谴责和舆论的唾骂,背负了巨大的压力。为了减轻舆论压力,蒋介石先要求张学良辞职出国考察。在其考察回国后,蒋介石要求他率领军队参加"剿匪"行动。1934年2月,张学良担任了鄂豫皖三省剿总副总司令、代行总司令的职责;1935年3月,又任武昌行营主任;10月,又兼任西北剿总副总司令、代行总司令职责,负责与红军作战。中共红军长征到达陕北后,蒋介石严令张学良的东北军进剿红军,不然就调东北军到华中进行改编。此时日本得陇望蜀,全面侵华的意图已经越来越明显,蒋介石和国民政府却不断妥协。张学良在全国舆论面前背着丢失东北三省的骂名,遭到东北军官兵的埋怨,极其后悔轻易撤出东北,于是他把收复东北的希望寄托在蒋介石和南京国民政府身上。但经过观察后,他发现蒋介石和国民政府对于收复东北态度消极,却热衷于消灭国民党内部的反对派和共产党红军。东北军在西北地区与中共红军的作战又不断地受挫,使他受到蒋介石的排斥,张学良逐渐产生了联苏联共抗日的想法。

张学良率东北军退入关内后,东北军将领、黑龙江省代主席兼军事总指挥马占山在东北坚持抗日,一时成为享誉全国的抗日英雄。马占山在兵败后,借道苏联返回国内。在与张学良的会谈中,马占山讲了抗日义勇军英勇顽强的事迹,张学良感动流泪,并且深为自责,认为"我这辈子恐怕是再也没有脸回去见东北民众了"①。马占山坦率地指出了张学良的错误:一是不该在对蒋介石缺乏充分了解的情况下就轻易"易帜";二是不该在九一八事变后轻率放弃东北三省;三是不该"剿匪""剿共"。马占山说,放弃东北三省这样大的事,就是张大帅活着也不会允许的。他还说蒋介石的势力不在东北,放弃东北对蒋没有切肤之痛,可是对于东北军那就完全不一样了。马占山还反对张学良参与"剿共",赞扬共产党领导的苏联对战败的东北抗日义勇军的帮助,让东北抗日义勇军退入苏联境内避难。②当马占山告诉张学良,退入苏境的义勇军大部分官兵由苏联政府安排已安全到达新疆时,张学良表达了对于苏联的感激之情。③这时,他对苏联和中共的立场已经开始转变。张学良渴望打回东北老家的感情非常强烈,但主政中枢的蒋介石当时考虑的却主要不是领导抗日收复失地,而是尽快剿灭中共和摆平国民党内部的纷争,因而他提出了"攘外必先安内"政策。

　　张学良在借助南京政府的力量打回东北的指望破灭后,就把注意力转向了日本的宿敌苏联,以及提出建立抗日民族统一阵线的中国共产党。联苏成了张学良打回东北的重要选择,但由于张作霖张学良父子与苏联之间曾经有过很深的历史恩怨,1927年张作霖曾经以武力强行查抄苏联驻华使馆,1929年张学良东北军在"中东路事件"中也曾与苏联兵戎相见,张氏奉系势力与苏联成为仇敌,苏联把张学良视作反苏的封建军阀,双方之间难以沟通。因此,张学良认为加强与中国共产党的联系,保持与中共红军的接触

---

①②③ 刘志兵、邵志勇著:《西北国际大通道》,第49页。

合作,才能达成他联苏抗日的目的。看出了张学良心思的马占山向他指出:要抗日就得联苏、联共,现在唯一能够帮助抗日的只有苏联,"要打小鼻子(日本),没有大鼻子(苏联)支持怎么能行? 北伐战争、冯玉祥五原誓师、新疆盛世才平定内乱,哪一个没有苏联人的帮助?!"①联苏联共成为张学良的当务之急。

二、张学良开始联苏联共

1935 年 6 月,中共红二十五军同陕北红军会合,红一方面军同红四方面军会师。红军长征会师后,已经来到了张学良的防区,张学良的军队处在了与红军作战的最前沿。在与红军几个回合打下来后,通过各种形式的接触,张学良感到中共确有抗战决心,同时中共的抗日态度和建立抗日民族统一战线主张,受到了中国各阶层民众和众多东北军官兵的拥护,而蒋介石的"攘外安内"政策不得人心。1935 年 12 月 9 日,北平爆发了中共领导的"一二·九"学生抗日救亡运动,这一运动迅速发展,形成了全民族救亡运动高潮。中共坚决抗日的主张和全国高涨的抗日气氛,使张学良深受鼓舞,他开始认真思考联共联苏抗日的问题。1935 年底,张学良在南京参加国民党四届六中全会和五全大会后来到了上海,向前东北军将领李杜和故旧杜重远探询计策。

吉林怀德人杜重远,出生于 1898 年,早年曾经留学日本,在日本学习时结识了东北同乡盛世才。回国后他投身于工商业,1929年被推选为奉天省(今辽宁省)总商会副会长,同年兼任张学良东北边防军司令长官公署秘书,是东北工商界著名人物。九一八事变后因被日本关东军通缉而移居关内,开始以记者、编辑身份大力

---

① 刘志兵、邵志勇:《西北国际大通道》,第 49 页。

宣传抗日救亡。他认为要收复东北就必须开通苏联援华通道,主张联苏抗日。他创办并担任总编辑的《新生》周刊发表了内容涉及日本天皇的《闲话皇帝》一文,触怒了日本帝国主义,在日本要挟之下,1935 年夏天国民政府法院将其判刑 14 个月,造成了当时著名的"新生事件"。在狱中,杜重远接触到了中共的地下组织和马列主义思想,他曾经托人带信给张学良,要求其团结抗日。慑于舆论压力,1936 年初国民政府将杜重远转至上海虹桥疗养院软禁。

1936 年 4 月,张学良到虹桥疗养院探视杜重远,双方进行了长时间的密谈。杜重远向张学良说,为了拯救东北人民,为了东北军前途,也为了张学良个人的荣誉,必须痛下决心改正过去的错误,实行西北大联合共同抗日。杜重远认为,实行联合抗日有三大有利条件:一是中共主张停止内战一致抗日,组织国防政府和抗日联军,愿意同所有的抗日力量建立联合阵线。中共红军现在就在陕北,张学良完全可以与其联合起来;二是杨虎城有抗日意愿因此可以合作;三是正在新疆当政的盛世才是东北人,盛与苏联关系密切,也可以联合起来。同年夏天,杨虎城也住进了虹桥疗养院,杜重远与杨虎城进行了思想交流,二人达成了一致看法。1936 年 9 月,国民政府提前释放杜重远,杜随即到西安,与张、杨晤谈,促成和推动了西安事变的发生。在此前后,杜重远就已经清醒地认识到,建立抗日民族统一战线需要解决的一个非常重要的问题,就是"西北交通问题",这是他心中的抗日民族统一战线需要解决的两大问题之一(另外一个问题是如何使全民族抗战成为"全国中心舆论问题")。他认为,只有使全民族抗战成为全国的中心舆论,才能动员全国军民投入抗日运动。要取得抗战的胜利,还必须要实现中苏合作,要想中苏联合,新疆又是关键。他于是准备联系盛世才,打通中苏交通。

　　全面抗战一开始,1937 年 9 月 30 日,杜重远同盛世才驻南京的代表张元夫同行,离开上海前往新疆。盛世才是杜重远的同乡,又是老相识,他非常欣赏杜重远的学识,同时也想借杜重远的影响力强化其在新疆的统治,于是劝其留在新疆工作。杜重远认为蒋介石没有下定抗战的最后决心,武汉很可能守不住,中国的抗日基地一定是在西北地区,于是也把关注点放在了西北。为了抗日事业,杜重远四越天山,被盛世才委任为新疆学院院长,竭力促成团结抗日。后来盛世才转变态度,开始反苏反共后,杜重远在新疆被其暗害。

　　在国民党五全大会后,张学良还见了滞留在上海的奉军旧部李杜。李杜是辽宁义县人,出生于 1880 年。东北沦陷后他积极组织抗日义勇军,兵败后借道苏联回国。在谈话中,李杜向张学良表示,要团结抗日、打回东北就必须与中共联合,取得苏联的支持。取得苏联援助是非常重要的,而苏联援助的路线选择只能是西北,不可能选择东北和华北。因为东北已被日军完全占领,华北方则太靠近前线,无法保证通道安全,而且还会直接刺激日本,这是不愿直接对抗日本的苏联方面不能接受的。只有西北远离战线,能够使苏联避免与日本直接对抗。

　　失去故土家乡之痛使张学良决心抗战,家乡故旧杜重远和李杜的抗战意见更使张学良坚定了争取苏联支持和与中共合作的意志。张学良回到西安后,就同杨虎城磋商,而杨虎城此时已经同中共建立了联系,二人于是就停止内战、联合抗日的问题形成了一致意见。

　　东北军 107 师 619 团团长高福源一直有抗日志向,1935 年 10 月 2 日在与红军交战中被俘,经过教育,他更加拥护团结抗日,并秘密加入中国共产党,红军不久就将其释放回东北军。回到东北军后,高福源积极宣传共产党的抗日主张。1936 年 1 月,张学良在洛川前线指挥所会见了高福源,进一步了解到中国共产党的主张,于是想与中国共产党建立直接联系。1 月 6 日,他秘密会见了中共地下工作者潘汉年。3 月 3 日,他秘密会见了中共代表李克农,在会见时张学良提出了争取苏联支持的问题,希望能够尽快与苏联联系,打通苏联援华通道。4 月 8 日,张学良秘密飞往延安,同中共代表周恩来、李克农进行了会谈,达成了东北军、西北军与红军联合逼蒋抗日协议,并计划共派代表去苏联寻求援助,由东北军派代表赴新疆同盛世才协商苏联援华通道问题。中国共产党与东北军在 1936 年 9 月签订《抗日救国协定》,双方正式结束敌对状态。在同周恩来会谈后不久,张学良即派出其高级幕僚、"西北剿匪总部"上校秘书栗又文与盛世才在日本陆军大学时的同学、东北军一〇五师旅长董彦平赴新疆,同盛世才筹划获取苏联援助的抗日通道问题。

三、张学良与苏联建立了直接联系

栗又文和盛世才是同乡好友,九一八事变前在张学良办的辽宁省教育基金委员会任主任干事,与张学良联系密切。九一八事变后,栗又文在北平与中国共产党地下组织建立了联系,1935 年冬天被中共北方局派遣到东北军做统战工作,任张学良的上校机要秘书,是中共东北军工作委员会的委员。栗又文刚到新疆时,由于盛世才不相信张学良的抗日主张,栗受到盛的监视。栗又文向盛世才详细介绍了内地的形势、东北军的情绪和张学良的抗日决心及团结抗日的实际行动,才取得了盛世才的信任,盛表示支持中共的抗日民族统一战线主张和张学良联共抗日的行动,同意在政治、军事等方面相配合,愿意为东北军与苏联方面的联系提供方便。

栗又文在迪化还受到了苏联教官安德烈夫的接待,安德烈夫

　　了解到栗来新的使命后,让栗写一份有关东北军的情况和全国抗日运动形势的报告。在报告中,栗又文向苏联提出了要求援助的具体项目。安德烈夫后来对栗又文说:"你们的那篇形势报告已送给斯大林了。对于你们要求的援助问题,可以在平凉(甘肃省)建立个兵工厂。"①通过这些渠道和活动,张学良与苏联建立了联系。

　　根据目前的研究,至少在1936年6月以前,张学良就已经开始与苏联方面建立联系。1936年6月底,中共中央派出专人陪同护送张学良的代表前往莫斯科。当时"伯林同志"(即中共地下工作者潘汉年)在给王明的密码信中说:"现在冯雪峰同志同全权代表鲍格莫洛夫一起派李杜与张学良的代表取道法国去苏联。"②"张学良的代表"当时就已经被派往苏联,而由苏联驻华大使鲍格莫洛夫(其秘密身份是斯大林在华的全权代表)亲自批准"张学良的代表"去苏联,这一举措显然是得到了斯大林的同意。对于张学良与苏联迅速升温的秘密关系,当时国民政府也有所觉察。1936年12月14日,国民政府驻苏联大使蒋廷黻致电国民政府秘书长翁文灏:"张学良有代表驻莫斯科。"③蒋廷黻回忆他对苏联政府的外交人民委员李维诺夫是这样说的:"我提醒他,张学良的确有位代表驻在莫斯科,我将名字告诉他。"④张学良秘密派驻莫斯科的首席代表莫德惠,曾经长期在东北地方和北洋政府中担任重要职务,与张作

① 栗又文:《西安事变与张学良将军》,中国社会科学院近代史研究所编:《西安事变资料》第二辑,北京:人民出版社1980年版,第83—84页。

② "伯林同志的密码信",1937年7月1日于香港,绝密。见中共中央党史研究室第一研究部译:《共产国际、联共(布)与中国革命档案资料丛书》第15卷,北京:中共党史出版社2007年版,第221页。

③ 鱼汲胜:《共产国际、苏联及各国对西安事变的反应大事记》,《理论导刊》1986年第11期。

④《蒋廷黻回忆录》,长沙:岳麓书社2017年版,第216页。

霖、张学良父子有密切关系,中东路事件发生后,他被委派为东三省铁路公司理事长兼督办,以中国方面首席代表身份赴莫斯科参加中苏谈判,是张学良最亲近的合作者之一。作为张学良的心腹,莫德惠是张学良安置在莫斯科的关键联系人。张学良在莫斯科代表处的设立,使得当时西安与莫斯科之间有了频繁互动的热线通道,张学良既能直接向苏联表明态度,又能直接从苏联得到第一手情报,以保证自己的行动符合苏联的政策,完全得到苏联的支持。

张学良直接与苏联方面取得联系,是由国民党参谋本部主管对苏情报的第二处处长焦绩华协助实现的。1936 年 7 月,焦在南京介绍了苏联武官雷平中将会见张学良。8 月,焦在上海法租界公馆安排张学良会见苏联驻华大使鲍格莫洛夫。接着,张学良到苏联驻沪总领事馆进行回访。在谈到中苏军事同盟问题时,张学良说:"中国自然非抗日不可,成败与苏联皆有关系,日本野心无穷,苏联终难免受其害。与其单独应付困难,莫如中苏订立军事同盟,共同对付日本。"鲍格莫洛夫答复道:"如果中国能够团结起来,苏联政府定会郑重考虑您的意见。"①鲍格莫洛夫的话语,明确表达了苏联政府的态度。在中国、苏联都面临日本侵略严重威胁的情况下,中国建立抗日民族统一战线共同对付日本的政策得到了苏联的支持。苏联方面做出支持张学良与中国共产党联合抗日的表示,给予张学良实现西北大联合、逼蒋抗日以极大信心。

莫德惠被秘密派往苏联后,在西安事变发生之前,他起码有两次从莫斯科回到西安。其中一次可见于蒋介石得到的密报之中。1936 年 9 月 18 日,南京中央检查新闻处处长贺衷寒致蒋介石密

---

① 焦绩华:《张学良与苏使秘密会晤》,载吴福章编:《西安事变亲历记》,北京:中国文史出版社 1996 年版,第 9—11 页。

电,其中提到:"莫德惠十三日由俄抵西安,业与张学良会晤,任务
不明。最近盛传张氏渐有希图与旧东北军势力为中心,后方与新
疆省联络,单独在西北方面树立亲俄政权之意。"①此时的莫德惠显
然是为了向张学良面陈苏联最新的联蒋政策。直至西安事变发生
时,张学良与莫斯科其实还保持着密切的接触。斯诺说:"当时张
学良在莫斯科派有自己的代表,是王安娜(王炳南的德国籍妻子)
的一位朋友,安娜说他想尽办法见到联共中央的人,好请他们在能
够得到更可靠的消息之前,先别做出对张学良不利的决断。"②

　　莫德惠向张学良传递的信息没有见到记载,但张学良在听取
莫德惠汇报后实施了三项重大措施。一是迎接叶剑英。1936 年 9
月下旬,就在张学良与莫德惠见面后不久,叶剑英应张学良之邀担
任中共中央驻东北军的党代表。张学良对于叶剑英的到来非常重
视,对其安全保卫工作和生活做了周密的布置,让他住在自己的亲
信、卫队二营营长孙铭九的家里。叶剑英的到来迅速加强了中共
中央与张学良的关系,标志着张学良与中共中央的合作上升到了
一个新的阶段。二是尽力援助红军。当时叶剑英告诉张学良红军
的极端困难处境,张一口答应为红军提供款项和棉衣,积极配合
中共的军事部署和战役行动。三是全力拖住蒋介石对红军军事
进攻的步伐。当时国共双方的和谈已经很有成效,毛泽东发表了
关于停战抗日的谈话,但蒋介石仍然调集十几个师企图消灭红军
于黄河以东甘肃、宁夏边境地区。张学良希望能够劝阻蒋介石的
进攻。莫德惠的回国,使得张学良发生了两大变化:联共、援共升
级,反蒋变阻蒋。这表明张学良在听取莫德惠汇报后完全确信联

---

① 孙果达:《西安事变前张学良与莫斯科的秘密关系》,《北京日报》,2013 年 7 月 1 日。
② [美]埃德加·斯诺:《红色中华散记》,南京:江苏人民出版社 1992 年版,第 4 页。

俄联共政策的正确,还完全确信蒋介石必然也会实施联俄联共,由此促成了他和杨虎城发动西安事变的动机。

在各种因素的作用下,1936 年 12 月 12 日,张学良与杨虎城发动西安事变,扣押了来西安督导西北剿共的蒋介石,逼蒋联共抗日。西安事变发生后,张学良原以为苏联会支持他的行动,但令他感到意外的是,这次事变不仅没有得到支持,反而受到了苏联的强烈反对。斯大林不希望中国内战扩大,因为这不符合苏联的利益:苏联需要减少来自日本的威胁,一旦中国发生内战,就有可能使日本腾出精力进攻苏联。由于之前张学良与苏联之间一直有联系,所以西安事变发生后,苏联当时认定张学良欺骗了莫斯科。于是《真理报》接连发表文章,强烈谴责张学良的行为,用了"阴谋""叛徒"等字眼来表达愤怒,表达了"要求和平解决冲突"的呼声。《真理报》12 月 14 日的社论说:"毫无疑问,张学良部队举行兵变的原因,应当从不惜利用一切手段帮助日本帝国主义推行奴役中国的事业的那些亲日分子的阴谋活动中去寻找……所以理所当然地被中国人民斥为叛徒……过去,在他统治满洲的时候,他几乎毫无抵抗地将中国东北最富饶的几个省份送给了日本帝国主义者。如今,他又利用抗日运动以营私,名义上举起抗日旗帜,实质上制造国家分裂,使中国继续混乱下去,使其不可避免地成为外国侵略强盗的牺牲品。"[1]1936 年 12 月 15 日,《真理报》发表了题为《张学良发动叛乱正中日本下怀》的文章,指出"中国的内战只能对日本有利"。在日本驻华大使川越茂会见中国外长张群,反对中国政府接受张学良所提条件后,《真理报》12 月 20 日在《日本挑动中国内战》的醒目标题下揭露说:"权威人士认为,日本此举是直接公开挑起

---

[1] 马宝华、乌传衮:《苏联及共产国际对西安事变的反应》,《文献和研究》1986 年第 6 期。

中国内战,此种政策之目的在于排除和平解决危机的可能性。"12月 24 日,《真理报》刊载塔斯社从上海播发的一条消息说:"日本的计划在于,排除和平解决冲突的可能性,并通过派兵讨伐张学良挑动其对蒋介石下毒手。十分明显,日本试图挑起中国大规模内战,以便利用此机会肢解中国并夺占中国一系列省份。"同时苏联又否认与张学良有任何关系,苏联驻国民政府外交代办斯皮尔瓦涅克奉命发表声明说:"自'满洲'事变以来,苏联政府无论直接或间接,皆未与张学良发生任何关系。"①国民政府对此作了含蓄的反击,12月 19 日,斯皮尔瓦涅克向苏外交人民委员部报告:"在听取苏政府抗议后,张群(国民政府外交部长)作了如下答复:(1)还在发动西安事变之前,张学良就曾散布消息,说他与苏联有联系,与中国红军建立了联盟关系,他在莫斯科派有代表,中共则在西安派有代表;(2)张群本人以及其他政府成员和首脑十分清楚,这类传说纯系谣言和捏造。"

与此同时,苏联和共产国际也向中共提出了和平解决西安事变的要求。1936 年 12 月 16 日,共产国际执行委员会书记处致电中共中央:

> 我们建议采取以下立场:
>
> 1. 张学良的发动,无论其意图如何,客观上只会有害于中国人民的各种力量结成抗日统一战线,只会助长日本对中国的侵略。
>
> 2. 既然发动已成事实和应当顾及事实,中国共产党要在下列条件基础上坚决主张和平解决这一冲突:
>
> ① 通过吸收几名抗日运动的代表,即赞成中国领土完整

---

① 《西安事变资料》第一辑,北京:人民出版社 1980 年版,第 219 页。

和独立的分子参加政府的办法改组政府；

　　② 保障中国人民的民主权利；

　　③ 停止实行消灭红军政策并与红军建立联合抗日关系；

　　④ 与同情中国人民反抗日本帝国主义进攻的国家建立合作关系。

　　此外，我们建议不提同苏联联合的口号。①

　　苏联的这种态度是张学良所没有料到的。1936 年 12 月 17 日，时任中共驻东北军党代表刘鼎向已到达西安的周恩来汇报西安事变以来张的情况时说："张学良原以为发动兵谏为抗日，可以取得苏联谅解，从此可以遂多年联苏的愿望。结果适得其反。张两次问我：'苏联广播为什么骂我受日本人指使？'表情是不满的，可能对我党也有怀疑。接你前一天，他还问我，'听见了吗？'（指苏联广播报纸社论）仍然是很愤懑的表情。应德田（张学良成立的抗日核心组织抗日同志会的书记）也对我说：'副司令对苏联态度很不满意。'"②12 月 17 日晚，在周恩来与张学良见面时，张又提出了同样的问题。苏联对西安事变的态度，使张学良大失所望，他深感自己致力联苏抗日、取得国际支持的愿望落了空，这也促使他改变了对蒋的态度，做出了释放蒋介石的决定。12 月 25 日下午，张学良亲自陪同蒋介石离开西安，把东北军交给杨虎城指挥。蒋介石于 12 月 26 日抵达南京，西安事变和平解决。

---

① 中共中央党史研究室第一研究部：《共产国际、联共（布）与中国革命文献资料选辑（1931—1937）》第 17 卷，北京：北京图书馆出版社 1997 年版，第 361 页。

② 张魁堂：《刘鼎在张学良那里工作的时候》，中共中央文献研究室、中央档案馆《党的文献》编辑部编：《中共党史风云录》，北京：人民出版社 1990 年版，第 246 页。

　　纵观这一段历史的发展演进过程,可以看出,在全面抗战爆发之前,张学良和东北军对于西北国际大通道的开通也曾经发挥了重要影响。虽然西北国际大通道开通之时,作为一种政治力量的张学良和他的东北军已经逐渐淡出历史,但从实际影响来说,他们也是苏联援华抗日的西北国际大通道开通时不在场的参与方。

第三章　中国共产党人与西北国际大通道

　　全面抗战是在抗日民族统一战线的旗帜下,以国共合作为基础,整个中华民族的民族解放战争。开辟联系苏联的西北国际大通道,是中国共产党出于阶级解放的策略最先提出设想,并且为之进行了浴血奋战。在抗日民族统一战线建立以后,为了实现民族解放,中国共产党积极参与了苏联援华的国际通道建设和营运,国际大通道实际上成为中国共产党的人员接待站、物资转运站和宣传基地,通过西北国际大通道,中国共产党的队伍获得了休整补充和培养提高。西北国际大通道客观上成为中国共产党后来取得全国胜利的重要助力。

第一节　共产党人最早设想和实施开通西北国际大通道

一、大革命失败后中共和苏联关于通过陆路联系的设想

　　中国共产党是中国近代社会历史发展与苏俄推动世界革命战略遭遇后的产物,自创立伊始,直到 1935 年遵义会议,中国共产党每一步发展都离不开苏联和共产国际在各个方面的指导和支持。

作为共产国际的一个支部,早期的中国共产党,不仅在政治主张、指导思想、方针路线,都由苏联和共产国际决定,而且组织人事安排、活动经费也多出自苏联和共产国际,党的主要干部多由苏联选派,且多有留苏经历。早期中国共产党人多数把苏联视作“阶级祖国”,都对苏联有无限的憧憬和向往。每当遭遇困难的时候,都非常自然地期望得到苏联的援助。

1927年4月,蒋介石在上海发动反共政变后,共产国际顾问鲍罗廷等认为,尚在进行国共合作的武汉国民政府只要同冯玉祥会师郑州,占领平津和张家口,就可以背靠西北,接通与苏联和外蒙古的联系,打通同苏联的国际交通线,取得苏联的军事援助,在西北建立军事基地,然后再回过头来东征讨蒋。他说:“中国革命只有在西北建立军事基地,组建革命军队的情况下才能取得成功。”①鲍罗廷的这一计划曾得到共产国际和斯大林的赞同。在第一次大革命失败后,共产国际和苏联政府把上百名中共代表秘密接送到苏联,召开了第六次全国代表大会。苏联大力支持了国共合作和北伐战争,国共合作破裂后,苏联在华人员公开支持中国共产党的革命暴动,中苏官方关系极端恶化。

1929年,张学良制造“中东路事件”后,中苏官方关系完全破裂,苏联通过各种方式支持处于地下状态的中国共产党,甚至直接派人来领导中国共产党的土地革命。斯大林最早提出了通过陆路援助中国革命的设想,1929年,他在帮助中共中央制订未来发展计划时,曾向中共中央代表周恩来等人提出:将来红军如果能够向西

---

① 中共中央党史研究室第一研究部译:《共产国际、联共(布)与中国革命档案资料丛书》第4卷,北京:北京图书馆出版社1998年版,第288页。

发展,得到四川那样一块地方就好了。① 斯大林的想法是,中国红军可以立足四川以接通西北,靠近苏联取得援助。

1932年12月,谢子长、刘志丹等在川陕根据地组建红二十六军的活动,引起了共产国际关注,共产国际领导人曾多次告诉中共驻共产国际代表团,希望中共打通川陕根据地和新疆的联系。为此,中共驻共产国际代表王明和康生1934年9月16日致信中共中央,提出了打通川陕苏区与新疆的联系的想法。1934年夏天,共产国际驻上海远东局军事代表弗雷德(又名施特恩)返回莫斯科,9月16日,他向共产国际提交了12条《关于四川—新疆问题的建议》,认为中共红军极需国外援助,而这种援助只能通过加强中共在西北的工作和红军向西北发展来实现。他建议调查通过新疆、外蒙古提供援助的可能性,直接援助陕北的红二十六军,并通过他们接通四川红军。他还说:"需要开始往中亚调运武装西北各省游击队五万名战士所需要的一切。要建立秘密基地仓库,储备能装备50人、100人和1 000人的成套备用武器弹药。""保存这种武器的仓库距离将来使用的地方不要太远。"②

在中国共产党第五次反围剿战争失败的情况下,共产国际曾经致电中共中央,提出中国共产党和红军可以转移到西北的甘肃宁夏地区,背倚外蒙古以接受苏联援助,这是最早提出的打通西北国际通道的设想。不过,这种设想与当时中国共产党和红军的现实状况相距过于遥远,因而没有进一步发展和落实。

1933年2月,从鄂豫皖根据地西进的中共红四方面军到达川

---

① 黄修荣主编:《苏联、共产国际与中国革命的关系新探》,北京:中共党史资料出版社1995年版,第307页。

② 中共中央党史研究室第一研究部译:《共产国际、联共(布)与中国革命档案资料丛书》第14卷,北京:中共党史出版社2007年版,第245、246页。

陕边,建立了川陕根据地。共产国际执委会得知这一消息后,立即给中共中央发来电报,指出:"我们对四方面军主动转入四川的评价是肯定的。我们认为,在四川、陕南和有可能的话向新疆方向扩大苏维埃根据地,具有很大意义。"①共产国际和苏联政府通过苏联红军情报局调查中国西北地区的情况,形成了《关于中国西北边疆情况的报告》《关于内蒙古一般情况的报告》等材料。报告认为:接通中国西北乃至与苏联的陆上联系,有两条路径,一是从苏联经过新疆哈密进入甘肃西部地区,一是从苏联经过外蒙进至绥远定远营接通宁夏和山西。前一条路径路途较长、困难费时但保密性好,后一条路径便捷但容易暴露。共产国际还认为,红军"向西北发展的道路已经打通",红军在西北发展以及接受援助是可能的。② 共产国际和苏联政府也准备了援助中国工农红军的军事物资,在外蒙古南部边境准备了"1.5万—2万支步枪、8门火炮、10门迫击炮和相当数量的外国制式的弹药"③。

1934年10月,中共中央率领红一方面军开始长征。在与中共中央失去联系的情况下,1935年4月,共产国际执委会东方书记处在一份关于中国红军行动的报告中称:"今后红军向陕西、甘肃方向发展具有非常远大的前景,因为这些地方的游击队已经建立起一些重要的根据地,并且建立起独立的苏维埃政权。"红军"向西北发展的道路事实上已经打通了"④。此后苏国防部、苏红军情报局

---

① 《共产国际执委会致中共中央电》,1933年3月,载《中共党史研究》1988年第2期。

② 转引自杨奎松著:《中共与莫斯科的关系》(1920—1960),台北:东大图书公司1997年版,第354页。

③ 同上书,第227页。

④ 东方书记处:《中国红军前线的新形势》1935年4月、《有关军事问题的报告》1935年,转引自杨奎松:《中共与莫斯科的关系》(1920—1960),第354页。

与共产国际联络局联合成立了一个小组,专门研究中国红军未来在中国西北地区发展计划及苏联援助问题。

1935 年 7 月 25 日至 8 月 20 日,共产国际第七次代表大会期间,苏共中央和共产国际要求中共代表团派一位重要干部秘密潜回中国西北地区,寻找正在长征的红军,转告中共中央要向西北方向发展以靠近苏联和外蒙。中共代表团决定派出席大会的林育英回国,斯大林委托共产国际领导人转告中共代表团,要他们告诉林育英,务必向中共中央转达斯大林在红军战略发展方向的明确意见:红军主力可向西北及北方发展,并不反对靠近苏联。会后,林育英化装成小贩经外蒙古回国,于 11 月底到达陕甘根据地。后来,受共产国际和中共代表团派遣,阎红彦、刘长胜等也先后到达陕甘根据地,恢复了共产国际与中共中央的电信联系。

二、西征的准备

中国共产党长征到达陕北后,苏联和共产国际更加明确地表示要求中国红军接通外蒙或新疆,并且答应给中国红军提供技术装备。当 1936 年 10 月中共红军发动的试图通过宁夏、绥远西部靠近苏联的宁夏战役受挫后,11 月共产国际同意了红军挺进河西走廊,打通经甘、凉、肃三州到新疆的国际交通线。[①] 当中共红西路军开始西进河西走廊后,苏共中央政治局于 1936 年 12 月 2 日决定,将准备提供给中国红军的 1 600 吨箱装物资,派部队经新疆护送到中国。共产国际和中共驻共产国际代表团决定,组织一个代表团前往新疆,负责接送武器有关事宜。代表团由团长陈云

---

① 朱培民:《新疆革命史》(1933—1957 年),乌鲁木齐:新疆人民出版社 1993 年版,第 98 页。

（化名施平），副团长滕代远（化名李广），电台报务员段子俊、译电员李春田、翻译冯铉（即何晓理）五人组成。行前苏联领导人斯大林、莫洛托夫、伏罗希洛夫接见了代表团，共产国际总书记季米特洛夫宴请了代表团。

陈云率团由阿拉木图抵达靠近中苏边界的霍尔果斯，这时西安事变发生，代表团被要求在边境待命。不久西路军失败的消息传来，1937年4月18日中共驻共产国际代表团电令陈云一行急速援救西路军余部到新疆安全地点。西路军失败后，共产国际和苏联曾经计划将失散人员接入新疆或苏联学习。1937年4月1日，共产国际电询中共中央关于西路军余部的情况，要求通知失散的西路军成员往安西或敦煌，以便派人接运来新疆。4月7日，共产国际执委会书记处致电中共中央书记处："已经决定西路军人员进入新疆后即转送苏联学习，因此，西路军务必前往星星峡，我们将会在那里迎接他们。"①限于种种因素，共产国际和苏联的想法对于处于转战中的中共而言难以落实，但打通同苏联的国际交通线的思想在中共党内还是产生了重要的影响。

中共中央被迫进行长征后，与苏联和共产国际的联系中断。遵义会议后，中共活动发展的自主性有所提高，但仍然把苏联视作最重要的外部依靠，视苏联为世界革命的中心，广大中国共产党人也还依然有把苏联当作"阶级祖国"的情结。在长征流动作战的一年多时间中，中共中央也曾经考虑在接近苏联的地区建立根据地以获取苏联援助。长征进入川北后，中共中央了解到苏联在新疆的影响，在制定以建立川陕甘西北苏区的总方针时，就曾经考虑到了靠近苏联的有利因素。1935年6月16日，红一、四方面军懋功

---

① 秦生：《红西路军史》，北京：中国社会科学出版社2011年版，第298页。

会师 4 天后,中共中央革命军事委员会(中革军委)致电红四方面军领导人:"今后我一、四方面军的战略方针应是占领陕甘川,建立三省苏维埃政权,并于适当时期以一部组织远征军占领新疆。"[1]这应该是目前能够看到的中共方面最早的打通西北国际交通线的想法了。

在一、四方面军会师后于 6 月 26 日召开的两河口政治局会议上,在讨论当时面临的战略方针问题时,中共中央与张国焘等红四方面军主要领导人之间发生意见分歧,周恩来代表中共中央和中革军委,在报告中提出向北去陕甘川建立根据地,他说中央"决定是到岷江东岸,在这地区派支队到新疆"[2]。根据张国焘的回忆,在会上毛泽东也主张向西北进军,拿下宁夏背靠外蒙,获得苏联援助。若再不能立足,则中共中央和部分干部通过沙漠撤到外蒙古以保留革命火种。[3] 张国焘在比较了南下川甘康、北上陕甘宁和西去河西走廊及新疆三个方案后,主张南下。毛泽东、朱德、彭德怀、刘少奇等多数人同意周恩来意见,张闻天总结发言、周恩来在结论讲话中确定了北上方针,得到会议通过。

8 月 4—6 日,中共中央政治局在沙窝举行会议,张闻天在报告中重申两河口会议北上决定的必要性,强调了争取西北地区背靠苏联的意义。毛泽东在发言中指出,西北地区"地理上靠近苏联,在政治上物质上能得到帮助,军事上飞机大炮,对我国内战争有很大意义"。"我们基本上靠自己,但应得到国际的帮助。""要用全力实现在西北首先是甘肃地区建立根据地的战略方针。""但要派支

① 朱培民:《新疆革命史》(1933—1957 年),第 58 页。

② 《周恩来关于目前战略方针的报告》1935 年 6 月 26 日,转引自杨奎松《中共与莫斯科的关系(1920—1960)》,第 341 页。

③ 张国焘著:《我的回忆》(下),北京:东方出版社 2004 年版,第 381—382 页。

队到新疆,造飞机场,修兵工厂。"①会议在《关于一、四方面军会合后的政治形势与任务的决议》中指出:"在地理上又接近世界无产阶级祖国苏联及蒙古人民共和国,这更造成苏维埃与红军发展的有利条件。"8 月 20 日,毛泽东在中央政治局在两河口会议的报告中指出:"我们的行动方向,一是向东(陕西),一是向西(青海、新疆)。红军主力应向东,向陕甘边界发展,不应向黄河以西。"会议通过的《关于目前战略方针之补充决定》指出:"在目前将我们的主力西渡黄河,深入青、宁、新僻地,是不适当的,是极不利的(但政治局并不拒绝并认为必须派遣一个支队到这个地区去活动)。"9 月 12 日,中共中央政治局在俄界召开政治局扩大会议。毛泽东说:"目前应经过游击战争打到苏联边界去……我们可以打通国际关系,可以得到帮助,而克服敌人的堡垒主义。"②张闻天也指出:目前战略方针应用游击战争来打通国际联系,更大规模地来进行国内战争,而不是不得到国际的帮助,我们就没有办法。中国革命应得到国际的指示、政治上的领导。最近一时期,与国际失去联系,这是我们很大的损失。③

　　俄界会议后,中共中央率领一、三军团为实现"打到苏联边界去"这一目标而继续北上。9 月 20 日,在哈达铺召开政治局常委会议,根据张闻天的提议,决定派谢觉哉、毛泽民去新疆建立交通站,

---

① 中共中央文献研究室编:《毛泽东年谱(1893—1949)》(上卷),北京:中央文献出版社 2002 年版,第 465 页。丁之:《中央红军北上方针的演变过程》,《文献和研究》1985 年第 5 期。

② 中共中央文献研究室编:《毛泽东年谱(1893—1949)》(上卷),第 472 页。

③ 郝成铭等编:《中国工农红军西路军・文献卷》(下),兰州:甘肃人民出版社 2004 年版,第 70 页。

如果可能的话与国际接头，设法打通国际关系。① 虽然后来因形势的变化，这一构想未能落实，但中共中央并未放弃"打通苏联"的方针，而是在这一思想指导下形成了一系列新的战略计划。

随着日本侵略程度的加深，中国社会各阶层抗日情绪高涨，而日本侵略苏联的意图也日益明显。张浩（林育英）、阎红彦、刘长胜等人从苏联陆续回国，中共中央同共产国际的电信联系开始恢复，中国共产党意识到了中国的民族革命运动与苏联国家利益和其远东政策的一致性，认为中国的民族革命能够得到苏联的支持和帮助。长征到达陕北后，面对国内形势变化和对苏联因素的考虑，从实现对日作战的目的出发，中共中央进一步提出了"打通苏联"的方针，并把这一方针作为红军东征的战略任务之一去执行。

1935 年 11 月 18 日，中共驻共产国际代表团成员、中华全国总工会驻赤色职工国际代表林育英辗转来到陕北瓦窑堡，找到了与苏联和共产国际失去联系的中共中央，传达了共产国际和苏联以及斯大林的精神，其中明确讲不反对中国红军主力从北方（即外蒙古）和西北（即新疆）靠近苏联②，以得到苏联的物资援助。林育英传达的精神受到中共中央的高度重视，在直罗镇战役胜利后，1935 年 11 月 30 日，毛泽东在《直罗镇战役同目前形势与任务》中提出："开辟我们的苏区到晋陕甘绥宁五个省份去，完成与苏联及蒙古人民共和国打成一片的任务。"12 月 1 日，毛泽东构想打通到苏联的方式应该是"用战争用发展用不使陕北苏区同我们脱离的方针与

---

① 中共甘肃省委党史研究室编：《铁流汇陇原》，兰州：甘肃人民出版社 2006 年版，第 18 页。

② 朱培民：《新疆革命史（1933—1957 年）》，第 59 页。

外蒙靠近"①。1935 年 12 月 23 日,毛泽东在瓦窑堡会议上提出,红军行动应放在"打通苏联"和"巩固扩大苏区"两项任务上,总方针是与苏联取得联系。在会上,张闻天也提出"我们的方案是占领宁夏,背靠外蒙",红军"总的目标是:消灭卖国贼,准备与日作战,进行民族革命战争,巩固扩大苏区,打通国际路线。打通苏联与巩固苏区,现在要争取同时实现。"②中央政治局通过了《关于军事战略问题的决议》,指出:"第一方面军行动部署之基础,应确定地放在'打通苏联'与'巩固扩大现有苏区'这两个任务之上,并把'打通苏联'作为中心任务,拿'巩固扩大现有苏区'同它密切地联系起来","总的方针是与苏联取得联系"。

当时打通苏联通道有三个选择:一是向西经过宁夏甘肃进入新疆,二是向北经过宁夏绥远进入外蒙古,三是向东通过山西再向北经过绥远进入外蒙古。中共中央考虑第一个路线路途遥远、自然环境恶劣,且必将遭遇回族军阀的抗阻,与抗日前线目标相反而不易实施,第二个途径也脱离抗日运动中心,因此确定选择第三个途径,这样既便于获得人员物资补充又可以直接对日作战。1936年 1 月 17 日,毛泽东在中共中央政治局常委会议上的报告《关于目前行动方针与计划》中指出:今年我们的基本任务是巩固和扩大苏区及打通苏联。③ 为此还组织了红军渡过黄河东征,但由于国民党军队的阻遏,为争取国民党参加抗日阵营,红军退回到了陕北。这样,通过向东过山西再向北经绥远进入外蒙联系苏联的选择就被放弃了。

---

① 《红军靠近外蒙的根本方针等问题(1935 年 12 月 1 日 24 时)》,《毛泽东军事文集》(一),北京:中央文献出版社 1993 年版,第 408 页。

② 郝成铭、朱永光主编:《中国工农红军西路军·文献卷》(下),第 92 页。

③ 中共中央文献研究室编:《毛泽东年谱(1893—1949)》(上卷),第 506 页。

经过艰苦的努力,中国共产党的抗日民族统一战线方针获得社会各阶层的广泛支持,国民政府的东北军、西北军领导人已秘密与中共初步建立了统战关系,但此时蒋介石正在调兵准备进攻中共的陕甘根据地。面对这一形势,中共中央做出了西征的决定,准备占领宁夏,从外蒙接通苏联。1936 年 3 月 4—5 日,李克农与张学良在洛川会谈后商定,红军和东北军代表经新疆去苏联,由张学良负责同盛世才交涉。4 月 6 日,彭德怀、毛泽东在致东北军将领王以哲转张学良的电报中提出的周恩来与张学良会谈的内容,就包括"联合苏联及先派代表赴莫斯科问题"。4 月 10 日,周恩来在与张学良秘密会谈后致电张闻天、毛泽东、彭德怀等,告知东北军"对于红军主力集中向北,愿助其成。彼决派代表赴友邦,并助我打通关系"。11 日,毛泽东、彭德怀向林彪、聂荣臻通报周恩来与张学良会谈结果时指出:"四方面军出甘肃,张之部队可让路。""派赴苏联代表,他的由欧洲去,我们的张任保护,由新疆去。"之后中共中央派邓发到苏联,与苏联和共产国际就人员帮助、技术援助及红军向绥远外蒙发展接运物资等具体问题进行了磋商。

1936 年 5 月,中共中央在陕西延川县大相寺召开了红军团以上干部会议,部署了西征战役,提出了对红一方面军和陕北苏区三大战略任务,其中之一就是向西进攻形成广大陕甘宁根据地,向北打通外蒙、苏联,向南打通与红二、四方面军的联系。

中革军委在西征战役开始时发布的《关于西征战役的行动命令》和《为完成野战军的三大任务给各兵团的指示》中,指出战役的目标是"为着极力扩大西北抗日根据地并使之巩固,为着扩大抗日红军,为着更加接近外蒙和苏联,为着一切抗日力量有核心的团聚",任务是占领宁夏,打通外蒙和苏联的联系,接受苏联的军事物资与技术援助。1936 年 6 月和 7 月间,毛泽东、周恩来等多次致电彭德怀,要求通过宁夏及绥远西部或河西走廊,打通与苏联的联系。通过西征,红军控制了盐池、定边、同心、预旺、曲子等城镇和甘、宁两省的大片地区,实现了打通苏联方针的第一步。就在红一方面军巩固苏区、休整兵力,为实现下一步战略目标而紧张备战期间,形势又发生了新的变化,中共中央在坚持打通苏联方针的情况下,对战役计划进行了新的调整。

1936 年夏,张国焘、朱德、任弼时、贺龙、关向应、徐向前等率领的红二、四方面军长征北上,9 月初,红二、四方面军长征全部到达甘南。8 月 9 日,毛泽东、张闻天、周恩来、秦邦宪致信张学良,信中说:"根据二、四方面军北上、西南事变发展、日本对绥蒙进攻等情况,我们认为兄部须立即准备配合红军选定九、十月间有利时机,决心发动抗日局面,而以占领兰州、打通苏联、巩固内部、出兵绥远为基本战略方针。"认为,"占领兰州是整个计划的枢纽,其方法:用东北军守城,红军二、四方面军攻击城外之毛炳文(部),胜利后,红军一部转向兰州上游,给马步芳以打击,然后以一部取甘、凉、肃,一部取宁夏,配合东北军之一个军出绥远抵御德王的进攻,树起抗日的旗帜。"中共中央还特别强调了占领兰州对打通苏联通道的重要性:"我们必须坚信打通苏联是保证西北胜利(更不说全国胜利)的最基本点。而要在秋天打通苏联,不使推到冬天气候条件最困难时去做,则必须以占领兰州为枢纽。""准备必要时,以兰州为中心。"信中指出:"拿打通苏联的意义来说,占领甘、凉、肃比较占领宁夏更为重要,这是不受日本威胁,有永久保障的一条道路。新疆的协助与苏联的接济,已不成问题。"①8 月 10 日,中共中央召开政治局会议讨论统一战线问题和军事策略方针,在会议报告中,毛泽

---

① 郝成铭、朱永光主编:《中国工农红军西路军·文献卷》(下),第 98 页。

东认为，"红二、四方面军北上对于打通苏联、保卫苏区、统一红军领导，都有很大的意义。应极力地欢迎红二、四方面军，并使他们完全在中央领导之下。"①8 月 12 日，中共中央致电朱德、张国焘、任弼时，通报了与张学良协商后制定的战略计划，提出了今后战略方针，准备进攻占领宁夏，打通苏联，建立西北国防政府，出兵绥远，推动全国抗日的实现。

张国焘对此持不同看法，他提出要红四方面军由永靖西渡黄河，独自进军青海、甘西，完成接通新疆和国际路线的计划。针对张国焘的不同意见，中共中央就战略方针实施的具体问题和占领青、宁两地的可能性，征询彭德怀等人的意见。8 月 22 日，毛泽东在致彭德怀的电报中，就宁夏马鸿逵、马鸿宾部兵力和黄河结冰期征询意见，并着重询问"假如四方面军待机独立攻青海，一方面军独立攻宁夏，而以二方面军位于中央（例如在岷州、静宁、天水地区）钳制敌人，策应两方，估计能达占青宁两地之目的否，主要的是一方面军有独立战胜宁马之把握否，如果缺少把握之点在于攻城方面而不在于野战方面，则用多兵攻城与少用兵攻城是否有重大之区别"。8 月 23 日，张闻天、毛泽东、林育英、周恩来致电朱德、张国焘、任弼时，询问："依据现时力量，假如以二方面军在甘南、甘中策应，而以四方面军独立进取青海及甘西，直至联系新疆边境，兄等认为有充分之把握否？""假如在冰期前过黄河能找得皮筏否？"

在得到张国焘的肯定答复后，8 月 25 日，张闻天、周恩来、秦邦宪、毛泽东联名就红军行动的方针问题向共产国际代表王明发出长电，详述了红军的战略方针：为着靠近苏联，反对日本截断中苏关系的企图；为着保全现有根据地，红军主力必须占领甘肃西部或

---

① 中共中央文献研究室编：《毛泽东年谱(1893—1949)》(上卷)，第 567 页。

宁夏、绥远一带。除此以外,电文还表示在9月以后三个月中加紧
与蒋介石进行谈判,要求蒋承认划出红军所希望的防地,即青海、
甘西、宁夏至绥远一带,即使蒋介石承认红军占领这个地带,还必
须通过与当地回族军阀的作战来解决实际控制问题。还有一个具
体的作战问题,因为这些地区地形条件恶劣,其中满布着为红军目
前技术条件所不能克服的坚固的城池、堡垒及围寨,希望苏联方面
能够及时提供飞机、大炮,然后红军以主力西渡,接近新疆与外蒙。
大致部署是,以一方面军约1.5万人攻宁夏,在获得从外蒙来的飞
机与大炮的情况下,在12月下旬或1937年1月占领宁夏。若不成
功,则向甘南与陕南发展;在获得从外蒙或新疆到来的技术兵种配
合的情况下,四方面军12月从兰州以南渡河,首先占领青海若干
地方,待1937年春逐步向甘凉肃三州前进,约于夏季到达肃州附
近。电文要求王明代表中国红军向苏联方面谈判,具体内容主要
是援助中国的技术兵种组成、输送与按时到达,以及到达后使用的
问题。若无法获得苏联援助,这些部署就进行调整。可见,能否获
得苏联援助,成为计划实施的关键前提条件。电文中表示,为了实
施上述部署,中共准备承担与南京政府进行军事冲突和西北回族
军阀强化军事堡垒更加投靠日本的损失,甚至放弃现有的陕甘宁
苏区。

中共中央这一部署的基础,在于红二、四方面军进入甘肃和红
一方面军会合增强了红军的力量,有能力夺取宁夏;中国共产党与
张学良东北军和杨虎城西北军实际上已经建立了统一战线,这样
在军事行动方面能够获得他们的协同,红军可以集中兵力攻取宁
夏;攻取宁夏不但可以壮大红军力量扩大苏区,也可抑制日军向绥
远进攻,可能实现直接对日作战,也为苏联和共产国际所欢迎;红
军攻取宁夏打通苏联,也可以得到援助以解决经济困难。由此看

来,中共中央和毛泽东当时的设想,还是向北发展经由宁夏绥远通过外蒙与苏联联系,而不是通过西北交通线直接联系苏联。而甘肃、新疆方向,只是中共中央通向苏联的远期设想中的备用路线,在宁夏战役部署筹备过程中,中共中央和毛泽东并没有对甘肃新疆这条备用路线进行具体规划。

1936年9月,蒋介石解决了两广事变后准备以武力解决中共问题,此时共产国际几次致电中共,同意红军攻取宁夏和甘肃西部,承诺将支援中共的军事物资集中在外蒙南部边境附近,据此中共中央决定进行宁夏战役。1936年10月24—30日,红军第四方面军主力2万多人西渡黄河,北进宁夏。但这时国民党军队提前发动进攻,隔断了红四方面军三个军之间的联系,第四方面军约一半部队尚未渡过黄河,也就无法形成对银川的夹击之势。而此时共产国际也致电中共,认为不可能在寒冷和沙漠环境中进行长途运输,而且因为距离的原因可能遭遇日本飞机的轰炸,甚至引起日苏严重冲突。所以要求红军西进甘肃,到新疆哈密接收苏联援助物资,苏联将把物资运到哈密。同时红四方面军领导人也要求西进甘肃。这样,中共中央决定放弃宁夏战役,同意已经渡过黄河的红5军、9军和30军组成西路军,要求其在一年内在黄河以西甘北安西一带建立根据地并打通苏联通道。陈云1982年曾经回忆说:"西路军是当年根据中央打通国际路线的决定而组织的。我在苏联时,曾负责同他们联系援助西路军武器弹药的事,而且在靠近新疆的边境上亲眼看到过这些装备。"[1]这样,中国共产党人就开始了开辟西北国际大通道的实践。

---

[1] 郝成铭、朱永光主编:《中国工农红军西路军·文献卷》(下),第226页。

三、西征的失利

1936 年 11 月 11 日,中共中央和中革军委发布命令,组成了以陈昌浩为主席、徐向前为副主席的"西路军军政委员会",红四方面军总指挥部改为西路军总指挥部。蒋介石看到红军挥师西北的战略态势,急命统治甘肃、青海两省的军阀马步芳纠集 10 多万人,对西路军进行防堵围剿。按照中共中央和中革军委的作战计划,由西路军单独担负打通西北国际通道的任务。但由于国内政局急剧变化,西安事变发生后国民党中央军进逼西安,国共关系面临重大变化,中共中央和中革军委于是命令已经遭遇重大伤亡正处于西进苦战中的西路军停止西进,就地建立根据地,争取回族诸马参加抗日阵营。后又令西路军东返,以策应配合西安事变后准备迎击南京政府军队的河东红军和东北军、西北军。西路军领导人犹豫而不愿意东返。不久,西安事变和平解决,根据西路军愿望,中革军委又令西路军继续西进,继而再令其就地集结。

经过古浪、高台、临泽几场血战,在没有外援、弹尽粮绝的情况下,西路军军政委员会最后一次会议决定陈昌浩、徐向前离队回陕北中央,余部就地进行游击战。红西路军指战员在极端困难的条件下,浴血奋战历时 5 个月之久,先后歼敌 2.5 万多人,最终在经过血战高台、倪家营等地后,几乎全军覆亡。其中战死 7 000 多人,被俘 1.2 万多人,其中被俘后遭杀害 6 000 多人,回到家乡者 3 000 多人,经过营救回到延安者 4 500 多人,流落西北各地者 1 000 多人,仅余 430 多名红西路军指战员退至新疆。1937 年 5 月初,李先念等率领西路军余部 430 余人沿祁连山抵达甘肃新疆交界的星星峡,由中共中央代表陈云等接送至迪化,改称为"中国工农红军西路军总支队",这次打通西北国际交通线的努力最后失败。

中共西路军失败的原因,首先在于中共中央和中革军委给西路军的目标任务变化不定。其次,中共中央和中革军委对西路军的具体指挥多次变化,使西路军疲于奔命,进退失据,在敌军的重围中越陷越深。再次,西路军战场指挥者缺乏决断,军政委员会主席陈昌浩因为身背追随张国焘在长征途中另立中央政治错误的思想包袱,患得患失,当断不断,一味服从命令。另外,低估西北四马军队的战斗力,对叛属无常的西北四马存在幻想,试图通过和谈联合他们抗日,幻想对他们搞围而不打,贻误了战机。此外,西路军在河西孤军奋战,根本无法获得后方补给支援,也是导致失败的原因。

红军西路军打通西北国际交通线的出发点,有着阶级革命和民族革命的双重因素考虑,但在阶级性和民族性方面,显然前者属性更强,虽然这一活动也依然与当时中国遭遇日本侵略的国际环境和民族情感有着重要的关系。过于弱小的实力与其所要承担的巨大使命之间的反差,加之在实施过程中发生的许多具体策略上的失误,这一活动最终以失败结束。但这一探索,对于后来的西北国际大通道的开辟与正常运行,仍然有着某种精神上的关联。在中共西路军打通西北国际交通线过程中激烈搏杀的对立双方,不久之后在民族大义面前便奇迹般地捐弃前嫌携手合作,共同开辟和运行了抗战西北国际交通线,有些西路军将士直接参与了西北国际交通线的建筑和维修,这也是历史的奇妙之处。在国共合作正式建立后,共产党获得了合法地位,开辟西北国际大通道成为中华民族全民族性的事业,因而获得了充分的社会支持。通过国共合作开辟的西北国际大通道,为中国共产党的发展壮大发挥了极大作用,在某种程度上为以后夺取全国胜利奠定了基础。

四、中国共产党人参与西北国际大通道的建设

　　盛世才夺取新疆的最高权力后，为了维护统治权力，1936 年，盛世才提出"反帝、亲苏、民平（民族平等）、清廉、和平、建设"六大政策，与苏联保持友好关系。在苏联的安排下，中国共产党与盛世才的新疆省政府开始进行合作。西安事变后，国共两党实现了第二次合作，不久前还在围剿和残杀共产党西路军的甘青地区回族马家军，也在抗日民族统一战线的旗帜下参加了抗战。许多共产党人进入新疆和甘肃，参加了西北国际大通道的建设和维护工作。在新疆和甘肃，中国共产党积极参与西北国际大通道的开通和运营，借由国际大通道培养和扩大了革命力量。

　　在新疆，在西北国际大通道的开辟和运行过程中，中国共产党人积极参与了各项工作。为了稳定后方，1938 年冬，中共党员胡鉴应盛世才要求，经党组织同意，率边卡大队驻扎在新疆通往印度、阿富汗、克什米尔的交通要塞蒲梨（今塔什库尔干），发动群众共守边防①，为稳定国际大通道周边稳定、巩固抗战大后方做出了贡献。在中国共产党努力之下，1937 年新疆成立了"抗日后援会"，发动、组织民众为建设国际交通线出资出力。为了加强国际交通线的信息联络，1937 年在苏联帮助下新疆开始修建迪化国际电台，1938 年竣工使用，负责阿拉木图、延安、重庆、兰州等各联络点之间的信息传递、国际电台的使用，为"中苏运输委员会"运输苏联援华抗战物资提供了极大的方便。

　　应盛世才邀请在新疆担负各种职务的共产党人，都积极投入

---

① 倪立保：《抗日战争时期的新疆国际交通线》，见《新疆师范大学学报》（哲学社会科学版）1996 年第 2 期。

西北国际通道的开辟和运营工作。毛泽民在主持新疆省财政厅工作期间,要求财政厅工作人员把国民政府中央运输委员会的公文放到所有公文最优先的位置,其中安排的事项不分昼夜随到随办。为了保障西北国际通道空中航道的畅通,新疆省需要尽快新建和扩建5个航空站(机场),还要建设配套的接待站和加油站。这项工程量很大,需要动员大量人员参与,还要有巨额经费支持。当时国民政府虽然答应提供经费,却要由新疆省政府先行垫支。需要垫支的项目费用包括:1 000多公里公路及其桥梁涵洞常年维修费用,5个航空站(机场)和公路沿线10个汽车接待站的修建维护费用,1937年底到1942年特别是前3年每日数百辆苏联运输援华物资的汽车在新疆境内的人员食宿保障和烟、酒、茶供应的费用。短期内拿出大量经费,对于当时仅有400万人口、经济极端落后的新疆来说,无疑是一个巨大的难题。在厅长毛泽民带领下,新疆省政府财政系统采取各种措施增加财政收入,尽最大可能为建设西北通道提供经费,对于西北国际大通道的所有事项必须尽快办理,把相关经费置于超过军费需求的地位安排在最优先满足的位置上。整个新疆大通道上的陆路建设维修费用、境内所有接待站建设和维修费用、沿途交通线上的中苏两国工作人员接待费用、头屯河飞机修配厂费用,乃至于苏军驻扎哈密的红八团的日常生活费用,这些在新疆境内的大通道建设几乎所有费用,都是由新疆省财政垫支的。经过各方共同努力,仅仅用了一个多月的时间,新疆境内1 500多公里,公路沿线10个汽车接待站、5个航空站和飞机场全部投入使用。①

　　1939年5月,为了修通和维护公路,在中国共产党倡导下召开

---

① 转引自刘志兵、邵志勇:《西北国际大通道》,第117页。

了新疆全省公路会议,张仲实在会议报告中阐述了新疆公路的重
要意义。1939 年 5 月 12 日,共产党主持的《新疆日报》发表了正在
新疆的著名作家茅盾为筑路工人写的《筑路歌》:

> 领:嗨呼杭育,
>
> 　　大家一起用力。
>
> 合:不怕高的山,
>
> 　　不怕无边的戈壁,
>
> 　　不怕风霜雨雪,
>
> 　　我们——为了新新疆的建设,
>
> 　　嗨呼杭育,
>
> 　　大家一起用力

在甘肃的大通道建设中,马步青用被俘的中共西路军官兵修
建甘新公路,武威有 2 000 多名被俘中共西路军官兵修建公路,在
永登有 900 多名被俘的西路军官兵编入骑 5 师第 3 旅补充团,修建
红城子到乌鞘岭的公路。

可以说,在开通西北国际大通道这项事业中,有中国共产党做
出的巨大贡献。

第二节　西北国际大通道对于中国共产党力量发展的作用

一、西北国际大通道是共产党的人员接待站

处于西北国际大通道上的西安、兰州、乌鲁木齐的八路军办事
处,在承担共产党人员接待站、物资转运站和宣传基地的功能方面
都发挥了巨大作用,其中兰州的八路军办事处作用特别明显。西

北国际大通道开辟以后,来往于苏联、新疆和延安之间的人员大幅度增加,兰州因此成了人员接待站和物资转运站。

1937年2月,为营救当时被俘和流落的西路军将士,周恩来提出在兰州设立红军联络处。他通过统战关系不断派人到兰州、河西和西宁了解情况、疏通关系。1937年5月,经过一段时间的工作准备,中共中央派彭加伦、张文彬和朱良才等一行七人来到兰州,开始进行前期联络工作,由于这是一个半公开的红军办事机构,所以对外称作"彭公馆"。7月29日,中共中央代表谢觉哉来到兰州,成立了"国民革命军第八路军驻甘办事处",彭加伦任处长,办事处在甘肃进行抗战后方动员工作。不久又改为"国民革命军第十八集团军驻甘办事处",人们习惯上称作"八路军兰州办事处"。时任国民政府甘肃省政府主席兼兰州行辕主任的贺耀祖,是毛泽东青年时代的朋友,也是中共元老谢觉哉的同乡旧友,他的夫人倪斐君心向共产党。办事处于1937年8月25日正式成立,到1943年11月撤销,存在了六年零三个月。1938年初,办事处由南滩街54号(现甘南路700号)迁到孝友街32号(现酒泉路314号)。1938年2月6日,中共中央派熟谙俄语的伍修权接替彭加伦,任兰州八路军驻甘办事处处长,进一步加强和巩固了中苏两国共产党的联系和交往。苏联驻兰的办事机构协助办事处迎送从苏联回中国工作或去苏联学习、治病的中央高级领导干部多人,还为办事处运来支援中共领导下的抗日军队急需的医药、武器及其他物资,转送到抗日前线的部队。

西北国际大通道成为中国共产党与共产国际和苏联联系的桥梁。中国共产党与陕甘宁边区人员到新疆,或者经过新疆去苏联,都在兰州八路军办事处停留。1937年12月,贺子珍离开延安去苏联治病时曾住在这里。1939年夏天到1940年春天不到一年的时间里,周恩来去苏联治病往返途经兰州,他和邓颖超、孙维世都住在这里。

　　除兰州外,新疆迪化的八路军办事处也承担了同样的功能。中共重要领导人任弼时、陈云、王明、李先念、康生、林彪、王稼祥、蔡畅、邓发、陈昌浩,以及萧三、陈郁、刘英、李天佑、程世才、杨至成、刘亚楼、钟赤兵、谭家述、蔡树藩、孔原、冯铉、常乾坤、王弼、朱德海、王范五、博古的妻子刘群先等;越南共产党领袖胡志明、日本共产党领导人野坂参三(冈野进)、印度尼西亚共产党领导人阿里阿罕等,以及朝鲜一些共产党人及共产国际的领导人和工作人员,都是经过兰州、迪化这些西北国际大通道上的站点,来往于莫斯科和延安之间的。从苏联回国的中共干部,一般先由苏联方面用汽车将他们从迪化送到苏联驻兰州的代表团处,在与兰州的八路军办事处联系好以后,约定时间由苏联方面用汽车送到办事处门口,八路军办事处把他们安置下来后,分发八路军服装,按照各人不同的情况配上不同的军衔和职务,他们就可以对外合法活动了。朱德海是朝鲜族人,说不好汉语,八路军办事处给他配了较高的军衔,还配一名副官,便于他对外周旋避免暴露。①

　　西北国际通道作为中国共产党与苏联和共产国际联系桥梁的作用,林伯渠的女儿林利在回忆中有生动的描述。② 1938 年 2 月,林利和妹妹在西安八路军办事处见到了 11 年未见的父亲林伯渠,"住了一段日子,看到一批又一批的青年乘大卡车去延安,我就很着急,常要求父亲赶快送我去延安"。"不久之后,父亲告诉我们

---

① 伍修权:《伍修权同志回忆录》(之二),中共中央党史资料征集委员会、中共中央党史
　　研究室编:《中共党史资料》1982 年第 2 辑,北京:中共中央党校出版社 1982 年版,第
　　199—200 页。

② 林利:《往事琐记》,北京:中央文献出版社 2006 年版,第 14—19 页。

说,要送我们到很远很远的地方去学习。还要我们暂时保密。我
很诧异,和四妹谈,她说一定是送我们到俄国(当时,在边区以外,
都称苏联为俄国)。我却不像她那样肯定,不敢相信会有这样的好
运。和我们一道来西安的同伴李克仁见我们迟迟不去延安,也一
口咬定说我们会去苏联。果真,没过几天,父亲就来我们房里说了
我们将要去的目的地果真是苏联。他要我们学好将来建设中国的
本领,并帮我们收拾行李。"林利在回忆中描述了他们一行通过西
北国际通道去苏联的过程:

> 我们出发了,坐的是卡车。这车本来是装载苏联援助中
> 国政府抗战物资的,返苏时是空车,就让我们坐了。父亲关好
> 车栅栏,和我们依依惜别。
>
> 此行苏联卡车很多,是长长的一个车队。开始时,我们搭
> 车的大人孩子都坐在一辆车的车厢里。几天后,我们就分散
> 开,坐在十多辆车的司机旁边。这样就不致坐得腰腿发麻。
> 去迪化(今乌鲁木齐)的路上,我们的车子白天行驶在黄土路
> 上,晚上就住在接待这些卡车司机的接待站。司机都是苏联
> 人,休息时他们吃东西,也发给我们一些饼干。司机的纪律很
> 严格。一次,我们这群孩子在接待站屋里高唱《国际歌》,隔壁
> 司机都立正致敬。路上还出了一个插曲。有一天,路很不好
> 走,前面一辆卡车竟翻了车,倒在路边。陈正人同志恰好乘坐
> 那辆车,不幸受了伤。但他看到那辆车的司机掏出手枪要自
> 杀时,他不顾自己的伤痛,拉住了那位司机,因而挽救了司机
> 的生命。
>
> 我们从西安一同出发的有十几个人,以任弼时同志为首,
> 还有他的妻子陈宗英、蔡畅、金维映、马明方、卢冬生(红二方
> 面军的)、方志纯(方志敏同志的堂弟)、大宝、小宝、转转、四妹

和我,还有陈正人同志夫妇,以及博古同志一岁多的儿子阿宝和他的奶妈、奶公。

一路颠颠簸簸到了兰州。在兰州八路军办事处,我们见到谢老(谢觉哉)和王定国①同志。谢老讲了一些四方面军西路军的情况。他说不少战士因挨冻过于严重,脚腿都被截去。我不禁悚然,初次体会到在严峻的斗争中革命者要付出多么大的牺牲。在兰州,我们坐上苏联的运输机飞抵哈密,然后又坐卡车西去。这时的路已不是黄土路,而是一望无际的沙漠戈壁。本来以为既是沙漠,地上就尽是沙子,哪知脚下却是鹅卵般大的石头。头上烈日照射,越走越热。到了吐鲁番,大家都脱得只剩下单衣。这里的风土人情和内地迥异。满街维吾尔人摆着地摊,卖着瓜果。我们随着苏联司机受到吐鲁番县长的招待,住进县里的一排石窑洞招待所。吃的是手抓饭——不是羊肉的,而是水果的,是用杏子、葡萄、哈密瓜和米煮的。晚上住在石窑洞里,休整了一两天。大家洗衣擦澡,蔡干妈还为小宝在毛衣上抓虱子。接着,又启程赴迪化。路上极为颠簸,我本来就晕车,这时晕得更厉害了。最后到了迪化。算起来,从西安出发到此地,路上走了二十多天,这时已是三四月份了。

那时盘踞在新疆的是军阀盛世才。当时他在许多方面要依赖苏联,于是设了苏联领事馆。最初他也和中国共产党搞统一战线,还要求中国共产党帮他建立机械化部队。当时我党派了一批青年军队干部赶往迪化,建立了"新兵营"。这既是应盛世才之请,也因为我们自己也需要培养机械化兵种方

① 王定国(1912—2020),谢觉哉夫人。她被组织派到兰州八路军办事处工作,结识谢觉哉,二人结为伴侣。

面的人才。盛世才还设了招待所，以备中共过往人员住宿。
我们这一行十多人便住进了招待所。因为是以盛世才的名义
款待，所以伙食很好。当时在新疆的我党领导人是邓发，大概
他和弼时同志商议后，决定为我们同去的这批孩子安排政治
学习。教员是老红军彭加伦同志。我们这群孩子都很顽皮，
真正认真上课的只有年龄最大的我一人。我当时的心情是这
样的：一路上听一些老同志说我们去苏联是享爸爸的福，当时
我虽幼稚，却自尊心颇强，于是下决心发狠学习，想及早成为
一个能独立工作的名副其实的革命者。

　　任弼时同志身体不好，到迪化就病了。他是一位和蔼可
亲的长辈，很关心我们，教导我们应该学俄文。我就到他的病
榻前，请他教授俄文。他写了字母表，并教我如何发音，还时
时特别说明俄文字母中的"P"是发卷舌音的。我就整天练，大
家听了都觉得好笑，我也不管，直到练会为止。弼时同志是我
的第一任俄文老师。

　　当时的迪化，市容不整，没有一条像样的街道，下起雨来，
街上三尺泥浆没及膝盖。天晴了，到郊外走走，映入眼帘的竟
是桃红柳绿，水田如镜，颇似江南风光。唐朝诗人的"春风不
度玉门关"，看来不尽属实。当地的少数民族很多，对汉人不
怎么理睬。我们被嘱不得走近他们的住处，不能靠近井栏，不
能坐在井台上。但在他们的节日里，有些人家的院子里搭台
唱戏，载歌载舞，倒允许汉人进去观看。我们觉得很有意思，
很吸引人，只是语言不通，无法交流。

　　在招待所里，经常有人或从延安过来，准备中转去苏联；
或从苏联回来，等待组织上安排工作。我们除了上课、练俄语
之外，还学缝纫。我和四妹林琳都为自己做了一件布料的连

衣裙。组织上还特意为我们每人缝制了一套西服。

日子过得很快。任弼时同志夫妇先去了莫斯科,其他人则等待共产国际的批准,然后赴苏。

这一天终于来到了。五月中、下旬,我们中有十个人被通知整装待发。其实也没有什么行李可带的,我和妹妹把从家里带出来的所有的衣服都缴了公,我自己只留了件毛衣。

我们这一行人有:蔡畅、金维映、马明方、卢冬生、方志纯、大宝、小宝、转转(或称娟娟)、四妹和我。还有一位苏联人,是邓发同志的司机,他护送我们去莫斯科。临行前,邓发同志一再嘱咐我们,抵达莫斯科后,即便没人接也不要紧,只要说共产国际,自会有人领我们到目的地。

我们出发了,仍坐着苏联卡车。心中满怀憧憬和兴奋。①

苏联和共产国际人员也通过西北国际大通道来到延安,苏联塔斯社在延安驻留了一个工作小组,他们通过西北国际大通道保持着延安与苏联之间的联系和来往。张国焘在回忆录中描述了王明从苏联到延安的情景:全面抗战开始不久,"一九三七年十二月下旬,延安已是冰冻的时候,王明、陈云、赵云(即康生)三人坐着一架苏联的军用运输机,自莫斯科飞返延安。……王明等便是由莫斯科经由迪化、兰州等空军基地,飞返延安。""那天下午,周恩来正在我的办公室谈天,忽听见飞机声,虽没有警报发出,我们也颇疑为日机前来轰炸,因而外出观看,一架飞机出现在天空,绕着延安城,越飞越低的在那里打圈子,似是寻找机场。我们两人即向飞机场走去,途中我问周恩来是甚么人物来了,他答说到了机场就知道,似乎也没有预先得到消息。""我们到达飞机场,毛泽东、张闻天

---

① 林利:《往事琐记》,第14—19页。

等也同时来了,我们站得远远的;机场已有相当的戒备,似乎都不知道飞机里载的是甚么人物。大概是毛泽东早已接到了莫斯科的电报,告以王明等要来,毛并未公布;王明等回来的确切日期和如何来法,连毛泽东也不知道。直到王明从飞机里走出,陈云、康生也跟着下来,我们才急步向前,彼此握手拥抱。"①"座中,不记得是哪一位提到,以后莫斯科与延安间可否通航,以便运输大批武器和军用物资来延安。毛泽东闻言大感兴趣。王明立即解释说:根据中苏谅解苏联空军飞机在中国境内,只供国民政府调遣;他们这次乘空军飞机来,是秘密的和非法的行动。王明继续说及:他们在兰州等了几天,等到今天天气好才上飞机,一路由飞机师按照地图,好不容易才摸索到了延安上空,低飞看见延安城门口的大标语时才降落机场。因此王明指出由苏联飞机输运军火来延安的事恐怕办不到。毛泽东听了感慨再三的说:拿那么多军火给蒋介石,为甚么不可以少少分给我们一点。"②

通过这些材料,我们可以看到,由于西北国际通道的开通,中国共产党与苏联和共产国际联系之畅通,较之于国共内战时期的艰难可谓天壤之别。

二、西北国际大通道是共产党的物资转运站和宣传基地

苏联和新疆实际上通过西北国际大通道也向延安转送了一些援助物资,这一事实目前已经能够从许多文献中找到相关的记载。陈云、邓发、陈潭秋、滕代远等人从新疆向延安转运了大量医药用品、电信器材、武器弹药。1937年冬到1938年夏,滕代远及盛世才的副官

① 张国焘:《我的回忆》(下),第553页。
② 同上书,第554页。

从新疆运来的 12 车高射机枪子弹和西药,高自力带来的 10 车皮衣和军火,都经过兰州送到陕甘宁边区。全面抗战开始之初,国民政府、苏联及中共之间,有相对融洽的合作关系。在此期间,通过西北国际大通道来华助战的苏联航空志愿队员,曾经意外地扮演过三方之间的联系者的角色。期间曾经发生过这样一件事:1938 年春,国民政府供给八路军的一批军饷和军用物资需要紧急运送。这一艰巨的任务,落到了苏联空军志愿队的著名飞行员、轰炸机大队长波雷宁身上。运输的物资重量为 1 吨,恰与其驾驶的轰炸机标准载荷相符。但要运达的目的地没有机场,也没有接受飞机降落的地勤标识,因此飞行难度极大。关于降落地,波雷宁从地图上获得的唯一信息是"那里是干旱的群山,有一条河,风很大,飘着一块大布的地方表示是降落地点"。为了尽快把物资运送给八路军,波雷宁接受任务后就立即起飞了,本来 2 个半小时就能飞达的目的地,波雷宁飞了 3 个小时,还是没有发现那块标志性的大布。他驾机在无人的荒山之间长时间盘旋,突然领航员大声喊道:"标志在山脚下的右边!"原来那块大布被山峦的影子遮挡住了,此时正好一阵风把布刮了起来。波雷宁把飞机安全地降落到了山脚下的一小块广场上,八路军代表接收了物资,装在马车上沿着山间小路疏散进山。在巨大的砾石后面,八路军准备好了装满汽油的油桶,为飞机加满汽油。双方道别后,波雷宁驾机返航。[①] 这是抗战初期三方面合作中一段动人的插曲。

　　共产国际驻延安的联络员兼苏联塔斯社记者、苏联人彼得·弗拉基米洛夫在日记中,回忆了被派往延安医院的外科医生安德烈·雅科夫列维奇·奥尔洛夫、无线电报务员尼古拉·尼古拉耶维奇·理马尔和他本人一行,从苏联到延安的飞行路线和经历:

----

① 张青松:《中国上空的鹰:苏联援华航空志愿队战史　1937—1941》,第 112 页。

"（1942年5月10日）我们到了兰州，这是我们乘苏联TB-3飞机从阿拉木图起飞后，在中国机场停留的第四个晚上。我们在伊宁过了一夜，以后两夜是乌鲁木齐和哈密过的。目的地是延安。我将代表共产国际并作为塔斯社的随军记者，在延安工作。""（1942年5月11日）飞机由于负载过重，在哈密起飞时很费劲，后面扬起了厚厚一层尘土。起先，我们周围是一片澄澈的蓝天，后来飞进了浓厚的雾层。往后，飞机飞了出来，在晴空按航道飞行。可是半小时后，飞进了一大片云层！飞机尽可能爬升，但无法钻出云层进入晴空，再降低一些高度试了试，还是没用。我们偶尔也飞过小块晴空，得以瞥见山峰、深谷和悬崖峭壁。有时，飞机贴近山岭飞——只隔了50到100米的距离！"①"（1942年5月11日）飞机进入第二个小时。能见度很低，我们尽可能以最慢的速度飞行，炸弹架上堆满了货物。客舱里也乱七八糟地塞满了箱子、盒子和汽油桶。箱子和盒子里装的是，给中国人在延安的医院运去的医疗用品、电台零件和一架新发电机。延安的电台设备陈旧不堪，随时都可能失灵。汽油是供电台的汽油机用的。它每年耗油两桶！这样的耗油量，我们供应的汽油足以维持好几年。"②"TB-3飞机两面都是山坡，要到山沟里降落。多尔马托夫、阿列耶夫和几位中国同志在那里迎接我们。"③这些苏联人在延安，通过西北国际大通道与苏联本土保持着不间断的联系。

苏联飞机到延安，曾经引起国民党方面的疑惧。1942年7月16日，苏联驻华大使潘友新在与蒋介石会谈中，"驳斥了当时中国

①［苏］彼得·弗拉基米洛夫著：《延安日记》，第3页。
②同上书，第4页。
③同上书，第5页。

流传的这样一种说法,即据傅秉常(时任中国驻苏大使)说,苏联的外交专机曾经在没有得到中国中央政府相关部门批准的情况下便擅自飞往延安","蒋介石笑着说,自己根本不晓得关于外交专机飞往延安之事。当然,他对此既不相信,也不认为这是个性质严重的事。最后蒋介石承诺将了解这方面情况并做出相应调整"。① 1942年11月,一架为延安运送药品的苏联飞机因为没有获得放行许可证而停在兰州机场无法起飞,对共产党持友好态度的贺耀祖(此时已经转任军事委员长侍从室主任)电令兰州航空站予以放行。此事引起蒋介石盛怒,贺耀祖因此被免去军事委员长侍从室主任职务②,调任重庆市长。

苏联还曾经试图通过西北国际大通道为中国共产党提供物资援助,1937年12月,苏联准备赠送八路军武器装备,因蒋介石反对而作罢。1938年9月30日,中国驻苏大使杨杰向蒋介石报告:"苏联供给第八路军军火事,探询并非事实,去年十二月职江电报告中有苏政府拟赠给第八路军武器,嘱职向钧座请示,嗣因未奉钧旨,苏方迄今亦未再谈此事。"③1939年9月3日,蒋介石致电孙科说:"如再有人提议以俄货直接由俄接济共党之说,请兄严词拒绝,切勿赞同。"④即使如此,如前所述,苏联还是通过新疆的盛世才政府,秘密向延安运送过部分军火物资。

为配合西北国际大通道的建设,共产党人在甘肃、新疆的思想

①《潘友新与蒋介石会谈记录:新疆地区的中苏关系恶化》(1942年7月16日),见沈志华编译:《俄国解密档案:新疆问题》,第125页。
② 刘志兵、邵志勇:《西北国际大通道》,第332页。
③ 秦孝仪主编:《中华民国重要史料初编——对日抗战时期·第三编·战时外交》(二),第505—506页。
④ 同上书,第427—428页。

领域掀起了持续升温的"抗日""抗战"宣传热潮。在远离抗战前线的西北地区,新疆、甘肃各族人民表现出来的高昂爱国热情,与共产党人卓有成效的宣传工作是密不可分的。除了抗战宣传,苏联、中共还宣传社会主义思想,扩大了共产党在西北地区人民中的政治影响。在兰州的八路军办事处,仅1937年8月到1938年秋天的一年时间里,谢觉哉在这里就用佳金、无奇、焕南、敦夫等笔名写了六十多篇宣传抗日的文章。办事处成立后,积极宣传中共的民族抗日统一战线观点,开展抗日救亡活动,输送进步人士到延安,指导和创建了一大批进步团体,其中影响比较大的有"甘肃青年抗战团""省外留学生抗战团""妇女慰劳会""西北青年救亡读书会""伊斯兰学会""联合剧团""回民教育促进会"等。

　　兰州八路军办事处通过报刊大力宣传抗日民族统一战线政策,谢觉哉经常为中共地下党刊物《西北青年》、社会团体创办的《热血》《民众通讯社》等写文章。赛克、萧军等人组织的"新安旅行团",还有"王家五兄妹剧团",经常在兰州街头演出抗战戏剧和歌曲。在八路军办事处的指导下,由贺耀祖夫人倪斐君发起组织的"妇女慰劳会"创办了《妇女旬刊》,宣传妇女解放思想和全民抗战的思想。通过谢觉哉、伍修权等的努力工作,甘肃省政府秘书长丁宜中、民政厅长施奎龄,国民党第八战区参谋长、副参谋长,新编第一军军长邓宝珊及其下属团长杜汉三,甘肃地方著名绅士张维、水梓等人,都接受了中共的主张,邓宝珊的女儿邓友梅参加了共产党。甘肃农民银行和中国工业合作促进会的负责人都倾向于共产党,他们经常举办时事座谈会,请谢觉哉去演讲。在共产党人的宣传鼓舞之下,甘肃宁夏青海地区大批回汉民众投身抗战,许多青年奔赴延安,兰州八路军办事处安排或介绍其中的优秀分子去"陕北公学""抗日军政大学"学习,他们中的有些人后来成长为中国共产党的重要干部。

在新疆,1937 年盛世才与中共建立统战关系后,在新疆工作的中国共产党人大力传播马克思主义。出版发行方面,中国共产党人做了不少努力,1938—1941 年间,新疆日报社、新疆印刷厂翻印了大量书籍,有毛泽东《论持久战》《论新阶段》《新民主主义论》等著作。中文版的《资本论》《社会主义从空想到科学的发展》《帝国主义的最高阶段》《列宁选集》《新哲学读本》《马克思传》等马恩列斯著作及介绍马克思主义的专著在迪化的书店公开出售。仅 1941 年销于新疆的汉文版《联共(布)党史简明教程》与《列宁主义问题》就有万余本。在一个僻远的小县城乌什县,就有马列主义和毛泽东著作 543 本。可见马克思主义传播之广泛,当时读马列的书已成为新疆的一种社会风气。

中国共产党人还利用《反帝战线》《新疆青年》《新芒》《新疆妇女》等刊物,宣传马克思列宁主义,宣传苏联十月社会主义革命和建设成就。《反帝战线》是共产党人宣传马克思主义的重要阵地之一。1940 年十月革命节前夕,《反帝战线》专门发行纪念特刊,刊登了马克思、恩格斯、列宁、斯大林的照片,刊载的文章明确指出:马克思主义是科学,是反映历史真实的科学的革命学说,是反映活的生活之历史的唯物论,正因为正确运用唯物辩证法,才对于本国及世界历史和世界革命运动的发展规律,有透彻的分析和正确的认识,并用以指导革命。由于共产党人和进步人士的努力,马克思主义得以公开登上新疆学院(新疆大学前身)的讲坛,中共党人和著名学者沈雁冰、张仲实、沈志远等在新疆学院讲授《新哲学》《唯物史观》《政治经济学》《社会主义与社会运动》等课程,直接向各族师生灌输马克思主义的基本原理。新疆学院创办的《新芒》杂志,刊载了恩格斯的《资本论提纲》《国家的起源与本质》,从苏联《哲学简明辞典》中翻译了"马克思主义—列宁主义""生产关系的样式"等辞条,及有关马克思主义的文章。公务人员也热心新哲学、新社会科学的学习,督办公署可容2 000人的西大楼会场上,贴满了"每一反帝的新疆人民,要学习新哲学和社会科学""武装我们的头脑""把理论与实践联合起来"等标语。新疆文化协会下设的编译部的一项重要工作就是翻译介绍马列主义著作。这一时期的中苏文化协会新疆分会,也是传播马克思主义、介绍苏联社会主义建设和文化生活的窗口。可以说,除了解放区,当时对马克思主义和进步文化的宣传,新疆是首屈一指的。

1936年后,作为新疆主要宣传阵地的《新疆日报》和地区一级报纸,基本上都处于中国共产党人的掌控之中。《新疆日报》《反帝战线》等重要报刊的主编和编辑部工作人员基本上来自延安。中共党员主持下的《新疆日报》,多报道中共在内地的各种活动,并且多转载新华社社论,还以汉、维、哈、蒙四种文字刊载苏联塔斯社电讯。新疆民众反帝联合会的《反帝战线》更是旗帜鲜明地宣传马列主义理论。在迪化及新疆各地,广播电台播放的是《喀秋莎》《祖国在召唤》等苏联歌曲,全疆开设的70余家电影俱乐部,上映的是《列宁在十月》《被开垦的处女地》等近百部苏联影片,放映之前还常有赞颂苏联经济建设成就的新闻加片。

中国共产党人的宣传,不仅使新疆普通民众广受影响,即使是盛世才本人和他严密控制下的新疆省军,都在某种程度上被共产党巨大的话语能力所同化,如盛世才亲自撰写在新疆广泛发行的《六大政策教程》中,就多处引用毛泽东的著作作为论据,甚至于盛世才军队的军歌之一就是用《三大纪律八项注意》的曲调(另外填词)[1],中共

---

[1] 周春晖:《狱中八年记(上)》,见全国政协文史资料研究委员会《文史资料选辑》编辑部编:《文史资料选辑》第24辑,第227页。

在新疆思想社会的影响由此可见一斑。

当时国内一些进步人士如杜重远、萨空了、沈雁冰、赵丹等人因不满国民政府的腐败,纷纷到新疆施展自己的抱负,可以说新疆当时人才荟萃。中共党人和进步人士密切合作,齐心合力,在短短两三年内使新疆的文化建设有了巨大的发展,形成了声势浩大的抗日文化运动,推动了新疆人民在思想上新的觉醒。

当时的新疆报刊

三、西北国际大通道是共产党的队伍休整补充和人才培养基地

新疆盛世才政权靠近并依附苏联,在苏联的安排下,中共与盛世才的新疆省政府进行了合作。"我们党同盛世才的联系是通过

苏联建立的,对盛世才采取的统战做法也是从苏联延续下来的。"①
1934 年,共产国际指示中共须提高对新疆工作的重视。1936 年 6
月,中共中央政治局候补委员邓发被中共中央派遣,作为中国共产
党长征到达陕北后派往共产国际的第一位代表,途经新疆前往苏
联。邓发到迪化后与盛世才建立了联系。1937 年初,为支援西路
军的远征,共产国际和中共驻共产国际代表团选派陈云率团前往
新疆承担接送苏联支援中共武器等有关事宜。陈云率团到中苏边
界后,得知西路军已经失败,他们的任务被改为援救西路军余部进
入新疆。1937 年 4 月,盛世才派出专车到中苏边界迎接陈云一行,
陈云在迪化多次找盛世才商谈救援西路军余部的方案,积极开展
各项救援的准备工作。1937 年 5 月初,盛世才接受了陈云的建议,
派出一个团的队伍和 40 辆汽车,带着大批的生活用品和军需物资
来到星星峡,陈云、滕代远等将李先念、程世才、李卓然等率领的西
路军余部 430 多人接入新疆。陈云对于进入新疆的西路军余部在
生活上做了体贴入微的安排,从迪化给他们每人带来一套棉衣、一
套单衣、一套衬衣、一双皮靴、一双袜子、一个瓷杯、一双筷子,设法
搞来一批新鲜牛羊肉、苏联的纸烟和白糖,又商请盛世才两次派飞
机空投衣物、粮食、枪支、弹药。这些救援使聚集到星星峡的 430
多名指战员装备一新,很快恢复了体力。在 1937 年 5 月 1 日国际
劳动节的纪念大会上,陈云发表了热情洋溢的讲话,鼓励他们坚持
斗争。西路军战士们非常振奋,黄火青说:"党中央的关心对我们
是很大的鼓舞。陈云同志在五一劳动节大会上的讲话,大家听了
更是兴高采烈,使我们这些从祁连山荒原僻野中历尽艰辛长途跋

---

① 陈云:《关于中共在新疆做盛世才统战工作的几点看法》,1984 年 12 月 20 日,《党的文
献》1993 年第 2 期。

涉出来的红军战士,精神上得到极大慰藉。"①西路军余部在星星峡休整数日后奔赴迪化,对外以"新兵营"名义进行活动。1937 年 7 月上旬,陈云婉转地拒绝了盛世才将西路军余部改编成一个营的想法,避免了"新兵营"领导权的可能旁落,保持了中国共产党对这支部队的领导权。受当时特殊的历史条件、地理条件和电信条件所限,陈云、滕代远在到达新疆后的半年时间内,主要是通过苏联驻迪化总领事馆,以电讯和写信形式,与中共驻共产国际代表团联系。中国共产党在新疆的工作人员和西路军余部学习、生活所需经费,也主要由共产国际供给。

由于这个时候国共两党谈判还处在激烈斗争之中,新疆与陕北相距遥远,西路军余部短期内难以返回陕北,赴苏学习又一直得不到中共驻共产国际代表团的指示。陈云预感到西路军余部可能还得留在新疆一段时间,陈云、滕代远同西路军领导干部商量,决定利用这段时间,组织部队学习文化知识、学习军事技术。1937 年 6 月 19 日,陈云在给共产国际的长信中,汇报了他在同西路军指战员谈话中所了解到的西路军情况、作战经过和失败原因,以及退入祁连山后到抵达星星峡和迪化的情形,并对这 400 多人以后的安排提出了意见,认为应该为共产党以后的发展培养军事干部,他因此要求解决在莫斯科出版的中文版书籍、军事教官和学习军事用的汽车、铁甲车、机关枪、飞机等问题。不久,苏联驻迪化总领事馆传达了季米特洛夫代表共产国际的决定:西路军余部不去苏联,留在迪化学习。根据共产国际这个决定,陈云和滕代远提出把"新兵营"进一步办成学习现代军事技术学校的目标。

---

① 黄火青:《新疆工作的回顾》,载中共中央党史研究室编:《中共党史资料》第 39 辑,北京:中共党史出版社 1991 年,第 48 页。

陈云、滕代远对部队的学习做了细致安排。学习内容有中文识字课、政治课、算术课、军事课、卫生课、常识课。另外,还办了无线电训练班。对"新兵营"官兵,按照每个人文化程度的差异,分别编成甲、乙、丙三班。并且本着能者为师的原则,主要从西路军内部挑选文化程度较高者兼任教员,陈云亲自上政治课,滕代远上语文课,冯铉、段子俊也都担任教师。所用的教材,一方面从新疆书店购买,另一方面把党的有关文件印成教材,让大家既学文化,又学党的政策。这样,很快就在西路军官兵中形成了学习热潮。"那种热火朝天的劲头真像战场上冲锋陷阵一样。"①到 1937 年 7 月上旬,文化程度比较低的指战员大都掌握了近两三千字,能记笔记和阅读报纸,数学则学会四则运算及百分数。

为了使西路军官兵尽快开始学习军事技术,陈云先从苏联顾问那里详细了解盛世才机械化旅的装备情况。这时,盛世才的新疆省军拥有装甲车、汽车和火炮各一个营的装备,还有十多架侦察机和教练机,有一个专门的航空队。盛世才聘请了苏联教官来执教这些技术兵种。陈云认为这些条件有利于西路军指战员学习军事技术,对中共军队的长远发展也是非常有意义的。陈云于是正式向盛世才提出:请新疆军官学校教官和苏联教官,帮助西路军余部掌握新的军事技术和武器装备。由于苏联总顾问巴宁中将支持这个要求,盛世才也表示同意。在请示中共中央得到同意后,陈云、滕代远遵照中央指示,立即将西路军余部转入机械化武器装备的正规学习和训练,时间初步安排 5 个月。一部分人先学习驾驶汽车,在此基础上,再选派他们去学习驾驶装甲车和坦克;另外一

---

① 冉正全:《从祁连山到迪化》,载《中国工农红军西路军左支队在新疆》,乌鲁木齐:新疆人民出版社 1991 年版,第 111 页。

部分人学习使用各种火炮。干部队继续学习军事和政治理论。

全面抗战开始后国共两党实现第二次合作,全国抗日民族统一战线的建立,使全国形成了全民族抗战的局面。红军主力改编为八路军后,陆续在南京、武汉、西安、重庆和兰州等地,公开设立八路军办事处。1937年10月中旬,八路军总部代表周小舟受中共中央委托,到新疆跟盛世才商谈设立办事处事宜。周小舟来到新疆,沟通了陈云、滕代远同中共中央的直接电讯联系,以及中共在新疆的工作人员和西路军余部与延安的直接联系。此时,中共驻共产国际代表团成员邓发也来到新疆。在陈云、滕代远、邓发、周小舟共同努力下,盛世才同意在迪化设立八路军驻新疆办事处。1937年10月下旬,八路军驻新疆办事处在迪化成立。与西安、兰州等办事处不同的是,八路军驻新疆办事处不公开挂牌,对外称"南梁第三招待所"。陈云担任中共中央驻新疆代表,滕代远担任办事处主任。在陈云的主持下,办事处确定了在新疆的六项任务:(1)搞好统一战线,执行盛世才的"六大政策"(即反帝、亲苏、民族平等、清廉、和平、建设),维护祖国统一;(2)巩固抗日后方,保护国防交通线;(3)筹集抗日物资,支援前线;(4)培养骨干,为抗日战争培养人才;(5)接待好延安至苏联的往返干部及有关人员;(6)了解、反映、指导党在新疆的工作。陈云和滕代远向延安的毛泽东、张闻天等人汇报了西路军余部入疆后的情况,并谈了将西路军余部在新疆进行学习训练以培养军事干部的设想,很快得到了中共中央的批准。

陈云进一步提出了为中国共产党培养航空骨干的计划。利用新疆的有利条件,陈云计划为中共培养第一批红色飞行师。他向中共中央建议,借用盛世才的力量和苏联提供的装备,在新疆为中共培养一批航空技术人才。经过中共中央批准,决定从西路军总支队(即新兵营)和延安选派政治、文化水平高,身体健壮的青年党员干部到新疆航空队去学习。陈云同滕代远等一起，从西路军余部中选定了 25 名红军干部准备派往新疆督办公署航空队学习。根据共产国际和中共中央的决定，陈云于 1937 年 11 月 27 日离开迪化返回延安，担任中共中央组织部长，由滕代远接任他的职务。1937 年 12 月中下旬，滕代远、李先念、李卓然、程世才、李天焕等也奉命回到延安。中共中央驻新疆代表和八路军驻新疆办事处主任由邓发接任。1939 年 6 月，陈潭秋到迪化，又接替了邓发的工作。

陈云回到延安后向中共中央提出建议，挑选一批年轻、有文化底子的红军干部去新疆督办公署航空队学习。获得批准后，陈云又亲自从抗日军政大学和红军摩托学校挑选学员，选中的大都是团营级干部。参加过长征的中共党员吴茂林、严振刚、彭仁发等 18 人于 1937 年 12 月被派往新疆学习航空技术，1938 年 3 月进入新疆航空队机械班学习。在去新疆前，陈云逐一找他们谈话。当时在抗大学习，曾任红十五军团政治部青年部部长的方槐回忆说："现在我还记得陈云同志找我谈话的情况。开始他问了一些情况，接着拿了一份《新中华》报考察我的文化程度，然后问我对学航空技术有什么想法。当我汇报说担心文化低，怕学不好时，他说：'你读过书，当过青年部长，还能写写工作总结，也算是个有文化的人了。党在困难的条件下办了这么多学校，目的是培养你们，寄希望你们掌握现代化技术，任何事情都是从不会到会的。过去你们这些放牛娃、种田出身的人不会打仗，不会做政治工作，通过学习都会了，因此对学习航空技术要有信心。'他还说：'在苏联时，我曾问过一位空军飞行师，文化程度低的人能不能掌握航空技术，那位飞行师讲，只要不是石头，就能学会。这话说得多好啊！你们这些同志都不是石头，只要肯钻研，努力学习，是一定能够学好的。'一席话，既亲切，又朴实，说出了极为深刻的道理，鼓起了我学习掌握航空技术的勇气。"①延安选派的学员搭乘汽车,穿越千里戈壁,闯过多道关卡,于1938年3月10日抵达迪化西路军总支队部,受到邓发等人热烈欢迎。

在陈云的大力推动下,1938年3月3日,新疆督办公署航空队第三期飞行班、第二期机械班开学。中国共产党选派的43名学员(迪化新兵营选25名,延安选18名)参加学习。入学前,邓发把大家召集在一起,按照他同陈云商定的意见,宣布分为两个班,吕黎平为飞行班长,严振刚为机械班长,成立一个党支部。邓发宣布航空队党支部由中共中央驻新疆代表直接领导。这支航空队的43名成员,来自第一、二、四方面军和红二十五军,都是经过长征的老红军党员干部,在新疆工作的中共党员称他们为"红军航空队"(此时红军主力虽已改编为八路军,但中共领袖和党员仍常常称其为红军)。从此,在这个西北国际大通道上建起了由中国共产党领导的第一支航空队,为中共培养了最早的一批航空战线的栋梁。"这是一支特殊的学员队伍,它是存在于盛世才航空队中的'红军航空队',后来被习惯称为'新疆航空队'。"②严振刚等人后来成为中共领导的革命军队中的空军早期主要负责人。

1939年期间,陈潭秋继任中共驻新疆代表,负责领导"新兵营"的工作。中央军委副主席周恩来去苏联治病途经迪化时,还专程赴"新兵营"视察并作了指示。为了巩固中共与新疆军阀盛世才的统一战线,发展新疆经济,"新兵营"还抽调出许多骨干力量支援新疆经济建设。西路军总支队的指战员不仅是中国共产党现代化军

---

① 方槐:《我们终于有了一支强大的人民空军》,载《革命回忆录》(13),北京:人民出版社1984年版,第244页。

② 王定烈主编:《当代中国空军》,北京:中国社会科学出版社1989年版,第10页。

队的火种,也成了中国共产党在新疆的燎原之火。

在甘肃,兰州八路军办事处全力进行了营救西路军失散与被俘人员的活动。营救西路军失散与被俘人员,是兰州八路军办事处设立的初衷,也是西路军失败后中国共产党的一项重要工作。西安事变后,按照中共中央指示,周恩来与国民政府方面谈判,要求不得加害西路军被俘和失散流落的人员,同时加紧对已经合作抗日的马步芳、马步青做工作。为解救西路军被俘人员,驻西安的红军联络处(位于西安市北新街七贤庄,国共正式合作后改为八路军驻西安办事处)立刻开展了营救工作。后来中共中央又在兰州设立了红军联络处(国共正式合作后改为八路军驻兰州办事处),办事处的主要任务:一是查访西路军主要领导人陈昌浩的下落,二是了解西路军被俘人员的情况,三是对流落和被俘人员展开全力营救。

此后一个时期,乃至八路军兰州办事处正式成立(1937 年 8月)以后的一个相当时期,营救西路军失散与被俘人员一直是八路军兰州办事处的一项重要任务。谢觉哉来到兰州"八办"后,增加了营救力量(1937 年 7 月至 1938 年 11 月)。经过打探了解,西路军被俘人员集中关押在西宁、武威、张掖、永登等处,干部多被关在监狱,普通战士一般被编入国民党补充团,有些被送去做苦力。通过对国民党甘肃省政府主席贺耀祖等人做工作,由贺耀祖向马步青交涉,释放了被关押的原红四方面军干部刘瑞龙、魏传统等多人。兰州办事处派了张文彬等人去青海释放被俘的西路军干部,并且收容流散人员。八路军驻兰州办事处虽然只有十几个工作人员,但在营救西路军流落、失散和被俘人员的活动中做了大量工作。

1937 年 5 月,马步青骑五师将 2 000 余名被俘西路军人员押解西安，中途部分红军逃离，到西安时只剩下 1 000 多人，准备送到汉口服苦役，经西安红军联络处交涉后全部获救，他们被安全地送到驻云阳的红军总部。办事处还营救了流落和关押在张掖等地的西路军战士，找到了 1 000 多名散落在张掖被迫做苦力的西路军战士。被俘的西路军连长蔡光波用米汤写成密信，要求办事处设法营救关押在张掖监狱的 8 名西路军干部，谢觉哉电请朱德、彭德怀以国民革命军第十八集团军正、副司令的名义，请蒋介石下令放人，将 8 名西路军干部营救了出来。1937 年底，马步芳将被俘的 1 500 名西路军战士编成"新兵团"，准备交给驻河南的卫立煌，谢觉哉和驻西安八路军办事处的林伯渠联手将他们解救出来送到延安。

通过多方努力，一批批西路军流落、失散和被俘人员获救后经兰州前往延安，像刘瑞龙、魏传统、何兰阶、陈凤祥、王文生等数十人都回到了中国共产党的革命队伍之中。

第四章　西北国际大通道的建设和运营

近代以后俄罗斯与中国成为国土相邻的国家,两国都是幅员广阔版图巨大,不过两国之间虽然有漫长的边界,但各自的核心区域却相距遥远。苏联建立之后,建设的重心也在其欧洲部分,中国的抗战战场,则在远离苏联核心区域的东亚。中苏两国之间相邻的广阔空间,多是不适于人类生存的高寒地带和荒漠地貌。经过强有力的动员和组织,在两个五年计划中,苏联完成了初步工业化,中亚地区完成了土西铁路的建设,政治格局和交通状况大大改善,把大批援华物资运至中国已经没有太多的困难。而与苏联相邻的中国西北地区,中央政府权威尚未建立起来,政治上还处于半割据混战状态,连最基本的公共基础设施都尚未着手,当地人民还停留在中世纪式的游牧与农耕生活状态中。对于与工业文明时代几乎脱节的中国西北地区来说,仅仅是把苏联援助的军事物资运进战场,就是一项难以想像的巨大工程。在民族危机来临之时,中国西北各民族各阶层进行充分动员,迅速投入到西北国际通道的建设中,奇迹般地实现了国际通道的畅通,为民族赢得了生机。

第一节　西北国际大通道的建设过程

一、国民政府开辟抗战国际交通线的布局

　　全面抗战前,国民政府在进行战争准备工作时,就已清楚交通运输对于抗战的重要作用。由于中国的海空军实力薄弱,全面抗战开始后,日军可以很快封锁中国的全部海上交通,断绝外部力量对中国抗战的支持援助,因此中国接受外援只有陆路通道。1935年国民党五全大会提出了交通准备问题,认为"值此中日战祸一触即发之秋,沿江沿海,随时有被封锁之虞,交通关系国防至巨"①。为此,进行了相应的铁路、公路和航运、航空建设。在中国对外的陆路通道中,广西与法属越南之间的公路和云南与法属越南之间的铁路,以及云南与英国殖民地缅甸之间的公路(1937年12月开始建造,当时尚未建成),更重要的是中苏之间的西北国际大通道,构成了战时中国获得外援的主要通道。1937年卢沟桥事变后,日军大规模进攻,迅速占领中国东南部沿海地区和东中部主要交通线,完全封锁了中国的海岸线。1937年8月25日,日本外务省和海军上将长谷川清分别宣布封锁长江口以南到潮州的中国海岸,宣称在日本军舰所控制的封锁区内可以扣留外国船只,以鉴别国旗和检查货物;对于船上所载被认为是走私的货物,日方即可扣留并享有优先购买权;9月5日,日本再次把封锁范围扩大到除青岛、辽宁省沿岸以外的全部中国海岸,以进行临时检查、捕拿和扣留船只为手段,由此完全阻断了中国通往国外的沿海运输线,中国所订

---

① 秦孝仪主编:《中华民国重要史料初编——对日抗战时期·绪编》(一),第384页。

购的大批国外军火物资,只能通过滇越铁路、滇缅公路和苏联中亚至我国新疆公路这三条内陆线路运进。其中由于受法国力避卷入中日战争的政策和欧洲局势的影响,滇越铁路时断时续;滇缅公路刚开始建造缓不济急,其运行也同样受到英国政府绥靖政策的影响;中苏公路路况非常简陋且路途漫长,货物转运成本高昂,不适宜大量运输。全面抗战开始不久,通过香港通往中国的道路被切断,断绝了中国从海上获得国外援助的通道。在日本施压之下,法国方面对于越南通往中国的交通线和英国方面对于滇缅公路这一中缅国际交通线不时封闭,中国获得国际援助物资极端困难。

面对这一严峻局面,国民政府被迫在交通方面进行新的规划部署,为统一交通管理,1938 年 1 月,把铁道部和全国经济委员会的公路处统归并入交通部,把交通干线划分为国内和国际两类,把战时交通重点置于直接沟通国外运输方面。1939 年设立了驮运管理所(1940 年 9 月全国驿运会议决定成立驿运总管理局),1939 年8 月交通部设公路运输总局。在航空方面,除全面抗战前中美合资的中国航空公司(主要运营中国国内航线)和中德合资的欧亚航空公司(运营中欧航线),以及桂粤两省组建的西南航空公司外,与英法等国合作开辟了通向越南和印度的国际航线,尤其是与苏联合资组建了中苏航空公司,开通哈密—阿拉木图航线,使之与阿拉木图—莫斯科航线和渝哈航线连接,开辟了中苏空中交通。1938 年10 月,武汉、广州失守后,中国原来利用粤汉铁路通过香港转运国际物资的交通线被彻底切断。为获得外援,国民政府决定在西南建筑 800 公里的滇缅铁路(从昆明到缅甸边境苏达)和 859 公里的叙昆铁路(从四川宜宾到昆明、缅甸),这两项工程后因战事变化和经济原因未能完工。同时修筑了桂越、滇缅和中印公路。在西北,为接收苏联援华物资,建筑了从宝鸡至天水的宝天铁路,分段建通了兰新公路,使之成为兰州以西经过新疆与苏联中亚铁路相连接的西北地区唯一的国际交通线。这条公路中的迪化—哈密—星星峡段,在全面抗战爆发前就已建成,迪化至中苏边境及星星峡至兰州段,是全面抗战爆发后建造。1937 年 11 月 11 日,中国通过易货贸易换取的 1 000 辆苏联卡车,即通过这条公路抵达兰州。此外,还重新启用了古老的驿运形式,在西北开辟了新苏线(从星星峡经迪化至中苏边境霍尔果斯,连同辅线共 2 013 公里)、新印线(自新疆叶城至印度边境列城,1 160 公里)。①

西北国际通道是抗战国际交通线总体布局的一部分,在全面抗战初期,是最重要的部分。相对于抗战时期其他几条国际交通线,这一条线是在中国境内延伸距离最长、运行时间最长、也最安全的国际交通线,成了关系到中华民族生死存亡的生命线。

二、西北国际大通道公路运输线的建设

(一)赴苏途中杨杰对于甘肃新疆两省陆路交通线的建议

全面抗战爆发后,中国政府在外交上全力争取国际援助,争取苏联的援助是其中最重要的方面,于是西北国际大通道的建设就成了当务之急。《中苏互不侵犯条约》签订以后,中国政府立即派遣杨杰、张冲等率领代表团赴苏争取援助。为了尽快从苏联获取援助,在开始与苏联谈判军事援助问题的同时,中国政府也开始组织道路开通的工作。这项工作的难度要远远大于中苏国际谈判。杨杰代表团赴苏途经兰州、迪化时,即开始就中苏交通线开通的有关问题与当地政府进行了沟通。1937 年 8 月下旬,代表团一行在

---

① 张明楚、张同新等:《在历史的漩流中》,桂林:广西师范大学出版社 1996 年版,第 240 页。

途经兰州、迪化短暂停留期间，杨杰、张冲等人与朱绍良、马步青、盛世才等西北地区军政要人，对中苏交通线建设及苏联军援物资运输接管问题进行了商讨。杨杰与甘肃朱绍良、马步青达成协议：西北战区负责全部苏联援助武器的接收与分发，少量战机由中苏两国飞行员驾驶经过迪化、哈密、酒泉到达兰州后再分配至各战区，大量飞机、坦克部件由苏方运至哈密组装后运至兰州再分配。沿线政府必须保证国际交通线畅通，任何人不得妨害国际交通线正常运行。在迪化，杨杰要求新疆督办盛世才做好苏联援助武器的转运工作。盛世才此时正处于亲苏蜜月期，当即表态：抗日是全民族的大事大局，新疆的困难是小事小局，新疆一定竭尽全力，保证大通道畅通。在等候接运考察团的苏联专机时，杨杰考察团还到新疆相关部门和民众中了解开通国际通道的问题。杨杰感觉到，尽管新疆和整个西北地区基础设施落后，交通运输管理体制比较混乱，但新疆和甘肃的局势还比较稳定，当地民众的抗日救国氛围浓厚，开通国际援助通道有比较好的社会基础。但要完成苏联援助的运输任务，必须设立专门的运输机构。杨杰考察团将这个建议上报南京政府后，蒋介石对此非常重视，责成交通运输部门研究处理，要求行政院予以经费支持，并指示新疆、甘肃地方要全力做好工作，确保抗战物资在第一时间进入战场。

（二）西北国际大通道开通之前的新疆对外交通

新疆通往中国内地的交通线，沿途基本上都是沙漠、戈壁，人烟稀少，生存环境极端恶劣，交通处于原始状态，历史上在新疆与甘肃、青海之间仅有零星的驮运。当西伯利亚铁路土西铁路通车以后，中国内地和新疆之间的来往，很多是通过苏联西伯利亚铁路这条国际通道进行的。九一八事变后日军占领包括满洲里在内的中国东北地区，而且不断向外蒙古和苏联边境挑衅，这条路线已经不能够作为连接新疆与抗战的中国内地、苏联与中国抗战地区之间的通道了。

全面抗战开始之前，新疆与中国内地之间的通道一般有三条。第一条道路是被称作"大草地"的新疆与内地交通线，是通过外蒙古到华北。历史上清朝早期和中期对新疆用兵，向新疆进军的清军北路军队即是通过此道。在1933年新疆来往绥远的长途汽车道路开通以前，新疆与中国内地之间的来往，一般都必须通过绥远和外蒙古。新疆货物运输向东经过外蒙古以骆驼运至绥远或包头，然后通过平绥铁路运至天津。俄国（苏联）策动外蒙古独立后，加之后来俄国白军红军先后进入外蒙古，封锁了大草地，1921年后这条道路实际上就停顿了。第二条道路被称作"小草地"，就是上述经过外蒙古的路线停顿后，新疆到内地的货运就经过哈密到绥远大青山（即阴山）北麓，沿着内蒙古的沙漠草地，长约2 000公里，沿途多为沙漠戈壁，驼运单程费时约4个月。每年的3—6月间由于骆驼处于休牧阶段，这条道路也就暂时停顿。民国之后新疆地方当局维持半独立状态，消极对待与内地之间的交通建设，新疆到内地间的道路交通发展缓慢，长期以来都是依靠畜力运输，到了1933年新（疆）绥（远）公路建成可以勉强通车，才开始有汽车运输。不过新绥公路也只是在原来的天然驼道的基础上简单修筑的简易公路，全程路基没有增高，坡度弯道均不适合汽车行驶。而且这条道路靠近外蒙古边境，与日军侵占地区距离也不远，安全性很差。

为了发展内地与新疆之间的公路交通，1933年9月，南京国民政府成立以瑞典探险家斯文·赫定为首的"绥新公路勘察队"，对新绥公路的新线路进行勘察。但由于政治局势的动荡，新绥公路交通建设并没有在抗战爆发前取得长足的发展。全面抗战爆发后，内蒙古地区在日军扶植下成立了汉奸政权，绥远直接遭到日军进攻,许多地区沦陷,在新绥公路上运营的新绥汽车公司解散,通过这条道路连接新疆与内地之间的公路就中断了。这样,新疆通往内地的最后一条道路,就是甘新线,又称"甘肃大道",即经由哈密、星星峡通过河西走廊到兰州。而当时的甘肃大道是一条仅可用于畜力运输的车辆行驶的原始公路,根本不能够用于载重汽车的行驶。这条通道是清末左宗棠收复新疆时的主要进军路线,为了保障军需运输,左宗棠曾经下令整修。经过整修的这条道路,约宽3—10丈,可供两辆畜拉大车往来并行。这条线路沿途气候干燥,缺少水草。由玉门至星星峡一段三百余公里极端荒凉。星星峡到哈密一段,沿途经过戈壁滩,有八个驿站被称为"苦八站",各个驿站之间距离较长,沿途人烟稀少、水质苦咸,条件尤为艰苦。但穿过甘肃、新疆之间的戈壁沙漠进入河西走廊后,交通条件和生活环境迥然不同,从河西走廊到中国内地交通畅达,因此通过甘肃大道运送苏联援华物资,就成为必然的选择。不过,直到1930年代,由于地理环境和新疆半独立政治形势的影响,甘肃和新疆之间的交通并不通畅,致使新疆与中国内地之间的交通,主要还是通过畜力运输,从下面表格中可以清楚地感知这一点。

1920—1932年新疆进出内地货物运输统计表①

货物	运输方式	总重量(单位:吨)	占进出内地总量(%)
出内地货物	用汽车转运	282.15	15.4
	用骆驼转运	1 544.6	84.6
进内地货物	用汽车转运	71.7	30.86
	用骆驼转运	608.85	69.14

① 周泓:《民国新疆交通概综》,《喀什师范学院学报》2002年第5期。

由表可见新疆与内地交通的阻隔情况及交通建设落伍的状况,由此也凸显了全面抗战开始后西北国际大通道建设任务的艰巨性。

（三）西北国际通道交通线新疆段的艰苦施工

1937年9月2日,杨杰代表团乘坐苏联专机离开新疆,次日盛世才就组织了自己亲自挂帅、各主要政府部门负责人参加的"转运抗战物资因应小组",在不到3天的时间里,拟定了30多个大项建设方案。1937年10月20日,新疆成立了中运会新疆分会,由盛世才担任委员长。中运会新疆分会成为苏联援华物资运输的管理机构,迪化通向哈密和伊犁的东、西公路成为苏联援华物资运输的主要线路。为加强西北大通道的运输管理,1938年中国经济委员会在新设立了"中苏运输委员会",作为负责苏联援华物资运输的专门机构。在各大干线还设立了运输管理机构及运输站共21处,设置了负责接待来往车队的10个接待站,供来往飞机使用的5个航空站。为了加强运输管理,各路段还组织专人负责巡逻护路、剿匪锄奸等工作。为了修建国际大通道,在当时总人口尚不足400万的新疆,政府紧急动员了各民族50多万建设大军,以近乎"发疯"的状态掀起修路热潮,全力以赴保障通道如期建成。

连接中苏两国的西北国际通道交通线,包括地面的公路线和空中航线两个部分。空中航线是从阿拉木图,经伊宁、迪化、哈密到兰州。公路线的建设,在苏联境内,从阿拉木图附近的边境小城萨雷奥泽克(在土西铁路线上)到中苏边境霍尔果斯,共230公里,由苏方负责贯通。从霍尔果斯口岸进入中国境内,经过伊宁、迪化、哈密、酒泉,到兰州。甘肃省内从兰州到星星峡段(甘新公路)一共长1 165公里,新疆省内从星星峡到霍尔果斯段有1 530公里,全程共2 695公里。如前所述,这时的甘新路还只是一条古驿道,甘肃省内沿途经武威、张掖、酒泉、玉门等地,穿越乌鞘岭、古浪峡山地、弱水、疏勒河等90多条河流,沿途多为戈壁、沼泽,全程都是依靠人力、畜力运输物资。新疆境内的困难更大,在1920年以前,新疆的交通基本上依靠清代建立的驿站系统,交通工具主要为马车,有的道路仅能乘马通行。虽然在民国以后杨增新、金树仁时代修建了少量公路,但也主要是通行畜力车辆。以省城迪化为中心,新疆境内的公路可以分为东路和西路。西路即是从霍尔果斯到迪化,也就是迪(化)伊(犁)公路;东路是指从迪化到星星峡,即迪(化)哈(密)公路。1931年金树仁主政时,迪化至吐鲁番公路就已经建成,但标准非常低,路况极端糟糕,实际只能走畜力车辆。

　　全面抗战发生之前,盛世才为了运输苏联援新物资,由苏联负责设计和技术指导,国民政府投资,新疆省出劳力,省政府动员全社会力量,修筑全长1 859公里的迪伊和迪哈两条公路。1934年,盛世才聘请苏联专家按4级路标准设计迪伊公路,迪伊和迪哈两条公路的路基宽8.5米,沙石路面宽4.5米,平曲线最小半径50米,最大纵坡5%(山岭地区7%)。规划路线全长650公里(实为655公里),筑路工程分期进行:第一期计划先修全线路面防水沟及简单桥梁,铺迪化—昌吉一段的碎石路面;第二期筑大桥及修建员工宿舍20幢;第三期铺设碎石路面,并建公路及其他路工公务员住室。为了加快工程速度,保证建设质量,新疆省政府还制定了奖励办法,从筑路总经费中提出150万两省银票作为奖励基金。[1] 这项工程从1935年春节动工,于1937年7月1日全线修通。由于质量不高,只能限于季节性通车。果子沟陡坡积雪、精河沙丘(行车需垫木杠),还有春季翻浆、夏天水冲等问题尚未解决。当时还遗

---

[1] 陶勇:《民国时期新疆国际陆路交通线》,新疆大学硕士学位论文,2007年,第38页。

留部分路基及桥涵工程,需要进一步改善。尽管标准不高,但工程量已经惊人,共挖土石方645.7万余立方,炸硬石12万立方,修建载重25吨的桥梁2 439座,修公路站91处,修站房1 650间,消耗钢铁710吨、炸药160吨、洋灰1 500吨,花费人工323万人次。[1]全国抗战爆发后,为适应接受苏联援助的需要,需要将这条公路向西延伸到中苏边境的霍尔果斯、向东延伸到新疆与甘肃交界的星星峡,这样才能实现与苏联中亚公路和中国西北公路的连接。根据运输军火物资的需要,还必须对公路进行加宽、加固、维修。

　　西北国际大通道建设,最艰险的一段是新疆境内的路段。要运送苏联军援物资,需要建造能够通行载重汽车的公路,新疆境内的路段要穿过大片沙漠地带和海拔很高的天山山区,有些路段要建在海拔1 500—3 000米的高山之上,施工技术要求很高。汽车运输需要在新疆境内设立新二台、精河、乌苏、绥来、迪化、吐鲁番、鄯善、七角井、哈密、星星峡10个接待站,航空运输方面需要在新疆境内设立伊宁、乌苏、迪化、奇台、哈密5个航空站,用以提供往来汽车、飞机和人员的接待保障。

　　全面抗战爆发后,对1937年7月通车的迪伊和迪哈两条公路路段进行了改善。1940—1942年,改善工程实际完成土方174 201立方米,铺沙31 079立方米,修建大桥13座、长928米,改建或重建小桥251座,修建路基60 564立方米,加固及改建路基51 182立方米。此外还进行了挖水沟、修堤坝、拆城门、掘水井、设路标等工程,并将果子沟路基加宽到8米。[2] 全面抗战爆发后,在对原有的迪化至吐鲁番公路拓宽加固的基础上,省政府向工商业界集捐,动

---

① 朱杨桂:《新疆各族人民在抗日战争中的贡献》,《新疆大学学报》1985年第3期。
② 陶勇:《民国时期新疆国际陆路交通线》,新疆大学硕士学位论文,2007年,第39页。

员吐鲁番、鄯善两县民工,修筑迪化经哈密到星星峡的公路,修路开支由两县人民承担。由于时间紧张、条件有限,最后修通的道路质量不太高,路基比较低,桥梁涵洞均为临时的木质结构,养护工作比较繁重。[①] 但不管如何,经过努力,这条道路终于修通,保证了苏联的军援物资能够顺利进入中国战场。

在某种意义上说,西北国际大通道是边修建边通车的,甚至有的地方是先通车后修路,由于任务紧迫而工程难度极大,在没有现代机械全靠人工的情况下,经过政府动员,不少修路民众都是自带干粮,义务劳动。在难度大的路段上,修路者更为集中,如霍尔果斯到果子沟一线有 3 万多名修路人员,迪化—达坂城—吐鲁番沿线有 5 万多人,鄯善—哈密—星星峡一线也有 5 万多人。

在这项巨大工程中,修路民众表现出了高度的爱国精神。在修建从霍尔果斯到古城惠远(今霍城县惠远镇)这段公路时,沿途的锡伯族民众不分昼夜地工作。锡伯族是一个有着强烈爱国情怀的民族,日本军队侵占他们祖先生活的东三省激发起了新疆锡伯族人民的民族意识和斗争精神,当得知为了运输苏联援华抗日物资而修路的消息后,锡伯族民众爱国热情高涨,当地锡伯族族群仅仅有 1.3 万多人口,就有 7 000 人参加修路,不少家庭是全家出动、义务工作。[②]

哈萨克族人民也为西北国际通道的建成做出了重要贡献。北疆的伊犁是哈萨克族的主要聚居地之一,在打通国际大通道必经之地伊犁果子沟的工作中,哈萨克族人民牺牲甚多。号称“死亡之谷”的伊犁果子沟,是翻越天山通向内地的必经之路,也是出了名

---

① 陶勇:《民国时期新疆国际陆路交通线》,新疆大学硕士学位论文,2007 年,第40 页。
② 刘志兵、邵志勇:《西北国际大通道》,第 113 页。

的险路、难路,沿途气候极端恶劣。开始筑路时已是 1937 年 9 月份,果子沟的山上已经布满积雪。1.2 万多名哈萨克族民众参加修路工作,为了赶工期,他们以部落结构为组织方式,组成了 6 支修路队伍,不分昼夜劳作。在最难、最险的地段,部落首领们采取"抽签"方式来分配任务。哈萨克族民众还成立了义务护路队,对道路随时进行维修护理。以前赶马车经果子沟到乌鲁木齐要走一个月,坡陡的地方一匹马拉车根本上不去。为了快速运输苏联援华物资,必须在最短时间内把这个"肠梗阻"路段改造成"大动脉"。从历史记载来看,1937 年打通这条贯穿全北疆的主干道只用了短短的 20 天时间。1937 年 10 月,苏联首批援华抗日物资进入中国境内的前一天,果子沟一带下了一整天的大雪,第二天当庞大的车队路过这里时,发现了 13 具哈萨克族民众的遗体,他们都是在连夜清除积雪时被冻死的。路过的苏联司机都极为感动,200 多名苏方司机为这些牺牲者举行了一个多小时的追悼仪式。① 这些发生在少数民族普通民众的动人事迹,充分体现了危难之际中华民族各族人民强烈的爱国精神。

退入新疆的东北抗日义勇军也在西北国际大通道的建设过程中发挥了极大的作用。九一八事变后,日军侵占了东北三省,不愿意做亡国奴的东北民众组织了抗日义勇军,与日军浴血奋战。但由于组织涣散、兵力和武器装备不足,各地的义勇军先后失败,部分义勇军退回关内休整。靠近中苏边境地区的义勇军被迫撤退到苏联境内。经过中苏两国政府谈判,苏联方面同意让退入苏联境内的中国东北义勇军经由苏联西伯利亚辗转进入中国西北的新疆,苏方同意为他们在苏联境内通行提供便利保障,为此中国政府

---

① 刘志兵、邵志勇:《西北国际大通道》,第 114 页。

支付给苏联 370 万美元的转移费用。从苏联出发时,这部分义勇军共有 4 万多人,其中有家属婴幼儿 1 万多人。经过艰难的行程,大部分人在途中冻饿而死,当 1932 年底到达新疆时,剩下的全部人数已经不足 2 万人,1 万多人倒在了最后一段路程上。1932 年年底,义勇军将士终于进入国境,先后受到金树仁和盛世才当局以及新疆人民的热烈欢迎,各族人民群众踊跃向义勇军官兵奉献食品衣物,特别是锡伯族民众看到遥远故土的英雄长途转移过来,都像亲人一样接待他们。国民政府要求对进入新疆的义勇军实行就地安置,义勇军在新疆被改编为 9 个骑兵团和炮兵大队、战车大队、工兵队、通信队、教导团,分别驻守新疆各地。新疆省政府还以东北抗日义勇军为骨干,组建了喀什、和田、阿勒泰、塔城 4 个边卡大队。全面抗战开始后,得知为了抗日而打通西北际大通道,这些魂系家乡的义勇军官兵们都无比激动,他们把回家的希望寄托在了交通线上,纷纷投入这一工程,有的部队上至团长下到士兵,人人都写下了血书。他们主动承担工程中最艰巨的任务,其中迪化向东 30 多公里的干沟和达坂城一带的筑路任务尤为艰巨。这一带是有名的"百里风区",工作条件极其简陋,许多义勇军官兵牺牲在这里。为拓宽干沟盘山公路,就有 35 名义勇军战士在爆破作业中牺牲。在玛纳斯、达坂城、哈密、星星峡等地段,最艰巨的任务都是由东北抗日义勇军官兵当主力打头阵。据史料记载,仅工兵队就有 150 多人牺牲在修筑国际大通道的路上。一位义勇军军官写道:"义军西征尚未还,满洲儿子遍天山;筑成公路三千里,军援源源入玉关。"①

---

① 中共新疆维吾尔自治区委员会党史研究室:《抗战中的新疆》,乌鲁木齐:新疆人民出版社 1995 年版,第 261 页。

经过各族人民的艰苦努力,在最短的时间内打通了新疆境内从霍尔果斯经迪化到星星峡的全部通道,使新疆与祖国内地的西北公路连接了起来。

在修筑国际大通道的过程中,新疆全省掀起了公路建设的高潮。1939 年 5 月 8 日新疆召开全省公路会议,提出标本兼治、全民修路的决策,号召各地民众集资修筑地方公路。新疆公路会议召开后,新疆各地民众自动出资出力修筑公路,先后修建了额敏—塔城、迪化—阿克苏—喀什,以及和田等地的公路,共修筑 2 223 公里①,修通了迪化至南疆各大城市的主要公路段。天山每年春季雪水融化形成许多河流,为了贯通道路,仅在伊宁至迪化的北疆公路上,就建筑了 49 座桥梁。为防止春夏之交雪水大量汇集冲刷公路,在公路旁边都要挖排水沟,建造排水涵洞。② 到 1942 年止,新疆全省共完成公路 3 423 公里、各种大中小型桥梁 2 439 座。③ 1941 年后,又开辟了印度至新疆叶城再到兰州的运输线,大大改善了新疆的交通环境,加强了新疆的经济发展活力。

为了提高运输能力,必须尽量尽快使用现代化运输工具,改变新疆境内和新疆与内地之间交通运输工具主要以畜运为主的局面。为了适应抗战需要,在新疆省政府第一期三年建设期间从苏联购买了 400 余辆卡车。在第二期三年建设期间又从苏联购买500 余辆汽车,到 1942 年止,新疆全省公有、民有汽车发展到 1 100余辆,从而使汽车取代了过去一向以畜运为主的落后局面。同时,已经降为次要地位的畜力运输业也得到相应发展,政府组织了

---

① 刘志兵、邵志勇:《西北国际大通道》,第 112 页。

② 李浊尘:《西北历程》,见蒋经国:《伟大的西北》,银川:宁夏人民出版社 2001 年版,第133—134 页。

③ 新疆社会科学院民族研究所编著:《新疆简史》第三册,第 272 页。

2 000余辆大车、3 500多头骆驼、5 000多头骡马以供运输之用①，从而大大增强了运输能力。

（四）甘肃官民和马家军也为开通西北国际通道做出了努力

兰州是苏联援华物资的中转站，所有苏联援助物资都首先运到这里，再分发到各抗日战场，兰州成为西北国际大通道上陆地的交通枢纽。1938年3月，为了保障以甘新公路为主干的西北国际交通线的畅通，协调物资运输与交接，中苏两国均以兰州为主要联络基地，互设办事机构。苏联政府在兰州设有外交代表处、军事代表处和商务代办处，办事机构有工作人员二三十人。国民政府外交部也在兰州设立驻兰州特派员办事处，后改为外交部驻甘特派员公署。在航空线方面，兰州有渝哈线、渝兰线、兰包线、兰宁线四条航线，还成立了兰州航空站，兰州也是当时西北最大的航空运输中心和空军基地。为此，甘肃方面需要动员大量的人力物力投入到开通国际通道的工作之中。在公路交通方面，鉴于战时所需，国民政府筹划相继开通兰新、西兰、甘川公路，还要开通静宁至秦安公路（全长125公里）、兰州至银川公路（全长499公里）等，基本建成甘肃省公路交通体系。还要建设甘肃省内第一条铁路——陇海铁路，以及开通以黄河为主航道的水路。这些工程，都需要大量的人力物力投入。

因为马步青、马步芳兄弟阻击红军西路军西征"有功"，马步青所辖骑兵第五师被蒋介石扩编为骑兵第五军，驻扎河西走廊。此时国民政府任命的甘肃省政府主席兼甘肃绥靖公署主任为朱绍良，但甘肃河西走廊地区和青海的地盘为马步青、马步芳的马家军

---

① 倪立保：《抗日战争时期的新疆国际交通线》，见《新疆师范大学学报》（哲学社会科学版）1996年第2期。

统治,朱绍良并不能完全号令马家军。河西走廊从1930年代起就是马步青的势力范围。时朱绍良命令河西17县供给"骑五军"粮草,马步青乘机将河西走廊17个县的县长全部换成他自己的人,在河西形成了割据之势。这样一来,要在此地修路,必须取得马步青的支持。

新绥公路的停运,使甘新线成为新疆与内地运输的唯一交通线,作为苏联援华物资输送通道的战略价值更加重要。为了运输苏联援华物资,按照国民政府要求,甘肃省成立了甘肃军事运输处、甘肃省车驮管理局,负责征用、运输工作,编成汽车队、皮筏队、骆驼队,专门运输苏联援华物资。1938年12月,"陕甘车驮运输所"在兰州成立,与"甘肃省驿运管理处""西北富华公司驿运处"共同承运苏联援华物资和中国政府偿还苏联贷款的物资。这一时期,甘肃最重要的是要尽快开通兰州到新疆的公路。1937年前,甘肃省城兰州仅有一条通往西安的公路勉强通行汽车,兰州向南向北均无公路,向西通向新疆只有非机动的人力畜力大车道。1934年4月,甘省为了修筑甘新公路就已经成立了甘新公路工程处,但由于官员腐败,工作无力,直到1937年,才从兰州向西修了40公里的路程。

根据中苏两国达成的协议,1938年1月,苏联援助中国的第一批汽车——500辆吉斯五型六轮三吨半卡车并载有卖给中国的一万吨汽油的一部分,通过甘新古驿道由新疆进入甘肃。车队经安西、玉门、嘉峪关、酒泉、武威、河口,到达兰州,苏联的载重卡车就这样在古驿道上压出了一条可以通行汽车的"大道"。这条原来的古驿道路面不平,有的路段过于狭窄,根本不适合用于源源而来的军事物资运输。为尽快建成军运通道,国民政府成立了交通部西北公路局,决定修筑甘新公路。1937年8月31日,蒋介石任命驻武威的骑兵第五军军长马步青为甘新公路督办,9月,甘肃省成立甘新公路署办公署,拨款 180 万元,经费由第八战区长官部转拨,要求如期完成国际大通道的开通。1938 年 4 月起,分期进行甘新公路甘肃段的整修,使甘新公路的养护与使用逐渐走上了正轨。在苏联卡车通过古驿道入兰州数月后的 1938 年 5 月,甘新公路动工。由于第八战区长官、主政甘肃的朱绍良长期笼络马步青,马步青因此对其感恩戴德,对于修建这条公路也比较努力。按照国民政府和朱绍良的安排,甘肃省组织成立了甘新路工程总队,将原来的甘新公路工程处并入,工程队下辖 3 个工程大队,每个大队有官兵 400 人。其中,2 个大队负责兰州至酒泉段,1 个大队负责酒泉至星星峡段。马步青紧急动员了骑五军士兵及民工 2 万余人,聘请东北大学流亡来甘的土木工程师罗永忱、郑恩荣等十余人,于同年 6 月在武威成立工程处,罗永忱为工程处处长,正式开工修建。马步青另派军官任监工,并抽调工兵营士兵经训练后当测地工,各县、乡筹供所需木材、石灰等物资材料。修路工程主要任务是拓宽路面,加固和修建桥梁,使之能通行运输援助物资的汽车。经过两个多月的艰苦努力,才算勉勉强强修完了由河西至星星峡 1 100 多公里的甘肃境内全程公路,全部整修完成是在 1939 年 9 月。1939 年,国民政府交通部在天水成立西北公路局工程局,由凌鸿勋兼局长。在酒泉设立河西工程处,派王竹亭为处长,罗永忱为副处长。到 1939 年 9 月甘新公路全线完工。

　　受抗日大势和各方面力量的制约和影响,在开通西北国际大通道过程中,统治河西走廊的马家军做出了有益的配合工作。西北国际大通道正常运行,除了修筑和维护道路之外,还要进行接待和救助。在这一方面,相较于新疆,甘肃的接待量更大,开销也更多。为了给苏联援华人员提供必要的食宿和车队油水补给,甘新公路沿线各县均设有招待所、接待站,具体负责苏联援华人员和西北战区到新疆接运武器人员的食宿和招待,当时被人们称为"俄国站"。在航空方面,中国政府购买的飞机都要飞越河西走廊到达兰州,苏方志愿援华队的飞机也要经过这里到达全国各战区,由于气候、故障等原因,常常出现飞机迫降甚至坠毁的情况,马家军一般能够配合进行营救。为此,马步青还专门成立了紧急应变小组,要求部下凡是与西北国际大通道有关的抗日大事,就不能、也不许讲价钱,出现迫降、坠机等突发事件,要先抢救,后上报,再核销。①

　　在修建甘新公路中,马步青大量征用沿线的民众,一些沿线农民因修路而家破人亡。沿途土房的屋顶不少被拆除,椽子、檩子用于工程建设,工程需要土方、石料、沙子均摊派给沿途各县的农民,农民的大车、骆驼、骡马等等都被征用,许多民工套上自己的牛车、毛驴车到荒无人烟的星星峡一带施工,车烂、牛死以及民工冻死、饿死的不在少数。当时甘肃人民生活极端困苦,在国际通道开通后,蒋经国游历西北时,在甘肃安西县看到"有许多小孩子,当至于十四五岁的女孩子都没有裤子穿,在很冷的时候,他们仍旧要在外面跑,有人说这是习惯,但是我绝对不相信,最主要的原因,还是人民的穷苦"。但即使如此,"安西县一共只有一万八千人,其中只有三千六百个壮丁,但是在去年一年修整了三百公里的公路,从这里可以看到西北人民力量的伟大"②。

　　甘肃人民群众为建设西北国际大通道付出了惊人的代价。仅在国民政府统治区内(除陇东外),征调民力就达1 712万人次,而当时甘肃全省人口总数只有600万人。③ 通过甘肃人民的艰苦努

---

① 张百顺:《抗日战争中的"西北国际大通道"》,《文史春秋》2008年第4期。

② 蒋经国:《伟大的西北》,第25页。

③《抗战时期甘新公路修建与苏联援华物资运输》,《兰州日报》,2013年7月30日 R15版。

力,甘肃的交通从航空、铁路、公路、水运四方面形成了立体化的运输网络。

　　当然,由于本性,马步青和相关官员在大通道建设中也借机捞取个人利益,出现了腐败现象。甘肃方面的安西、酒泉、武威等地的航空站需要进行扩建,以满足苏联驱逐机轰炸机的起降需要,接待过往人员食宿。官员腐败使机场的建设质量受到影响。部队给地方政府拨款以民工每天4角大洋工钱计算,地方政府却分文不给,还要民工自带干粮。西北地区地广人稀,有的施工地距离民工的家很远,带的干粮几天就吃完了,但民工无法回家也无钱购买,政府也不管。为了省工省钱,官员不是把机场建在安全的地方,而是建在了干河床上,这样使其时常遭受大雨洪水威胁。马家军将道路建设所需的土方、沙子、石料摊派给沿途各县的农民,官员对于工程款层层贪捞,施工就必然要偷工减料,许多道路建设质量很差,也没有人监督,只能勉强通车。有些路段横跨小河沟需要修涵洞,因为没有粗管子就用石块砌涵洞,有的地方甚至连砌石块的石灰浆都供应不上,就直接用沙子填缝,这样不大的雨就能把涵洞冲垮。为了省工钱,马家军还用被俘的红军西路军官兵修建公路。武威的大通道建设中就有2 000多名被俘的西路军官兵。在平番(永登),900多名西路军被俘官兵编入骑五师第三旅补充团,修红城子到乌鞘岭这段公路。任甘新公路督办期间,马步青利用职权挪用和挥霍公款,无偿征用了大量民工和士兵,后来又把持甘新公路的西段,对通过河西的中苏贸易物资和人员进行刁难盘剥。为此,国民党第八战区司令部特地电告马步青,说明一些过往车队和驮队是与苏联易货羊毛,要求他妥为保护。为便于识别,每队车辆和骆驼均发给贸易委员会西北办事处的一张护照和一面旗帜。开始行驶一段时间尚好,但过了一段时间马步青以马蹄伤路为由,不准驮运行驶,经多方交涉后方准通行,这就严重影响了抗战的大局,势必会妨碍蒋介石的西北战略构想的实施,于是蒋设法将马步青调出河西走廊。1942年,马步青被调往青海任柴达木屯垦督办。

　　1942年春天,西北公路局在兰州召开局务会议,由国民党中央军事委员会后勤部部长俞飞鹏主持。参加这次会议的有西北公路运输局长何竞武、副局长纽泽全,在天水的西北公路局副局长沈文泗,运输局运务组长郭大雄、驿运处长陈颂言,驻哈密代表冯肇虞等。会议提出由河西堡到安西沿途设驿运站,驿运站修围墙、设岗哨,每50里设一食宿站,扩充各县原有驿运站。这是在为胡宗南部队开进新疆做准备,此时胡宗南早有一个骑兵旅驻扎在酒泉。后来,胡宗南的部队就是在这些驿站保障之下顺利地进入新疆,从而使国民党中央政府实现了对新疆的直接控制。

装载苏联援华物资的卡车行驶在中国西北甘新公路上
资料来源:《抗战时期甘新公路修建与苏联援华物资运输》,见《兰州日报》
2013年7月30日R15版

1941 年,兰州城郊黄河边甘新公路上运送物资的车队
资料来源:《抗战时期甘新公路修建与苏联援华物资运输》,见《兰州日报》2013
年 7 月 30 日 R15 版

（五）苏联对于建造西北国际大通道的帮助

　　苏联方面也对中国修筑国际大通道提供了非常重要的帮助。应中国政府的邀请,苏联派出了大量技术人员和修路人员帮助中国开通陆空通道。出于外交和国家安全利益考虑,苏联对中国等受法西斯侵略国家的支援采取秘密方式进行,对外派出的人员不以政府名义,而是以志愿者的身份。苏联政府内部行文对这些援助行动也用代号表示。如苏联对西班牙的援助在文件中被称为"X"战役,对中国的援助则被称为"Z"战役。苏联同意将经新疆的西北大通道作为援华物资输送的主要渠道,称为基本运送方案,并应中国请求派出援助人员,帮助开通道路并输送援华武器和技术兵器(苏联把武器和技术兵器分开,技术兵器是指飞机、大炮、坦克等)。为此,苏联国防人民委员会还专门成立机构,向迪化和兰州派出工作站,通过新疆、甘肃两省地方政府,统一领导运输线的组织实施,包括对汽车运输的组织及住宿点、饮食站、道路维修处的构筑,同时还组建了以勘测队长和政委为首的勘察队司令部。苏联专家斯拉文上校、巴比奇少校领导的苏联筑路队参加了新疆公路的勘测设计与施工。1938 年,应中国方面的要求,苏联又派出工程技术人员帮助将这条通道延长到西安附近的咸阳。整个大通道从苏联的萨雷奥泽克到西安,全长 3 750 公里。后来为适应战争需要,又陆续开通了由兰州、天水、凤县、汉中、广元到重庆,由汉中东行经白河到湖北老河口的交通线。苏联驻华军事总顾问捷列潘诺夫回忆说:"成千上万筑路工人以其英勇的劳动修筑了穿越新疆的公路,迄今似乎还没有一本历史书记载这条生命之路的建设者和经营者可歌可泣的功绩。"①

　　在哈密空军基地的建设中,苏联方面也为中国提供了很大的帮助。最初苏联援华飞机都是在苏联装配好以后,由苏联飞行员飞至哈密,交给中国空军。由于当时设计水平不高,飞机设备简陋,大部分飞机只能按地标飞行,只有一部分轰炸机配有无线电设备,苏联飞机在飞越天山时多次发生坠机事件。因此,从 1938 年夏天始,苏联援华歼击机全部由汽车把部件运至哈密组装,试飞后再向中方交接。当时哈密机场设备非常简陋,原来是 1933 年前后欧亚航空公司的飞机加油站,只有几间作厨房及食堂用的土房,地点在哈密城北的戈壁滩上。当时过往的航空人员和常驻机场的工作人员都是住在帐篷里。在对原来哈密小机场扩建成为空军基地的过程中,需要建设航空站、接待站。苏联歼击机改在哈密装配

---

① ［苏］切列潘诺夫著,中国社会科学院近代史研究所翻译室译:《中国国民革命军的北伐》,北京:中国社会科学出版社 1981 年版,第 589 页。

后,哈密机场成为军用飞机的组装基地,大批中国和苏联空军的空勤人员、地勤人员、专家和工程技术人员聚集哈密,各种机械设备也相继运来。因工作需要,还有不少人从哈密过往转机,有的还要作短暂停留,加上当地的航空机械兵,哈密航空站经常不下 500人,有的时候仅苏方工作人员就达 500 人以上。当时侵华日军开始空袭兰州、张掖,哈密已感受到了威胁。为了保证哈密的安全,哈密机场常驻有苏联歼击机 10 余架,还有一个 CB 轻型轰炸机大队及数架其他飞机。为了加快组装飞机的速度,满足前方的需要,苏方组装人员与中方人员一道常常昼夜不停地工作,同时还要时刻防备日军飞机的空袭。为加快哈密空军基地建设,苏联派阿列克谢耶夫将军负责,并兼办飞机交接事宜,中国方面由空军司令毛邦初负责。苏方派了工程师,迪化也调来中国航空工程技术人员,共同规划设计并领导施工,哈密县积极配合工作。不到一年时间,从 1938 年起,由于各方面努力,汽油库、弹药库、配件库房、飞机敞篷和修理厂全部建成。此外,建造了宿舍、办公室及其他生活设施,还建造了一所俱乐部,哈密机场成了一个设备完善的空军基地。

中国政府和各族人民共同奋斗,在苏联帮助下,经过短短的一个多月时间,新疆境内 1 500 多公里的公路,沿线 10 个汽车接待站和 5 个航空站与飞机场全部投入使用。有一个说法,说是当时的苏联驻华大使鲁尔涅茨阿列尔斯基开始还有点不太放心,大通道建成之后,他一站一站地全程考察了一遍。结果他看到,这条通道不仅能够通车,而且沿途的接待站还能为担负运输任务的苏联官兵提供食宿和一些基本娱乐设施。中方这么细致的工作是苏方没有想到的,这位大使深有感触地说,西北大通道建设显示了中华民族的智慧和能力,有如此勤奋、敬业和善于创造的人民,何愁抗战不能胜利！①

三、西北国际大通道的运营与养护

（一）西北国际大通道的运营

苏联运输援华物资的汽车分批进入中国后，由新疆通过甘新公路到兰州，每批约一个营的人员，有汽车 100—120 辆，军官带手枪，并有照相机、军用地图和望远镜。中途休息即拿出地图研究地形、拍照，夜宿招待所，每队随车翻译 1 人。为了运送苏联援华军用物资，中国政府征用运输工具，编成汽车队、皮筏队、骆驼队。苏联援华的高射炮弹、炸弹等现代化军火，不少是由古老原始的运输工具骆驼从新疆驮运到甘肃的；一些军火还是乘羊皮筏子渡过黄河运到兰州的。用汽车运送的物资不仅有各种武器装备，还有拆开分别装运的飞机。当时在这条运输线上穿行的汽车，从苏联到中国运输军用物资，回程装运羊毛、皮张和矿产品等到苏联，所以被称为"羊毛车"（中苏订条约以羊毛兑换的），又叫"老毛子车"，载重只二吨半。

---

① 张百顺：《抗日战争中的"西北国际大通道"》，《文史春秋》2008 年第 4 期。根据文献记载，全面抗战期间，先后担任苏联驻华大使的分别是德米特里·瓦西里耶维奇·鲍格莫洛夫（Дмитрий Васильевич Богомолов，1933 年 4 月至 1937 年 10 月担任驻华全权大使）、司皮尼瓦尼克（Spolwanck，参赞，1937 年 10—12 月任临时代办）、卢干滋（又译为干涅兹·奥尔斯基 Иван Трофимович Бовкун-ЛуганецIvan Trofimovich Bovkun-Luganets，1938 年 1 月 23 日—1939 年 7 月 8 日担任驻华全权大使）、潘友新（1939 年 9 月 1 日—1944 年月担任驻华全权大使）、司高碟（Skvortsoff 参赞，临时代理馆务，1944 年 1945 年 4 月 3 日）、阿波隆·亚历山德罗维奇·彼得罗夫（Аполлон Александрович Петров，1945 年 4 月—1948 年任驻华大使）。因此一些中文文献和网络文章说 1939 年 12 月苏联驻华大使鲁尔涅茨阿列尔斯基考察西北道的说法，疑似为卢干滋的另外一种译法，但 1939 年 12 月时驻华大使一职已由潘友新接任，所以这一说法的确切性值得探讨。

交通线上的接待站和加油站是国际大通道的重要部分。国际大通道上有大规模的陆运车队,对沿途人员的接待保障是一个严峻的挑战。为了给援华运输人员提供方便,国际大通道公路沿线各县均设没有招待所。运送援华物资的兵团车队及西北公路局两车队也都驻招待所,这些招待所当时被称为"俄国站"。"俄国站"专为招待苏联援华人员而设。大部分的"俄国站"是把当地庙宇中的神像移去,然后进行简单粉刷修缮即投入使用。交通大动脉上共有20个食宿接待站和汽车加油站。其中,从星星峡到霍尔果斯1 530公里的路上,有10个接待站(称"中运会汽车站"),如霍城(绥定)接待站、乌苏接待站、玛纳斯接待站、奇台接待站、吐鲁番接待站、鄯善接待站、七角井接待站、星星峡接待站等。这些接待站的接待能力在200人以上,不仅可以保障人员食宿,而且还配备了澡堂、简单的娱乐设施,以最大可能让车队人员放松身心,以良好的状态搞好运输。一般的接待站虽然设备简陋,但根据1942年参加西北工业考察团的李浊尘描述,招待所里"沐浴室、洗脸室均有,被褥亦相当之厚"①,具备了旅行生活的基本条件。

(二)西北国际大通道的养护

西北国际交通线境内道路在建设过中,由于施工技术不达标,道路质量差,存在许多安全隐患,对于道路的养护工作就变得极为重要。

1. 养护机构的设置

迪哈、迪伊公路逐渐修筑完成后,由于当时民众保护公路意识比较弱,经常出现民众营运的畜力车辆行驶公路的现象。民间畜力车辆主要是铁轮大车及四轮车,倘若在公路上行驶,容易将松软

---

① 李浊尘:《西北历程》,见蒋经国:《伟大的西北》,第96页。

的公路路面碾压出高低不一的车辙,破坏公路路面的平整,影响汽车在公路上的行驶。公路经过农田之处,有些民众会将公路挖开引水灌田,有些将灌田多余的水放出来,浸泡路基,使公路无法使用。所以,公路的养护工作极端重要。1937 年 7 月,新疆省公路总局成立迪伊养路处(又称迪伊公路局),地址设在乌苏,下辖绥来、乌苏、精河、新二台 4 个公路段。1940 年又成立了迪哈公路局,地址设在鄯善,下辖吐鲁番、鄯善、哈密 3 个公路段。另外还有迪化、奇台 2 个公路段直属新疆省公路总局领导。后因经济发展及运输形势变化的需要,1941 年 2 月,新疆省公路总局与省运输管理局合并,称为"新疆公路运输管理总局"。但当年 8 月 12 日又将公路与运输管理机构分立,公路总局名称定为"新疆省公路局"。分立后的公路局下辖绥来、乌苏、精河、新二台、吐鲁番、鄯善、奇台、哈密、阿克苏、喀什、塔城 11 个公路段。省公路局着手建立配套的公路养护机构,北疆建成的迪伊、迪哈公路局,负责北疆公路养护工作。省公路局在预算中专门为公路段工作人员制作了编制。

新疆公路运输管理总局和后来的公路局,把主要精力放在公路保护工作上。为了保障公路运输交全,大力宣传,使各族民众对公路保护产生清楚的认知:"(一)马车不得通行公路,以免轧坏路床;(二)公路沿线户民放水灌田不得冲坏路桥;(三)组织防水工作以防山水冲路;(四)应注意检举偷盗桥梁之铁箍、螺丝,阻碍交通的破坏分子;(五)如有不保护公路,故意破坏公路者应报告政府惩办。以上办法拟请钧府俯准颁发布告以便张贴公路沿线,俾使军民人等一体遵照,以保公路而利交通。"①省公

---

① 新疆档案馆,民国档案,政 2－7－318。转引自陶勇:《民国时期新疆国际陆路交通线》,新疆大学硕士学位论文,2007 年,第 51 页。

路运输管理局指导各行政区、县从速建立公路委员会,以上五点为各地公路委员会活动准则。新疆各行政区纷纷建立了公路委员会,保护当地已经建设的公路。1941年6月3日,迪化行政长公署呈文:"呈为呈转事案据鄯善县长杨靖宇呈称,窃查职县为保证公路安全,加强运输速度,曾经公路运输管理局景局长指导,五月六日召集各机关、法团、各区街长、阿洪(原文如此)等开会决议组织公路委员会,会内分设总务、宣传、勘查、保护、筑路五股,共计委员三十五人,各股股长均由委员推定之,所有各股工作及推行效果另案呈报。"①

鄯善公路委员会组织员姓名一览表②

职务	委员长	副委员长			总务股股长	总务股副股长	宣传股股长	宣传股副股长
姓名	杨靖宇	孚生瑞	马仲贵	哈山尕日	季德义	赵俊英	玉素甫	巴客牙孜阿訇
职务	筑路股股长	筑路股副股长	护路股股长	护路股副股长	勘查股股长	勘查股副股长		
姓名	哈木提	窦连生	木孚以提	马仲贵	月思提区长	妥股长	热木副区长	

附注:本会内计共决定委员三十五人,正副委员长各股正副股长均电委员推定之,其余委员二十人,均已分别推为各股员以资办理股务合并声明。

此后,绥来县1941年8月9日成立公路委员会,塔城县1941年8月2日呈文成立护路委员会等,各县先后都成立护路养路组织,由当地政府要员或德望卓著之人组成委员会,由此可见各地政府和民众对于这项工作的重视程度。

---

①② 新疆档案馆,民国档案,政2-7-318。转引自陶勇:《民国时期新疆国际陆路交通线》,新疆大学硕士学位论文,2007年,第51页。

2. 征收养路捐

国际交通线漫长道路的养护,相关经费负担极重,仅仅依靠省政府提供的经费无法维持运营。早在1936年,新疆省公路局即提出征收养路捐用以公路养护的动议。"迪化至伊犁新修之路所需经费甚巨。今路将届完成,按段实行通车。为保护公路,扩大收入以备职局将来补修公路起见,拟由地方税局代收通行公路车捐,由各地方税局发给该车捐执照。"[1]为保证达此目的,省公路局事先布告民众,首先声明运输通过公路时,如不由地方收税与领到已付路捐证,按章程处罚五倍征收车捐。1936年布实施《新疆省汽车征捐暂行章程》,规定了征收养路捐的范围:"凡本省各机关及私人乘坐或营业之汽车,均应照章纳捐,但公用车及各机关长官乘坐之轻便车,经政府特许者得免除之,并发给免费号牌。"[2]征收养路捐的机关为汽车所在地的税局,对汽车征收养路捐每年分为两期,自1月起到6月止为第一期,自7月起到12月止为第二期。对于不同的车辆,征收不同的养路捐。

当时新疆省经济落后、人口稀少,汽车极为罕见,实际所能够征收到的养路捐税很少,相对于巨大的养路需求真可谓杯水车薪。因此,公路补修保养方面巨大的支出,每年只能由政府路政费内支付。如1935年3月23日新疆省公路局呈文:"公路局代理总办果司夫称,兹呈修理桥二月份工程请发给省票银八十二万八千七百

---

[1] 新疆档案馆,民国档案,政2-7-290(1)。转引自陶勇:《民国时期新疆国际陆路交通线》,新疆大学硕士学位论文,2007年,第52页。
[2] 新疆档案馆,民国档案,政2-7-331(2)。转引自陶勇:《民国时期新疆国际陆路交通线》,新疆大学硕士学位论文,2007年,第52页。

四十两。"①到了 1941 年前后,新疆交通运输实业有较快发展,公路上行驶的车辆逐渐增加,公路养护的任务也相应加重,1941 年 11月,省公路局长赵树动提议制定征收汽车养路税条例,增加养路税的征收标准,扩大养路税的收入。根据此议,1942 年 2 月 12 日,省公路局制定并且实施了《新疆省征收汽车养路税暂行章程》,规定了汽车养路税收的范围:各军政机关营业性质的汽年和营业机关大小汽车为征税重点对象,胶轮和四轮车也列入征税对象中。专供军用的大小汽车、各机关出外的长途汽车属非营业性质的、公路局所属各段公有汽车一律免税。

1942 年新疆省汽车征收养路税表②(金额单位:新币元)

行驶公路运输工具	单位	每季应纳税额
五吨载重汽车	辆	300
三吨载重汽车	辆	200
两吨载重汽车	辆	150
半吨载重汽车	辆	100
杂牌汽车(上列汽车以外)	辆	70
胶皮马车	辆	20
市面行驶营业四轮马车	辆	25

这样,新疆征收的养路税费有所增加。即便如此,由于新疆总体上拥有的车辆依然很少,实际征收到的养路税费仍然不能满足公路养护需要,还是需要政府提供经费。

3. 公路保护法规的制定和执行

制定和执行公路保护法规,对于规范公路的使用和保护有重

① 新疆档案馆,民国档案,政 2 - 7 - 318。转引自陶勇:《民国时期新疆国际陆路交通线》,新疆大学硕士学位论文,2007 年,第 52 页。

② 陶勇:《民国时期新疆国际陆路交通线》,新疆大学硕士学位论文,2007 年,第 53 页。

要意义。为防止畜力车辆通行对公路造成破坏,金树仁执政时期即派兵丁日夜巡视在迪化至奇台公路上,如果发现有车马行走碾坏路面,"既惟各该旅营连长是问,并将巡兵津贴、料草追缴重惩"①。当时尚无制定相关的约束性法规。在迪(化)伊(宁)公路、迪(化)哈(密)公路建成后,路面基本上由松软沙石铺设,畜力车辆车轮坚硬,车轮上还常常装有突起的圆钉,会将路面碾压出深深的车辙,破坏路面的平整。遇上大雨,车辙处时常积水,路基会被破坏。为此,各处公路段呼吁禁止铁轮大车等行驶公路,如 1936 年12 月伊犁公路段呈请省公路局:"关于许可各种车辆通行,职等拟请准各种汽车、各种胶皮轮车、俄式四轮钢车通行公路,其余各种车辆、马匹、骆驼队、驴队均不准在公路上行走,以维公路而利交通。"②最终,1943 年 1 月省公路运输管理局制定了《取缔兽车及牲畜经行公路桥梁及民众灌田冲坏公路办法》,禁止没有安装胶轮的畜力车行驶公路,对公路行驶车辆碰坏桥梁制定了处罚措施,对于民众灌田多余的水任意流淌、浸泡、冲毁路基的行为也制订了处罚办法。当然,这些章程出台并实施的时候,苏联使用西北国际大通道援华的高峰期已经过去了。

　　在公路保护法规制定和实施的过程中,由于当时新疆汽车数量非常有限,政府各机关也是多用畜力车辆运输物资,所以擅走公路现象不少发生。如粮服处、中运会、省银行等机关都有畜力车辆行走公路,甚至有强暴抗法事情发生。1934 年省公路局伊犁段就报称中运会马车 20 余辆行走公路碰坏桥梁桥桩且车队队长强暴

---

① 《新疆省政府公报》,民国十八年,第五期。转引自陶勇:《民国时期新疆国际陆路交通线》,新疆大学硕士学位论文,2007 年,第 53—54 页。

② 新疆档案馆,民国档案,政 2-7-290(1)。转引自陶勇:《民国时期新疆国际陆路交通线》,新疆大学硕士学位论文,2007 年,第 54 页。

斗殴的事件。① 军政机关多滥用权力,对省公路局禁止兽车通行公路办法敷衍塞责,导致公路桥梁被车马牲畜轧坏之处不少。1942年1月,省公路局工程师益果夫及东路视察专员王经武视察东路各县公路时,"回局面称近来大车通行公路络绎不绝,以致路床多被轧坏"②,长此以往,在养路补修工作上不但耗费巨款及需长久时间,而且影响汽车顺利通行。但是,新疆拥有的汽车数量过少,大量货物依然需要通过畜力车辆运送,完全禁止畜力车辆通行的章程,实际上很难确保实施。

4. 西北国际大通道的安全保护

为保障西北国际大通道的顺畅,防止敌特汉奸破坏,西北官民各界都付出了巨大努力。甘新两省在修建公路的同时,也注意对公路运输的保卫工作,严令沿途军队和保安部门保护通道安全,确保援华物资运输顺利。1938年7月初,一辆运输苏联援华物资的军车在榆中县金家崖被土匪抢劫,驾驶员被击伤。朱绍良令甘肃省第五区保安司令马为良(一作马维良)缉办。1939年12月,6名主犯在宁定县(今广河县)被捕获,随即押解到兰州处决。③ 当时在西北国际大通道首站绥定(今霍城县)担任公安局长的许太河,在后来的回忆中对于他们保护西北国际大通道的工作④有一些生动的描述:

---

① 新疆档案馆,民国档案,政2-7-97。转引自陶勇:《民国时期新疆国际陆路交通线》,新疆大学硕士学位论文,2007年,第54页。

② 新疆档案馆,民国档案,政2-7-289。转引自陶勇:《民国时期新疆国际陆路交通线》,新疆大学硕士学位论文,2007年,第54页。

③ 兰州市政协文史资料研究委员会编:《兰州文史资料选辑》第四辑(兰州百年大事记专辑),内部发行,1986年,第139页。

④ 许太河:《中运会首站绥定保卫工作琐记》,见全国政协文史资料委员会编:《中华文史资料文库》第五卷,第491—493页。

抗日战争爆发后,中苏签订了互不侵犯条约。出于中国抗战的需要,同时也出于保证苏联东方安全的考虑,苏联实施对华有偿军事援助。在这个形势下,担负接待苏联运送援华作战物资和人员的中运会便应运而生。

我于1938年11月由迪化调往伊犁绥定县充任公安局长。赴伊途中,只见一队队满载作战物资的苏联车队奔驰在伊迪公路上,每月并有飞机掠空而过。繁忙的支前运输,打破了大后方原有的宁静。看到这一切,我的心不知不觉地飞往硝烟弥漫的前线。

绥定,即现在的霍城县,是中运会新疆分会的首站,这里既要接待从苏联入境的援华车队,又要保障其安全通过县境,任务非常艰巨,为此绥定县成立了中运会分会。

绥定县中运会委员长是县长孟昭代,副县长安大桂和我为副委员长,税局局长王志超、电报局局长洪鹏程、邮政局长李文友等为县中运会委员。这些人只参加一些会议,不承担具体工作。安大桂副县长常驻新二台接待站,专门负责接待来往友人,我则侧重负责站内各机构及运输线的安全。

首站见闻

苏联援华物资分三路入境,一条是空中,由苏联进入我国,首站为伊宁;一条是陆地,由霍尔果斯入境,经城盘子、新二台,翻越果子沟去精河;一条是水路,轮船满载援华物资,由伊犁河驶来,经过三道河子,抵达惠远码头,然后用汽车向内地倒运。

在绥定县境内的运输线路,全长70余公里,大小桥梁72座。公路很长一段是在山高林密的果子沟里穿行,道路崎岖,地势险峻。特殊的地理环境,给保障运输线路的安全带来了困难。

　　苏联运送援华物资的车队对外是保密的,来往车辆均用帆布盖得严严实实。由于我们长时间服务于这项工作,有时也能了解一些真实情况。据我所知,苏联援华物资除飞机、枪炮子弹外,有时还有坦克,由特种载重车装载着送往内地。苏联车队回程时,大多是装载皮毛、钨砂、石英、云母等矿产,这些物资大部是由内地装车的,也有在新疆境内装车的。

逮捕神父

　　由于历史的原因,旧中国,外国传教士遍及各地,在绥定县,就有两个天主教堂,一个神父叫毛里茨,一个神父叫葛洪亮,均系德国人。抗日战争爆发后,他们与中国人民为敌的反动立场更加暴露无遗。1939年初,为支援抗日前线,绥定县小学组织学生宣传队,开展抗日救国募捐活动,当学生来到天主教堂募捐时,毛神父竟说:"日本国和我们德国是同盟国,你们打我们的同盟国,还想要我们捐款? 哪有这个道理?"毛神父说完并凶狠地呵斥学生滚出去。不仅如此,他们还经常向教民灌输敌对我国政府和人民的言论。他们坐着马车东游西窜,远至惠远、广仁、瞻德、新二台,形迹十分可疑。德国神父的诡秘行动使我既愤慨,又担心,我即找到毛神父,对他庇护日本帝国主义的反动立场进行了严正的批驳,并要求他不得四处游窜,否则,无法保证他的安全。从此以后,两个神父的气焰有了收敛。这些情况我通过公安管理处渠道向上作了反映,可能是因为运输线路沿途其他区县也有类似问题,在此后不久,省公安管理处在迪化召开会议,研究如何处置各地神父问题。1939年9月,我接到省公安管理处关于逮捕毛里茨、葛洪亮的电令,即组织力量包围了两座教堂,逮捕了他们。同时被捕的还有哈里子。此人是两个神父的心腹，经常给他们收集情报，通风报信。接者，我们搜查了他们的住宅。不久，又将毛里茨、葛洪亮解往省城审讯。

严密防范

绥定县公安局下辖县城、码头油库、广仁、新二台四个派出所，加上县局，共有警官 60 余人，没有配备机动车，外出执勤多骑马，且枪支弹药不足。中运会在绥定县的设施及沿途安全，由各派出所负责所辖地段。县局抽调了 12 名警官，配备马匹枪械，组成了骑警队，在运输线路上不停地巡逻，并在果子沟山入口处设立了检查站，对来往行人实施盘查。我们还在当地居民中找了一些年轻人，作义务治安员，发现可疑人员，即刻向公安局或派出所、骑警队报告。骑警队和义务治安员经常出没在沿线各地，有时还进入果子沟林区，工作十分认真。由于严加防范，在我任职一年多的期间，没有发生什么意外，有几件事，足以反映当时警民联防工作是比较落实的。一次，新二台派出所警官在林区巡逻时，发现了一个带枪的俄罗斯族人，很是可疑，将其带回派出所。因该所无人懂得俄语，无法讯问。一日，我巡视至新二台派出所，即用俄语对他进行调查。此人名唤毛列夫，家住瞻德（清水河），因家中生活困难，无奈才上山打野猪、马鹿，以养家糊口。在讯问中，此人说认识绥定县归化族（即俄罗斯族）文化会会长巴拉绍夫和归化学校校长舍列夫。我责成新二台派人前往绥定查证落实，并将毛列夫同时送县局拘留，后经巴拉绍夫和舍列夫确认了毛列夫的身份，我即令取保释放。还有一次，码头油库警卫执勤时，傍晚时分，发现由油库东面走来一人，俄罗斯族，警卫向其问话，对方拒不作答。警卫将其扣留，发现他随身带有一盒火柴、一张纸，还有一个木仆都克烟斗。警卫将此人送至惠远城派出所。经讯问得知：此人叫费留克，原系德国人，第一次世界大战于东线被俘。俄国十月革命胜利后参加白军，对抗苏维埃新生政权，被苏联红军击败后，逃到新疆，一家三口，以渔猎为生。其称：昨日早因儿子不知去向，他寻至码头油库，即被扣留盘查，因未发现其有破坏行为，很快也被取保释放。广仁派出所也发现一件类似的事。一日，该所周所长报称："在巡逻中发现一行迹可疑的人，不懂一句汉语，如何处置？"我令其将人送至县局。经讯问得知，此人叫波里诺夫，原系波兰人，在苏联叶尔坎特市机械厂工作，因在当地受歧视，故于深夜偷越国境来到中国。为查清其真实身份，县局决定将其收审。

总之，那时大家对保障国际运输线路的安全是十分尽心尽职的，警民们以实际行动，支援前线抗战，以尽匹夫之责。

1938年冬，全国经济委员会责成西北公路局组织专门车队改从星星峡接运苏援物资，将这条路线分成两段。从1939年3月份起苏联汽车即不再进入甘肃境内，只把货物运到星星峡，转交给西北公路局车辆转运，后来又改为在哈密接运苏援物资。据统计，从1937年冬天开始，第一批苏联援华物资由苏联汽车通过这条国际交通线直运兰州，到1938年夏季，总共约有6 000多吨物资经这条线路运到甘肃、陕西、四川的抗战前线，其中有军械、汽油、药品等，各种飞机就有985架，坦克82辆，火炮1 300多门，机枪1 400多挺。① 从1938年起，通过这条通道，中国向苏联出口抵偿货款的矿产品。对此缺乏准确的统计数据，但通过资源委员会国外贸易事

---

① 杨再明、赵德刚主编：《新疆公路交通史》第一册，北京：人民交通出版社1992年版，第192页。

务所的报告来看,数量还是很大的。从 1941 年 3 月份开始在哈密对苏联交货,到该年年底,"共交矿品 24 批,计划交钨砂 525.547 0 吨,锡品 157.315 6 吨"①。1942 年由西北交通路线交苏矿品,"计全年交出钨砂 1 501.766 3 吨,锡品 15.424 9 吨,汞品 1 115 罐(依每罐 34.474 公斤合计 38.438 5 吨),合计交苏联矿品总量 1 555.629 7 吨,较上年度之 682.862 6 吨,增加 1 倍有余。"② 1943 年"西北(星星峡)交货量:(甲)钨砂——2 786.561 9 公吨(净重)。(乙)锡品——10.129 3 公吨(净重)。(丙)汞品——1.516 9 公吨(净重)。以上合计净重 2 798.208 1 公吨"③。从 1937 年 10 月至 1939 年 2 月中旬,在苏联领土上为中国转运军事物资的铁路货车有 5 640 列以上。在苏联阿拉木图附近萨雷奥泽克小镇到中国兰州的公路上,向中国运送军事物资的汽车多达 5 260 辆以上。④

仅在 1937 年 10 月到 1939 年 9 月两年间,苏联通过这条通道运往内地的军火武器就有飞机 985 架、坦克 82 辆、大炮 1 317 门、机关枪 14 025 挺、炮弹 190 万发等。⑤ 同时,通过这条道路,许多杰出的苏联军事专家和航空志愿人员来华助战。1941 年 4 月,苏联和日本签订了中立条约,6 月 22 日,苏德战争爆发,苏联为了最大限度地集中人力物力对付德国,停止了对中国的物资援助。在德国的猛烈进攻中,苏联节节败退,这时盛世才认为苏联势将垮

---

① 孟宪章主编:《中苏贸易史资料》,北京:中国对外经济贸易出版社 1991 年版,第 513 页。

② 同上书,第 513—514 页。

③ 同上书,第 514 页。

④ 罗志刚:《中苏外交关系研究(1931—1945)》,武汉:武汉大学出版社 1999 年版,第 143 页。

⑤ [苏]德波林主编,潘咸芳等译:《第二次世界大战史(1939—1945 年)》(第二卷),上海:上海译文出版社 1981 年版,第 116—119 页。

台,开始向重庆国民政府示好,新疆地方政府与苏联关系逐渐紧张。同年底,国民政府停止了对苏贸易,经过新疆联系苏联的国际交通路线也随之衰落,苏联在星星峡和哈密的各项设施和中国偿还苏联贷款的物资都被冻结在哈密。1946年,苏联方面同主政新疆的张治中交涉,要求把存放在哈密、星星峡的物资运回苏联,张治中同意,苏联自己派车将冻结物资3 100吨于1947年6月底全部运走,西北国际交通线的历史使命宣告结束。

四、西北国际航线的开通

中国原有的西北国际航线,是由中德合资的欧亚航空公司经营的,航线有渝哈线(重庆—哈密)、渝兰线(重庆—成都—南郑—兰州)等。1931年5月,欧亚航空公司经满洲里、西伯利亚至欧洲的航线被迫中断,于是开辟新的航线沪新线,由上海起飞,经南京、洛阳、西安、兰州、肃州、哈密、迪化而至中苏边境的塔城,继而在塔城和德国柏林之间也开通了联运,但每年冬季因气候缘故停航约三个月。1933年4月盛世才上台后,为了防止国民政府势力进入新疆,他严格控制新疆与内地的联系,于1933年12月14日电拒欧亚航空公司飞机飞经新疆,并且撤销了欧亚公司迪化航空站,没收其财产,该航线即行停办。欧亚航空公司使用的机场有迪化、哈密、安西、酒泉、武威、兰州等,但航线运力有限,这些机场普遍跑道很短,设施简陋,不具备快速轰炸机的起降条件,战斗机的起降也非常危险,不能满足苏联援华物资的需要,必须要改扩建和新建。1938年2月,中国政府提出了开辟汉口—兰州—哈密—乌鲁木齐与苏联之间的直接邮政、客运航线的方案。6月,苏联同意开辟哈密到阿拉木图航线。

全面抗战开始后,西北国际航线经历了中苏航空公司和中国航空公司阶段。阿拉木图至哈密之间的航空线是新疆国际交通线的空中主航道。1938年中苏联合航空公司成立,拟开通从阿拉木图经伊犁、乌苏、迪化、哈密、兰州的航线,全长 3 000 公里,并在迪化头电河修建飞机修配厂,在哈密建大型航空站。1939 年 1 月,国民政府交通部与苏联航空总局正式订立合约:开通哈密—阿拉木图航线,合组中国航空公司新疆分公司,10 年为期,由中苏航空公司飞行哈密、迪化、伊犁、阿拉木图。1939 年 9 月 9 日,中国政府交通部与苏联中央民用航空总管理局在重庆签订了《中苏关于组设哈密阿拉木图间定期飞行合约》及附约,协定规定组建中苏航空公司,股本 100 万美元,中苏两国平均认购,负责中苏之间的国际航运任务,担负旅客、行李、货物和邮件运输。1939 年 12 月正式开航,国民政府交通部指派张元夫协理。盛世才将交通部所派人员囚禁,形成了独霸哈密—阿拉木图航运权的局面。同时,国民政府中国航空公司于 1939 年在新疆伊宁的艾林巴克筹建航空队,从内地招青年,从苏联聘请教练。[①] 中苏航线开通后,从重庆到莫斯科只需 5 天,全程实行联航,从而大大密切了两国关系,加强了西北国际交通线的运输能力。抗战初期大批的苏联援华歼击机、轰炸机直接编队从苏联飞到哈密,在此加油后飞往兰州、西安、重庆、武汉等地。

航空站是空中运输的节点。根据运输要求,在新疆境内要新建和扩建伊宁、乌苏、奇台、迪化、哈密 5 个航空站(机场)。其中,按照中苏双方协议,伊宁、迪化、哈密 3 个大的航空站,由苏方技术人员依据苏联战斗机、轰炸机起降的技术性能要求提供建设方案,中方组织人员施工;乌苏、奇台、塔城航空站依据前 3 个航空站建

[①] 周泓:《民国新疆交通概综》,《喀什师范学院学报》2002 年第 5 期。

设标准要求进行,由中方全面负责。伊宁、迪化和哈密航空站在1937年9月5日开工,到9月28日投入使用;乌苏、奇台和塔城作为备用航空站,9月8日开工,同样于9月28日投入使用。当时能够在如此短促的时间内同时完成6个航空站的建设任务,就是在今天看来也是极具挑战性的。

在西北国际航线中,哈密是空中航线哈阿线(哈密—阿拉木图)的起点,是西北国际大通道上的一个重要中转站。它西连乌鲁木齐,东接兰州,扼河西走廊通向新疆的咽喉,是甘新之间的军事重镇,苏联政府、新疆盛世才政权和重庆国民政府都对其非常重视。当时,苏联援华的陆战武器(坦克、装甲车、火炮、枪支弹药等)除了第一、二批由苏联援华人员直接运至兰州外,其余全部先运至哈密,再由中方人员负责从哈密运至兰州;轰炸机和少量急需的歼击机由中、苏飞行员直接驾驶经阿拉木图—伊犁—乌苏—迪化(或奇台)—哈密—酒泉,飞至兰州;大量的援华飞机则由大型运输机和汽年将零部件先运到哈密,在哈密组装调试好后,再经酒泉飞抵兰州,然后分配到各战区。尤其是哈密空军基地的建成,对于西北国际航线具有重要意义。

当时战斗机的续航能力有限,加之从阿拉木图飞过来要通过天山,气候条件极端恶劣,容易发生坠机事故。加上机场的设备条件也不具备机群降落的要求,当时哈密机场的飞机跑道非常简陋,建飞机跑道时只是将地势较高处挖平、低凹处或沙土地段用黄土垫高夯实。飞机在这样跑道上起飞、降落时,扬起的沙石高达数十米,尘土遮天蔽日。在第一架飞机着陆后,第二架飞机需要在空中等待尘土消散了才能着陆,等的时间太长,极为不便。而且每次飞机起飞时,都要从上风口处发动,以防止吸入大量沙尘损坏飞机发动机。有时候由于地面松软,飞机滑行转弯时会突然倾斜摆动,导致机翼和机轮损坏。这样的机场显然已经远远不能满足需要,必须扩建成为空军基地,为此要建设航空站和接待站。所以,从 1938 年夏天开始,大量的援华飞机就改为以运送零部件的形式输华,在阿拉木图把飞机拆解后,用卡车把拆解的部件运输到哈密,完成组装工作,组装好后经过试飞,再飞往兰州。这样,哈密机场就成了军用飞机组装基地,大批苏联空、地勤人员和专家、工程技术人员聚集在这里,各种机械设备也相继运来。哈密的人员一下子多了起来,哈密航空站经常不下 500 人,有时候仅苏方工作人员就有 500 人以上。在哈密空军基地建设中,苏联方面派出阿列克谢耶夫将军负责,并兼办飞机交接事宜;中国方面则由空军司令毛邦初将军负责。中、苏双方都派出工程师共同参与规划设计和具体领导施工工作。要建成空军基地,就既要建设航空站,扩建机场,又要同时建设飞机组装工厂、飞机和武器修理工厂,参与建设的人员更加庞大,任务更加艰巨。

　　哈密航空站飞机场设在距哈密东北三公里处的戈壁滩上。为了争取时间使飞机尽早在哈密降落,投入抗战,哈密中运会组织动员机关职员、农民、城市居民、学生等四五百人,自带工具、口粮、饮用水,参加场站土建工程建设。为了早点完成任务,数千人的施工队伍采取三班倒的方法,24 小时不间断地施工。有时一天就吃一顿饭,最紧张的时候甚至连吃饭的时间都没有。不少中方技术人员常常一干就是几个通宵,经常有人因为劳累过度而病倒和休克。在不到一周的时间里,就建成了一条宽 80 米、长 1 000 米的简易跑道,一个能停放十多架飞机的停机坪。经过中苏共同努力,哈密空军基地完工。

　　总体而言,在整个抗战期间,相对于滇缅公路和驼峰空运的援华物资,由西北国际交通线运输的援华物资从数量上看要少得多,

"其运量最多二千吨"[1]，滇缅公路每月约一万五千吨[2]，而驼峰空运的援华物资，高峰时期每月由印度运华物资约三万吨。[3] 但在抗战初期，这条路线的作用依然非常重要，尤其在西方列强对日本侵略采取绥靖政策，苏联成为唯一向中国提供援助的大国。在通往外部的交通线几乎完全断绝的情况下，西北国际交通线是中国通往外部世界唯一畅通的安全通道，因此被称为"供养中国抗日力量的至关重要的动脉"[4]。苏联通过西北国际交通线给予中国政府飞机、火炮等军火物资，派遣大批军事顾问、专家，以及大量志愿飞行员来中国参加作战，对中国的抗战是巨大的援助。全面抗战初期直到 1941 年 8 月，中国抗战的 80％外援来自苏联，而这些援助物资的 90％是通过西北交通线运送到中国的。[5] 为建设运送苏联援助物资的西北交通线，总人口只有 400 多万的新疆出动了 50 多万人，在完全在没有中央财政帮助的情况下，打通了从中苏边境的霍尔果斯经过迪化、哈密到与甘肃交界的星星峡1 500多公里陆地通道，建造了 5 个供飞机续航的航空站(飞机场)和 11 个大型接待站。

由于中国国内交通运输业的落后，大规模运输所需的各方面工作都未能跟上，中国既缺汽车更缺汽油，而抗日前线急需武器军火，

---

① 中国第二历史档案馆编：《中华民国史档案资料汇编》，第 5 辑，第 2 编，"财政经济"(10)，第 192 页。

② 交通部编：《十五年来之交通概况》，交通部 1946 年，第 73 页。转引自侯风云：《抗日战争时期的西北国际交通线》，见《江苏社会科学》2005 年第 4 期。

③ 交通部编：《十五年来之交通概况》，交通部 1946 年，第 74 页。转引自侯风云：《抗日战争时期的西北国际交通线》，见《江苏社会科学》2005 年第 4 期。

④ [苏]b. A. 博罗金：《抗日战争中苏联对中国人民的帮助(1937—1941 年)》，1965 年莫斯科版，第 149 页。转引自李嘉谷著：《合作与冲突：1931—1945 年的中苏关系》，第 125 页。

⑤ 张百顺：《抗日战争中的"西北国际大通道"》，《文史春秋》2008 年第 4 期。

在西北国际运输线开通之初,驮运这种古老的运输方式也出现在国际运输线上。

第二节　抗战后期的中印驿运线

一、传统驿运的再利用

由于时局所迫,国民政府也想到了古老的传统驿运,试图通过复兴传统驿运以辅助或弥补现代运输工具之缺憾。国民政府行政院1938年10月在重庆召开水路交通运输会议,决定利用民间人力畜力辅助运输,会议责成交通部草拟驿运计划和组织纲要。驿运计划纲要报经行政院批准后,交通部1939年元旦在重庆设立了驿运管理局,统筹全国驿运事宜。1940年2月,交通部为了普及和发展驿运,撤销重庆驿运管理所,扩展成为8个车驿运输所,分布于全国交通沿线,隶属于交通部公路总局管理。其中设在兰州的兰新车驿运输所经营兰州到星星峡一线的驿运。1940年6月10日,蒋介石命令交通部等政府相关部门:"从前驿站制度,颇著成效,允宜参照过去成规,发动全国民力,普遍推行,以利运输。兹拟着手办理全国驿站运输网",并且规定了关于从中央到地方的组织机构组建、线路设置、驿运工具、经费等原则,要求制定具体方案。①1940年7月15日至18日,国民政府军事委员会曾召开全国性驿运会议,探讨驿运的可行性问题。会议决定把8个车驿运输所全

① 国民政府交通部公路总局等公路机构档案:《蒋介石为筹办驿运饬令拟具进行方案代电》(1940年6月10日),见中国第二历史档案馆编:《中华民国史档案资料汇编》,第5辑第2编,"财政经济"(10),第425—427页。

部撤销,在交通部下设驿运总管理处。9月1日,交通部综合各方意见,成立了"驿运总管理处"。凡与国际运输有关的线路,称为驿运干线,由交通部驿运总管理处主办;各省内驿运线路,称为驿运支线,归地方(省交通机关)主办。1944年,属于中央干线的,有"川陕、川黔、川滇、甘新、新疆五线"①。其中甘新线从天水经过兰州到星星峡,全长1 906公里;新疆线从星星峡经过迪化到伊宁,全长2 013公里。② 珍珠港事件后,日军侵入缅甸,滇缅国际通道断绝。鉴于新疆有通过驿运接运英美苏联援助的条件,1942年春天交通部成立新疆驿运管理分处,受交通部驿运总管理处和新疆省政府共同领导,顾耕野担任新疆驿运管理分处处长。1942年8月,新疆驿运管理分处正式成立,计划办理新疆到印度、新疆到苏联的国际驿运。

　　实际上,由于缺乏公路和运输工具,全面抗战初期西北国际大通道中的甘新段运输,很大程度上就是通过驮运进行的。有些苏联军援物资是由苏联汽车运到兰州,有些是苏联汽车运到迪化然后由中国方面转运到兰州,当时"新疆预备了3 500头骆驼,2 000辆大车,5 000头骡子,40辆汽车"③,苏联支援中国的大批飞机零配件、油料、通讯设备等的一小部分,用中国购买的中型轰炸机运往兰州,其余大部分则用汽车运往新疆迪化,然后用上千匹骆驼组成许多分队,经过哈密和河西走廊运到兰州,一时间从迪化到兰州的路上驼马络绎不绝。在从兰州返回新疆时,驮运着羊毛、钨砂等出口物资。在西北国际通道上,早应该被淘汰的二饼子车(有两只高

①② 中国第二历史档案馆编:《中华民国史档案资料汇编》第5辑第2编,"外交",第165页。

③ 侯风云:《抗日战争时期的西北国际交通线》,见《江苏社会科学》2005年第4期。

轮,一匹马拉)这种古老的运输工具重新发挥了作用。加上油料吃紧,驼运、畜运虽慢却不消耗油料。数千峰骆驼组成许多驮运分队,一峰骆驼一次驮 100 多公斤油,一天行程三四十公里,一趟往返要走两个多月。二饼子车也担负起了运油任务,5 辆车一组,由一个马车夫赶着,每辆车一次装油 30 小桶,计 300 公斤。参加畜力运输的民工,多为甘肃汉族农民和新疆维吾尔、哈萨克族等少数民族的青壮年。在漫漫的沙漠戈壁上,他们备尝艰辛,尤其是在冬天气温达零下 40 多摄氏度时,民工既坐不得车,牵驼人也骑不得驼,数千公里的来回他们往往都是步行。运输队每到一地都在城外宿营,他们把牲畜照看好后,找个避风处架锅做饭。在这条驿运线上,以兰州至星星峡一段尤为艰苦,此段荒无人烟,食宿条件极差,驮运工们必须风餐露宿忍饥耐寒。到了抗战后期,驿运依然在发挥作用。1944 年,维吾尔族人民备马 1 000 多匹,在空气稀薄的世界屋脊上,他们冒着凛冽寒风翻越冰山深谷,前往克什米尔列城接运美国的援助物资,一些维吾尔族同胞牺牲在路途中。[①] 世界屋脊上苦难的驮运历程,映照出了一个民族不屈的灵魂。

　　曾任国民政府交通部常务次长的龚学遂于 1946 年 12 月对抗战时期的国际驿运作了回顾:驿运管理处曾筹划三条线路,一为康藏线,联结中印交通。此线起自印度边境之葛林堡(Kalinpang,今译为噶伦堡),取道锡金,入藏进亚东、江孜、拉萨、太昭、昌都、甘孜至康定,这是一条康藏印度之间贸易的古驿道。二为新印线,起自印度北部之斯利那加(Srinagar),经过列城,沿中印边境喀喇昆仑

---

① 林祥庚:《我国少数民族在抗战中的重要贡献和伟大的爱国主义精神》,《中共福建省委党校学报》2005 年第 11 期。

山分水岭，翻越喀喇昆仑山山口，沿叶尔羌河到新疆叶城。三为滇印线，起自印度东北隅之萨地亚（Sadiya），终点抵达云南丽江。[①]其实，新印线除上面说的路线外，还有一条北线：由英属印度白沙瓦城（印巴分治后现在属于巴基斯坦），越过喀喇昆仑山到中国新疆浦犁（今塔什库尔干）。从斯利那加、列城到叶城的南线长约1 005公里，最高海拔高度为5 795米，北线长约1 160公里，最高海拔高度为4 575米。新印线的这两条通道均需翻越气候恶劣地形复杂的高原。太平洋战争爆发后，英美开始大力援助中国，不久缅甸沦陷，滇缅公路也被切断，而贯通中缅印三国的史迪威公路尚在拟议之中，此时深陷于苏德战争苦斗中的苏联根本无法支援中国，美国被迫开辟了飞越喜马拉雅山的驼峰航线运输援华物资。但由于气候恶劣、航程中气流变化剧烈、导航设备不足、常受日机袭击等，再加上驼峰航线的运输成本奇高（把一吨物资运进中国需耗三吨燃料），驼峰航线运力极其有限，完全无法满足中国抗战需要。一方面，大约有上万吨国际援华物资滞留在英属印度西部卡拉奇（Karachi，印巴分治后属于巴基斯坦）港口，无法运回国内；另一方面中国抗战物资极端匮乏，许多汽车因为没有轮胎而"瘫"在公路上，汽油贵如黄金。持久的战争严重消耗了中国的国力，中国的抗战形势日益严峻，必须考虑开辟另外的外援通道，这时古老的驿路运输再次派上了用场。

　　鉴于滇印驿路运输线沿途地质地貌条件和气候复杂多变，运力极小且靠近日本占领区，运输安全无法保障。中国能够接受外来援助的方位只有英国控制下的印度，1942年8月，国民政府同意商讨开辟一条新的中印"驮运补给线"以运送"非军事物资"。这条

————————————

① 龚学遂：《中国战时交通史》，上海：商务印书馆1947年版，第249—250页。

拟议中的运输线由印度经甲拉（Gyalam）山口，贯穿西藏中部和西藏东北部（不经过拉萨），到青海的玉树，玉树南的巴塘（Batang）作为交货点。数千年来，人们以"云梯溜索独木桥，羊肠小道猴子路"来描写旧日西藏艰难的交通。这条拟议中的运输线只能靠畜力驮运。西藏气候极差，一年之内驮运可通行时间不足半年；路线又很长（仅拉萨至玉树的古驿道就为 2 270 里，共 38 站），往返一次费时6 个月之久。按最乐观的估计，其年运输量在 3 000—4 000 吨之内。苦于物资匮乏的国民政府，在困境中仍对这条运输线表现出了热情。中国政府交通部在 1943 年春天派出了驿路运输路线查勘团到印度进行了调查。根据勘察，在中国古代从西藏和新疆通往印度驿运路线中，从西藏通往印度的驿运路线（即康藏线）漫长且艰险，更与中国中原地区山川隔离，又有在英国策动之下西藏地方分裂主义势力的干扰，使这条线路的运行存在巨大阻碍。为确定具体驿运路线，驿运总管理处下属的西北驿运管理处新疆分处于 1943 年组织了专门的调查队，于 9 月 15 日从迪化出发，经过喀什、浦犁，到达克什米尔地区的吉尔吉特。此时由国民政府交通部派出的在印度的驿路运输路线查勘团，也从印度方向到达吉尔吉特。双方会合后于 10 月 19 日返回迪化。新疆通往印度的驿运路线虽然也漫长艰险，但远离战区和分裂主义分子的干扰，翻越天山后就进入了连接通往中原内地的重要交通线，因此，国民政府选择确定了通过新疆南部与印度之间的驿路（新印线）接受美国援助。为此，国民政府改进了沿途的驿运设施，此后中国外交部要求中国驻印度专员沈士华与英印政府交涉，开通新印线（南线），同时交通部设在新疆的驿运分处，着手接运美援物资。

　　根据沈士华的建议，由英印方面用火车将援华物资运至斯利那加，再用驮马将物资运到列城，在此地与中国方面交接。新疆驿运分处处长顾耕野提出了具体意见：设置南疆驿运支处，在接运由印度转运的援华物资的同时，利用空程输出新疆土产，计划每月往返运输 280 吨。因气候条件限制，一年仅可通行 6 个月，这样一年运量可达 1 680 吨。为筹划南疆驿运支处，沿途需设 18 个驿运站，需要设备费及周转资金 1 413 万元。方案上报国民政府批准后（行政院实际批准资金为 1 018 万元），已经到了 1944 年春季。[①] 以当时的技术条件和沿途地貌状况，这一工程短期内根本不可能实现。经费不足而军情如火，1943 年 11 月，中国设在印度的印伊运输处将存放在印度的美援物资运到了列城，顾耕野于是决定停办南疆驿运支处，雇佣民间畜力转运美援物资。

二、四国联运计划的夭折

这一期间为支持中国，盟国之间还酝酿并且实施了中印伊苏四国联运计划。日军占领缅甸后，中国对外交通几乎完全断绝，因此开辟新的对外交通渠道的需要极端迫切。早在 1942 年 3 月 24 日，中国驻苏大使邵力子请求与苏联副外长洛佐夫斯基会谈，在会谈中，"邵力子说，应本国政府的委托，在此次会谈中他想与我探讨关于经伊朗和中亚为中国与外界的交通联系寻求新渠道的问题。这条新渠道可能经过的地区具体如下：1. 从宾杰里—沙普尔沿铁路穿过德黑兰抵达宾杰里—夏山口。2. 从宾杰里—夏山口经里海用苏联汽船运至克拉斯诺沃斯克。3. 从克拉斯诺沃斯克沿铁路经梅尔夫—撒马尔罕—塔什干抵达阿拉木图。4. 从阿拉木图沿公路运抵中国的哈密。……中国外交部长宋子文已经就此致函李维诺夫同志。"邵力子还向苏方介绍了滇印驿路运输线和拟议中的康藏

---

① 刘志兵、邵志勇：《西北国际大通道》，第 174—175 页。

线的困难,"中国政府认为途经伊朗和中亚的道路可能更可靠些,并请求帮助中国开通这一交通渠道";"中国政府才对开通经过伊朗和苏联中亚诸共和国并最终到达中国的道路感兴趣。"①但当时苏联方面态度就比较消极,4月11日邵力子再与洛佐夫斯基会谈,邵力子说中国政府希望通过伊朗和苏联中亚路线运援华物资每月平均能够在4 000吨,苏方称正研究中国通过中亚运输援华物资的问题,苏联此时正集中全力对德作战,帮助中国开辟中亚交通线是困难的,并且说伊朗境内公路状况不佳,伊朗的运输能力也非常有限。② 邵力子在当年5月致蒋介石的电报中说:"三月二十二日接奉外交部电示,军事委员会所拟计划,二十四日即向苏联外交部提出,三十一日复遵部令补提,每月暂限四千吨之数。嗣又于四月十一日访洛外次催询,二十八日再访洛外次,遵照部电示钧座意旨洽商该路接运及供苏锡品问题,本月五日二十二日又两次催询,所得答复均同情我国之需要,而技术上须待研究,方能决定。英美两大使协催,结果大致相同,以上各情,均经电部呈报,此事提出迄今已两月,尚无成议,实深焦急。惟苏方并未谢绝,自应赓续进行,谨当再行催促。但罗总统倘肯径向史达林提及,必有大效。"③可见苏方对于此议并不积极。1942年7月10日,美国驻苏大使即当面向斯大林谈到了中国借道苏联接受美援的话题,此后英国驻苏大使也

①《洛佐夫斯基与邵力子会谈记录:过境运输和国际形势》(1942年3月24日),见沈志华编译:《俄国解密档案:新疆问题》,第117页。
②《洛佐夫斯基与邵力子会谈记录:过境运输、苏日关系等》(1942年4月11日),见沈志华编译:《俄国解密档案:新疆问题》,第119—120页。
③军事委员会委员长侍从室档案:《邵力子报告与苏方商洽援华物资假道苏联运输事宜致蒋介石电存》(1942年5月28日),见中国第二历史档案馆编:《中华民国史档案资料汇编》第5辑第2编,"外交",第259页。

向莫洛托夫谈了同样的话题。[1] 1942年7月，交通部官员龚学遂到新疆考察后，在其《新疆省交通运输研究报告》中，从分析苏联的利害角度对假道苏联运送英美援华物资提出了审慎甚至悲观的意见。[2] 1943年3月2日，米高扬致莫洛托夫函，要求他以运输卡车和公路承运能力不足为由，拒绝中国方面在同年1月26日提出的一项把500吨军用物资从印度经过苏联中亚阿拉木图运至哈密的要求。[3] 苏联与日本之间还处于中立关系中，苏联极不愿意在西线与德国苦战的同时刺激东线日本，要求中英美对于假道运送援华物资的外交信息予以保密，为此国民党中宣部在内部特发函告，要求宣传时注意对此保密。[4] 从以上事实可以看出，苏联方面对于中国通过中亚转运西方援华物资的想法态度非常消极。加上复杂的英、美以及伊朗等方面的多角关系，这项计划一开始就埋下了失败的种子。

　　1942年10月，美国总统罗斯福的特使温德尔·威尔基(Wendell Lewis Willkie)来华，在重庆他向蒋介石、宋子文等人建议，美国援华物资由印度西部的港口城市卡拉奇经过伊朗运至苏联，借道苏联的

---

[1] 军事委员会委员长侍从室档案:《郭德权关于美英大使敦促苏联援华事致蒋介石电存》(1942年7月12日)，见中国第二历史档案馆编:《中华民国史档案资料汇编》第5辑第2编，"外交"，第233页。

[2] 国民政府交通部公路总局等公路机构档案:《龚学遂关于新疆省交通运输研究报告》(1942年7月)，见中国第二历史档案馆编:《中华民国史档案资料汇编》第5辑第2编，"财政经济"(10)，第381页。

[3] 《米高扬致莫洛托夫函:关于过境军事物资的声明草案》(1943年3月2日)，见沈志华编译:《俄国解密档案:新疆问题》，第141页。

[4] 国民党中央宣传部档案:《中宣部为报载我方假道伊苏运输新路线苏联要求应守秘密、函告国际宣传处加以注意军令部函请改善广播以利宣传洽借中国空军在美生活影片及各方请赠参考资料等往来函件》(1942年2月—1945年5月)，中国第二历史档案馆藏，718(4)—211。

土西铁路运至阿拉木图,再通过西北国际大通道运至中国内地。行政院长宋子文即通知交通部长曾养甫筹划开通此道。经过筹划,在境外的线路是这样安排的:美国援华物资在卡拉奇港卸货后通过1 700公里铁路运至伊朗边境城市扎黑丹(Zahatan),在此向北通过约900公里的公路运输到达苏联边境城市阿什哈巴德(Aschabad,苏联解体后现在属于土库曼斯坦),由此通过铁路运至苏联阿拉木图,再通过公路运到中苏边境口岸霍尔果斯,最后通过西北国际大通道把物资运到中国抗战前线。计划中,这条线路除苏联境内铁路外的其他运输工具均由美国提供。从卡拉奇起点到霍尔果斯终点全程共长约5 500公里,这一路线虽然漫长,但由于印度在英国统治之下,伊朗则在美英苏驻军的控制之中(伊朗东、西、北部分别由英、美、苏三国驻军掌握),沿途安全保障很好。在国民政府交通部、外交部的要求下,为协调中印伊苏诸国货物联运,中国驻印度专员沈士华开始筹备组织,1943年7月成立了交通部直辖的印伊运输处(China India Trans-Iranian Transport Administration,对外称CITTA),在扎黑丹设办事处,在卡拉奇设运输处。由在印度负责空运的驻印商务代表周贤颂兼任处长,由曾留学于法国里昂大学、后担任中央大学副教授的交通部滇缅公路局副局长陆振轩任副处长,陆振轩能熟练运用法语和英语,具体负责运输处工作。陆振轩于是立即从全国各地征集人员,组成先遣队赶赴印度。陆振轩带领先遣队冒着被日机击落的危险,飞越缅甸北部到达印度加尔各答,然后经过多次换乘火车辗转来到印伊运输处(CITTA)总部所在地扎黑丹。在扎黑丹,陆振轩等人拜会了当地英国驻军,办理了设立机构的相关事宜。此时大量美援物资已经由卡拉奇运至扎黑丹,中国人员随即进行验收点交,1943年10月初,中国人员率领装满物资的两个车队向伊朗靠近苏联的边境城市马什哈德(Mached)进发,到马什哈德后陆振轩拜会了当地的苏联领事,但苏联领事对车队不予放行,中方于是派人到伊朗首都德黑兰向中国驻伊公使和美国驻伊大使寻求帮助。交涉后得知因为此时中苏两国关系恶化,对于相关事项无法达成协议,苏方对车队不予放行,陆振轩等人只得返回扎黑丹。可见盟国之间的协调出现了问题,美国总统罗斯福特使威尔基来华前先访问了苏联,但他提出的中印伊苏四国联运计划事先并未征得苏方的同意,加上英国方面担心美国利用这一援华计划占据英国在伊朗南部的势力范围而暗中阻挠四国联运。1944年春天,中国撤销了印伊运输处,中方相关人员全部返回卡拉奇。到了1944年7月4日,中国副外长吴国桢还在向苏方抱怨:"中国还在1942年以前便提出了关于经土耳其斯坦—西伯利亚铁路进行中国过境物资运输的问题,但该问题至今仍未获得圆满解决。"①由于苏联方面拒绝配合,中印伊苏四国联运计划就此告终。但对于通过这条线路向中国运送军事物资的念头,盟国方面并没有完全放弃,直到1944年11月15日,美国驻苏联代办乔治·凯南还致函莫洛托夫,要求苏联为一个从伊朗到阿什哈巴德的载运汽油等400多吨军用物资的美国车队放行,计划在阿什哈巴德由中国方面接运。②

为了配合中印伊苏四国联运计划,中国方面还要对原有的西北国际大通道进行改造。关于西北国际运输改善工程,1942年交通部在《筹办西北国际运输改善工程概算》③和1942年12月28日

---

① 《斯克沃尔佐夫与吴国桢会谈记录:苏联在哈密的贸易代办处》(1944年7月4日),见沈志华编译:《俄国解密档案:新疆问题》,第165页。

② 《乔治·凯南致莫洛托夫函:给中国运送军事物资问题》(1944年11月15日),见沈志华编译:《俄国解密档案:新疆问题》,第167—168页。

③ 《交通部〈筹办西北国际运输改善工程概算〉》,见马振犊主编:《抗战时期西北开发档案史料选编》,第263—270页。

交通部运输统制局致蒋介石签呈中,要求除 1943 年度建设专款已经列入预算之外,另外增加设备费 1 350 万元,房屋建筑费 2 700 万元,在工程改善中除已列入预算单的 4 300 万元外,要求增拨 8 000 万元,由此可以增加运量畅通运输、减少消耗;若仅增 4 900 万元,这样只可保证车辆通行。[①] 为此同时要强化驿运,交通部驿运总管理处拟就了《加强西北国际驿运实施办法草案》,规定在干线运输紧急时可以抽调其他支线民间工具担任运输。交通部当时可以调用的胶轮车,甘新线为 1 731 辆,陕甘线为 2 254 辆,甘新线骆驼 5 000峰,若再调用支线骆驼,可再增加 1 000—2 000 峰。[②] 1943 年还要赶筑宝鸡至天水、天水至成都铁路,在南疆建造公路,增设武威至酒泉及兰州至宁夏长途电话线路,整理兰州至迪化电报线路,开通新疆莎车至英属印度白沙瓦(今属巴基斯坦)空中航线,修整沿途畜力大车道,在驿运线增挖水井、增造仓库、训练人员。[③] 军事委员会运输统制局在呈送中央设计局秘书处的《西北交通建设第一、二年计划概算》中,准备在第一年新筑公路 2 060 公里(包括南疆公路、新印公路在内),拟动用经费 1.63 亿元,改善包括新疆和甘肃的公路 3 724公里,拟动用经费 5 700 万元;第二年新筑公路 1 654 公里(包括南疆公路),拟动用经费 8.44 亿元,改善公路 4 045公里,拟动用经费 9 000 万元。[④] 这项计划可谓劳师动众,最后无功而返。

---

① 《交通部运输统制局关于西北国际运输改善工程致蒋介石签呈》(1942 年 12 月 28日),见马振犊主编:《抗战时期西北开发档案史料选编》,第 270—277 页。

② 《交通部驿运总管理处拟〈加强西北国际驿运实施办法草案〉》,见马振犊主编:《抗战时期西北开发档案史料选编》,第 277—279 页。

③ 1943 年《交通部〈三十二年度西北建设计划〉审查意见》,见马振犊主编:《抗战时期西北开发档案史料选编》,第 279—281 页。

④ 《军事委员会运输统制局呈送中央设计局秘书处〈西北交通建设第一、二年计划概算〉》,见马振犊主编:《抗战时期西北开发档案史料选编》,第 282—285 页。

三、陆振轩的新计划

为了开辟从南亚到中国的陆路交通,此后一段时间里陆振轩等人遍访同行友人,并到印度图书馆查阅文献资料,查阅到了英国人从新疆翻越昆仑山到印度旅行的材料,了解了新印贸易交通线的通行状况,不久陆振轩等人看到了中国交通部派遣的中印驿运路线考察团撰写的报告,得知英国方面建议走新印线自印度斯利那加经过列城,翻越喀喇昆仑山山口,沿叶尔羌河到新疆叶城的路线。他认为此路可行性较强,于是致函交通部公路总局副局长龚学遂,建议开辟印度、新疆驿道运输线,并请求带队踏勘这条通道。公路总局委派陆振轩为驻印代表,负责办理物资调运,并且要他查勘该线沿途道路与气候状况,以便为修筑公路做准备。同时交通部公路总局要求西北公路局局长何竞武向新疆省政府交涉,请其提供驿运马匹。交通部公路总局指定陆振轩负责新印驿运的组织管理,人员全从原印伊运输处选调(陆振轩、白生良、杨文炳、欧翔墀、刘宗唐、张鹏程共 6 人),负责国内物资接运的人员是西北公路局的正副领队乔福德和马家驹。

1944 年 4 月 6 日,交通部向蒋介石上报了通过新印驿路运送美国援华物资的实施计划。[①] 根据计划,这次开辟的南亚到新疆的线路全长 2 959 公里,美援物资从卡拉奇港起运,向北通过 1 600 公里的铁路经过拉合尔(Lahore)到达拉瓦尔品第(Rawalpindi),在此卸货后通过汽车运输经过约 300 公里公路到英属克什米尔首府

[①] 国民政府交通部公路总局等公路机构档案:《交通部关于筹办新印驿运路线等致蒋介石签呈》(1944 年 4 月日),见中国第二历史档案馆编:《中华民国史档案资料汇编》第 5 辑第 2 编,"财政经济"(10),第 453—455 页。

斯利那加,这段路程公路状况良好。从斯利那加再通过一段 87 公里的简易公路到达机械运输的终点索那美丽(Sonamary),此后便通过英国人修筑的驿道转运。驿道从索那美丽翻越海拔 3 531 米的淑其拉(Zojila)山口,行走 18 公里进入藏民区拉达克(Ladakh,原属于西藏,1834 年被克什米尔占领,后被并入英属印度版图,这时也被英国人控制),然后沿印度河谷东行到达拉达克首府列城。从索那美丽到列城的驿道共长达 297 公里,路宽 2 米,维护状况较好,沿途有 12 个食宿站。中国驻印度专员沈士华负责向盟国协调办理这条线上的物资,在印度境内的运输由陆振轩与英国协商。在列城交接后,由新疆叶城县组织的驮运队翻越喀喇昆仑山运到叶城,再转运到兰州。

从克什米尔的列城到新疆叶城,全程共长 675 公里,往返一次为 1 350 公里。全程除起点和终点附近的零星地段有人工修筑的驿道外,其余全部是由死去的牲畜遗骨指引的道路,平均海拔高度在 4 000 米以上,要翻越 13 处海拔在 4 500 米以上的冰雪达坂,尤其是要翻越三处海拔5 240—5 648 米的喀喇昆仑山山口,最险恶的山口处汇集了 11 条冰川,驿道只能在冰坡上通过,驿道中的空气含氧量不足平原地区的一半,在这样的高海拔道路上即使是空手行走也相当于负重 40 公斤。20 世纪初期,瑞典探险家斯文·赫定带领探险队通过这条道路从印度到中国南疆,路上人员损折了一大半,到达和田时仅剩包括赫定在内的 5 个人,可以说,这条驿道是人类交通道路中最为艰险的路段。1937 年全面抗战开始后,根据国民政府指示,新疆、西藏均实行全面封边,新疆盛世才政府就封闭了新印驿道,自此直到 1944 年中国驮运队再次出现在列城,其中 7 年的时间里这条道路实际上被废弃了。

列城海拔 3 507 米,是靠近中印边境的小镇,当时约有居民

5 000人,人口多是藏族,也有少量维吾尔、塔吉克等民族居民。小镇仅有一条街道,建筑多为土坯平房,经济不发达,居民之间的市场交易基本上是以货易货的原始方式进行。小镇没有海关,市场交易商品多为粮食、皮毛、布匹、饲料及一些简单日用品。由于处于高寒地带,这里每年10月即结冰,到1、2月份气温会降到摄氏零下30—40度,在近半年的冰雪封闭期间,这个小镇与外部世界完全隔绝,甚至音讯全无。为接待英国官员、西方游客和路过的中国新疆官员,英国人在镇上设立了一所驿运食宿站,有专人管理,按照当地的官价供应食宿。这里没有驻军,英国人通过印度雇员控制当地政务。1944年5月,当中国原伊印运输处工作人员和部分援华物资驮运队来到列城,封闭已久的新印驿道即将重新开通,小镇顿时热闹起来,到了1944年8—9月间,小镇人口达到了约2.4万人。①

四、用生命冒险的驮队

(一)驮队来到列城

陆振轩办好一切通关手续后,组织运力用汽车将物资从卡拉奇港口拉运到斯利那加,再在斯利那加租用印度驮队翻越两个山口,将货物驮运到山地小镇列城。由于通讯不畅,在列城的陆振轩一行一边做准备,一边在没有任何消息的情况中焦急等待着新疆驮队到来。陆振轩在日记中说:"艰难行走了12天,我们租用印度驮队,在9月底先将货物从斯利那加运到了列城。在列城等待新疆驮队到来。"②西北公路局局长何竞武组织汽车从兰州赶赴新疆

---

① 张百顺:《"世界屋脊"上的抗战物资跨国大运输》,见《文史春秋》2010年第8期。
② 宁照宇:《1943:穿越昆仑的驮队》,见《帕米尔》2006年第Z1期。

叶城,并且写信请求盛世才代征驮马 1 000 匹(实征 1 500 余匹)①,再派几百匹供人员骑乘和驮载给养。这时的盛世才正试图靠拢重庆政府,于是积极地配合物资接运工作。新疆省政府还在南疆喀什、莎车、和田、焉耆、疏勒招募了 2 300 多名少数民族驮工,编成 15 个小队先进行适应性训练。② 驮队内部进行分工,普通驮工每人负责 6 或 7 匹骆驼(马),每 10 位驮工有 1 个领队,驮队由经验丰富、威信最高的人任总领队。驮工大多数是维吾尔族、柯尔克孜族和塔吉克族,他们多熟悉驿运路线,经验丰富。考虑到列城的粮食不供应马队也不允许采购外运,新疆马队出发时就带足了馕、羊肉干、饲料和燃料等,作为回程的给养,并在途中必经地点贮藏起来,这些贮藏点就是回程的宿营地。为减少驮运负担,马队在路上还购买了 20 多只羊随队行走,路上宰杀食用。③ 按约定时间,1944 年 8 月 5 日,由 145 人、270 多匹马、30 多峰骆驼组成的新疆驮队第一批第一分队从叶城出发,后续分队依次间隔 5—10 天出发。④ 道路艰险,驮工们一边行走,一边探路,一边留着标记,还要埋好返回时吃的食粮和牲畜草料。他们克服了常人难以想像的困难,一路上损失了 100 多匹驮马,十几位驮工患上了高原病,有人在半路上就去世了。9 月 23 日,中国第一批接运马队共 169 人、800 匹马终于到达列城。陆振轩在日记中写道:"新疆的驮队终于来了。共带来了马匹、骆驼、牦牛 800 余匹,还有 170 多名驮工。驮工领队木沙告诉我,出列城就要翻越三个山口,估计卡尔东山口和西塞拉山口马匹过不去,得用牦牛先将货物运过去。看样子木沙走这条路很

---

① 刘志兵、邵志勇:《西北国际大通道》,第 181 页。

② 张百顺:《"世界屋脊"上的抗战物资跨国大运输》,见《文史春秋》2010 年第 8 期。

③ 刘志兵、邵志勇:《西北国际大通道》,第 184 页。

④ 张百顺:《"世界屋脊"上的抗战物资跨国大运输》,见《文史春秋》2010 年第 8 期。

有经验。"①为迎接中国第一批接运马队的到来,列城1万多人参加了欢迎仪式,之后又举行了文艺演出,从下午4点持续到深夜。在欢迎仪式上,英印政府在当地的代表、拉达克土王都发表了讲话,中方代表陆振轩表达了谢意,他还即兴吟诵一首诗《永远不会忘记》:

> 我们来自龙的故乡,
> 相聚在一处风光秀美的高原天堂,
> 热情的列城人哟,
> 给了我们勇气和力量;
>
> 我们来自龙的故乡,
> 走进一个陌生而又熟悉的地方,
> 真诚的列城人哟,
> 是我们魂牵梦绕的心灵海洋;
>
> 我们来自龙的故乡,
> 融入一片充满生机与活力的土壤,
> 豪迈的列城人哟,
> 让我们今生今世永远难忘。②

（二）走向世界屋脊

中国驮运队队员在列城进行了休整,然后他们要把当时已经运到列城的2 000套卡车轮胎和几千码军服呢料转运到叶城。这至少需要1 000多匹驮马才能完成,因此决定把任务分成几批完成。10月15日起运第一批货物,全体173人,带领驮载物资的350匹

---

① 宁照宇:《1943:穿越昆仑的驮队》,见《帕米尔》2006年第Z1期。
② 张百顺:《"世界屋脊"上的抗战物资跨国大运输》,见《文史春秋》2010年第8期。

驮马、50 多峰骆驼①,试运货物是抗战急需的 1 000 套卡车轮胎。由陆振轩率领刘宗唐、张鹏程二人,作为国民政府交通部公路总局查勘列城到叶城驿运路线及试运小组压队,陆振轩总负责。这次试运关系到驿运通道开通的成败,临行时陆振轩要求刘宗唐等每个人都要记录踏勘笔记。新疆省政府喀什公路局派警卫三人,另有从事该驿路运输多年的马主五六人,他们管理各自的马匹和雇佣的马夫,同时作为马队向导。由于卡尔东山口和西塞拉山口极端险峻,马匹无法驮行,马队于是雇用当地牦牛把货物运过山口,再由驮马驮行。在付出近 60 匹马匹损失,一名马夫牺牲、几人病倒的代价后,试运货物于 11 月 10 日运抵叶城,675 公里的路共行走了 27 天(中间休息 4 天),平均每天走 30 公里。之后,驿路进入了长达半年的冰雪封闭期,1945 年 6 月,叶城接运马队到达列城,7 月,第二批货物由欧翔墀率领白生良、杨文炳押运,8 月 17 日到达叶城。

从列城到叶城的驿运过程充满了艰险,所有人员都随时面临生死考验。驮队首先要翻越两座海拔 5 000 多米的大山,驿路上最艰险的是西塞拉山口,这些山坡度极陡,道路异常崎岖,多段山路就是凿开岩石后凹进悬崖仅够一个身子通过的小道,小道外面是万丈深渊和咆哮的河流,只能沿山腰凿空的旱道盘旋着爬行。许多路段积雪达半米深,空气中的氧气很稀薄,走在这样的驿路上人很快就会气喘头痛,驮马双腿打滑。在穿过山口及险段时必须牵马步行,即使骑在马上,朝向外的脚也不敢蹬在马镫上,一不小心,人和马就会从山路上滑下深沟,脚不蹬在马镫上,可以在最后一刻跳下马背,否则将无生还希望。这样的路况即使单枪匹马都很勉强,再驮两个轮胎翻越,其难度可想而知。但这段驿运中最困难的

---

① 张百顺:《"世界屋脊"上的抗战物资跨国大运输》,见《文史春秋》2010 年第8 期。

还是空气稀薄，气压非常低。牦牛每走二三十步就"呼哧呼哧"大喘气，必须停歇几分钟再前行。人在马上稍作停留也会感到胸闷气喘，一有活动就气喘不已，讲话只能说一个字，喘口气休息后才能再说第二个字。连多吃点东西也会马上心跳加速，人极容易死亡。在极度缺氧状态下驮队走得非常慢，体质差的印度驮马无法在这样的道路上驮行，只有新疆驮马可以行走，这就是双方把转运交接点设在列城的原因。前述在从叶城来列城的途中曾经有马夫病故，一个月后当马队从列城返回途中，马夫的尸体仍然暴露在山上，陆振轩见状组织人员用石块将其简单埋葬。①

　　关于路途的艰险，负责首次运送的陆振轩在日记中记录了途中的艰难困苦，他在日记中写道："一路上气压底，人总是喘不上气，驮队中没有人再说话，只听到人和牲畜大口的喘气声。我的身体一直都有着强烈的高山反应：头痛，胸闷，恶心，吃不下东西。木沙（驮队领路人）开玩笑说我是重点保护对象，只要我能扛得住，就没有问题。"在试运第一批货物出发后第三天翻越海拔 5 307 米的卡尔东山口时，陆振轩在日记中这样说："山麓越走越陡，坡度足有 35 度以上，走这条路比我想象的难度要大得多。这里空气稀薄，气喘头痛，驮马双腿打滑，路上出现了不少死伤的驮马。看来今后如果要在这儿筑路将很困难，非要用机器，内燃机恐怕要增加氧气才行。"第五天过旭腰克河的情形，他在日记中记录："在极度缺氧的状态下，驮队走得非常慢。经测算，我们的驮队每小时只能走三里路。旭腰克河夏季涨水，水流非常大，紧贴着悬崖的河水，流速湍急，驮队根本过不去，我们只能沿山腰凿空的旱道盘旋着爬行。"第七天跨越海拔 4 270 米的班登塞，他的日记记载："卡尔东到班登塞

_____
① 刘志兵、邵志勇：《西北国际大通道》，第 184 页。

山麓,两边都是峭壁。盘山的牧道,共有三十五个弯。沿途看到的白骨越来越多。木沙告诉我,一般由叶城来的驮队走到这里已经疲劳不堪,返回时驮马十有一二要死在这里。""闲谈时,木沙告诉我,他家祖辈三代人都在这条路上拉骆驼,这次他带着儿子来,就是叫他趟路子,以后儿子就可以接过他的鞭子自己走了。班登塞寒风刺骨,四处都被冰山围绕着。看到前方又有冰川林立,驮队不敢贸然行走,决定今天就在班登塞过夜了。"第十二天翻越海拔5 368米的西塞拉山口,这是翻越昆仑冰山最险要的地段,山口两面都被海拔7 450米以上的雪峰夹击包围着,北面直接与世界第二高峰、海拔8 611米的乔格里峰相连,是驮队最难走的一段路,陆振轩写道:"离西塞拉山口越来越近,气温降到了零下二十几度。沿途可见血迹斑斑。木沙说:牲畜到了西塞拉都会头痛,要用针刺它的鼻子出血,给它减压才行。""过西塞拉山口没有起风,眼前却白茫茫的一片,木沙说,这就是雪雾。马孟逊冰川,一片雾白,庞大的冰舌从冰川两峰之间直泻下来,横卧在山口前,雄伟而恐怖。铺着白雪的冰川在光线的照射下发出刺人的白光,使人的眼睛涩涩发疼根本睁不开。行走在冰凌上,人的眼前不时出现黑晕,我们赶忙戴上了保护镜,驮工们也赶快用牦牛毛绑在眼睛上保护自己的眼睛。据说一些过西塞拉山口被雪光刺伤眼睛的驮工,就得了'雪盲'症,下山后就不能再做驮工了。驮马、牦牛在冰川上行走,双腿打滑,马腿蹩在冰洞里很容易折断,不愿向上走。人们在不断吆喝着,又推又拉赶着驮马快走。在刺骨的寒风中驮队不敢停留,有经验的驮工说,在这停久了,就会有被冻死的危险。在极度缺氧和极度严寒中,一些驮工出现了意识丧失、幻听幻觉的现象,还有一些驮工在风雪中不知去向。"由于高山反应,人常常走着走着就感觉好像有人在背后呼喊自己,一回头又根本看不到呼喊的人。翻过西塞拉山口,驮队又损失了 60 多匹驮马。沿途没有任何生命的迹象,只有悬崖和冰川。在驮队走过的路边,不断出现石冢和白骨。每一次上路,这里都会堆起许多新坟。过去,洒落在外的尸骨,因为缺少燃料,往往又会被新的驮队用来烧火取暖。沿途的累累白骨引导着驮队,凭着白骨路标,驮工头领着饥寒疲惫的驮队沿着"之"字形盘山路,像岩羊般在向上走。崎岖的道路上片石割脚,许多衣着简陋没有高原行路装备的驮工的鞋都被磨破了,手脚也都被冻伤了。第十五天过海拔 5 246 米的乔郁溪达坂,陆振轩日记中记录:"中午吃饭,木沙从来时堆砌的石堆中取出了食品分给大家。吃着干硬的新疆馕,有一种微微的咸味和小麦的香味。在饥饿和疲劳中,我觉得这可能就是高原行路上最好的食物了。休息中,木沙欣喜地告诉我,喀喇昆仑山口就要到了。听到这个消息我很激动,因为从地理概念上说,我们就要进入国门了,喀喇昆仑山口也是我们要翻的最后一座海拔 5 500 米以上的高原隘口。驮队第 18 天到达海拔 5 579 米的喀喇昆仑山口,大家不顾疲劳加快步伐,终于登上山口。在中印临时分界点,没有界碑也没有卫兵。"陆振轩写道:"翻过喀喇昆仑山口,我们都松了一口气。沿途驮队中偶尔飘出了吆喝声和说话声。坡度在下降,我们在山谷中穿行。突然一只老鹰在山涧飞过,大家非常高兴,这是我们 20 多天来第一次看到生命迹象。"第二十三天翻越海拔 4 911 米桑株达坂,"当我们爬上达坂的第一道山梁时,人就开始感到山上的气压越来越低,我们每走一步都觉得喘不上气。西边的乌云慢慢地压到了达坂上,刚刚还晴朗的天空,顿时开始变成黑压压的一片。看着半边乌云弥漫的天空和疲劳不堪的驮队,我有一种不祥的感觉袭来,结果一个让人最悲痛的意外发生了……"就在驮工领队木沙爬上第一个山梁时,由于极度缺氧和身体衰弱,年过 50 的木沙突然跌倒在达坂上昏迷了过去,在人们的呼号抢救中,木沙再也没有醒过来,因高原病死在了达坂上。陆振轩悲痛地写道:"木沙,好兄弟,没有想到你会走得这么快,我们还没有来得及好好交谈一下,我甚至还没有来得及向你说一声谢谢……看到刚刚还在一起走的好兄弟,转眼间就倒下去了,我非常悲痛,迟迟不愿离开。可是前边传来了赶快下山的招呼声。按驼工的说法,在达坂上死人,就将尸体放在一边,赶快下山要紧,这是胡大的安排。可是在我的坚持下,大家还是将木沙进行了简单的安葬。木沙的死使我的心情很沉重,他的身影一直在我的脑海中浮现着。达坂上的雪越下越大了,我们不能在此久留,在风雪交加中,驼队又继续上路了。""望着这条死亡之路,我想,假如我也倒下了,就算我们为抗战做过了最后的努力了,但是轮胎一定要运出去,踏探记录一定要带回去。"①由于驼运的是抗战急需的物资,中央和新疆省政府都明确要求在任何情况下都要保持物资的完好,这样就有一些驼工为抢救物资而伤亡。经过顽强努力,陆振轩一行十几次涉过险滩激流,历经 55 天,终于在 11 月 10 日将这批物资运抵叶城。

第二批物资驼运的过程,也充满了同样的艰险。多年后,第二批驿运货物押运者和领队、汽车机械专家、黄埔军校第十三期毕业生白生良对这次驼队运输回忆说:

> 从列城后山山坡行约一小时,穿过农田牧场,两个冰峰间的卡尔东(Khardung)山口已清晰可见。踏着积雪沿着前面马匹踏出来的小路,队员们成"之"字形向上行走。路边积雪中露出死马遗骨。上陡坡行约 3 公里到达海拔 5 307 米的山口,马主催促大家立即下山不要停留,山口风大温度低,人和马被冻僵,就走

---

① 宁照宇:《1943:穿越昆仑的驼队》,见《帕米尔》2006 年第 Z1 期。

不动了,过山口向北下山坡度约35度。乱石从积雪中突起,旁临深沟,有一个队员马失前蹄,幸被马主牵住,才免摔落马下。

　　艰险的一天过去了,队员们在半山腰的山沟里住了一宿。第二天,走进一道又深又长的山沟。沟外有一列大山,山脚下躺着印度河的支流——旭腰克河(Shyok R.)。队员们这次没有涉水过河,绕到河边继续沿河前进。河边的驿道是英国人修的,路线平坦。在快到旭腰克河与奴勃拉河(Nubra R.)交汇处,有一道拦河坝和一座长约一百米的钢索吊桥。两岸是原始森林,路旁溪水清澈,有耕地,有藏民不时往来。走过钢索桥沿旭腰克河下行不久即转向双勃拉河谷,逆河北上。这一带是拉达克地区中农牧业生产较好的地方,河谷中有好几个居民点,其中较大的叫潘那密克(Banamik)。村旁一公里的山脚下有硫磺温泉,队员称它“温泉村”。

　　从“温泉村”继续向河谷的上游深处前进,河谷逐渐变窄。翻过几道山坡,傍晚日落,大风骤至,有如万马奔腾跃壁飞涧。偶有穿过云隙的光束,凌空而下,或横射天空,景色奇妙无穷。这一天队员们又在一个藏民村落旁夜宿,气温已是零度以下,晨起马主告诉大家今天要折向右边上坡翻越冰川雪坡,走向全程中最艰险的西塞拉(Sasser IJa)山口。

　　翻过雪坡,走进一个山沟里,山沟两边都是峭壁。英国人曾在峭壁上凿了驿道,共35个“之”字弯,坡度较大。由于积雪覆盖驿道,队员们几乎是在雪廊中摸索着行进,马开始喘气,马主又在马鼻上扎针,鲜红的血滴在雪地上,分外醒目,令人心惊。约一个多小时,向东下山,越过山坡,走进山沟。山沟里大卵石绵亘数公里,从乱石堆中穿行,马蹄随时有折断的危险。走出乱石堆,可以看到直泻下来的大冰川。其地便是班灯塞（Pantansa），大家称它为冰山脚站，气温降至负 10 度，海拔 4 270 米。这一晚上队员们选了一块平地宿营，第二天晨起继续在冰天雪地里前进。路愈走愈高，隐约看到前面有人拄着木棍在探路。凛冽的寒风扬起了雪花，双眼迷蒙，看不清路线。因在雪槽中行走，心里尚不害怕。马呼吸急促，鼻孔喷出团团白气，速度慢下来了，看到雪地上点点血迹，马主又在用针医治马的高山反应。人们都在吆喝着，不让停步，以免冻死。行进在雪雾中，忽听有人在呼喊，知道又发生了事故。原来路边沟旁躺着的死马白骨，连绵不断。中午时分爬上了海拔 5 368 米的西塞拉山口。冰雪反射阳光，刺眼难睁，急忙戴上日光镜，牵马下山口，走过一段陡坡，踏上冰川。只见冰舌从两峰间直泻下来，汇入谷中。庞大的冰舌横卧在谷中，确实壮观。这里就是有名的 11 条大冰川的源头。冰面上覆盖上一层雪，看似平坦，却掩盖着不少冰井。马陷冰井，马夫们只好卸下货物，拉着马尾，拖上冰井。有的马拖不上来，只有埋身冰下了。遇上气候突变，强风大雪，不但眼睛被吹肿，呼吸困难，还要出现严重的高山反应：头痛、气闷、恶心强烈，人畜很易出事故。上次马队中有一名马夫牺牲了，有80％的人因眼睛被吹肿，下山后仍不能工作。下午 3 时左右，才走到谷的尽头。当晚的宿营地在白朗塞（Sasser La Brangsa），人们叫它冰谷站，海拔 4 630 米。晚饭后，队员们在土产公司职员的引导下，前去凭吊一位去年遇难的维族同胞的坟墓。不远处，还有几个墓堆，也是往年商队中牺牲的人。这里鸟兽绝迹，人死后不会受到侵害。宿营地附近，马的遗骸成堆，表明这里是事故多发区。

　　大家在精疲力竭中把帐篷搭在冰坡上，燃起篝火，烧茶煮面条。有的队员觉得胃口不如昨天，半夜气闷惊醒后就睡不着了，这是高山反应的征兆。天未亮就被催促起床,吃不下东西仍然上马起程。走到旭腰克河边,只见漂着冰块的河水,奔腾着向东南方流入印度河。7月份河水未大涨,河宽约四五米,大家选择水流平缓处渡河。前面已有人在河里探测水深,寻找浅滩。天已大亮,岸边有苦草,白骨成堆。徒步过河的人都拄着木棍牵着马匹。有的驮马不肯下水,只好把货物卸下来一些或者干脆全部卸下来,牵过河以后再换胆大力壮的马驮过河去。伙伴们知道队员中有患高山反应的,便请马夫牵着他的马过河。上岸后走过山谷,循着马骨指引的方向,在坡度不大的谷边弯弯曲曲地前进。两旁山顶上有积雪,岸边已有青黄色的野草从残雪中挣扎出来。下午3时左右,天暗下来。马队到达预定的宿营地时,有的队员已筋疲力尽,头昏脑胀,脉搏跳到140多次,吃不下东西,钻进帐篷就睡着了。睡梦中被吵醒,原来有水的地方却不见水,人们嚷嚷着挖坑找水。挖了好几处才在一处挖出了些泥浆水,人畜凑合着度过一晚,大家称这里是缺水站。真实的地名叫毛谷肯尼开西(Morgokenckiasi)。

晚上休息得好,醒来觉得高山病减轻了。北风吹进山谷,风力已减弱。两边的山顶逐渐矮下来,高约二三十米,马队即将爬出山谷走上台地。这时天空骤然晴朗,前方左侧(即西方)有一山峰,远远望去犹如玉笋似的直插碧空,阳光照射着冰雪反光,似乎离马队不很远,查看路线图,没有标出峰名,海拔24 700英尺。同行的人猜测可能是奥斯腾峰(海拔28 200英尺)。驿道在台地上,坡度很缓,马队不知不觉进入广阔的戈壁滩。向东方瞭望,只见群山山顶像馒头一样露出云层,蜷伏在脚下。附近数百米处,有湖泊水草和成群的黄羊。向北方瞭望,有一条雄伟的山冈从西向东横卧在前方,山顶有积雪。路旁有一条小水沟向南方流去,这是旭腰克河的源头。

至此已到平原尽头,向左转入峡谷,没有积雪,沟边有薄冰。谷中坡度不大,走不多时,两旁山峰又矮下来,山顶积雪却多了。马队在一块较宽而平的谷地停下来宿营,此地叫乔郁溪(称它为给养站),海拔5 246米,两旁石缝中储藏了不少麻袋、草料,还有馕(新疆面包)、羊肉干等,这是马队从新疆驮来备作回程的口粮。在附近还看到一块西方人士来此探险的纪念碑。顿时烟火四起,人喊马嘶,好不热闹。已经好多天没有睡好吃饱,此刻大家美餐一顿,早早休息,为明天翻越全线最高点——喀喇昆仑山口(Kamkoram Pass)做好体力准备。

……天未亮被喊醒,起床吃过热汤干粮,牵马驮上行李出发。马掌与石块碰击,在黑暗中溅出了火星。山势挺拔,在"之"字形的盘山道上,走几步停一下。天微亮,路上又见到血迹,马群速度慢下来。有一匹马倒地再也站不起来,只好卸下轮胎,分装在别的马背上。大风吹得人马举步艰难,好不容易才踏上山口。山口宽约四五十米,像压扁了的馒头没有顶。驿道西侧的山口最高处海拔5 579米,有一座用石块垒起的锥形堆,约一人多高,这就是国界碑。

海拔5 579米的喀喇昆仑山口是这条驿路的最高点,也是中印边界线交界点。翻越山口时,因大雪纷飞无法辨识道路,有的马匹陷入雪坑拉不上来,只能用备用马匹替换后继续前进。陷入雪坑后拉不上来或死亡的马匹与骆驼,主人须割下尾巴带回报账交差的凭证,据传是为了防范把马匹私自外销,新疆省政府做了这项规定,为此,许多驮工就是为了割下掉进沟里的马匹和骆驼尾巴时摔死的。为了方便运输组织,驮队进行了严谨的分工,驮队成员分成若干小队,每个小队100匹马左右,由头人和运脚(马夫)管理,普通驮工(运脚)一人管理6到

7 匹骆驼或马匹,每 10 个驮工有 1 个头领带队。在驮队中选拔
最有经验、最有威信的人任驮队总领队。一般在路上,不到来时
贮藏食物的地点是绝对不能停留的,否则即可能出大麻烦。

列城到叶城之间各站点间距和累计里程①

宿营站编号	宿营站及山口名称	海拔（米）	里程(公里)		日行走时间（小时）	止宿时气温（℃）
			间距	累计		
1	列城	3 524	0	0	0	−6
	卡尔东山口	5 307	—	—	—	—
2	卡尔东村	3 965	43	43	10	−5
3	铁力脱村	—	32	75	9	−3
4	潘那密克	3 236	32	107	7	3
5	卡路尔	—	16	123	4	3
6	班登塞	4 270	26	149	8	−11
	西塞拉山口	5 368	23	172	—	—
7	西塞那白朗	4 636	14	186	10	−11
8	毛谷肯尼开西	—	27	213	7.5	−11
9	克孜利亚	—	29	242	9	−13
10	乔郁溪	5 246	29	271	7	−11
	喀喇昆仑山口	5 579	14	285	4	—
11	克孜尔塔格	—	19	304	6	−12
12	马立克夏	4 636	32	336	8	−6
13	哈巴朗	4 392	35	371	10	−4
14	克尼马拉洪	—	29	400	7	−10
15	可可孜建冈	4 209	32	432	9	−5

---

① 刘宗唐:《踏勘列城—叶城国际驿路及试运纪实》,见王佳贵主编:《盟国军援与新
　疆——新疆文史资料第 24 辑》。

宿营站编号	宿营站及山口名称	海拔（米）	里程(公里)		日行走时间（小时）	止宿时气温（℃）
			间距	累计		
16	枯兰那底	4 118	29	461	8	—7
17	穆花巴什	—	13	474	3	—7
	新达坂	4 911	3	477	—	—
18	吉拉吉哈拉克	3 782	25	502	7	—7
19	库地马杂	2 867	24	526	6	—1
20	贡特	—	29	555	9	—3
	土达坂	3 270	8	563	—	—
	阿克来乙特	2 562	—	—	—	—
21	加克	—	19	582	8	—6
	普莎	2 166	19	601	—	—
22	库库雅尔	1 952	8	609	8	—4
23	白许脱瑞克（五棵树）	1 800	29	638	8	—
24	叶城	1 342	37	675	8	0

（三）重回祖国土地

　　一过界碑,驿道直落下去,山谷较窄,路很平坦,路边有一细流,这就是叶尔羌河的发源地,行约半小时,山谷地势顿宽,坡度也变缓了。路面是细砂夹小卵石,水流逐渐增大,驮马速度加快,来回涉水,显得很轻松。马队在谷地开阔处的草地上,卸马宿营。据说这山谷是喀喇昆仑山脉与昆仑山脉的分界线。翌日继续下坡沿河前进,两旁山峰渐矮下来,回头已看不到喀喇昆仑山口。晴空万里,偶有几朵白云飘过,阳光照射人畜,格外兴奋。中午,河谷更加开阔平坦,河水清澈。水量增大,已不能涉水。沿岸有青苔和野草,远处山顶积雪未消。

下午 3 时左右,来到一河边,河宽约百米,河水转了一个直角,向西流去。这里名叫马立克夏,是驿道的三岔路口,一路向东行,一路向西行,都通达叶城。马队决定傍水宿营。大家到冰水里尽情冲洗,驮马也松了一口气,悠闲地在岸边吃草、游荡。晚饭后,马主们一致认为河水已涨,如果沿叶尔羌河去叶城,涉水困难,决定第二天改走东路。

离开叶尔羌河滩时,天已亮,驿道平坦,没有风雪。马队顺着右边的山冈,快马加鞭,向东北方向走去,中午时分不知不觉地走上高坡,一个小时后,又突然下山进入山谷。驿道在谷地坡度变缓,两边的茅草长得更茂盛,竟有一人多高。午后 3 时许,马队来到两个山谷的交会点,驿道转向左方,进入较大的谷中。有水从东方上游流来,水声潺潺,匆匆而去,顺溪流向北,不远处山冈上有整齐的房屋。山脚下有居民正赶着牦牛驮柴归来,她指着左前方告诉我们,哨所就在上面。

马队终于走完了二百多公里的无人区,到达了赛图拉。

赛图拉只有几户居民,边防哨所建在半山腰一块平地上,四周有方形围墙,占地约数千平方米,内建有营房、马厩和操场,有一个排的骑兵,给养都是从和田等地运来。当晚,连长用野韭菜炒羊肉款待客人。

吃到祖国大地上的蔬菜,都很兴奋,畅谈甚欢,难以成眠。在哨所休息了一天,后续马队陆续到达。听说在喀拉喀介河上游不远处有木乃伊,大家便顺着河谷小道向东行半小时,就看到一排大石墩,上盖茅草,内放十几具木乃伊。此地气候干燥,无雨淋,尸体露天放久了,自然风干,实际是干尸。谷中溪水的下游流向和田,上游顺山谷通向西藏。谷底宽阔,坡度不大,大部分沙碛土上生长着野草小树。此地是祖国通往南亚的边防要塞。

通过一天的休整，大家精神焕发。一早离开哨所，沿着喀拉喀什河岸向下游行进。驿道平整，路边有居民点，河边有柳树、野花。刚从崇山峻岭中出来的人，乍然置身如此佳境，确有鸟语花香赏心悦目之感。沿路坡度不大，河水逐渐增大，快马加鞭，行约一个多小时，离开河岸，转向左边一条山谷。驿道是紧贴崖壁开凿出来的，弯弯曲曲地靠着突出的危崖爬上去，坡度虽大，驮马却稳步前进，不感困难。道旁的小溪忽然不见，去路被高山挡住。路线转向左边山冈，山坡成 40 度，驿道在乱石中穿行，走"之"字形盘旋而上。队员们下马换骑牦牛，又经半小时，才爬完最后一段路，到达山顶。这山顶像牛的脊梁，宽约数百米。远看山顶上有积雪，近看是向下直落的山坡，一直泻到半山腰的草原上。晴空中白云飘荡，草地上也有白云朵朵。牦牛把队员们送到坡底，才看清草地上那些朵朵"白云"原是一群群的羊。行进在这看不到边际的大草原上，精神大振。牧童迎上前来，把队员们引进一间独立木屋，被告知已到了今晚的宿营地。晚餐很丰盛，宰了一只羔羊，还有白酒，许多队员生平首次尝到了羊羔美酒。大家都轻松起来，相处近一个月的马夫们，其中最逗人爱的是一位塔吉克青年。他是马队中最年轻的小伙子，活泼、健谈，能讲一口汉话。他说老家住在帕米尔高原上，与维吾尔族一样都喜欢跳舞，更善于吹乐器。他抽出随身带的短笛，吹奏出优美的曲调。附近的人们集聚过来，维族小伙子拿来了手鼓，在鼓声笛声中人们情不自禁地扭动腰肢跳起舞来。欢乐到深夜，才各自散去。

从草原宿营地出发，一路下坡，有时顺着小溪旁的驿道，有时穿行于树林或田间小道，前方已不见高山峻岭。马队不止一次地在村落旁宿营过夜。最后一天，穿过一些丘陵地带，已有驼铃声从身后飘来。远处是广阔无边的戈壁滩和成行的白杨树，马队顺着林带间清澈的流水，走进了驿道的终点——叶城。队员们被安排在土产公司住宿。

在这里，惊喜地获知，抗战已经胜利。第二天，我们参加了土产公司的庆祝大会。中华民族坚忍不拔的拼搏，终于赢得了这一天——日本侵略者无条件向盟国、向我国投降了。①

（四）从叶城到兰州

货物运到叶城，距离计划设定的目的地兰州还有 3 470 公里的路途，这一段全是低等级公路。1944 年 10 月 4 日，西北公路局已经派兰州机车厂厂长乔德福、秘书马家驹为正副领队，带领 17 辆吉斯卡车和 43 名工作人员从兰州出发到叶城接运货物。12 月 5 日他们的车队才载运着第一批试运货物离开叶城向兰州出发。这一路也非常艰难，白生良对这次运输回忆说：

从叶城到疏附（即今喀什市），中间要经过莎车，总共不过 248 公里，但却花了差不多五天时间，路上走得异常艰苦。其主要原因在于所运物资为汽车轮胎，车上没有专用的运载设施，就地做了一些木架，不大管用。往往是很早就起来收拾，起程时几乎都已日上三竿，甚至下午或傍晚才迟迟成行。黑夜行车，难辨高低，车子就摇晃得厉害，轮胎架中的车胎歪一个斜一个，路上非重修不可，所以很难在天黑以前抵达（目）的地，第二天也就难走得早。都认为汽车上路，最好是趁早动身，按计划到站，早早休息，使车辆和驾驶员都不致过于疲劳。

———————————————————

① 白生良：《抗日战争中一条鲜为人知的跨国运输线——"丝绸之路"上的坎坷与艰辛》。

然而，事实却恰恰相反，如 12 月 8 日这一天车辆草草搭好轮胎架，已是下午 4 时，车队出发，天冷路黑，车灯又不亮，车队在午夜 1 时在英吉沙会齐一次，以后就失去联络。第二天快天亮，首车才到疏附。10 时，大部分车辆先后到达，但还有两辆没有消息，大家都很着急。12 时，终于全部到达。原来，有一辆车的水箱漏水，走不上几步就得加水。后来带的水用完，困在沙漠中进退两难。只好等到天亮，派另一辆车把水拉来，才继续前进。驾驶员们辛苦了十多小时，都已经疲乏不堪，决定在此休息，修车加油。

车队到达此地，据说是当地人有生以来从未见到的大雪，是几十年来未有的奇寒。大雪封路，车队被迫等候了四天才得以上路。

据当地人说，阿克苏到疏附的旧驿道（也就是古丝绸之路）474 公里所经之地，都是沙土和湿地，附近缺石料，改筑公路非常困难，所以公路改选在砾石戈壁上，只要挖两条沟就成了。这就是为了工程方便使公路与驿道异线，其最大缺点：一是离山太近，山洪暴发，易遭冲毁。其二是离城太远，不但食宿不便，尤其从齐竺台到八盘水的 200 公里内，一片苍茫的大戈壁，人迹罕见，滴水俱无，过往行人必须自带饮水和汽车用水，否则，将遭不幸。

12 月 16 日下午 2 时，车队离开疏附，出北门过永宁桥，时行时停。

不久，车子下坡渡一河床，前车陷入雪坑，用了一个多小时才将车子推出来。日落西山，夜幕又降。北风吹雪，窗玻璃凝结雪花。朦胧中穿过若干河床，上坡下坡，已经看不清路面，只好下车。雪深没脚，气温严寒。大家砍树生篝火，围坐着过夜,有的队员则在车厢里蜷坐待天明。

12月17日,夜间极寒,一位同事脚上虽穿着毡靴毡袜,仍失去知觉,样子令人害怕。用白酒灌不醒;再用酒擦身,也不醒。大家拼命叫喊他的名字,也不应,不禁为之落泪。经大家商议,决定立即派车送回喀什抢救。其余车辆到前方住宿处等候。这时已是上午9时,温度计正指零下20度,昨夜气温一定还要低得多。11时车队续向东北行。雪盖路面,坑坑洼洼,难以辨识,车子颠簸得很厉害,勉强行驶到西他其村,找村长代找民房六七处,暂时安顿下来,等候病人回来。

12月18日晨,室温零下15度,吃的成问题,决定上阿图什县去采办。车子驶过阿图什河,上岸不远就到了阿图什县城。

这天适逢巴扎日,在文化站上遇到副县长,请他帮忙找乡长送些柴米到住处。另外车队自己在集上买了不少蔬菜等吃的东西,循原路返回西他其。

12月19日,县长来看望大家,据告知,驻喀什英国领事支乐德从阿克苏西返,昨晚9时到阿图什河,车子陷入冰块,正派人去救援。12月20日晨,车队派人去阿图什河探路,据探冰冻不实,下面是空的。渡河可能有麻烦,蹈英领事的覆辙。向县长打听到阿克苏的道路,除了渡阿图什河和马厂河附近一条河较困难外,其他各处积雪不深,车行问题不大。下午,送去喀什抢救的病人接回来了。据说:“如果迟送医院半天,就有生命危险。”病人虽返回,神经系统受损相当严重,身体相当虚弱,还有麻木的症状。

12月21日,再次派出的勘路人回来,讨论时意见不一,最后由领队决定第二天派车作比较踏勘后,再作决定。

12月22日一早,天还没亮,起身点燃壁炉,炖上羊肉。与三位探路驾驶员饱餐后,空车带上洋镐木杠,直奔阿图什河边。寒风凛冽,人的衣领上结了白霜。队员们下车步行横渡冰河,摔了不少跤,冰层表面坚固,有的地方冰层很薄,踏上去喀嚓作响。走到河中心,冰下水声潺潺。据告,前晚英国领事陷车的地方就在附近。大家边行边掘冰试探深度,在冰上来回走了几次,选了一条比较好的路线,准备让汽车试走一次。车队队长认为不行,决定循小路到下游渡河进阿图什城,再上公路西折渡河回西他其。

12月23日,车队与房主结账道别。一路砍树平道,循小道行向下游,过河时,县长亲自率领村民来帮助。因为心急,没选好路线,第一车疾驶而过,冰就裂了,幸运没有下降。第二车跟进,在离岸20米处陷入冰层。大家下车把车上物资卸下一部分,凿开冰块,加足马力,才开出冰层。

12月24日,从阿图什冒着风雪兼程东返,26日到阿克苏,还有些渡河不慎、陷进了冰窟隆的车子,就请专署发动民工,连夜抢救,到第二天早晨方才脱险,因为在阿克苏修车,我们滞留了三天。

1944年12月30日凌晨3时50分,车队从阿克苏动身,下午1时许到哈喇玉尔滚投宿。次日8时30分续行,晚7时20分到拜城。在拜城过了1945年元旦。

早晨,地方政府请吃烤全羊,食馔丰富,友情难忘。11时35分继续出发,山城雪山,别有一番风光,行道树上结满了雾凇,银装玉佩,灿烂夺目。晚8时30分到达库车,又停两天修车整休。1月4日,从库车到轮台,大雪纷飞,四野都披上了洁白的外衣。5日宿库尔勒。6日到焉耆,因车辆又有损坏,停修3天;10日到和硕。11日到库米尔已是傍晚,找到一处民房借住,天太冷,淘米煮稀饭,手冻得发痛。屋里通风的天窗太小,冰气和柴烟无法排出去,化成一股令人窒息的浓雾,半尺以外几乎就不见人影。洋蜡也失去了光焰,像一点微弱的磷火,寂寞地跳动着。吃完晚饭,烟雾未散去,屋里实在无法待下去。出门看见一些灯光,技工们正在凛冽的寒风里忙着修车。1月12日,又是晴天,繁星在天。6时20分车队在昏黑中上路。经过一段沙地之后,又进了山。晓色已慢慢延伸过来。仰望残月,还挂在前方的山巅。车行上坡,跑了54公里到达卧虎不拉沟。

卧虎不拉沟的正确发音是阿欧布拉克,据告知:维语"阿欧"是小马,"布拉克"是泉水。山沟里有一道长流水,使小片荒瘠不毛之地能够留住人居住,能给来往人畜提供饮料,给汽车加水。但这道泉水,一到冬天结冰,又成了公路大害。路面结成一条不很结实的冰沟,经不起汽车的重压,往往冰破车陷,如果一时拖不出来,夜间水淹车轮,结成一体,就必需把冰砸开,才能前进。严重的就被冻在那里,动弹不得,只有等待来春冰化获救。这次车队经过这里,因事先有所准备,车辆全部在泉水的源头前停下,然后派人步行探路。冰沟长约200多米,冰层已漫过路面,看不出深浅,蜿蜒曲折于陡峻的两崖之间,源头淌来的水在冰层表面流过,在阳光照射下,冰层开始融化。车队的16辆车,逐辆开过。但由于冰层坡度大,轮子打滑,有好几辆车陷进冰层,加上人力推挽,才开了出来。冰层尽头,两山夹得更紧了。稍前行,乱石横亘,阻碍行车,由于车辆装货太高,车身摇晃,像要翻倒。据说这一段全长近300米,当年沿这古道修路,因缺少炸药,才留成这个样子。车辆行经这一段200米冰层和300米乱石推,足足费了三个多小时。

　　车队继续前行,两侧山崖展宽,到山脚下,有一维族人家,门上贴着托克逊警察局编的门牌号为"卧虎不拉1号"。自库米尔到此地是74公里。1时20分车队续行,山谷渐宽。约行15公里,路面又盖着冰,路的左边是沙山,浮沙从山顶滑向谷底,形成平滑的斜面,看不到任何生物。谷底的沙并不厚,山坡上的浮沙又像随时要滑流下来。车队开进冰层,紧靠山脚前进,不时听见冰裂声,担心要陷下去。前进2公里第一辆车的后轮陷在冰层动弹不得,水从裂口处冒出来,令人措手不及,只好全体动员,一起敲冰搬石,依山填出一条便道,再让装载较轻的材料车去拖陷进冰层的第一辆车。无奈第一辆车载得太重,久拖不出,只好卸下部分轮胎再拖。有的地方,冰薄得承不起一个人,但也有结冰坚实,汽车可以通过的。最伤脑筋的还是不薄不厚的冰层,人走过去摸不清底细,车子一压,就崩陷了。大家一面探路,测冰层厚度,一面敲冰垫石。探行至4公里处,山沟展开,沟底平坦,水流渐细,又进入左山麓的沙地中,由此向前,汽车能在干硬的路上通过了。为安渡水沟,决定16辆装着轮胎的汽车,先卸下一层轮胎,开到水沟尽头停下来等候。车队领队则开出材料车到托克逊,请县府派民工用大车把卸下来的轮胎接运到水沟尽头,重新装上汽车。其余人就在这冰沟尽头,露天支起帐篷,休息待命。

　　1月14日一早,托克逊县政府征派的木轮大车和养路工人,还有几名警察都到齐了。每辆大车各装轮胎十套,从停车处到冰沟尽头,一人只能跑两个来回。卸下的500多套轮胎,至少两天才能运完。卸掉一些轮胎的汽车能否避免陷入冰层,大家还是有些担心。车队队长亲自主持垫石修路,养路工人不得已,亦穿着毡靴跳进水里。天太冷,毡靴离水就冻,脚板就像浸在冰里,而被冰冻后烤干的毡靴,是不能保暖的,难怪养路工人都望着靴子掉泪了。木轮大车装上轮胎东去,卸下一层轮胎的16辆汽车陆续发动开过水沟。1月15日下午,车队的全部车辆开出水沟,在沟里的拼搏胜利了。

车队继续前行,在黑暗的夜色中经苏巴什,又乘夜赶往托克逊。9时进入县城住进县府招待所。从卧虎不拉沟到托克逊,短短的46公里,整整拼搏了三天半,这是常人很难想像的事。

1945年1月23日,车队从托克逊循天山南路前行至七角井。七角井在陶保谦《辛卯侍行记》中作"七个井子",是万山中一块比较平旷的盐碱草地。虽然已成立了设治局,治下却只有180人,而且不是官员是军警及他们的家属,没有真正的老百姓。境内也没有可耕地,食物要从外地运来,水味碱苦,难以下咽。建筑物也仅有以中运公司的车站为中心的四方院子,东南沿公路有几座残破的平房。站在中运站门前,只见四周耸立着嶙峋的荒山,颜色是焦黑色的。近处盐碱地里隆起一个个草堆和一簇簇胡杨,很像累累乱冢。这段路路况尚好,车行较为顺利。

1月25日车队到达哈密后,又停留了两天,以便整修车辆。

趁空隙访问了市场,参观了苏军驻地。苏联援华物资运输时期,从伊犁经乌鲁木齐到哈密的公路沿线都驻有苏军部队,1941年中苏关系恶化才陆续撤走了。哈密原驻有一个团,俗称红八团,约有4 000余人,配飞机27架,常在哈密至星星峡一带作野战演飞。斯大林格勒战事紧张时撤走,走时已把设备等全部拆除,其余营房田地等由中方用羊数万只交换,现为驻军司令部。营房都是俄式建筑,规模宏大,林木茂密,在当地绿洲中显得格外引人注目。

在哈密街头遇到河南黄河区灾民,黄河区灾民移垦新疆是当年西北建设的一件大事。自 1943 年 8 月 25 日开始,由西北公路局派车陆续从西安运到哈密,再由新疆省公路局接运到奇台、沙湾等地。截至那时为止,已运来七八千人,事实上,这件宣传已久的"移民大业"办得颇不彻底,田地既未分配,住处也没有好好安置。到哈密后,又因缺乏运输工具,中途停留的人不少,他们都沿途摆小摊,买卖一些零星杂物,情况十分窘困,有的人沦落为乞丐。这应该说也是日本侵略给中国人民带来的灾难。

1 月 28 日拂晓,晨风割面,虽着两层皮衣,仍觉寒气袭人。车队在风雪交加中向星星峡驶去。沿途几乎都是不毛的戈壁滩。

途中行经烟墩。烟墩设有驿站,有军队驻守,车队没有停留,在排山倒海般的狂风怒吼声中继续前进。

过星星峡时,大雪初霁。

星星峡是从甘肃进入新疆东境的第一关卡,山势险峻,属不毛之地,从内地经甘新公路,交通运输频繁,路边设有许多运输车站。狭窄的山谷里,房屋栉比,成了商贸人员的世界。但是本地毫无出产,气候高寒,连蔬菜也不生长,必须从安西运来,烧柴得到十里以外的山里打,井水碱苦,愈饮愈渴,物质生活极为清苦,又无正当娱乐,精神生活枯寂,一般消遣,便是赌博。

　　新疆的运输委员会在星星峡设有招待所,也叫中运站,原是招待苏联东来运输物资的汽车队的,现在已很零乱,设备也破旧不堪,但仍是当地唯一可以投宿求食的地方,早餐三菜:羊肉萝卜、辣椒洋芋、腌萝卜,蒸馍稀饭,每客国币40元。

　　车队行至玉门,大雪淹没路面,走走停停,很不顺畅。玉门油田,举世闻名。油矿场地很大,每天可出油10万加仑。因运输缺车缺配件、轮胎,困难重重,每日出油仅六七万加仑。原油提炼可得汽油10％、柴油10％,其余为杂油。矿上的工作人员,要到十几里外的白杨河才看得到10余居民房。这油矿是在1938年圣诞节开辟的,是当时的矿厂厂长严爽和地质专家孙健初骑着骆驼来到这里,经过六年的惨淡经营,栽培了这枝沙漠中的奇葩,摘去了中国不产石油的帽子。当滇缅公路中断以后,这里已成为大后方用油的一个主要来源,他们对祖国的抗战做出了特殊的贡献。

　　1945年2月7日车队回到兰州,圆满完成了接运任务。这次运回中国援华的轮胎等物资,是由南亚丝绸之路运入我国的第一批物资,数量虽然不大,但却给西北地区的公路运输解决了燃眉之急,修复了所有缺胎停运的汽车,增强了运输力量。后来由于抗日战争的胜利,对外运输线全面恢复,第二批物资便未再运兰州,这条古丝绸之路的故事便沉寂了下来。正是因为如此,我们的这段记叙才令人弥觉珍贵,笔者将其整理出来以飨读者。①

　　西北公路局派汽车到叶城转运物资的同时,新疆省公路局也派25辆汽车到叶城接运到乌鲁木齐的物资。从乌鲁木齐到叶城

────────────────

① 白生良:《抗日战争中一条鲜为人知的跨国运输线——"丝绸之路"上的坎坷与艰辛》。

有1 860公里,途中单是汽车耗油就需要几十吨,必须在沿途储备回程用油。当时汽油贵如黄金,为此在转运过第一批驮运物资后,西北公路局即不再派汽车往叶城转运了,改由新疆承担汽车接运任务,接运到的汽车轮胎分给了新疆2 400套。①

从印度跨越世界屋脊翻越喀喇昆仑山驮运抗战物资的活动,从酝酿到活动最后结束,前后延续了约三年,直到抗日战争胜利后驮运才结束。从此以后,这条横跨喜马拉雅山和喀喇昆仑山脉的驮道,再也没有走过驮队。1942—1945年,由陆振轩带队踏探开辟的这条印新国际运输线,辗转五个国家和地区,行程两万多公里;通过新印驿道驮运进来的物资,包括汽车轮胎4 444套,军需署军用布匹782包,经济部装油袋588件,电讯总局呢料63捆,另外还有一些汽车零配件和医疗器械等。② 关于驮运活动,也有其他略有差异的统计数据,根据这些数据,驮运活动共使用驮马1 500余头,先后参加人数达1 300余人,他们中绝大多数是新疆少数民族驮工。在徒步翻越喜马拉雅—喀喇昆仑山脉的1 059公里驿道中,人畜伤亡率达10%左右,共运进6 600条汽车轮胎及抗战紧缺物资。其中一部分运进了关内,一部分运给了驻扎在兰州的第十八集团军。③ 另外还有一个数据,说参与新印驮运的人员共有2 300多人,其中230多人在驮运活动中遇难,驮运共使用了4 500多匹驮马和500多峰骆驼。驮运的物资包括汽车轮胎4 500套,军用布匹1 200包,汽车油袋850多件,汽油、机油、柴油4.3万多公斤,各种汽车零件450多箱、3.4万多个,医疗器械380多箱、2.3万多个(件),通信

---

① 刘志兵、邵志勇:《西北国际大通道》,第187页。

② 杨再明:《周折转运美援物资》,见《新疆抗战时期人口伤亡和财产损失》,北京:中共党史出版社2016年版。转引自刘志兵、邵志勇:《西北国际大通道》,第187页。

③ 宁照宇:《1943:穿越昆仑的驮队》,见《帕米尔》2006年第Z1期。

和照明器械 250 多箱、3 700 多个(件),各种子弹 120 多万粒。[①] 新疆返回的少数民族驮工,许多人的眼睛都被雪雾灼伤了,一部分得了"雪盲"症,还有许多驮工被冻伤,肢体留下残疾,不能再工作了,一部分后来又参加了和平解放西藏的高原运输。由于新印驿运线开辟时已经临近战争尾声,而且这条线路的实际运量非常有限,因此新印驿运线从纯粹的战略意义上看作用不大,但新印驿运是中华民族历史上最为悲壮的大规模高原人力运输,也是一次足可以感动中国与全人类的壮举,它充分体现了中华民族各族人民顽强不屈的民族精神和团结御侮的战斗意志。

抗战后期,除驿运外,为防日军进占印度加尔各答切断"驼峰航线",国民政府还曾尝试在新疆与印度之间开辟空中航线。1942年 7 月 18 日航委会组织部总指挥毛邦初、参谋长罗机率领数人驾机从重庆出发,经成都、兰州、肃州、乌鲁木齐、伊犁、莎车、吉尔吉特、拉瓦尔品第抵新德里,22 日飞回,8 月 1 日返重庆,历时十多天,往返 6600 公里。[②] 此段航程中,从新疆莎车至印度白沙瓦(现属巴基斯坦)须经从未被飞越过的喀喇昆仑山,由于没有天气预报,飞行员利用清晨气流较平稳时起飞。三个星期后中国飞行员成功飞越了喀喇昆仑山,这是人类航空史上首次飞越喀喇昆仑山。虽然后来因战局变化,日军未能切断驼峰航线,因之新印航线未能开通,但为开辟抗日国际通道的这次尝试,开创了中国航空事业的历史纪录。

---

① 张百顺:《"世界屋脊"上的抗战物资跨国大运输》,见《文史春秋》2010 年第 8 期。
② 甘肃省地方史志编纂委员会、甘肃省志·民航志编辑委员会编:《甘肃省志·民航志》,兰州:甘肃人民出版社 2003 年版,第 226 页。

第五章 苏联通过西北国际大通道对中国的物资援助

在中国全面抗战爆发后,欧美列强虽然在政治上和道义上同情中国,但都不愿意刺激日本,对中日战争总体上持观望态度,世界大国中只有苏联不仅在外交上帮助中国,更在 1937—1941 年采取了实质性的援华行动。但苏联在援华的同时,也不愿意过分刺激日本,而采取秘密方式进行。这种方式很难留下清晰、明确的记录,加之在以后的漫长岁月里,中苏两国关系跌宕起伏,相关记录文献散失,参与这一历史过程的人物也多已作古,这使我们今天很难清晰、全面地还原或再现那一段历史,只能根据零散的文献和已有的研究成果,对这一历史进程作一个不完整的勾勒和梳理。

第一节 苏联的援华贷款和使用

一、苏联援华贷款的次数和额度

《中苏互不侵犯条约》签订后,为了进一步争取苏援,国民政府派遣军事委员会参谋次长杨杰和国民党中央执行委员张冲以实业考察名义出使苏联。杨杰一行到苏后频频与苏联要人会谈,苏联随即就为中国提供了战斗机和轰炸机,1937 年 11 月,苏联援华的第一批飞机抵达兰州。由于中国财政困难,短期难以支付大批军购款项,苏联在 1937 年 11 月和 1938 年 6 月两次给中国贷款共 1 亿美元,更在贷款协定成立之前就向中国提供贷款物资,出现了 1938 年才成立的贷款在 1937 年就使用的现象。1938 年 1 月,国民政府以立法院长孙科作为特使到苏联争取贷款,3 月 1 日,两国达成第一次贷款协定(此前中国就已经动用了其中的款项),苏联以年利率 3%向中国提供贷款 5 000 万美元,苏方同意中国以茶叶、羊毛、生皮、锡、锑等农矿产品易货方式向苏方支付。1938 年 7 月中苏达成了第二笔 5 000 万美元的信用贷款协定,利率与偿还方式与第一笔相同。通过 1938 年 3 月和 7 月两项《苏维埃社会主义联邦共和国政府与中华民国政府间关于实施五仟万美金信用借款条约》,和 1939 年 6 月 13 日中苏签订《苏维埃社会主义联邦共和国政府与中华民国政府间关于实施壹万万五仟万美金信用借款条约》,苏联向中国提供贷款 1.5 亿美元(年利率仍然为 3%),苏联援华贷款的次数和额度,有着清晰的记录,即三次贷款中国共向苏联借款 2.5 亿美元,用于购买苏联的军火物资。关于中国对于苏联贷款的使用,根据对中国第二历史档案馆藏档案的整理,情况如下。

苏联三笔共 2.5 亿美元对华信用贷款,中国方面用于购买军火物资,分为九批。第一笔 5 000 万美元分三批动用,共动用 48 557 436美元,其中运输费、包装费、修理队派遣费、组织费 4 566 136美元,剩余1 442 564美元转入第二笔 5 000 万美元。第二笔5 000万美元分第四、第五两批动用,共动用 51 442 564 美元,包括运输费、组织费等。第三笔 1.5 亿美元贷款,实际动用为73 175 810.36

中苏信用借款各批动用数额表①

批次	动用日期	动用数额（美元）
1	一九三八年六月十日	30 321 164.00
2	一九三八年六月廿日	8 379 293.00
3	一九三八年六月廿七日	9 856 979.00
4	一九三八年九月廿八日	29 601 215.00
5	一九三九年九月一日	21 841 349.00
6	一九三九年九月一日	18 622 024.00
7	一九三九年十二月一日	3 909 725.00
8*	一九四一年六月一日	49 520 828.85
9*	待查	1 123 232.51
合计		173 175 810.36

　＊第八、九两批动用额合计 U.S.＄50 644 061.36,其账目尚在核对中。

美元,分第六、七、八、九四批动用。② 共动用贷款 173 175 810.36
美元。

　　全面抗战爆发后,中国从西方国家购买武器极端困难,苏联的
援助犹如雪中送炭,上述对华贷款就是用于购买苏制武器,而且应
中国抗战的急需,苏联在双方借款条约尚未签署的情况下,就先向
中国运送了飞机等军火物资。苏联的借款条件优厚（年息仅 3％,
远低于西方。偿还时间长达 5—10 年,由于中国外汇短缺,均用中
国的农矿产品偿还）,苏联援华抗战的军火价格也大大低于当时国
际市场的价格,根据双方的借款条约规定,应中国政府请求,苏联
政府同意将援华物资运到中国境内的目的地,中国政府承担从边

---

① 国民政府行政院档案:《行政院对外易货委员会办理对苏易货偿债事宜进行情形节
　略》(1944 年 10 月 25 日),见中国第二历史档案馆编:《中华民国史档案资料汇编》,
　第 5 辑第 2 编,"财政经济"(2),第 650 页。

② 李嘉谷:《合作与冲突:1931—1945 年的中苏关系》,第 97—98 页。

境交货站运至中国境内目的地的运输费用,而中国只需要把偿还借款的农矿产品运至苏联边境。总体上看,苏联援华规模较大,态度也比较真诚。

二、对于苏联援华军火物资的数量和种类的不同看法

对于中国方面实际使用这些贷款购买军火物资的数量和种类,则有着各种不同的说法。由于相关文献的缺失,不仅中国方面缺乏精确的统计,苏联方面对此也缺乏精确数字。由于当时苏联援华处于秘密状态,在以后的岁月里相关的档案资料又散失不全,抗战期间苏联援华物资的数量在苏方也没有精确的权威统计,出现了各种说法。仅以 1937—1941 年苏联究竟向中国提供了多少架飞机这一问题为例,根据中苏双方 1937 年 9 月 14 日商谈购买苏联武器的第 3 次会议记录,苏联政府于 1937 年 9 月 15 日开始往中国运送飞机,第一批飞机于 1937 年 10 月 22 日到达新疆迪化。1937 年至 1941 年 6 月间,苏联援华飞机总数究竟有多少,学术界说法不一。仅就笔者所见,最少的说法为 885 架,最多的说法在 1 562架以上。根据孔庆泰在《历史档案》1991 年第 1 期发表的《太平洋战争爆发前苏联对华军事援助述略》一文,在 20 批苏联到华的货物中有明显信息可资统计者为 13 批,按照同品类相加,苏联援华飞机为 1 562 架,总数则在该数之上。而台湾学者王正华在《抗战时期外国对华军事援助》说:"据当时俄军事顾问赵列潘诺夫(A. I. Cherepanov)的忆述,共提供飞机八百八十五架。"①还有一种统计(见下表),认为总共为 988 架,与孔庆泰的说法有巨大的差异:

---

① 王正华:《抗战时期外国对华军事援助》,台北:环球书局 1988 年版,第 121 页。

1937—1941 年苏联援华航空物资①

航空器材种类型号	数量(架)	其他
И‑15 式飞机 И‑16 式飞机 И‑153 式飞机 Сь 式飞机 Ть‑3 式飞机 侦察机和教练机	586 289 113	备用发动机、发动机零配件和航空用特种汽车(启动车、加油车、添加水及滑油车)、航空汽油、航空武器系统、航校设备等

　　李嘉谷在《抗战时期苏联援华飞机等军火物资》(载《近代史研究》1993 年第 6 期)中认为,孔庆泰的统计方法存在错误,他根据九批中国动用苏联对华贷款购买苏联飞机资料的统计,结论是这一时期苏联援华飞机总数量为 904 架。而在《评苏联著作中有关苏联援华抗日军火物资的统计》(载《抗日战争研究》1994 年第 2 期)中,李嘉谷又认为,从 1937 年 9 月到 1941 年 6 月苏德战争爆发,苏联总共向中国提供飞机 924 架(其中轰炸机 318 架、驱逐机 562 架、教练机 44 架)。在苏联,关于这一数字也有差异很大的不同说法,如苏联 1965 年莫斯科出版的由博罗金撰写的《抗日战争中苏联对中国人民的帮助(1937—1941 年)》一书,认为这一数字是 1 250 架。而在 1989 年莫斯科出版的由 1938 年 5 月至 1939 年 10 月在中国担任工程兵高级顾问的 А. Я. 卡利亚金撰写的《援华回忆录(1937—1945 年)》中,认为自 1937 年 10 月到 1942 年 1 月苏联供给中国的各类飞机 1 235 架,航空炸弹 2.5 万颗。② 苏联经济史学者斯拉德科夫斯基在根据苏方所存向中国供货资料逐批统计研究后认为,这一数字是 904 架(其中

① 张青松:《中国上空的鹰:苏联援华航空志愿队战史 1937—1941》,第 5 页。

② 〔苏〕А. Я. 卡利亚金:《在中国土地上》,《援华回忆录(1937—1945 年)》,莫斯科 1989 年版,第 61 页。转引自李嘉谷:《合作与冲突:1931—1945 年的中苏关系》,第 98—99 页。

中型和重型轰炸机 318 架,驱逐机 542 架,教练机 44 架),与李嘉谷的看法基本一致。① 除此之外,还有其他各种不同的数字,如前述台湾学者王正华在《抗战时期外国对华军事援助》中说,从抗战爆发到德苏战争前苏联共向中国提供了 885 架飞机。② 还有说这个阶段中国共获得了苏联援助的 1 047 架飞机。③ 由于各种统计资料的杂乱错失,均未得到普遍的认可。

除飞机之外,对于苏联援华军火的其他种类和数量,学界也各有说法。由于中国财政极端困难,前方战况紧急,在中苏尚未订立正式契约、中国方面尚未付款的情况下,仅在 1937 年 10 月 24 日至 1938 年 2 月 14 日,苏联就向中国提供了军事物资总值达 48 557 418 美元(合法币 160 239 539 元),其中包括飞机 297 架、坦克车 129 辆、各种火炮 320 门、轻重机关枪 1 900 挺、汽车 400 辆、炮弹 36 万颗、子弹 2 000 万粒,以及一些飞机零配件等。④ 1938 年初,国民政府立法院长孙科访苏,要求苏方进一步援华。到 1938 年 8 月 11 日为止,中苏签订了两次信用贷款合同,各为 5 000 万美元。前一笔款项用于前述物资欠款,后一笔款项向苏方订购了价值 1.2 亿元军火物资,包括轻轰炸机 120 架、重轰炸机 10 架、驱逐机 220 架、教练机 100 架、驱逐机材料 200 架、备份发动机 120 台、

① 高萍萍:《苏联航空援华抗日始末》(一),见《南京钟山文化研究》(内部资料),2019 年第 1 期,第 54—55 页。

② 王正华:《抗战时期外国对华军事援助》,第 121 页。

③ 杨杰档案,南京第二历史档案馆藏。

④ 张宪文主编:《中国抗日战争史》,南京:南京大学出版社 2001 年版,第 401—402 页。一说在 1938 年 3 月 1 日中苏第一笔信用贷款条约签署前,苏联向中国提供的飞机是 282 架。见[苏]Ю. B. 丘多杰耶夫:《苏联在华飞行员》,苏联《远东问题》1988 年第 4 期,见李嘉谷:《合作与冲突:1931—1945 年的中苏关系》,第 141 页。

小高射炮 100 门,以及一些飞机零配件和枪炮等。① 1938 年 10 月,
苏联第二批军火物资分别从海上和陆路运抵中国。从 1937 年 9 月
至 1938 年年底,苏联援华军事物资共有飞机 471 架(其中轰炸机
149 架、驱逐机 314 架、教练机 8 架)、各种火炮 620 门、轻重机枪
3 900 挺、炮弹 106 万颗、子弹 6 000 万粒,还有汽车坦克等。② 对于
从全面抗战爆发到德苏战争前苏联援华武器的种类和数量,"据当
时俄军事顾问赵列潘诺夫(A. I. Cherepanov)的忆述,共提供飞机
八百八十五架,大炮九百四十门,机关枪八千三百挺,及其他武器
多种"③。也有说苏联共向中国提供了 1 332 门大炮、炮弹炸弹
291.5 万颗、轻重机枪 15 345 挺、步枪 28 万枝、子弹 19 450 万粒。④
A. Я. 卡利亚金在著述中说,自 1937 年 10 月到 1942 年 1 月苏联供
给中国的各类飞机 1 235 架,各类大炮 1 600 门,T - 26 中型坦克 82
辆,轻重机关枪 1.4 万挺,汽车和牵引车 1 850 辆,步枪 10 万支以
上,各种炮弹 200 万颗,步枪子弹 1.5 亿粒,飞机炸弹 2.5 万颗,此
外还为中国提供了大量飞机、坦克、汽车的全套零配件,各种通讯
器材、药品、汽油和食品。⑤ 根据李嘉谷在《评苏联著作中有关苏联
援华抗日军火物资的统计》(载《抗日战争研究》1994 年第 2 期)的
研究,认为苏联学者斯拉德科夫斯基在所著《苏中经贸关系史
(1917—1974)》中的统计基本上是可信的。斯拉德科夫斯基认为,
从 1937 年 9 月到 1941 年 6 月苏德战争爆发,除 904 架飞机外,苏

---

① 张宪文主编:《中国抗日战争史》,第 402—403 页。
② 同上书,第 403 页。
③ 王正华:《抗战时期外国对华军事援助》,第 121 页。
④ 杨杰档案,南京第二历史档案馆藏。
⑤ [苏]A. Я. 卡利亚金:《在中国土地上》,《援华回忆录(1937—1945 年)》,第 61 页。转
　引自李嘉谷:《合作与冲突:1931—1945 年的中苏关系》,第 98—99 页。

联提供给中国的军事物资还包括：大炮 1 140 门、坦克 82 辆、汽车
1 516辆、牵引车 602 辆、炸弹 3.16 万颗、炮弹约 200 万颗、机关枪
9 720挺、步枪 5 万支、子弹 1.8 亿粒。[①] 苏德战争爆发后，苏联还
向中国提供了少量的汽油、机油。李嘉谷根据苏联和中国方面的
材料进行综合研究，认为斯拉德科夫斯基的统计基本上符合历史
实际。李嘉谷的结论是，这些贷款购买的军火物资的种类和数量
分别为：各类飞机 904 架（其中轻重轰炸机 318 架），坦克 82 辆，汽
车1 526辆，牵引车 24 辆，各类大炮 1 190 门，轻重机关枪9 720挺，
步枪 5 万支，步枪子弹 1.67 亿粒，机关枪子弹 1 700 多万发，炸弹
3.11 万颗，炮弹 187 多万发，飞机发动机 221 台，飞机全套备用零
件、汽油等物资。[②] 在纷纭众说中，苏联经济史学者斯拉德科夫斯
基和中国学者李嘉谷所做的研究材料比较翔实，有相对的准确性。

第二节　苏联援华物资数量和种类的统计

对于苏联援华物资的种类和数量问题，中国第二历史档案馆所
藏档案中保存有一些这方面的材料。对于这方面的研究，李嘉谷做
了比较深入详细的工作，他根据中国实际动用苏联对华信用贷款的
线索进行研究发现，1941 年 3 月 4 日《国民政府行政院对外易货委员
会关于动用苏联贷款向苏购买武器的帐略》[③]中列出的七批军火物
资，其中五批有详细清单。以下为笔者根据中国第二历史档案馆所

① ［苏］M. C. 斯拉德科夫斯基：《苏中经贸关系史(1917—1974)》，第 138 页。转引自《中
　　国抗日战争史》编写组：《中国抗日战争史》，北京：人民出版社 2011 年版，第 299 页。
② 李嘉谷：《合作与冲突：1931—1945 年的中苏关系》，第 98 页。
③ 中华民国国民政府行政院档案，中国社会科学院近代史研究所抄件。转引自李嘉谷：
　　《合作与冲突：1931—1945 年的中苏关系》，第 85—91 页。

藏档案整理研究后的清单(李嘉谷在《合作与冲突:1931—1945年的中苏关系》中也对这些材料列出了清单,经笔者根据档案比对,李嘉谷所列清单有若干数据错讹):

第一批(动用日期:1938年3月5日至6月10日)[1]

号码次序	品名	数量	以美元计算	
			单价	总价
1	Cь式飞机	62	110 000	6 820 000
2	И-16式飞机	94	40 000	3 760 000
3	И-15式飞机	62	35 000	2 170 000
4	УТИ-4式飞机	8	40 000	320 000
5	Tь-3式飞机	6	240 000	1 440 000
6	备用之发动机、飞机和发动机之附件及零件暨特种器件			653 079
7	汽车运输(汽车起动装置器、汽油、机器等)			420 742
8	备用武器及飞机上战斗设备	40套		6 960 437
9	T-26式坦克车连同无线电设备	82	21 302	1 746 764
10	备用发动机、零件及修理厂			374 076
11	牵引机及3A、3иⅡ两种挂车			582 387
12	76公厘1931年式高射炮	20	20 000	400 000
13	备用之炮膛	40	1 500	60 000
14	四五公厘射击坦克车炮	50	7 000	350 000
15	炮弹箱附放第14项者	100	1 425	142 500

---

[1] 国民政府财政部档案:《杨杰抄送中苏第一次易货借款订货还本起息契约致孔祥照电》(1939年9月29日),见中国第二历史档案馆编:《中华民国史档案资料汇编》第5辑第2编,"财政经济"(2),第612页。

续表

号码次序	品名	数量	以美元计算	
			单价	总价
16	辕马套具附于第14项者	182	198	36 036
17	军用仪器			311 800
18	炮兵用及坦克车用之弹药			3 178 810
19	上述货价 29 726 631 元之百分之二组织费			594 533
	共计			30 321 164

第二批(动用日期：1938 年 3 月 15 日至 6 月 20 日)[①]

号码次序	品名	数量	美元	
			单价	总价
1	玛克西姆·托卡辽夫式机关枪	500	180	90 000
2	劫克且辽夫式机关枪	500	225	112 500
3	机关枪子弹	10 000 000	(每千)25	250 000
4	76 公厘野炮	160	6 580	1 052 800
5	115 公厘野战重炮	80	12 000	960 000
6	37 公厘射击坦克车炮	80	1 330	106 400
7	玛克西姆式机关枪	300	600	180 000
8	劫克且辽夫式机关枪	600	225	135 000
9	76 公厘炮弹	160 000	13	2 080 000
10	115 公厘重炮弹	80 000	30	2 400 000
11	37 公厘射击坦克车炮弹	120 000	3	360 000
12	步枪子弹	10 000 000	(每千)25	250 000

---

① 国民政府财政部档案：《杨杰抄送中苏第一次易货借款订货还本起息契约致孔祥照电》(1939 年 9 月 29 日)，见中国第二历史档案馆编：《中华民国史档案资料汇编》，第 5 辑第 2 编，"财政经济"(2)，第 615 页。

续表

号码次序	品名	数量	美元	
			单价	总价
13	经铁路之军火运输			202 892
14	两只轮船装搬费			40 167
15	1 至 12 货值美金 7 975 700 元百分之二组织费			159 534
	共计			8 379 293

第三批(动用日期：1938 年 3 月 25 日至 6 月 27 日)①

号码次序	品名	数量	美元	
			单价	总价
1	И-15 式飞机	60	35 000	2 100 000
2	YT-1 式飞机	5	19 500	97 500
3	备用飞机发动机及他种零件			3 642 469
4	248 架飞机之航运			953 724
5	232 架飞机整套武装设备、特种汽车运输工具与飞机及发动机附件等之铁路运输,共用货车 1 198 辆(内航空货载 753 辆,特种汽车运输工具 100 辆)			323 247
6	汽车运送 И-15 式飞机特种包装费,及由铁路运输其他飞机之包装费			749 676

---

① 国民政府财政部档案:《杨杰抄送中苏第一次易货借款订货还本起息契约致孔祥照电》(1939 年 9 月 29 日),见中国第二历史档案馆编:《中华民国史档案资料汇编》,第 5 辑第 2 编,"财政经济"(2),第 618 页。

续表

号码次序	品名	数量	美元	
			单价	总价
7	И-15式飞机122架与零件及十套飞机上武装设备用汽车运输之运费			1 195 498
8	ЗиС-5式汽车	400	1 120	448 000
9	400辆汽车向目的地开送费			10 416
10	129辆火车运送坦克车之运费			27 967
11	炮兵财产由铁路运输计244辆火车			87 932
12	飞机武装设备30套、坦克车及炮类各种共装两轮之搬运费			40 253
13	修理队之派遣			54 547
14	组织运输[手续费]为单1、2、3、8各项财产总值美金6 387 969元百分之二			125 759
	共计			9 856 979

第四批(动用日期:1938年7月5日至9月28日)①

号码次序	品名	数量	美元	
			单价	总价
1	Сь式飞机	80	110 000	8 800 000
2	备用M-100发动机	60	15 150	909 000

---

① 国民政府财政部档案:《杨杰抄送中苏第一次易货借款订货还本起息契约致孔祥熙电》(1939年9月29日),见中国第二历史档案馆编:《中华民国史档案资料汇编》,第5辑第2编,"财政经济"(2),第620—622页。

续表

号码次序	品名	数量	美元	
			单价	总价
3	Cь 式飞机整套零件	80	15 214	1 217 120
4	ⅢKAC 式机关枪连同装备	120	742	89 040
5	战斗机各项备用零件、修理用具、装备、材料及甲板等			758 822
6	运输机各项备用零件、修理用具、装备、材料等			1 286 755
7	达阿式、派凡式及舒卡司式机关枪在飞机上使用之子弹连同子弹带			1 140 867
8	И - 15 式飞机	100	35 000	3 500 000
9	И - 15 式飞机之附带装备	10	14 300	143 000
10	М - 25 式飞机发动机	46	6 200	285 200
11	И - 15 式飞机各项零件			158 296
12	劫克且辽夫式机关枪	1 500	225	337 500
13	玛克西姆·托卡辽夫式机关枪	500	180	90 000
14	37 公厘炮连同备（用）零件、修理器具、附件及马匹套具	100		813 400
15	37 公厘罗真别各及各留真维耳克式炮，连同备用零件、修理工具及附件	200		200 000
16	37 公厘炮之炮弹	490 000	3	1 470 000
17	76 公厘炮之炮弹	160 000	13	2 170 000
18	115 公厘之重炮弹	46 861	30	1 405 830
19	步枪子弹	20 360 000	（每千）25	509 000
20	3иC - 5 式汽车	200	1 175	235 000
21	3иC - 6 式汽车	100	1 470	147 000

续表

号码次序	品名	数量	美元	
			单价	总价
22	400 辆汽车基本修理所需之零件及已用过一年 300 辆汽车修理所需之零件			139 071
23	各种货载经铁路之运输：飞机、飞机上之装备、各种备用零件、修理工具、战斗机上之装备与材料、飞机发动机及其零件、Cь式与 И - 15 式两种飞机之武器与空战应有整套之设备、各种炮兵用品、汽车及零件			506 061
24	И - 15 式飞机用汽车运输之特种包装费			967 742
25	一只轮船货载之搬装与运送			20 140
26	И - 15 式飞机装配工作费与 Cь式 50 架飞机及 И - 15 式飞机一百架由空中飞送费			192 931
27	关于运送志愿飞行士、运输员、装配与修理飞机之工人，飞机上武器安装之工班、顾问等，而经营航空线之费用与运送各项货载及军火费用			877 768
28	用汽车运送 100 架 И - 15 式飞机所需之运费，Cь式飞机各项装备，各式飞机所需用之发动机，连同整套零件或某项零件，运送各种零件及材料，修理工具及军用飞行经营上有关财产运送三百辆汽车及该汽车之零件			868 180

号码次序	品名	数量	美元	
			单价	总价
29	志愿兵顾问等之派遣费及装费等			810 395
30	1—22 各项财产共值美金 24 860 782 元百分之二之组织费			497 215
	共计			29 601 215

　　根据李嘉谷的研究,上述第 3 及第 17 项的细数与总数不符,第 15 项数量有误。苏联斯拉德科夫斯基所列的该批军火物资单中有 200 门野炮,而 И-15 式飞机比中方货单多 20 架。[1]

　　没有见到第五批(动用日期:1939 年 6 月 25 日至 9 月 1 日)共计美金 21 841 349 元的详单,该批军火属于苏联第二次对华信用贷款 5 000 万美元的最后一批。1939 年 6 月 26 日杨杰密电蒋介石:"本午谒伏帅(伏罗希洛夫),哲公(孙科)在座,据称,在第二次借款项上拨付之陆、空武器,日前已详告孙院长转报钧座矣。现决定:甲、飞机两百架由陆运外,余均由海道运仰光。"[2]由于苏联第二次 5 000 万美元信用贷款购买的军火物资分为第四、第五两批,第四批的使用日期是将近一年之前,这一批应该就是动用苏联对华信用贷款的第五批。1939 年 8 月 20 日杨杰致电蒋介石:伏帅又称"苏运华之飞机 И 十五 30 架,И 十六 30 架,SB36 架,远航重轰炸

---

[1] 李嘉谷:《合作与冲突:1931—1945 年的中苏关系》,第 91—92 页。
[2] 孔庆泰:《抗战初期杨杰等和苏联磋商援华事项秘密函电选》,《民国档案》1985 年第 1 期,第 52 页。

机 12 架,余亦陆续起飞"①。但苏联斯拉德科夫斯基所列的这批军火物资中,只有各类飞机 120 架,陆军武器只有机关枪子弹,细目如下②:

项目	数量	项目	数量
дь3 - 2M87 飞机	24 架	上述飞机全套装备	3 套
Сь 飞机	36 架	上述飞机全套装备	4 套
И - 15ыис 飞机	30 架	上述飞机全套装备	3 套
И - 16 飞机(带挺机枪)	20 架	上述飞机全套装备	2 套
И - 16 飞机(带炮)	10 架	上述飞机全套装备	1 套
飞机发动机	83 台	机关枪子弹	510 万粒

第六批(动用日期:1939 年 6 月 25 日至 9 月 1 日),共计美金 18 622 024 元,无详单。③但一些学者根据中国第二历史档案馆藏杨杰档案三零一八 33 的研究,揭示了 1939 年 6 月 25 日至 9 月 1 日期间,依照中国政府该年 6 月 20 日订单,苏联运往中国的武器装备如下表格中的项目④,就是第六批动用苏联信用贷款的货单。

项目	数量	项目	数量
火炮	250 门	炮弹	50 多万发
机枪	4 400 挺	子弹	10 000 万粒
步枪	50 000 枝	契约未规定之货物价值美金	92 411 元
卡车	500 辆	苏联为运送上述各项物资支用之运输费美金	3 927 050
航空炸弹	16 500 颗	共计	18 622 024 元

---

① 秦孝仪主编:《中华民国重要史料初编——对日抗战时期·第三编·战时外交》(二),第520 页。

②③ 李嘉谷:《合作与冲突:1931—1945 年的中苏关系》,第 92 页。

④ 李嘉谷:《合作与冲突:1931—1945 年的中苏关系》,第 93 页。

第七批(动用日期:1939 年 10 月 1 日至 12 月 1 日)①

号码次序	品名	数量	美元	
			单价	总价
	(一)飞机类			
1	飞机 YT-2、M-11	15	39 500	592 500
2	上述飞机整套零件	2	22 350	44 700
3	飞机 И-15ьис	8	35 000	280 000
4	飞机 YTИ-4	4	40 000	160 000
5	飞机 Cь	10	110 000	1 100 000
6	上述飞机整套零件	1	15 214	15 214
7	飞机 P-10	8	81 700	653 600
8	上述飞机整套零件	1	23 350	23 350
9	Cь 机学习用之舱位	2	5 000	10 000
10	И-16 飞机	8	40 000	320 000
11	M-103 飞机发动机	6	15 150	90 900
12	M-11 式发动机	5	4 350	21 750
13	Bum-2 式之金属螺旋桨	2	2 100	4 200
14	M-25 式之金属螺旋桨	3	925	2 775
15	YT-2 式木质螺旋桨	5	150	750
16	Bum-16 式金属螺旋桨	3	5 000	15 000
17	飞机上及发动机上各种零件			173 600
	共计			3 508 339

---

① 国民政府财政部档案:《杨杰抄送中苏第一次易货借款订货还本起息契约致孔祥照电》(1939 年 9 月 29 日),见中国第二历史档案馆编:《中华民国史档案资料汇编》,第 5 辑第 2 编,"财政经济"(2),第 626—628 页。

号码次序	品名	数量	美元	
			单价	总价
	(二)汽车类			
1	ГАЗ-АА式载重汽车	8	1 710	13 680
2	3uc-5式载重车	6	1 175	7 050
3	M-1式轻便汽车	6	3 060	18 360
4	ГАЗ-АА式载客大汽车	2	4 465	8 930
5	救护卫生车	4	4 400	17 600
6	CT3牵引车	2	4 190	8 380
7	YT3牵引车	2	6 130	12 260
8	汽车用始动机	2	2 800	5 600
	共计			91 860
	(三)其他各种财产			
1	飞行员及技术人员共同服装			3 246
2	教室内各教授用财产			160 438
	共计			163 684
	(四)上述各项输送费			
1	铁路运输、装载及搬卸费			39 869
2	汽车牵引机及其他财产输送费			673
3	飞机之飞送费			2 098
4	飞机教官之飞送费			27 925
	共计			70 565
	(一)(二)(三)各类财产总值37 638 832元百分之二之组织费			75 277
	共计			3 909 725

　　除上述七批外,根据1944年10月25日国民政府行政院对外易货委员会关于偿还苏联贷款的节略,动用苏联信用贷款购买苏联援华军火还有两批:第八批(动用日期:1941年6月1日),计美金49 520 828.85美元,第九批(动用日期不详),计美金1 123 232.51美元,两批合计50 644 061.36美元。[①] 1945年9月28日国民政府经济部在致行政院呈文中说:根据中苏第三次借款条约,苏联曾经在1940—1942年间移交中国物资两批,总值美金50 644 061.36元,并且于1944年1月向中国报详细账单两份。何应钦召集物资接收机关逐项查对,到1944年10月,共查明货物总值美金49 946 780.29元,未查明的仅有美金697 281.07元。[②] 这两批物资未见详单,但苏联驻中国军事总顾问崔可夫在1941年1月16日会见蒋介石时说,一批援华军火物资已经在1940年12月运华,崔可夫所记此批武器清单如下:

　　飞机:最新出品快速中型SB式双发动机轰炸机100架,最新E16式驱逐机75架,153式驱逐机75架,合计共250架。还附有十次作战用的装配,各种炸弹较少,只能供应三次作战使用,因为中国已经能够自制。

　　大炮:七六(毫)米口径野炮200门,装甲炮拖200套,炮弹20万发,高射炮共50门,内七六(毫)米口径者20门,附炮弹3万发,三七(毫)米口径者30门,附炮弹7万发。

　　机关枪:轻机枪800挺,重机枪500挺,子弹共1800万粒。

　　车辆油类:载重三吨之汽车300辆,汽油、机(油)若干。[③]

---

①② 中华民国国民政府行政院档案,中国社会科学院近代史研究所抄件。转引自李嘉谷:《合作与冲突:1931—1945年的中苏关系》,第95页。

③ 秦孝仪主编:《中华民国重要史料初编——对日抗战时期·第三编·战时外交》(二),第526页。

斯拉德科夫斯基在《苏中经贸关系史(1917—1974)》中也记载了这批物资,与崔可夫所记基本一致,这就是第八批援华军火,清单如下:

项目	数量	项目	数量
勃朗乌宁格机枪	1 300 挺	高射炮	250 门
子弹	3 700 万粒	高射炮弹	30 万发
牵引车	20 辆	Сь 飞机	100 架
И-153 飞机	76 架	И-16 飞机	65 架
И-15 飞机	9 架	飞机全套装备	23 套
炸弹	14 600 枚	炮弹	18 000 发
ЗИс-5 汽车	300 辆	石油产品	331 300 美元

斯拉德科夫斯基还记载了第九批,也就是最后一批军火物资的清单①:

项目	数量	项目	数量
飞机 УТ-2	2 架	飞机 УТИ-4	2 架
飞机发动机	21 台	机枪子弹	16 700 粒
石油产品	107 200 美元		

除了贷款、以优惠价格向中国出售军火物资,苏联方面还曾经帮助中国进行军工生产。杨杰到莫斯科与斯大林会谈,苏方建议帮助中国建立飞机制造厂以增加中国的武器生产和自给能力。1937 年 11 月 11 日,斯大林在与蒋介石特使杨杰的谈话中,就提议

---

① [苏]М. С. 斯拉德科夫斯基:《苏中经贸关系史(1917—1974)》,第 137 页。转引自李嘉谷:《合作与冲突:1931—1945 年的中苏关系》,第 97 页。

由苏联帮助中国制造飞机,希望中国建设自己的重工业。[1] 苏方提议由苏联设计在中国设立的飞机制造厂,由苏联提供发动机,可以每月生产出 50—200 架飞机。苏方还承诺在中国原有的兵工厂内增加机器,生产各种类型的中小口径炮乃至重炮。杨杰向蒋介石建议:由苏联提供专家和机器设备在新疆开采石油以供应军需。[2] 1938 年 7 月 25 日,蒋介石致电杨杰转航空委员会技术厅长黄光锐:"与苏俄合办飞机厂最要,飞机马达亦能限期自制,务于此特别注重。"[3]8 月 22 日杨杰复电:"与苏商洽之飞机厂,年出四百至千架之数。厂址以暂设迪化为有利:一、材料供给,旬日内确实可到。二、开办迅速,短期内可出品。三、由出品地运至供给地较近。四、苏境内有华工数千,刻正移新疆及中亚一带,可利用。若在昆明:一、距材料供给地过远,开办较慢,即以后之补给,亦不可靠。二、海运有危险性,每次之供给,非有两月以上之准备不可,且不经济。在抗战中,自以出品迅速而经济,运输确实安全为主。"[4]1940年 1 月,苏联副外交人民委员约见杨杰说:"(一)去夏孙博士(孙科)代表中国政府与苏联政府商定之迪化飞机厂,苏联应中国之希望,下令与主管,并限于六个月完成,预期每年可制驱逐机三百架,将来亦可加造轰炸机。(二)此厂所订中苏组织混合公司经营,资本各半,现苏政府已暂定出资二千五百万卢布,刻在迪积极筹备,

---

[1]《斯大林与蒋介石特使关于援华问题的谈话记录(摘录)》(1937 年 11 月 11 日),沈志华总主编:《苏联历史档案选编》第 11 卷,第 707 页。

[2] 孔庆泰:《抗战初期杨杰等和苏联磋商援华事项秘密函电选》,《民国档案》1985 年第 1 期,第 46 页。

[3] 秦孝仪主编:《中华民国重要史料初编——对日抗战时期·第三编·战时外交》(二),第500 页。

[4] 孔庆泰:《抗战初期杨杰等和苏联磋商援华事项秘密函电选》,《民国档案》1985 年第 1 期,第 48 页。

望中国方面加紧进行。"①不过这时候蒋介石认为苏联飞机已经落后,他认为中国如果设立飞机制造厂应该制造最新型的先进飞机,因此停止了在迪化设厂的动议。② 之后,由于新疆盛世才政府采取反苏反共立场,与苏联关系不断恶化,苏联政府于1943年4月通知新疆盛世才政府:撤出由盛世才政府与苏联协议设立在迪化的农具制造厂(实为飞机制造厂)和由新疆省政府投资400多万元与苏联合办的独山子油矿中的苏方人员、物资、机器。经中国政府交涉,飞机制造厂撤离新疆,独山子油矿中的机器设备拆运回苏联,余下的房屋等苏方资产作价170万美元卖给中国。③ 中苏双方在飞机制造和石油开采上的合作,由于种种原因,结果未能成功。

第三节　苏联援华武器的性能

苏联援华物资是从苏军现行装备中抽调出来的,其中有许多在苏军装备中也属于先进之列。全面抗战初期,中国与日本之间军力相差极为悬殊,特别在军事武器装备上,尤其是空中力量方面的劣势特别明显,因此中国方面迫切希望缩小这方面的差距。当时中国空军拥有的各种型号的飞机多是过时的,而且数量很少,性能落后,主要购自英国、美国、意大利、德国等欧美市场。在作战中中国空军虽然奋勇杀敌勇敢牺牲,但自身也受到很大损失,弱小的

---

① 秦孝仪主编:《中华民国重要史料初编——对日抗战时期·第三编·战时外交》(二),第520—521页。

② 秦孝仪主编:《中华民国重要史料初编——对日抗战时期·第三编·战时外交》(二),第522页。转引自李嘉谷:《合作与冲突:1931—1945年的中苏关系》,第112页。

③ 秦孝仪主编:《中华民国重要史料初编——对日抗战时期·第三编·战时外交》(二),第449—450页。

中国空军很快便丧失了大部分飞机,基本上失去了战斗力。在英美等国持绥靖态度的情况下,中国自身没有飞机生产能力,又无法从其获得相应的援助,因此特别急需苏联的飞机。全面抗战一开始,中国方面的需求就非常迫切。这在蒋介石的电文中表现得常清楚,比如蒋介石在 1937 年 11 月 20 日致电驻苏大使蒋廷黻:"沈德燮处长已到莫,请兄介绍其与俄政府洽商飞机交涉,现在最急需用者为驱逐机二百架与重轰炸双发动机一百架,先聘俄飞行员二三十人,即请驾机来甘。"①1938 年 4 月蒋介石致电时任驻苏大使杨杰:"兹请再向苏方商订驱逐机 E-15 式八十架,E-16 式八十架,轻轰炸机 R-10 式八十架,同时对于去年经订待交之轻轰炸机 SB 式四十架,一并催请起运。所有新旧所订之机,均希从速分批起运,于本年七月前全数交竣。"②1938 年 5 月 5 日,蒋介石致电斯大林:"现在中国缺乏必需之武器甚多,尤其需要飞机特别迫切。"③"尤其飞机一项,实迫不及待,中国现只存轻轰炸机不足十架,需要之急,无可与比,请先将所商允之轰炸机与发动机尽先借给,速运来华。"④斯大林基本满足了蒋介石的要求。当时在华东淞沪、南京战役中国的战机几乎拼完了,欧美列强对中日战争态度暧昧,加上日军封锁中国海上交通,中国能够从欧美得到的飞机寥寥无几,从 1937 年 7 月全面抗战开始到 1938 年 4 月为止,中国共向欧美订购飞机 363 架,而实际运到中国的仅仅 85 架(其中 13 架还未装好),而这期间,苏联却向中国提供了大批飞机和其他航空器材。

---

① 中国第二历史档案馆编:《中华民国史档案资料汇编》第 5 辑第 2 编,"外交",第 239 页。
② 同上书,第 242—243 页。
③ 同上书,第 243 页。
④ 同上书,第 244 页。

到 1938 年 2 月为止,苏联卖给中国的飞机为 232 架,折合 2 254 万美元。① 据抗战时期曾任苏联驻华大使的潘友新在回忆录里说:"1940 年 2 月 14 日,冯玉祥元帅来到我处说,在最高国防委员会会议上,孔祥熙大致表示,'所有国家都谈论对中国的援助,而苏联是实际上唯一援助我们的国家。苏联向我们提供了 5 000 万美元的贷款,后来又提供了 5000 万美元,最后是 1.5 亿美元,共计是 2.5 亿美元。请问,世界上有哪个国家像苏联那样援助我们?'何应钦似乎在这次公议上表示:'我们购买美国和苏联的飞机,但美国飞机质量低劣,根本无法进行飞行,我们听到的都是指责,这些飞机不是缺东就是少西。而苏联卖给我们的飞机,都是 1939 年的最新产品,这些飞机可以直接参加作战。'冯玉祥提醒我,孔祥熙、何应钦都不得不承认苏联对中国友好援助的事实。"②

根据随武器采购团的空军组俄文翻译兼办理航空器材接受任务的刘唐领回忆,中国从苏联购买 6 种飞机,共约 600 多架,其中以歼击机数量最多;其次为中型轰炸机;重轰炸机只有 6 架。③ 这些飞机都是先从苏联其他地方飞到阿拉木图,或者是将零件运到阿拉木图组装,办理交接手续后飞往中国。也有的是用汽车将飞机零件运到新疆哈密装配后飞往中国内地。1937 年 11 月 21 日,中国著名的空军英雄高志航,就是因为奉命赴兰州接收苏联援华战机,转场至河南周口机场时,遇敌机空袭而牺牲的。苏制飞机到达中国后,逐渐成为中国空军的主要战斗机型。

---

① 高晓星、时平编著:《民国空军的航迹》,北京:海潮出版社 1992 年版,第 279 页。

②《潘友新回忆录选译》(上),中国社会科学院近代史研究所近代史资料编辑部编:《近代史资料》,总 108 号,第 218 页。

③ 新疆维吾尔自治区文史资料委员会编:《盟国军援与新疆》,乌鲁木齐:新疆人民出版社 1992 年版,第 20 页。

1939 年中国飞行员徐华江站在俄制 E‐15
双翼驱逐机前留影,摄于兰州

苏联提供的首批飞机抵达兰州交接时的合影

苏联援华的飞机,部分是从苏联空军紧急调拨的,大部分是直接从工厂的装配线上开出,经试飞后运往中国。苏联援助中国的作战飞机占抗日战争时期中国从苏、美、德、法、英诸国购买、租赁作战飞机中的40%,数量上仅次于美机。苏联援华的飞机都属于当时苏联先进的军事装备,机型主要有:由 H. H. 帕里卡尔波夫设计的 И-16 型驱逐机(歼击机、战斗机);由 A. H. 图帕(波)列夫设计的高速(中型)轰炸机 Cь 型和重型轰炸机 Tь 型;由 C. B. 伊柳辛设计的远程轰炸机 Дь-3 型;还有用作快速运输服务的运输机 DB-3飞机,Tь-3 与 ANT-9 也担任运输任务。此外,还有些上述机型的训练机,如 UTI-4И-16 训练型。苏制 И-15 歼击机为双翼飞机,是当时世界上盘旋半径最小的战斗机之一,它转弯半径小,水平机动性很好,机动灵活,善于与敌机格斗,但航速较慢。И-16歼击机比 И-15 更为先进,1933 年才研制成功,它是一种单翼驱逐机,航速达到每小时 480 公里,垂直机动性好,是当时世界上最先进的战斗机,但水平机动性差一些。与当时日军飞机性能相当,И-15、И-16 均装有 4 挺"司卡斯"高射速机枪,一分钟可发射 1 800 发子弹。И-15 和 И-16 战斗机,都是当时世界上比较先进的作战飞机,尤其是 И-16 战斗机在 1937 年的西班牙内战中才第一次投入使用,在苏军中一直使用到 1943 年夏天。在日本零式战机出现前,И-15 和 И-16 两种战机高低搭配,往往战力非凡。苏制轰炸机 Cь 型和重型轰炸机 Tь 型在当时也是一流的轰炸机。Cь 式轰炸机性能先进,航程为 1 000 公里以上,最高时速达 420 公里,载弹量为 600 公斤,可载 250 公斤 1 枚的炸弹。当时日本的九五式、九六式驱逐机,在速度上都不如苏联轰炸机,因此当苏联飞机来华后,中国在空战中获得过不少战果。直到 1941 年苏德战争爆发时,这些飞机是当时苏联空军的主要装备机型,来到中国之后,苏制飞机在中国战场上逐渐取代原来的欧美机型,这些飞机尾翼上都涂上中国的识别标志,成为当时中国空军的主要机型。到 1941 年 8 月 1 日美国志愿队组建时,中国空军除了美制的 P—40C 型战机外,还在使用少数的苏制轰炸机。直到太平洋战争爆发,美国大力援助中国抗战,1942 年 3 月,中国空军分批赴印度受训并接受美制飞机,大量美制战机进入中国,苏联飞机才逐渐退出中国空战。

苏联援助中国的轰炸机群

抗战时期苏联援华飞机技术数据[1]

型号	机种	马力	最大时速 (公里)	升限 (米)	续航距离 (公里)	武备
И-15	战斗机	700	360	12 000	750	机枪 7.6mm×4 炸弹 100 公斤
И-16	战斗机	1 000	480	11 000	650—800	机枪 7.6mm×4 炸弹 100 公斤
Сь	轰炸机	860×2	480	10 000	1 650—2 000	机枪 7.6mm×3～4 炸弹 1000 公斤
Дь	轰炸机	1000×2	430	9700	3800	机枪 7.6mm×3～4 炸弹 1000 公斤

---

[1] 高晓星、时平编著:《民国空军的航迹》,第 281 页。

　　对于苏制武器的性能,1937年初秋中国考察团的武器专家有高度的评价。考察团赴苏后不久,杨杰在日记中写道:"十三日赴郊外飞行场检视飞机、高射炮、唐克车(坦克车)、防唐克炮(防坦克炮)等各物,均觉成绩不劣,各有各的特长之点,均适我陆军之用,就中以飞机为最优良,驱逐机之速度在现今各国中堪称一等,惟觉轰炸机稍小,因其携弹不多,航行时间不足(五六小时),不适于我国远飞到日本岛地轰炸之用。但为战术战略上使用,此亦利器也。"①杨杰代表团的武器专家对于苏联军火武器有详细鉴定,关于苏联的中型轰炸机,他们认为:"此机如防御海岸则有余,攻击敌国境内则不足。此项飞机之速率,较吾人所预定者为高。"双叶驱逐机的优点是有4挺机枪、炸弹4枚(每枚10—15公斤),但续航力太短。单叶驱逐机"上升至5 000公尺高空,仅须4分钟,速度则较高(500公里),惟其续航力太短(仅一小时半),此机吾人必须加以注意者,为增设补充油箱"②。杨杰代表团专家认为,苏联高射炮"命中率甚大","据称此炮之命中公算为四分之一,由此可知其优点矣"。苏联高射炮及防战车炮"品质性能均甚优好,于吾环境亦甚适用","此炮较德国制者为优,德制之口径为三七公厘,此炮口径为四五公厘",可广泛使用,不仅可以攻击敌人战车及装甲车,也可以用于破坏敌人机关枪及轻便工程。③ 苏联援华战车"系仿英国所制者,该战车总重九吨半,武器为炮一、机枪二(一为高射者,一为手射者),时速为三十公里至三十五公里,与吾人所定之中型战车

<hr />

① 《杨杰日记》(1937年9月13日)。

② 孔倾泰、吴菊英:《中国军事代表团与苏联商谈援华抗日械弹记录稿》,《民国档案》1987年第3期,第35—36页。

③ 同上书,第35页。

标准,皆相适合"①。可以说,杨杰代表团军事专家对于苏联武器非常满意。实际上,这些武器在后来的抗战战场上确实发挥了巨大作用,如苏联飞机和苏联志愿航空队来华后,重建了中国空军,由于苏联飞机性能先进,有效地遏阻了抗战初期日军的凌厉攻势,使本已急剧恶化的战局逐渐稳定了下来。其他苏联军事装备也在战场上发挥了巨大作用,有力打击了日军。苏制 T－26 坦克是当时苏军的主战坦克,曾经用于西班牙内战和苏芬战争,这种坦克性能不算良好,但由于我国坦克本来就少,在台儿庄战役中它发挥了重要作用。1938 年 8 月中国政府特别用苏制 T－26 坦克装备了第200 师,组成了中国第一个机械化师,其装备的 T－26 坦克曾经在1940 年昆仑关战役中大展威风。

迄今为止,学界对于 1937—1941 年全面抗战前期苏联对华援助的评价总体上是积极的,对于苏联援助中国的优惠条件和提供武器的性能都是高度肯定的。但由于全面抗战猝然爆发,中国向苏联要求的援助数量大、时间紧,苏联在满足这些要求的时候不免出现不周之处,其间也会出现一些不如人意的问题。如全面抗战开始数月后,中国飞行员赴兰州接收苏联提供的飞机,中国飞行员高庆辰发现:"俄国卖给我们的飞机,没有一架是新的,都是他们自己淘汰的飞机,经整修后,要中国付现款,照新机的价钱卖给我们。各国因受到日本的压力,多不敢卖飞机给我们。所以哪怕俄国以旧品当新品,我们也只有哑巴吃黄连,有苦说不出了。例如 И－16式,按他们新机的规格,最大速是每小时 440 千米,但我们在理想的高度下,开满油门也到不了 350 千米/时。规定航程 800 千米,但

----

① 孔倾泰、吴菊英:《中国军事代表团与苏联商谈援华抗日械弹记录稿》,《民国档案》
　　1987 年第 3 期,第 35 页。

我们如何尽量设法省油,也只能飞 2 小时,飞不到 600 千米。后来接的 И-153 油量更短,有的只能 45 分钟就没油了。"①这是目前仅见的对苏联援华物资的恶评,同样观点的材料极少发现。高庆辰是中国空军的著名飞行员,又是这件事情的亲身经历者,其言应该不会有假。估计高庆辰等人接收的苏联飞机是从苏军现役部队中临时抽出来的,根据当时苏联面临的周遭局势和苏联的国策,中国的抗战对苏联国家战略利益的支持,应该远远大于通过高价出售部分劣质军火所得到的好处,在这个问题上,苏联政治家一直是清楚和理性的,高庆辰发现的这种现象,应该说是少数事例。即使出现了高庆辰所说的一些问题,这一时期苏联的援华在客观上还是起到了雪中送炭的效果。

第四节　中国对苏联贷款的偿还

一、中国偿还苏联贷款概况

由于中国外汇短缺,苏联政府同意中国以苏联需要的农矿产品偿还苏联贷款。全面抗战爆发后不久,苏联就开始以军火物资援华,苏联援华飞机最早于 1937 年 10 月 2 日飞抵中国,而当时中苏信用贷款条约尚未签订。1938 年初,中国向苏联订购 20 个师的武器装备,苏联对最初援华物资开出了账单,要求中国政府立即支付一部分现金。1938 年 5 月 5 日,蒋介石致电斯大林和伏罗希洛夫:"上次垫借之款,未能如期清还,实深歉愧,但请谅解。我国实无外汇现金可资拨付,苟稍有可能,不待贵方催询,早应全偿。"并

---

① 张青松:《中国上空的鹰:苏联援华航空志愿队战史　1937—1941》,第 169 页。

说："中国已决定提出国币 3 200 万元尽数购足同额之货物抵运。如此,庶不致影响外汇,而经济得以维持,战事亦可顺利进行。贵国当能谅解中国此种措置之苦衷而予以同意也。"①斯大林和伏罗希洛夫于 1938 年 5 月 10 日回电,同意中国以苏联所需要的商品偿还。②中苏信用贷款条约规定："本条约第二条内规定之信用借款与利息,中华民国政府以苏维埃社会主义联邦共和国所需之物产品与原料品偿还之。中华民国政府为偿还信用借款而交付商品之种类与数量,应与本条约附录第一品名单相符,并于年初按照苏维埃社会主义联邦共和国对外贸易人民委员会之指示,于每年偿还款额内规定之。"③在三个中苏信用贷款条约规定的供货单中,前两个条约都规定了把茶、丝绸、棉花、桐油、药材、红铜、皮革、兽毛、钨、锌、镍、锡、锑十三种产品作为偿还货品。第三个条约增加了毛皮,同时把桐油换成了树脂。苏方为照顾中国困难,表示不专要锡、钨之类矿产,如果矿产短缺,亦可多交茶、羊皮、羊毛等。④ 在援华贷款谈判中,最初双方商定中国以 3/4 金属、1/4 农产品偿还苏联贷款,后来考虑中国的困难,苏联同意以农矿产品各半偿还,如矿产品不足可以农产品替代。实际上,在偿还的过程中,农产品还略多于矿产品。到 1944 年,实际上输入苏联的中国农矿产品,与条约规定并不完全一致。如实际输出的汞、铋在条约规定的货单上并未列入,而货单上的红铜、镍实际上并未输出。

---

①② 孔庆泰:《抗战初期杨杰等和苏联磋商援华事项秘密函电选》,《民国档案》,1985 年第 1 期,第 46—47 页。

③《苏中关系文件集》(1917—1957 年),第 167—170 页。转引自李嘉谷:《合作与冲突: 1931—1945 年的中苏关系》,第 114 页。

④ 孔庆泰:《抗战初期杨杰等和苏联磋商援华事项秘密函电选》,《民国档案》,1985 年第 1 期,第 55 页。

中苏信用借款历年应付本息数额表(美元)①

年度	本金	利息	合计
1937—1938		553 941.61	553 941.61
1938—1939	10 000 000.00	2 528 900.59	12 528 900.59
1939—1940	13 333 333.33	2 700 000.00	16 033 333.33
1940—1941	20 000 000.00	3 733 777.81	23 733 777.81
1941—1942	20 750 000.00	2 375 952.47	23 125 952.47
1942—1943	22 253 174.00	1 753 452.47	24 006 627.37
1943—1944	12 253 174.00	1 085 857.22	13 339 032.12
1944—1945	8 919 841.57	718 261.98	9 638 103.55
1945—1946	2 253 174.90	450 666.73	2 703 841.63
1946—1947	2 253 174.90	380 071.48	12 636 246.38
1947—1948	2 253 174.90	315 476.24	2 568 651.14
1948—1949	2 253 174.90	247 880.99	2 501 055.89
1949—1950	2 253 174.90	180 285.74	2 433 460.64
1950—1951	2 253 174.90	112 690.49	2 365 865.39
1951—1952	1 503 174.90	45 075.25	1 548 270.15
合计	122 381 747.20	17 335 312.86	139 717 060.06

① 国民政府行政院档案:《行政院对外易货委员会办理对苏易货偿债事宜进行情形节
略》(1944 年 10 月 25 日),见中国第二历史档案馆编:《中华民国史档案资料汇编》第
5 辑第 2 编,"财政经济"(2),第 648 页。

中国偿还农矿产品
中苏信用借款历年偿还数额表（美元）①

年度	应偿本息	已交产品总值		
		农产品	矿产品	合计
1938—1939	13 084 972.36△	7 511 070.16	7 536 703.93	15 047 774.09
1939—1940	16 033 333.33	8 526 276.31	7 937 089.74	16 463 366.05
1940—1941	23 733 777.81	11 480 716.21	11 554 269.85	23 034 986.06
1941—1942	23 125 952.47	6 594 978.59	10 199 181.34	16 794 159.93
1942—1943	24 006 627.37	14 607 771.00 *	12 003 314.00 *	26 611 085.00 *
1943—1944	13 339 032.12	9 133 518.00 *	6 669 516.00 *	15 803 034.00 *
合计	113 323 695.46	57 854 330.27	55 900 071.86	113 754 405.13

　　△ 应于 1937 至 1938 年开始付息,实于 1938 至 1939 年合并偿还。

　　* 系签约数值,自 1942 年 11 月 1 日至 1944 年 9 月底期间,实交产品数值合计（美元）23 871 553.90。其中农产品占 6 869 561.16,矿产品占 17 001 792.74。自 1938—1939 年度至 1943—1944 年度应还本息,总计为（美元）113 323 695.46。签约数额总计为（美元）113 754 405.13,实交产品数额（截至 1944 年 9 月底为止）为（美元）95 329 526.41,与应还本息总额相较,尚少（美元）17 994 169.05。

　　到 1943—1944 年度,中国偿还苏联贷款货品中的矿产品总值略少于农产品,农产品为 57 854 330.27 美元,矿产品 55 900 074.86 美元。中国历年偿还苏联贷款的具体情况见下表（数额:美元）②:

年度	应偿本息	已交产品总值		
		农产品	矿产品	合计
1938—1939	13 084 972.36	7 511 070.16	7 536 703.93	15 047 774.09
1939—1940	16 033 333.33	8 526 276.31	7 937 089.74	16 463 366.05

---

① 国民政府行政院档案:《行政院对外易货委员会办理对苏易货偿债事宜进行情形节略》（1944 年 10 月 25 日）,见中国第二历史档案馆编:《中华民国史档案资料汇编》第 5 辑第 2 编,"财政经济"（2）,第 649 页。

② 李嘉谷:《合作与冲突:1931—1945 年的中苏关系》,第 115 页。

年度	应偿本息	已交产品总值		
		农产品	矿产品	合计
1940—1941	23 733 777.81	11 480 716.21	11 554 269.85	23 034 986.06
1941—1942	23 125 952.47	6 594 978.59	10 119 181.34	16 794 159.93
1942—1943	24 006 627.37	14 607 771.00	12 003 314.00	26 611 085.00
1943—1944	13 339 032.12	9 133 518.00	6 669 516.00	15 803 034.00
合计	113 323 695.46	57 854 330.27	55 900 074.86	113 754 405.13

按照苏联学者斯拉德科夫斯基在《苏中经贸关系史（1917—1974）》中的研究结论，到 1945 年抗战胜利为止，中国尚未完全还清苏联的信用贷款，尚有约 4 000 万美元的差额[①]，此后，中国为还清苏联信用贷款又延续了几年。

从 1942 年 11 月 1 日到 1944 年 9 月底，中国实交产品数值合计为 23 871 353.90 美元，其中农产品为 6 869 561.16 美元，矿产品17 001 792.74美元。从 1938—1939 年度到 1943—1944 年度，中国应还本息为 113 323 695.46 美元，实交产品总值 113 754 405.13美元。[②] 在当时全世界已经探明的矿产品中，中国的钨、锑储量和产量均居世界首位，这些特殊金属是军事工业必不可少的，因此中国输出到苏联的矿产品主要是钨、锡、锑等金属矿产。

[①] ［苏］M. C. 斯拉德科夫斯基：《苏中经贸关系史（1917—1974）》，第 148 页。转引自李嘉谷：《合作与冲突：1931—1945 年的中苏关系》，第 121 页。

[②] 《行政院对外易货委员会关于偿还苏联贷款的节略》（1944 年 10 月 25 日），国民政府行政院档案，近代史研究所抄件。转引自李嘉谷：《合作与冲突：1931—1945 年的中苏关系》，第 115 页。

1937—1947 年中国对苏输出矿产品统计表①(单位:吨)

项目＼年	钨砂	纯锑	锡锭	汞	铋砂	锌块	合计
1937	200.00	304.80	358.00			500.00	1 362.80
1938	3 200.00	5 239.20	200.00			200.00	8 839.20
1939	5 600.00	3 253.20	100.00				8 953.20
1940	400.00	350.00	1 600.00	50.00			2 400.00
1941	5 579.35	820.00	3 238.08	110.00			9 747.43
1942	2 490.28	71.40	1 225.29	195.02	5.20		3 987.19
1943	3 689.90		3 336.24	96.73			7 122.96
1944	7 080.26		173.32	88.19	18.25		7 360.02
1945	2 976.05		469.89	20.00			3 465.94
小计	31 215.93	10 038.60	10 700.82	559.94	23.45	700.00	53 238.74
1946	3 873.50		1 102.36	50.00	12.00		5 037.86
1947	3 305.00	1 000	396.85		5.00		4 706.85
总计	38 394.43	11 038.60	12 200.03	609.94	40.45	700.00	62 983.45

上述特殊金属矿产输出占对苏输出总量的百分比例为:1937年2.57％,1938 年 52.97％,1939 年 66.36％,1940 年 18.09％,1941 年 32.04％,1942 年 30.23％,1943 年 40.29％,1944 年 51.63％,1945 年 55.07％,1946 年 41.92％,1947 年 25.69％。②在全面抗战的 8 年期间,中国输往苏联的钨、锑、锡等矿产品总量

---

① 国民政府财政部档案:资源委员会国外贸易事务所历年《业务报告》,孟宪章主编:《中苏经济贸易史》,哈尔滨:黑龙江人民出版社 1992 年版,第 305 页(表中具体数字相加与合计,有个别不一致)。钱昌照在《国民政府资源委员会始末》中说:"抗战时期,资源委员会运交苏联的有钨砂三万一千一百七十七吨,锑一万〇八百九十二吨,锡一万三千一百六十二吨,汞五百六十吨,锌六百吨,铋十八吨。"(《文史资料选辑》第 15 辑,第 31 页)数据与此略有出入。

② 孟宪章主编:《中苏贸易史资料》,第 489 页。

达 53 238.74 吨①，这些金属矿产满足了苏联军事工业的需要。

中国逐年输出到苏联的矿产品价值如下表②：

年份	输苏矿产价值（千美元）	占矿产品出口总值份额（%）	年份	输苏矿产价值（千美元）	占矿产品出口总值份额（%）
1937	254	2	1942	5 534	34
1938	4 436	50	1943	8 820	41.4
1939	3 475	66	1944	8 989	61.6
1940	1 523	26	1945(1—8月)	5903	74.8
1941	9 608	42	合计	48 542	43

为了偿还苏联的信用贷款，中国还向苏联输出了大量农产品。
1937 年到 1942 年 10 月，中国输出到苏联的农产品出口量见下表③：

商品名称	出口数量	商品名称	出口数量
茶叶	591 022 担	胎羔皮	9 000 张
茯茶砖	331 425 块	山羊皮	3 740 693 张
桐油	8 170 关担	老羊皮	30 902 张
羊毛	389 600 关担	山羊猾皮	126 665 张
山羊绒	5 156 关担	旱獭皮	349 755 张
驼毛	16 056 关担	狐皮	12 650 张
猪鬃	7 104 关担	沙狐皮	1 500 张
生丝	2 319 关担	黄鼠狼皮	7 000 张
白厂丝	503 关担	黄牛皮	28 441 张
羔皮	1 450 000 张	水牛皮	8 321 张

在中国第二历史档案馆中，还藏有几份中国为偿还贷款向苏
联输出农矿产品的材料：

① 李嘉谷：《合作与冲突：1931—1945 年的中苏关系》，第 119 页。
② 郑友揆：《中国的对外贸易和工业发展》，上海：上海社会科学出版社 1984 年版，第
　　169—198 页。
③ 国民政府行政院编纂：《国民政府年鉴》(1943 年 7 月)，第 98 页。转引自李嘉谷：《合
　　作与冲突：1931—1945 年的中苏关系》，第 117 页。

1941 年每月应交苏联货物数量表（按照合约规定计算，单位：吨）①

货别约月	1	2	3	4	5	6	7	8	9	10	11	12	共计	说明
茶叶	2 730.50	2 730.50	2 730.50										8 191.50	按照合约规定 1940 年 10 月至 1941 年 3 月交清
桐油	250	250	250	250	250	250	250	250					2 000	按照合约规定 1941 年 1 月至 8 月每 2 个月交 500 吨
山羊皮	141.56	141.56	141.56	141.56	141.56	141.56	141.56						990.92	按照合约规定 1940 年 11 月至 1941 年 7 月交清
白猪鬃	6.15												6.15	按照合约规定 1940 年 12 月至 1941 年 1 月交清
黑猪鬃	20	20	20										60	按照合约规定 1941 年 1 月至 3 月交清
黄白生丝	7.50	7.50	7.50	7.50	7.50	7.50	7.50	7.50					60	按照合约规定 1941 年 1 月至 8 月交清

① 经济部档案：《中国与苏联易货案》第 206 页（1944 年 4 月），中国第二历史档案馆藏，4－40426。

续表

货别约月	1	2	3	4	5	6	7	8	9	10	11	12	共计	说明
羊毛	1 011.17	1 011.17	1 011.17	606.70	606.70	606.70	404.46	404.46	404.46				6066.99	按照合约规定1941年1,2,3三个月共交3万担,7,8,9三个月共交2万担
驼毛	72.80	72.80	72.80	72.80	72.80								364	按照合约规定1941年1至5月交清
哈儿皮	3.40	3.40	3.40	3.40	3.40								17	同上
钨砂	350	350	350	350	350	350	350	350	350	350			3500	按照合约规定1940年10月31日起至1941年10月30日止每月交350吨
锑	350	350	350	350	350	350	350	350	350	350			3500	同上
锡	400	400	400	400	400	400	400	400	400	400			4000	按照合约规定1940年10月31日起至1941年10月30日止每月交400吨
汞	20	20	20	20	20	20	20	20	20	20			200	按照合约规定1940年10月31日起至1941年10月30日止每月交20吨
共计	5 363.08	5 356.93	5 356.93	2 201.96	2 201.96	2 125.76	1 923.52	1 781.96	1 524.46	1 120			28 956.56	

对苏易货订交起运签交数量价值表（截至1944年1月底）①1942—1943年合同

合约号数	品名	交货期限	交货地点	单位	订交			起运			签交		
					数量	美元	1月份数量	累计数量	累计美元	1月份数量	1月份数量	累计数量	累计美元
1	青茶砖	1943年3月至1944年3月	星星峡	片	2 100 000	9 702 000	93 444	5 532 471	2 460 016.02			116 916	540 151.92
2	黑猪鬃	1943年2月至6月	星星峡	关担	5 000	2 500 000		5 000	2 500 000		1 200	3 702.77	1 851 385
3	生丝	1943年2月至6月	昆明	关担	500	1 680 000		500	1 680 000			485.74	1 632 086.40
4	羔皮	1943年10月	星星峡	张	410 000	332 100	83 143	285 876	231 559.56	20 800		221 201	179 172.81
5	黑散鬃	1943年10月	星星峡	关担	3 000	1 500 000		3 000	1 500 000			2 589	1 294 500
6						15 714 100			8 371 575.58				5 497 296.13

①经济部档案：《中国与苏联易货货案》，第105页（1944年4月），中国第二历史档案馆藏，4－40426。

对苏易货订交起运签交数量价值表(截至1944年2月底)①1942—1943年合同

合约号数	品名	交货期限	交货地点	单位	订交 数量	订交 美元	订交 2月份数量	起运 2月份数量	起运 累计 数量	起运 累计 美元	签交 2月份数量	签交 累计 数量	签交 累计 美元
1	青茶砖	1943年3月至1944年3月	星星峡	片	2 100 000	9 702 000	21 432		558 727	2 581 318.74	27 216	144 132	665 889.84
2	黑猪鬃	1943年2月至6月	星星峡	关担	5 000	2 500 000			5 000	2 500 000		3 702.77	1 851 385
3	生丝	1943年2月至6月	昆明	关担	500	1 680 000			500	1 680 000		485.74	1 632 086.40
4	羔皮	1943年10月	星星峡	张	410 000	332 100			285 876	231 559.56		221 201	179 172.81
5	黑散鬃	1943年10月	星星峡	关担	3 000	1 500 000			3 000	1 500 000		2 589	1 294 500
6						15 714 100				8 492 878.30			5 623 034.05

① 经济部档案:《中国与苏联易货案》,第107页(1944年4月),中国第二历史档案馆藏,4-40426。

对苏易货订交起运签交数量价值表（截至1944年3月底）①1942—1943年合同

合约号数	品名	交货期限	交货地点	单位	订交			起运			签交		
					数量	美元	3月份数量	3月份数量	累计数量	累计美元	3月份数量	累计数量	累计美元
1	青茶砖	1943年3月至1944年3月	星星峡	片	2 100 000	9 702 000			558 727	2 581 318.74		144 132	665 889.84
2	黑猪鬃	1943年2月至6月	星星峡	关担	5 000	2 500 000			5 000	2 500 000	1 050	4 752.77	2 376 385
3	生丝	1943年2月至6月	昆明	关担	500	1 680 000			500	1 680 000	15.77	501.51	1 685 073.60
4	羔皮	1943年10月	星星峡	张	410 000	332 100			285 876	231 559.56	56 439	277 640	224 888.40
5	黑散鬃	1943年10月	星星峡	关担	3 000	1 500 000			3 000	1 500 000	50	2 639	1 319 500
6						15 714 100				8 492 878.30			6 271 736.84

① 经济部档案：《中国与苏联易货案》，第5页（1944年4月），中国第二历史档案馆藏，4－40426。

还有一份中国向苏联输出矿产品的调查材料：

为偿还中苏第一、二两次信用借款与苏联签订易货合约之货品及价值调查表①

签约日期	合约号数	品名	数量（吨）	币别	总价	交货日期	备考
第一次合约订定前		钨砂	2 693	美元	2 332 741.55	1938 年 4—10 月	移充第二年度还债矿品之一部
		纯锑	3 000	美元	567 777.67	同上	同上
		生锑	350	美元	46 002.51	同上	同上
		锡	908	美元	761 559.56	同上	同上
		锌	5.99	美元	28 920.08	同上	同上
		小计			3 737 001.37	同上	同上
1939 年 4 月 7 日	第一次	钨砂	5 065	美元	4 416 884.37	1938 年 11 月至 1939 年 10 月	第一还款年度
	同上	纯锑	4 934	美元	958 129.25	同上	同上
	同上	生锑	100	美元	12 236.83	同上	同上
	同上	锑氧	100	美元	15 342.35	同上	同上
	同上	锡	1 837	美元	1 922 572.01	同上	同上
	同上	小计			7 325 164.81	同上	同上
1939 年 8 月 2 日	第二次	钨砂	1 501	美元	1 806 125.04	1940 年 1 至 8 月	第二还款年度
	同上	纯锑	1 165	美元	308 999.20	同上	同上

① 经济部档案：《中国与苏联易货案》，第 133 页（1944 年 4 月），中国第二历史档案馆藏，4-40426。

续表

签约日期	合约号数	品名	数量（吨）	币别	总价	交货日期	备考
	同上	锡	1 550	美元	1 845 972.92	同上	同上
	同上	汞	50	美元	304 246	同上	同上
	同上	小计			4 265 343.16	同上	同上

对于中国归还苏联贷款的输运物资,目前缺乏全面的统计数据,找不到 1942 年 10 月以后中国对苏农产品出口的数据,但斯拉德科夫斯基在其所著《苏中经济关系概论》①一书中,提供了苏联历年从中国进口商品的数据,数据包括农产品和矿产品,他提供的有些数据与中国官方数据有少量差异,但鉴于斯拉德科夫斯基学术态度严谨,其数据有相当的参考价值,引述如下:②

商品	单位	1938 年	1939 年	1940 年	1941 年	1942 年	1943 年	1944 年	1945 年	合计
总值	百万卢布	39	63.1	76.6	86.1	51.8	104.6	143.2	62.5	626.9
钨砂	吨	3 964	4 600	1 600	4 500	3 000	2 900	6 700	2 200	29 464
锡	吨	1 085	1 900	1 400	3 000	600	3 800	500	400	12 685
汞	吨			50	100	100	100	100	30	480
锑	吨	4 075								4 075
锌	吨	593								593
桐油	吨	568	1 500	2 000	3 600	700			500	8 868
羊毛	吨		1 700	4 600	4 200	2 400	1 200	200		14 300

① 斯拉德科夫斯基:《苏中经济关系概论》,莫斯科 1957 年版,第 267 页。
② 转引自李嘉谷:《合作与冲突:1931—1945 年的中苏关系》,第 118 页。

续表

商品	单位	1938 年	1939 年	1940 年	1941 年	1942 年	1943 年	1944 年	1945 年	合计
生丝	吨		35	24	67	15	79	56	39	309
猪鬃	吨	57		50	209		123	316	130	885
茶叶	吨	7 993	7 800	12 700	1 300			400	100	30 293
生皮草	千张	400	33	915	784			100		2 232
毛皮	百万卢布		0.5	0.9	0.3	0.3		0.7		2.7
毛皮原料	百万卢布					1.5	0.6	1.3	0.2	3.6

　　根据 1938 年 3 月签署的第一次中苏信用贷款条约,中国方面偿还苏联借款的开始日期是 1938 年 11 月 1 日,但当 1937 年底第一艘苏联援华军火物资货轮到达香港时,蒋介石便指示装载中国矿产品运回苏联①,所以中国农矿产品早在条约规定日期之前就已经开始运苏。

　　除了通过重庆国民政府获得中国的农矿产品外,苏联还通过与中国新疆地方的贸易,获得大量中国农牧业产品。全面抗战开始到苏德战争爆发的 1937—1941 年,新疆地方向苏联提供农牧产品情况如下表:

---

① 秦孝仪主编:《中华民国重要史料初编——对日抗战时期·第三编·战时外交》(二),第 470—471 页。

1937—1941 年，新疆地方向苏联提供农牧产品量值①

年份 量值 品类	1937 数量（吨）	1937 价值（千卢布）	1938 数量（吨）	1938 价值（千卢布）	1939 数量（吨）	1939 价值（千卢布）	1940 数量（吨）	1940 价值（千卢布）	1941 数量（吨）	1941 价值（千卢布）
羊（千头）	253.6	3 804	437.1	7 445	478.1	8 993	478.1	9 233	563	10 785
牛（千头）	20.6	2 250	17.8	2 153	15.7	2 042	22.3	2 642	24.3	2 528
马（千匹）	3.8	479	0.04	44					1.2	132
羊毛	3 757	4 869	5 376	7 806	3 620	6 756	4 423	9 685	4 316	10 430
驼毛	258	654	653	1 543	437	1 341	418	1 338	399	1 294
山羊绒	63	178	77	204	63	176	76	234	62	191
生牛皮（千张）	41.4	671	49.9	439	61	773	82	977	68	695
生羊皮（千张）	1 435	3 213	1 793	3 600	1 674	3 175	1 865	3 852	1 935	4 090
毛皮		1 495		1 203		2 009		2 312		2 116

① 〔苏〕М.С.斯拉德科夫斯基：《苏中经贸关系史（1917—1974）》第150、151页。此数据为不完全统计，因此表中各项数字之和小于总计。转引自李嘉谷：《合作与冲突：1931—1945年的中苏关系》第122页。

311 第五章 苏联通过西北国际大通道对中国的物资援助

续表

年份 量值 品类	1937		1938		1939		1940		1941	
	数量(吨)	价值(千卢布)	数量(吨)	价值(千卢布)	数量(吨)	价值(千卢布)	数量(吨)	价值(千卢布)	数量(吨)	价值(千卢布)
生毛皮		1 936		1 779		1 581		1 657		2 326
棉花	1 286	1 489	1 538	1 749	2 699	2 612	2 554	2 166	1 202	1 210
生丝	61.2	1 393	84.4	1 532	86	1 712	97	2 173	92	1 995
干果	187	225	312	289	277	208	386	274	414	248
肠衣(千束)	1 910		2 116	3 515	1 791	2 870	1 791	2 459	1 580	2 361
油料种籽	856	402	1 609	484	1 638	590	2 371	726	1 413	434
总计	28 990	25 774	36 438	35 197		41 700		41 700		43 700

1942—1945 年新疆地方向苏联提供农牧产品统计表①

品类	1942 年	1943 年	1944 年	1945 年
羊毛(吨)	4 864	811	157	2 089
牛(千头)	18.1	0.5	18.3	41.4
羊(千头)	481	2.5	469.4	315.4
马(千匹)	50.2	2.2	19	25.5
生牛皮(千张)	49.8	0.54	1.1	5.1
生羊皮(千张)	1 548	12.7	7.3	118
毛皮(千卢布)	1 319	31	33	386
生毛皮(千卢布)	1 781	38.5	58.6	629
干果(吨)	228	14	1.3	1.1
生丝(吨)	82	13		0.2

1936—1941 年新疆省对苏联贸易统计(单位:卢布)②

年份	对苏出口	由苏进口	贸易总额
1936	25 671 000	36 145 000	61 816 000
1937	25 774 000	34 753 000	60 527 000
1938	35 197 000	43 381 000	78 578 000
1939	41 700 000	33 107 000	74 807 000
1940	41 700 000		
1941	43 700 000	47 097 000	90 797 000

---

① 李嘉谷:《合作与冲突:1931—1945 年的中苏关系》,第 122—123 页。
② 同上书,第 123 页。

1942—1945 年新疆省对苏联贸易统计(单位:卢布)①

年份	对苏出口	由苏进口	贸易总额
1942	56 400 000	21 900 000	78 300 000
1943	3 300 000	11 600 000	14 900 000
1944	23 200 000	3 300 000	26 500 000
1945	22 500 000	7 700 000	30 200 000

二、中国输往苏联的农矿产品增强了苏军战力

苏联的支持,加强了中国抗战的能力和意志。中国的抗战使苏联不至于与日本发生直接冲突,大大减轻了国防压力。在 1941 年夏季德国闪击苏联时,中国的顽强抗战,更使苏联避免了陷入两线作战的危局。除了宏观战略上对苏联的支持外,为偿还苏联贷款,中国输往苏联的金属矿产和农产品,对于苏联自身的国防和经济也发挥了重要作用。20 世纪 30 年代,为了巩固国防和向世界输出共产主义革命,处于险恶国际环境中的苏联大力发展以军事工业为主的重工业,军工生产特别需要特殊金属。除在本国国内开发之外,苏联政府非常渴望从国际市场获得这些产品。为了军工生产的需要,苏方曾经提出以现款购买中国的金属矿产品。早在 1937 年 8 月 21 日《中苏互不侵犯条约》在南京签署的同一天,苏联副外交人民委员斯托莫里雅科夫便致电苏联驻华大使鲍格莫洛夫,要他向中国政府提出,为偿还苏联援华飞机的款项,"事先告诉他们,作为我们提供的武器等价物,我们想得到相当贷款总额 3/4 的金属(锡、钨、锑、铵)和 1/4 的茶及其他中国货物,货物种类和数

---

① [苏]M. C. 斯拉德科夫斯基:《苏中经贸关系史(1917—1974)》,第 150—151 页。转引自李嘉谷:《合作与冲突:1931—1945 年的中苏关系》,第 124 页。

量应另签协议。最好立即得到中国政府能向我们提供的每种金属数量的资料。如果中国政府不能提供相当于总贷款额 3/4 的金属,那么我们也愿意收受美元或英镑的外币以补齐欠缺的部分"。"我们希望中国方面同意我们的要求,立即向我们提供几百吨锡和锑,因为我们需要这些金属"①。鲍格莫洛夫于是向中国政府提出了这些要求。在随后杨杰代表团在莫斯科的谈判中,中方一再强调由于货运交通不便,希望苏联方面减少偿还贷款的金属矿产,增加茶叶等农产品。但苏方代表告诉杨杰:苏联军事工业急切需要生锡。② 又因为中国外汇短缺,一再向苏联表示不能以外汇偿还借款,所以 1938 年 5 月 10 日斯大林和伏罗希洛夫向蒋介石回电说:"吾人对于武器之偿价,并不要求中国付给现金以及外币。然吾人愿得中国之商品,如茶、羊毛、生皮、锡、锑等等,吾人深知此类商品,中国能供给苏联,而对中国之国民经济与国防无若何妨害。因此,希望中国供给此类商品。"③ 1938 年 10 月 24 日孔祥熙致电杨杰:"苏方需用矿产以现款向我购买,无论友谊及商务立场均当尽力协助……已在积极进行转,并与此间苏联协会代表塔泼罗尼洽办。苏方要求先购钨砂一千吨,以收集需时已允先交三百吨,余数续议。至于锡矿则以桂省产量不多,须向滇省设法,容续告。"④ 蒋介石也向斯大林和伏罗希洛夫保证今后向苏联输送中国的矿产品

---

① 《苏联对外政策文件集》第 20 卷,第 471 页。转引自李嘉谷:《合作与冲突:1931—1945 年的中苏关系》,第 120 页。

② 《杨杰、张冲致蒋介石电》(1937 年 10 月 27 日),中国第二历史档案馆藏档,3018—37。转引自李嘉谷:《合作与冲突:1931—1945 年的中苏关系》,第 120 页。

③ 孔庆泰:《抗战初期杨杰等和苏联磋商援华事项秘密函电选》,《民国档案》,1985 年第 1 期,第 47 页。

④ 中国第二历史档案馆藏档,3018-37。转引自李嘉谷:《合作与冲突:1931—1945 年的中苏关系》,第 121 页。

和农产品："华货供给,前因交通种种关系,运输迟缓,甚觉疚心。现在余决亲自严饬办理,兹后必源源输送,照余所允者办到,以副贵国之望。"①中国输往苏联的特殊金属,对苏联强化战备和军工生产,最后战胜纳粹德国做出了贡献。

除了特殊金属,中国还向苏联输出了大量农产品,同样帮助苏联强化了战力。中国输往苏联的农产品,按照数量依次为茶叶、羊毛、桐油、猪鬃、驼毛、皮张、生丝,还有少量肠衣、大黄等药材和医药用品。在贷款条约中约定的棉花、树脂,实际上并未输出。1938—1945年,中国向苏联输出的农产品有绵羊毛21 295吨、山羊绒304吨、茶叶31 486吨、桐油8 626吨、猪鬃1 119吨、驼毛1 026吨、生丝301吨、各种皮货5 407 000张②,这些农产品用于偿还苏联的信用贷款,也有部分农产品是在苏德战争爆发后用于购买苏联汽油、机油。苏德战争初期,苏联大片国土沦陷,中国输运的农牧产品极大补充了苏联前线的军需供应。苏联通过西北国际通道支持了中国的抗战,中国同样也在战略上和物质上帮助了苏联。因此,中苏在反法西斯战争中实际上是相互支持,相互帮助。

---

① 孔庆泰:《抗战初期杨杰等和苏联磋商援华事项秘密函电选》,《民国档案》,1985年第1期,第47页。

② [苏]M.C.斯拉德科夫斯基:《苏中经贸关系史(1917—1974)》,第148页。转引自李嘉谷:《合作与冲突:1931—1945年的中苏关系》,第121页。

第六章　苏联军人来华助战

全面抗战开始时,中国基本上还是一个落后的农业国,不仅工业生产能力低下,多数种类的先进武器无法制造,而且还缺乏接受过工业文明和现代战争熏陶的专业人员与军人。面对工业化的军国主义日本的疯狂进攻,中国在顽强抵抗的情况下依然节节败退,非常需要国际援助。中国需要的援助是多方面的,不仅是经济技术方面诸如军火武器之类的支援,更需要专业人员与军人援助,需要他们参与战争的谋划指挥乃至直接参战。全面抗战爆发后,中国便向苏联提出了派遣军事顾问和专家来华助战,并且期望苏联空军志愿人员来华参战。出于利用中国牵制和消耗日本军力的战略考虑,苏联政府决定派遣军事顾问和专家来华,并秘密派出空军志愿人员来华参战。这些人员来华后,与中国人民并肩作战,沉重打击了日军的嚣张气焰,出色地贯彻了苏联的国家战略。

第一节　苏联军事顾问和技术专家参加中国抗战

一、苏联军事顾问和技术专家来华

如前所述,20 世纪 30 年代,中德关系一度非常热络,中国军队聘请了大批德国军事顾问和专家。中日全面战争爆发后，在日本压力下，1938年5月希特勒强制召回全部德国军事顾问和专家，中国方面曾经聘请了法国和苏联军事顾问，延续他们的工作。德国军事顾问和专家离华前，部分苏联军事技术专家已经随同苏联第一批援华飞机和军火物资来到了中国。在欧战爆发后，少量的法国军事顾问全部回国，而大量的苏联军事顾问和专家先后来到中国，参加中国的抗战。派到中国的苏联军事顾问和专家均拥有丰富的军事理论素养和战斗经验，来华后在国民党中央参谋部、机关、学校等地方工作。在各个部门的工作过程中，苏联军事顾问和专家们认真地了解中国军队及战斗的具体状况，提出了很多良好的见解和建议，对这些部门的发展和完善有很大的促进作用，也对军队的管理和作战方式方法的改革完善起到了重大作用。在这一时期，苏联军事顾问和专家提出的放弃消极抵抗、建立后备军以及其他科学的部队训练方法，对苏联顾问离华后抗日战争后期的反击作战也产生了重要影响。苏联援华军事顾问的另一重大作用就是在实际战斗中指挥作战。他们根据当时的战事状况帮助中国的军队制订有效的作战计划，在军队中引进合理的军队管理制度，组织各个方面军和不同军种的协同作战等，在战争过程中发挥了明显的指导性作用。来华的苏联军事顾问和技术专家，还为培训中国的军队和军事专业人员做出了巨大努力。

中国国民政府早就有与苏联进行军事合作的经验，在20世纪20年代的广东革命政府时代，苏军名将布柳赫尔（即嘉伦，或称加伦）就曾经担任广州革命政府军事总顾问，在战略战术上成功地谋划了北伐战争，在此期间，嘉伦深受蒋介石的欣赏。嘉伦回国后担任苏联远东军司令，在1929年的"中东路事件"中，他指挥苏军痛击张学良东北军；后在1938年又击败了日军在张鼓峰地区的挑衅;因被斯大林怀疑,1938 年 11 月在大清洗中被秘密捕杀。中日全面战争爆发后,1937 年 12 月 28 日,蒋介石会见苏联全权代表并请他转告苏联政府:中国正组建 20 个师,请求苏联在 3 个月内给予各种援助,包括派遣军事顾问和军事作战专家,以保证半年内完成这些师的组建工作。蒋介石非常希望聘请嘉伦担任军事总顾问,1938 年 6 月 2 日,他致电驻苏大使杨杰:"苏俄可否派一得力总顾问如嘉伦者来华协助,请与史(斯大林)、伏(伏罗希洛夫)二先生密商速复。"①此后蒋多次向苏方表达此意,1938 年 12 月,蒋与苏联大使卢干滋谈话,通过他向苏联提出派嘉伦来华,认为嘉伦来华相当于十万苏联红军来华支援抗战,但苏方一直不做正面回复。② 直到 1939 年 6 月 24 日,立法院院长孙科才从莫斯科电蒋告诉他嘉伦已被处死的真相。③ 为满足中国的要求,苏联前后共派出援华军事顾问 300 余人,1938 年 6 月第一批来华的苏联军事顾问和专家共 27 人,由 1937 年 11 月来华的苏联驻华大使馆武官 М. И. 德拉特文任总顾问。1939 年 9 月欧洲大战发生后,苏联更迫切需要稳定东方,斯大林还派出有在华经验的崔可夫担任驻华使馆武官,同时作为苏联在华军事总顾问。在先后来华的苏联顾问中,В. И. 崔可夫、П. С. 雷巴尔柯、П. Х. 巴底茨基、А. И. 捷列潘诺夫、А. Я. 卡里亚金等军事将领十分著名。在 1939 年的诺门坎战役中指挥苏军痛击日军、以后在苏德战争中大放光彩的朱可夫,也曾经在 1938

---

① 秦孝仪主编:《中华民国重要史料初编——对日抗战时期·第三编·战时外交》(二),第341页。

② [苏]А. М. 列多夫斯基:《1937—1949 年间的苏联与中国》,苏联《近代现代史》杂志,1990 第 5 期。转引自李嘉谷:《合作与冲突:1931—1945 年的中苏关系》,第128页。

③ 秦孝仪主编:《中华民国重要史料初编——对日抗战时期·第三编·战时外交》(二),第423页。

年来华短期担任军事顾问。全面抗战开始后,中苏互不侵犯条约尚未签订之前,蒋介石在向苏请求飞机支援的同时,也提出先聘苏联飞行员二三十人,驾驶飞机到兰州后再飞回新疆驾驶飞机回甘肃,往返十多次把飞机运完。[①]　杨杰代表团在苏谈判时向苏方提出:"拟聘请贵国教官、技师,计重轰炸教官十五员、轻轰炸教官十员、驱逐教官八员、飞行教官七员、技术人员三十员。"[②]后又提出要求苏联派遣教练人员:"飞行教官:每十架一员。飞机修理师:每队(九架至十五架)一组(每组若干人,由贵方决定之)。战车教练官:由贵方决定之。高射炮教官:一员。"[③]伏罗希洛夫决定派遣教练及技术人员 89 人。[④]　为运送援华军火物资,苏联还派遣工程专家帮助中国修建西北公路,派遣司机开汽车运送军火。为了有效地运用空军的作战技术和教会中国官兵掌握飞行术,苏联政府向中国派出了一批航空专家。

二、苏联军事顾问体制

抗日战争全面爆发前,国民政府主要聘请德国人担任军事顾问。1936 年 11 月 25 日德日两国签订《反共产国际协定》,建立起政治同盟关系后,一个数十人组成的在华德国军事顾问团离开中国返回德国。国民政府在 1937 年 8 月与苏联签订《中苏互不侵犯

---

① 秦孝仪主编:《中华民国重要史料初编——对日抗战时期·第三编·战时外交》(二),第465页。

② 孔倾泰、吴菊英:《中国军事代表团与苏联商谈援华抗日械弹记录稿》,见《民国档案》,1987 年第 3 期,第 32 页。

③ 孔倾泰、吴菊英:《中国军事代表团与苏联商谈援华抗日械弹记录稿》,见《民国档案》,1987 年第 3 期,第 39 页。

④ 孔倾泰、吴菊英:《中国军事代表团与苏联商谈援华抗日械弹记录稿》,《民国档案》,1987 年第 3 期,第 40—41 页。

条约》后，多次请求苏联派遣军事专家和军事技术人员来华援助抗日。苏联军事顾问在国民政府中央军事机关、各军兵种、各战区帮助工作。苏联顾问和专家帮助接洽苏联军事物质援助，协助制订作战计划，甚至直接参与战役指挥。

1937 年底至 1938 年 7 月，苏联驻华大使馆武官德拉特文同时担任中国军队军事总顾问。1938 年下半年德拉特文离华后，依次接任中国军队军事总顾问的是 A. И. 捷列潘诺夫（1938 年 7 月至 1939 年 8 月）、K. M. 卡恰诺夫（1939 年 9 月至 1941 年 2 月）、B. И. 崔可夫（1941 年 2 月至 1942 年 2 月）。1942 年 2 月苏联政府决定召回军事顾问，因蒋介石未同意苏联再派新人接替总顾问一职，由古巴列维赤代理总顾问职务，此后中国军队中仍然有苏联军事顾问和专家。1943 年 5 月 24 日国民政府军事委员会外事局秘书室抄送外交部交际科的《军事委员会外事局所属苏籍顾问及教官名册》中显示，此时还有 77 名苏联军事顾问和专家，古巴列维赤为军事委员会代总顾问（见附录四）。① 之后由于中苏关系恶化，1944 年 5 月 12 日苏联大使潘友新向蒋介石传达了苏联政府召回全部在华顾问的要求②，召回了全部在华军事顾问和专家。据统计，到 1939 年 2 月中旬，在中国工作和参加对日作战的苏联军事人员有 3 665 人。③ 根据苏联学者的统计，1939 年 10 月苏联在华军事顾问有 80 人，1941 年初有

---

① 国民政府军令部战史编纂委员会档案：《军委会外事局抄送苏联援华抗日军事顾问及教官名册函》（1943 年 5 月 24 日），见中国第二历史档案馆编：《中华民国史档案资料汇编》，第 5 辑第 2 编，"外交"，第 266—269 页。

② 重庆卫戍总司令部档案：《苏联政府因需用干部决定将在华服务之全体顾问召回的文书》（1944 年 5 月 6 日），中国第二历史档案馆藏，801—568

③ 高萍萍：《苏联航空援华抗日始末》（四），见《南京钟山文化研究》（内部资料），2019 年第 4 期，第 55—59 页。

140 人。① 据曾经在华担任军事顾问的 A. Я. 卡利亚金回忆，1937—1942 年先后来华工作的苏联军事顾问有 300 多人，同期来华工作的苏联军事顾问、技术人员、志愿飞行员总数共有 5 000 多人。② 苏联在华军事顾问和专家实行工作轮换，每人工作一年或一年多后回国。

朱可夫，1938 年在中国任短时间军事顾问

　　苏联军事顾问体制是 1938 年建立的，并很快发展成为包括陆军、空军、工程兵、炮兵、坦克兵等诸多兵种顾问、门类齐全、阵容强大的体制。1938 年 5 月至 6 月初，苏联首批军事顾问计有 27 名。1939 年 2 月，国民政府军事委员会在湖南举办干部培训班，苏联顾问季维诺夫出现在训练班上。至 1939 年 10 月，作为军事顾问在中

① ［苏］杜宾斯基：《苏中关系史（1937—1945 年）》，莫斯科思想出版社 1980 年版，第 91 页。转引自李嘉谷：《合作与冲突：1931—1945 年的中苏关系》，第 131 页。
② ［苏］A. Я. 卡利亚金：《在中国土地上》，《援华回忆录（1937—1945）》，第 60—61 页。转引自李嘉谷：《合作与冲突：1931—1945 年的中苏关系》，第 132 页。

国军队工作的专家计有 80 名,他们分布在各个兵种和有关机构:其中步兵 27 名,炮兵 14 名,工程兵 8 名,通信兵 12 名,防化兵 2 名,后方和运输管理机构 3 名,医务机构 2 名。接着,中国又请求苏联政府于 1940 年再派 140—200 名军事专家来华。①

在华苏军顾问分布在中央军事机关、各个战区和各军兵种,主要高级顾问有 P. H. 巴宁、П. C. 雷巴尔克、M. A. 舒金(第一战区)、П. Ф. 巴季茨基、A. K. 别列斯托夫(第二战区)、H. A. 博布罗夫、A. H. 博戈柳博夫、A. B. 瓦西里耶夫、M. M. 马特维耶夫(第三战区)、И. П. 阿尔费罗夫(第五战区)、Ф. Ф. 阿利亚布什夫(第九战区)。空军高级顾问 Г. M. 特贺尔、П. B. 雷恰戈夫、Ф. П. 波雷宁、П. H. 阿尼西莫夫、T. T. 赫留金;坦克兵高级顾问 П. Ω. 别洛夫、H. K. 切斯诺科夫;炮兵和防空兵高级顾问 И. Ъ. 戈卢别夫、鲁斯基赫、Я. M. 塔布切科、И. A. 希洛夫;工程兵高级顾问 A. Я. 卡利亚金、И. П. 巴图洛夫、A. П. 科瓦廖夫;通信兵高级顾问格拉诺夫;军医高级顾问 П. M. 茹拉夫廖夫;战术侦察高级顾问 И. Г. 连奇克、C. П. 康斯坦丁诺夫、M. C. 什梅廖夫。② 这些人在苏军中均属于比较优秀的干部,普遍具有较高的理论素养与丰富作战经验。

除了这些军事顾问外,当时苏联派遣来华的军事技术专家和工程技术人员也均有较高素养,如 1938 年 8 月 16 日军事委员会抄送苏联顾问保葛达诺夫上校视察南浔铁路前线驻军建议致何应钦代电后注明:保葛达诺夫上校,现年 42 岁,幼年曾参加欧战,充机关枪手。壮年参加国内战争,作战经验丰富。革命成功后,复入该

① 高萍萍:《苏联航空援华抗日始末》(四),载《南京钟山文化研究》(内部资料),2019 年第 4 期,第 58 页。
② 《苏联驻华军事顾问(1937—1942 年)》,《远东问题》1988 年第 2 期。转引自李嘉谷:《合作与冲突:1931—1945 年的中苏关系》,第 132 页。

国陆军大学深造,学科亦颇有根基。[①] 这些顾问和专家来华后,为提高中国军队的战斗力做了大量工作。

三、苏联军事顾问和技术专家培训中国军人

在华苏联军事顾问和技术专家帮助中国训练了空军、炮兵、坦克兵等技术兵种,受到训练的中国军人达9万多人。[②] 在培训工作中,空军飞行员培训是其中最重要的一项业务。日加列夫是中国空军顾问,苏联志愿航空队总领队。除直接参加战斗外,为中国空军培养飞行员也是苏联航空专家一项重要的任务。苏联飞行员要教中国飞行员掌握飞行技术和作战本领,经过苏联飞行员所培训的中国飞行员们,积极参加了中苏协同作战。来华苏军在兰州开办了大型空军训练基地,在伊犁开办航空学校,指导和帮助中国建立航空供应站和飞机修配厂,对中国空军人员进行培训。广州、武汉失守后,日军加强了对重庆、成都、昆明、兰州等中国西部城市的重点空袭,使中国政府的空军教育训练难以正常展开。为维持空军战力,国民政府航空委员会决定把空军官校迁至印度,继续招生训练。同时在新疆伊宁成立空军教导总队,接替驱逐总队和轰炸总队的部队训练任务,由苏联人里特费罗夫上校主持训练工作,专门负责作战部队人员的训练。[③] 空军教导总队主要人员由兰州驱逐机队改变而成,总队下辖三个训练中队,总队长为空军上校杨鹤霄。负实际训练责任的是苏联空军教官团,团长是利瓦伊诺夫。

---

① 国民政府参谋本部档案,近代史研究所抄件。转引自李嘉谷:《合作与冲突:1931—
　　1945年的中苏关系》,第132页。
②《抗日战争时期苏联对中国人民的援助(1937—1941年)》,第171页。转引自李嘉
　　谷:《合作与冲突:1931—1945年的中苏关系》,第138页。
③ 李嘉谷:《合作与冲突:1931—1945年的中苏关系》,第151页。

苏联空军教官团制订全部训练计划,训练分为两个阶段,第一个阶段是飞行教官训练,第二个阶段是受训学员训练。飞行教官训练完成后,中苏双方人员共同负责教学工作。学员完成训练后,调回内地参加作战。[①] 1939 年 8 月,苏联军事专家帮助中国在新疆伊犁(伊宁)成立了航空学校,学校由苏联教官任教。至 1940 年年中,在这里由苏联教官指导进行航空训练的中国人员共 328 名。到 1939 年底,苏联帮助中国空军训练出飞行员 1 045 人、领航员 81 人、射手和无线电发报员 198 人、航空技术人员 8 354 人。[②] 新疆伊宁航空学校的苏联教官合同期满后,中国方面曾经一再要求延长合同期。[③] 1940 年 8 月,苏联政府同意中国政府的请求,决定苏联教官在伊宁航空学校的工作时间延长一年,继续培训中国航空人员。还有一部分中国飞行员直接在苏联受训。到 1938 年春,有 200 名中国飞行员在苏联各航空学校训练班结业。1937—1940 年,在苏联军事专家组织下,在乌鲁木齐还举办了八路军干部学校,先后有 416 名中国人参加学习,其中有飞行员 41 人。[④] 为了表彰苏联派华航空委员会顾问特贺尔的业绩,1939 年 4 月 25 日国民政府军事委员会颁给他四等云麾勋章,在勋绩中说:特贺尔“服务努力,对于空军建设颇多臂助”[⑤]。苏联专家的在华工作,提高了中国军队的战斗力。

————————————

① 高萍萍:《苏联、美国航空援华抗日史实及主要抗战遗址、纪念地介绍》,见《南京钟山文化研究》(内部资料),2018 年第 6 期,第 49 页。

② 王建朗、曾景忠:《中国近代通史·第九卷·抗日战争(1937—1945)》,第 176 页。

③《党史研究资料》,1990 年第 2 期,第 26—27 页。

④ 高萍萍:《苏联航空援华抗日始末》(四),见《南京钟山文化研究》(内部资料),2019 年第 4 期,第 55—59 页。

⑤ 国民政府参谋本部档案,近代史研究所抄件。转引自李嘉谷:《合作与冲突:1931—1945 年的中苏关系》,第 132 页。

四、苏联军事顾问参与谋划重大战役

苏联军事顾问参与指挥谋划了中国全面抗战前期的许多重大战役。在武汉会战、长沙战役、宜昌战役中，苏军顾问亲临前线，向中国方面提出作战建议。1938年6月23日苏联顾问尤列聂夫视察了鄂东皖西前线，撰写了详细的报告书，报告书分析了敌我态势，最后还对前线各部队情报工作提出切实批评："前方各部队之情报工作，缺点殊多，兹举其要者如下：A.各级参谋处对其当前之敌人，未能加以深切之研究。B.谍报工作，显系不足，因之敌军后方部队之调遣，各级参谋处未明了，故敌方新部队之出现战场，往往出我意表。C.战斗搜索工作，缺陷殊多：(1)对于俘虏未能充分利用，前线俘虏多就地消灭，其运至后方者，殊不多见，因之就使各级参谋处无法利用俘虏口供，以证实敌军番号部署及人数等。(2)所获敌军之文件(如地图、命令等)，亦未能充分利用之。(3)各级参谋处之情报组织，缺乏密切联系。"[1]这是苏联顾问来华后比较早的一份报告，苏军顾问的判断和对中国军队情报工作弊端的批评，无疑对中国军队作战效能的提高有重要的助益。

А.И.捷列潘诺夫接任驻华军事总顾问时恰值武汉会战开始，这一会战是整个抗战期间日军攻势的高潮，在会战中中日双方均投入大量力量。捷列潘诺夫向蒋介石提出了积极防御的作战计划，他指出，由于日军突击部队在狭窄战线突破防御，犹如蜘蛛在网上顺树枝下爬，最终会挂在一根丝上，中国方面由此可以切断日军。因此在对日军进攻方向进行防堵的同时，中国应该在主要方

---

[1] 国民政府参谋本部档案，近代史研究所抄件。转引自李嘉谷：《合作与冲突：1931—1945年的中苏关系》，第150页。

向南北两翼集结预备队,预备队将犹如雪崩一样压向日军突击部队侧翼与后方,将其与供给基地隔断,并逼向长江边。[①] 他还对中国军队第十五军团拟定的"武汉城市防御战斗指导计划"提出建议,认为可借助江水泛滥防御日军进攻,应该以防御工事和军队守备为基础,而不应该把防御建立在江水泛滥上,伺机消灭小股敌军而不要与大股敌军硬拼。[②] 中国军队接受他的部分建议,对日军进行了持续抵抗,使日军在中国战场的全面攻势至此结束,日本彻底瓦解中国抵抗意志的图谋完全破产。武汉会战结束后,捷列潘诺夫对于这次战役进行了总结,之后蒋介石在一次高级军事会议上,将捷列潘诺夫关于武汉会战的总结作为会议开会词宣读。会后不久中国军队在长沙反攻获胜,阻止了日军的进攻并且迫其撤退。

　　1939 年年底,为切断日军汉口南京之间的交通以孤立汉口日军,第三战区发动了冬季攻势作战。苏联顾问福尔根为此提出了周密的"实施坚决攻击,不分散兵力,以全部主力就主攻方面,予敌以致命之打击"的方针。战后他对于经验教训做出了详细的总结,明确指出了军队训练、军官及参谋方面存在的问题,对于在优势情况下中止作战未能达成战役预期效果的原因进行了分析,由蒋介石下令发给全军师长以上主官进行研讨。[③]

　　苏联军事顾问帮助制订了 1941 年 9—10 月间中国第六战区的

---

① [苏] A. И. 捷列潘诺夫:《武汉会战总结》,《1937—1945 年苏联援华军事人员回忆录》,第 39—40 页。转引自李嘉谷:《合作与冲突:1931—1945 年的中苏关系》,第133 页。

② 国民政府军事机关档案,近代史研究所抄件。转引自李嘉谷:《合作与冲突:1931—1945 年的中苏关系》,第 133—134 页。

③ 国防部史政局及战史编纂委员会档案:国防部战史编纂委员会资料室:《总顾问福尔根(苏联)对第三战区冬季攻势作战经过的报告》(1940 年 1 月 27 日),中国第二历史档案馆藏,787 - 9210。

反攻宜昌战役计划,反攻的目的是配合第九战区的第二次长沙会战。在日军向长沙发起进攻后,蒋介石电令第六战区司令长官陈诚相机收复宜昌,由于部分宜昌守敌被抽调参加长沙战役,苏联军事总顾问崔可夫用了三个星期时间到前线部队实地考察,与陈诚谈话商定作战计划,并且要求军队广泛采用夜战和炮兵作战。他回到重庆后向何应钦作了报告,认为日军已经丧失进攻勇气,指出日军驻防分散孤立的弱点,日军"一支同另一支部队之间经常相距几十公里远。这些部队彼此之间根本缺乏战术甚至作战联系,是孤立无援的目标,不用特别费劲就能从四面八方将它们团团包围,各个击破"。"驻守宜昌的日军第十三师就是这样一支孤立无援的驻军。"报告转呈蒋介石后,蒋"很欣赏这个报告"①。根据这个报告,中国军队发起了对宜昌的进攻,但在日军第十三师团岌岌可危、中国即将收复宜昌之际,由于蒋介石判断失误,错误命令第六战区军队退出战斗,失去了即将到手的胜利成果。

在 1941 年 9 月开始的第二次长沙战役中,中国方面完全按照苏联军事顾问制订的方案作战。当时日军目的在于痛击中国第九战区军队,并且以南下姿态施压美国。日军第十一军在 1941 年 9 月 18 日突破中国军队防线,向长沙进逼。蒋介石紧急接见崔可夫征求作战意见。苏联顾问迅速拟订了作战计划,内容包括:(1)中部中国军队且战且退,将日军诱入长沙以东山区狭隘道路,这些道路两边埋伏重兵,以炮火做掩护;(2)长沙当面中国军队在日军交通线拉开,进入东部山区失去后继机动部队后,进入战斗;(3)从侧翼攻击向长沙进发的日军主力部队。同时,由于汉口日军的突击

①〔苏〕瓦·崔可夫著,万成才译:《在华使命——一个军事顾问的笔记》,北京:新华出版社 1980 年版,第 129—132 页。

部队被调往长沙,苏联顾问建议第五、第六战区中国军队在中部战线上向汉口日军发起进攻,由此迫使日军停止进攻长沙,并被迫去防堵汉口以西中国军队的攻击。蒋介石接受了这个计划,并请崔可夫监督实施。蒋还同意根据需要动用全部空军打击威胁长沙的日军部队。苏联顾问制订的计划通过中国参谋总部下达给各作战部队司令官,崔可夫则通知前线苏联顾问,严令他们仔细监督准确执行计划,一有偏差立即报告总顾问。为了保守作战秘密,崔可夫要求何应钦不在军委会讨论这一计划。当日军急攻长沙时,不料其侧翼遭受中国军队的大胆攻击。当时第三战区司令长官顾祝同准备改变计划把第十军东撤,崔可夫立即报告蒋介石,蒋于是明令顾执行崔可夫计划。日军向长沙的攻势遭遇中国军队顽强抗击和

崔可夫,1940 年 12 月到 1942 年 2 月来华

猛烈炮火打击,仅仅在长沙市区就战死 1 万多人。同时中国军队对日军后方和侧翼发起反攻作战,中国空军和炮兵对日军进行猛烈轰炸,中国第五、第六战区军队反攻进逼宜昌、荆门和汉江流域日军其他据点,日军被迫于 10 月初全速后撤,中国军队取得完全胜利。为此,蒋介石曾兴奋地邀请苏联顾问乘其个人专机去长沙视察战地现场。[①] 由此可见苏军顾问在此次胜利中

---

① [苏]瓦·崔可夫著,万成才译:《在华使命———一个军事顾问的笔记》,第 139—146 页。当时崔可夫以身体不适而婉拒了蒋的邀请。

所发挥的作用。

　　武汉会战之后,苏联军事总顾问捷列潘诺夫于 1939 年 2 月向中国军事当局提交了分析武汉战役后的敌情与中方对策的详细报告,在对全局形势的判断中他指出,日军攻占武汉后,"多已疲惫不堪(其中各师有损失达百分之五十者,如一〇六师团、第九师团),故于华中及其他战场上,均未能作积极之行动。敌方将加紧清剿其后方之我方游击队。将来大规模之军事行动之主要区域,料当在西北方面,包括晋、陕、宁夏三省"。在分析西北敌我力量对比后,捷列潘诺夫说:"西北战场为我方将来反攻最利之地带,此处在敌人后方,我有庞大之游击队,此处敌方之海军无活动之余地,此处握有黄河东北两岸之出路,且由此可直达敌人主要之交通线。"他进而提出军力部署的具体意见,得到蒋介石的关注。① 只是后来由于国际形势发生重大变化,日军改变部署转而南进,这些意见也就无从落实了。

五、苏联军事顾问的工作受到高度评价

　　苏联军事顾问的某些建议和希望虽然也受到蒋介石、军政部长何应钦和其他一些有反苏倾向的军事将领的冷遇,但由于工作业绩优异,许多苏联顾问还是受到中国方面的奖励,如 1939 年 2 月 23 日中国军令部代电称:"铨叙厅公鉴:奉交下炮兵顾问谢罗夫报告第三战区冬季攻势时,各炮兵指挥人员对于情况判断大多错误,且动作寡断部署欠恰,种种缺点及其不力情形,揭述甚详……该顾

---

① 国民政府军令部战史会档案,近代史研究所抄件。转引自李嘉谷:《合作与冲突:1931—1945 年的中苏关系》,第 137 页。

问热心任事指导周详,应予明令奖励。"①由于苏联顾问工作成效
显著,蒋介石因而总体上对他们也非常重视和支持。1938 年 7
月 6 日蒋介石致电张治中等人:"俄顾问余洛夫、章翻译、参谋等,
于晚乘船至田家镇、九江,再转南昌、长沙视察地形及各部队情
况,希招待,派员陪往各处视察,并将对日作战有关事项,尽量告
知商讨可也。"8 月 5 日蒋介石又发布苏联顾问视察九江、南昌、
长沙报告的电令,其中的第五点说:"九江、南昌等地,人民多逃
去,故作战时,征用民夫,采办给养,均感困难。疏散妇孺,固应积
极从事,对于壮丁,则应设法劝导,使尽保卫乡梓之任务。万一某
地失守,其地之壮丁,应先有组织,备为袭击敌之后方。例如苏联
自革命爆发后,内受白军进攻,外遭国际武力之干涉,军中武器,
以及作战技术,均不如人,而卒能击败强敌者,因其时军民合作,
民众为军队侦察敌情,敌人之举动,均可洞悉。斯时民众组织游
击队,于其适当地点,适当时机,施以猛烈反攻,故敌人卒被击溃。
我方对侦察敌情及组织游击两事,似甚忽略,应特别注意。"②
1938 年 7 月 28 日蒋介石曾发布苏联顾问对中国各部队作战批评
意见的电令:"据俄顾问报称:1. 我军少数部队,尚有不守军纪,拉
夫强买,无所不为,军行所至,百姓逃避一空。2. 少数将领,缺乏自
信力,不谓防区过广,兵力不敷,所谓新兵太多,火力薄弱,摇动必
胜信念者。3. 师以下各部队之兵力部署,缺详细配备要图。4. 多
在图上决定工事位置,而多不侦察,致完成后不合战术要求。5. 各
种重兵器使用,从无射击计划。6. 部队换防,不待接防部队到达

---

① 国民政府军令部战史会档案,近代史研究所抄件。转引自李嘉谷:《合作与冲突:
　　1931—1945 年的中苏关系》,第 139 页。
② 同上书,第 138 页。

时,即行撤退。7. 炮兵、骡马、车辆,白日停留桥梁及河堤上毫无对空顾虑,致泄露阵地位置,徒招损害。"①1940 年 2 月 22 日蒋介石在电报中说:"上饶顾长官:极密。据总顾问福尔根(卡恰诺夫)一月二十六日报告最近中国军队作战结果一份。内容关于第三战区冬季攻势作战情形,颇为详尽。对于我军缺点,阐述亦甚中肯,亟应虚心深切猛省,认作善意批评,引为借鉴。合行随电抄发原件,仰即切加检讨纠正,力图改进为要。"②可见苏联顾问的意见,哪怕是批评的意见,蒋介石都很重视和吸收。

同样,苏联政府也对其军事顾问和专家的工作进行了奖励。1939 年,苏联政府奖励了 424 名在华期间英勇工作的军事顾问和专家(其中 49 人已经牺牲),其中的 14 名志愿人员被授予苏联英雄最高称号,14 人被授予列宁勋章,193 人被授予红旗勋章,125 人被授予红星勋章,81 人被授予"英勇无畏""战斗功勋""劳动英雄""劳动模范"奖章。在其后的苏联卫国战争中,来华军事顾问、专家中的许多人受到重用,在战争中发挥了重要作用,如苏联元帅 В. И. 崔可夫、П. Ф. 巴季茨基,军种元帅 П. В. 雷恰戈夫、П. Ф. 日加列夫、П. С. 雷巴尔克、К. П. 卡扎科夫,将军 А. Н. 博戈柳博夫、А. Г. 雷托夫、М. И. 德拉特文、А. И. 捷列潘诺夫、К. М. 卡恰诺夫、А. Я. 卡利亚金、Р. Н. 巴宁、И. П. 阿尔费罗夫、Ф. Ф. 阿利亚布什夫、А. В. 瓦西里耶夫、Г. М. 特贺尔、Н. В. 斯拉温、М. П. 茹拉夫廖夫、М. И. 布洛欣、А. В. 特鲁索夫等。他们的出色工作,构成了苏联援华抗战事业的一部分,为中国的民族解放做出了贡献,值得中

---

① 国民政府军令部战史会档案,近代史研究所抄件。转引自李嘉谷:《合作与冲突:1931—1945 年的中苏关系》,第 137—138 页。

② 同上书,第 138 页。

国人民永远纪念。

第二节　苏联志愿飞行员与中国空军并肩作战

一、中国邀请苏联航空志愿人员来华参战

《中苏互不侵犯条约》签订后,1937年8月27日蒋介石在同苏联大使鲍格莫洛夫的谈话中,请苏联派遣空军志愿人员来华。杨杰代表团到莫斯科后,在1937年9月9日中苏商谈军事援华的第一次会议上,中国提出聘请苏联重轰炸机教官15人、轻轰炸机教官10人、驱逐机教官8人、飞行教官7人、技术人员30人。[①] 苏联国防人民委员伏罗希洛夫同意派遣重轰炸机飞行教官9人、技师6人、仪器教官2人、无线电教官1人,И-15驱逐机飞行教官6人、仪器及其他3人,И-16驱逐机飞行教官9人、技师9人、其他2人,修理技术人员(每种飞机10人)共30人,制弹技师5人,总工程师1人,总共89人。[②] 1937年10月2日,杨杰考察团空军组组长王叔铭,带领部分中国飞行员和苏联飞行员驾驶亲自试飞过的轰炸机、歼击机从苏联哈萨克斯坦加盟共和国首都阿拉木图起飞,经过伊犁、迪化、哈密飞往兰州。当时中国抗日战场上的南京保卫战正在激烈进行,苏联飞行员驾机到达南京便参加了战斗。南京失守后,1938年1月3日蒋介石致电杨杰:"各方订购之飞机,均已陆续到华,新机联系必需时间,兹为立即应战计,请向苏方洽商,加派

[①] 孔倾泰、吴菊英:《中国军事代表团与苏联商谈援华抗日械弹记录稿》,《民国档案》,1987年第3期,第32页。

[②] 同上,第40—41页。

驱逐、轰炸飞行人员各一大队,如何?"①1 月 5 日,杨杰向蒋汇报与伏罗希洛夫会商结果:"双翼机六十二架已到哈密装配,现又允让六十二架,可编为四大队,已派定人员组织(苏方已派定空军志愿参战员一大队,约百五十人来华),惟到华技师仅三十人,当再增派。"②孙科于当年 4 月 16 日致函杨杰,要求向苏方提出增派志愿飞行员:"前方苏方志愿军参加作战至为急切,从前招待不周之种种错误,我方自应切实纠正,敬请吾兄即向苏方详为解释。至待遇条件,可据前年十一月周主任至柔致兄马电索开各条酌商请派。其各地招待处之管理,如苏方同意,可由其派员负责办理。所有购机即聘请志愿军事项,敬请吾兄从速进行商洽。"③从此以后,从苏联购买飞机时,中国方面仍然要求苏联派遣空军志愿军来华作战。1938 年 8 月 25 日,军事委员会侍从室第一处主任钱大钧向蒋介石报告其与苏联大使谈话情形说:"职谓据莫斯科电告,俄方已允日内起运驱逐机百架来华,照所开货单,以后尚有大批续运,拟请催运,并拟请仍派志愿军来华,我方拟接收半数。"④可见中国不仅需要苏联的飞机,也需要驾驶飞机作战的飞行员。当时的中国并没有足够受过训练的飞行员,训练飞行员需要时间,而战局紧迫,中国迫切需要苏联空军志愿人员来华助战。

---

① 秦孝仪主编:《中华民国重要史料初编——对日抗战时期·第三编·战时外交》(二),第472 页。

② 同上书,第474 页。

③ 孔庆泰:《抗战初期杨杰等和苏联磋商援华事项秘密函电选》,《民国档案》,1985 年第1 期,第 46 页。

④ 《中华民国重要史料初编——对日抗战时期·第三编·战时外交》(二),第 504—505 页。

支持中国抗战以牵制和消耗日本,是苏联的国家战略。为此,苏联不仅以优惠的条件向中国提供贷款、卖给中国大批武器、派遣大量军事顾问和技术专家帮助中国军队作战,更是在中国方面的要求下,派出了现役军人以志愿队名义直接参战。从 1937 年 10 月到 1941 年春,苏联派遣了大量苏军空军志愿人员来华参战,共有 2 000 多名苏军空军志愿人员先后来华,与中国空军并肩作战,他们的出现,使中国的空中战场形势发生了剧变。中国空军在崩溃的边缘得此强援,重整旗鼓,战力得到了迅速提升,中国抗战的力量大大增强。

由于来华的苏联志愿航空队员均处于秘密状态,他们以中国空军的身份参加作战,留下的痕迹不够明显,加之年代久远,对他们事迹的发掘和记忆,从立体化全方位地研究中国抗战史来说,显得尤为必要。"空军方面,苏联志愿队于民国二十六年十一月成立,协助中国空军对日作战,因俄方一切保守秘密,活动记载极为有限,甚至人员的姓名都用化名。徐中约教授所编著的《中国近代史》一书中记载,至民国二十八年底,有二千名苏联飞行员派至中国。据《外籍空军志愿队参加抗日战史》的资料显示,志愿队人数最多是在二十八年十月份,有四百二十五人;最少在民国二十九年六月,仅余四十八人。"[1]1939 年秋季欧战爆发,到 1940 年夏季,苏联先后进行进占波兰和苏芬战争,苏联航空志愿队队员分批回国。此后,除在兰州驻防的驱逐机 1 个中队外,所留下的十多人,均改称顾问,兼任空军参谋学校第一、第二期空军战术课程

---

[1]《外籍空军志愿队参加抗日战史》中的数字出自国防部史政编译局档案,152.1/2320。
　王正华:《抗战时期外国对华军事援助》,第 128 页。

教官。①

　　苏联志愿队在中国战场英勇作战,功勋卓著,共击落、击伤、炸毁日机 1 186 架,牺牲飞行人员 236 人。② 在战场上,苏联援华抗日航空志愿队获得了重要战果,仅仅在 1938 年到 1940 年 5 月期间,他们参加了超过 50 次大规模作战,其中 15 次有确切战果,共击落日机 81 架,炸毁 114 架(含中国空军共同战果),炸毁日军舰船 14 艘、重创 7 艘,炸死炸伤日军超过 400 人。③ 波雷宁(波留宁)、布拉戈维申斯基、古班柯(古宾科)等 15 人在华战功卓著,获"苏联英雄"称号。④ 根据台湾学者的研究,苏联志愿航空队在华共参加过 25 次战役,在战斗中共击落日军飞机 100 余架,炸沉日舰 70 余艘。⑤ 根据中国军方统计,1937 年 8 月至 1940 年,中国空军共击落击毁日机 931 架,尤其是 1938 年击落击毁日机 409 架⑥,这显然与苏联航空志愿队的参战和培训中国空军有密切关系。1941 年 6 月 22 日,苏德战争爆发,苏联飞行员陆续回国,中国空中战场再陷艰难。

---

① 李嘉谷:《合作与冲突:1931—1945 年的中苏关系》,第 150—151 页。

② 王绍昌编著:《飞向蓝天》,台北:天马出版有限公司 2011 年版,第 53 页。根据张青松《中国上空的鹰:苏联援华航空志愿队战史　1937—1941》的研究,苏联志愿航空队在华作战牺牲人数总共为 214 人。见张青松:《中国上空的鹰:苏联援华航空志愿队战史 1937—1941》,第 333—341 页。

③ 高萍萍:《苏联志愿航空队赴华作战始末》(三),载《南京钟山文化研究》(内部资料),2019 年第 3 期,第 55 页。

④ 高晓星、时平编著:《民国空军的航迹》,第 279 页。高萍萍:《苏联航空援华抗日始末》(二),载《南京钟山文化研究》(内部资料),2019 年第 2 期,第 49 页。

⑤《抗战胜利四十周年论文集》(上),台北:黎明文化事业公司 1986 年版,第 289 页。转引自李嘉谷:《合作与冲突:1931—1945 年的中苏关系》,第 149 页。

⑥ 国民政府军事机关档案,近代史研究所抄件。转引自李嘉谷:《合作与冲突:1931—1945 年的中苏关系》,第 149 页。

直到太平洋战争爆发,美国大力援助中国,大量美制战机进入中国。1942年3月,中国空军分批赴印度受训并接受美制飞机,此后中国空军得以扭转战局,逐渐掌握了战场制空权。

二、苏联志愿航空队的组建

中国政府在向苏联要求提供武器装备、军事顾问和技术专家的同时,还要求苏联组织航空志愿人员直接参战。1937年9月14日,斯大林收到了中国政府的这项请求,不久,负责援华工作的伏罗希洛夫元帅接到了组织志愿人员赴华参战的命令。为此,苏联政府制订了绝密的"Z计划",1937年9月苏联政府决定向中国派出第一批飞机,组成1个战斗机大队(101人)、1个轰炸机大队(153人)来华,组成了驱逐机(战斗机)和轰炸机两个编队。为完成这一计划,派到中国抗战前线的须是苏联一流的空军。苏联政府从1937年9月中旬到10月10日,在严格保密的情况下,从全国各地挑选了一批志愿者集中到一个秘密地点。志愿者由"西班牙人"、旅级指挥员斯穆什克维奇(Ya. V. Smushkevich)和蓬普尔(P. I. Pumpur)负责审查。独立战斗机第9大队(又称"伏罗希洛夫大队")被选中的多是老资格的飞行员,太平洋舰队第32大队也被选中6人。当时苏联正在支持西班牙共和国政府与德国、意大利支持的佛朗哥法西斯力量作战,因此志愿者们一开始都以为是去西班牙参加反对佛朗哥和德意法西斯势力,都没有想到要去中国同日军作战。退伍空军少将普罗科菲耶夫(G. M. Prokov'ev)在回忆录《保卫中国的天空》中,描述了他与妻子告别的情景:"我第一次这么早就背着装满了我所有的飞行服装的降落伞背包回家了。妻子在洗衣服,她挺直了身子望着我发愣的脸,什么都明白了。白色的肥皂沫从她的手上滴落到地板上,紧紧裹在襁褓中的两周的孩子睡在床上,在电灯光的照射下不眨眼地望着天花板,要说的话一切都明白了。"①

1937年10月,从远东挑选的没有参加过西班牙内战的航空志愿人员来到莫斯科茹科夫斯基飞行学院(Zhukovskii Academy),他们都在这里了解日本95式战斗机的性能,10月21日,包括地勤人员、机场维护人员、工程师和组装飞机的工人在内的一共447人准备就绪,飞行员们化装成平民乘火车抵达阿拉木图。到达阿拉木图后,发现机场仅有30架И-16歼击机,在以后的两三周时间里,"西班牙人"扎哈罗夫(G. N. Zakharov)只能用И-16来训练这些只飞过И-15的飞行员。И-15大队99人(其中39名飞行员)在布拉戈维申斯基上尉(A. C. Blagoveshchenskii)带领下,分别于1937年11月、12月和1938年1月来到中国。② 来华路线为从阿拉木图到兰州,即西北国际大通道。

苏联志愿队员们来华都要忍受极端寒冷和漫天沙暴的考验,尤其是简陋的机场和设备条件,以及频繁发生的空难事故。在阿拉木图至兰州的航线上,空难事故频发,这是苏联航空志愿人员牺牲的重要原因。1937年10月28日,第一批援华航空志愿人员的战斗机大队长瓦西里・米哈耶维奇・库尔久莫夫上尉(V. M. Kurdyumov)在肃州(今甘肃酒泉)带领10架И-16驱逐机在建于半山腰的机场降落时,海拔过高导致空气密度变化,库尔久莫夫因飞机着陆过快在跑道边缘翻滚起火而殉职,他成为中国全面抗战爆发后第一个牺牲的苏联援华志愿航空人员。1938年3月16日,中国飞行员驾驶满载乘客的苏制轰炸机从兰州到汉口,

---

① 转引自张青松:《中国上空的鹰:苏联援华航空志愿队战史1937—1941》,第6页。
② 张青松:《中国上空的鹰:苏联援华航空志愿队战史1937—1941》,第6页。

飞经平凉出现发动机故障,因满载且前途多山区,飞机决定折返,到兰州时故障发动机突然起火,瞬间机翼折断,坠落于兰州郊区山区峡谷中,机组人员全部遇难,机上 25 名苏联志愿队员仅 2 人生还。① 同年 8 月 5 日,1 架运输机在迪化失事,16 人遇难。11 月 1 日,1 架运输机从兰州飞往重庆的途中于汉中坠毁,21 名苏联志愿队员和机组人员遇难。从 1937 年至 1941 年间,苏联援华志愿队员一共牺牲 214 人,死于空难者超过一半,远远超过在战场上牺牲的人数。仅 1938 年在兰州、迪化、汉中和成都的四次空难中,苏联志愿队就牺牲了 76 人②,可见苏联志愿队员援华路途之危险。

　　1937 年 10 月,由阿拉木图经兰州到汉口的“空中桥梁”开始运作。苏联政府向中国派出了最初的两个飞行大队,1937 年 10 月下旬组成第 1 批志愿航空队,空、地勤人员 254 名先后来到中国,组成了 1 个轰炸机机群,即 Cь-2 式轰炸机 21 架,机群指挥员马琴;1 个歼击机机群,И-16 歼击机 23 架,机群指挥员库尔久莫夫首批来华。在途中库尔久莫夫因飞行事故牺牲,机群指挥员一职由普罗科菲耶夫接替。由于中国方面在机场和航空油品方面存在不少困难,苏联的第一批飞机于 10 月 22 日才飞抵中国西北地区,比原计划有所推迟。随同来华的苏联空军志愿队 254 人于 1937 年 11 月到达新疆。1937 年 10 月 21 日前苏联又在阿拉木图集中了 447 人,是为第二批③,准备继续派往中国,他们中有飞行员、航空机械师、航空机械士、无线电

---

① 张青松:《中国上空的鹰:苏联援华航空志愿队战史　1937—1941》,第 175 页。
② 参见附录三《苏联志愿队烈士名录》。
③ 高晓星、时平编著:《民国空军的航迹》,第 278 页。高萍萍:《苏联航空援华抗日始末》
　　(二),载《南京钟山文化研究》(内部资料),2019 年第 2 期,第 49 页。

报务员、气象学家、机场指挥官、译电员、司机、工程师、飞机装修工和医生。此后,苏联志愿航空队的兵力不断扩充,最高峰时,达到战斗机、轰炸机各 4 个大队,先后在华参战的有 2 000多人,像日加列夫、雷恰戈夫、阿尼西莫夫、波雷宁、特霍尔、赫留金、布拉戈维申斯基等著名空军将领都曾来华与日军作战。到 1939 年 2 月中旬,来华的苏联空军志愿人员有 712 人(包括飞行员和航空技师)。①

　　苏联援华的轰炸机全部由苏联飞行员驾驶,从阿拉木图起飞,进入中国后经过伊宁、迪化、哈密到兰州。有些从苏联境内的伊尔库茨克起飞,进入外蒙古飞往兰州。在兰州检修、加油后,再转往其他机场。苏联援华的驱逐机则用卡车把配件从阿拉木图长途运送到新疆飞机修配厂组装,调试合格后由中苏两国飞行员飞往前线。

　　苏联志愿航空队的指挥系统为空军总顾问、参谋长、副参谋长至各大队。空军总顾问为联队长,主持输送并移交中国所购飞机事务,督导移交时的各项训练、人员接收等,并指挥志愿队作战。参谋长传达命令,并负责志愿队的补给供应。副参谋长指导监督志愿队人员行动。兰州驻有苏联 1 个驱逐机飞行员中队,不作为志愿队编制,这一中队也派有顾问,负责指挥接送飞机和苏联驱逐机中队驻防之责任。

① [苏]《苏联对中国人民解放斗争的军事援助》,第 62 页;《苏联列宁主义对华政策》,莫斯科学出版社 1968 年版,第 104 页。转引自李嘉谷:《合作与冲突:1931—1945 年的中苏关系》,第 142 页。

苏联援华空军志愿队高级人员姓名及职务表①

任职日期	阶级	职别	中文姓名	备考
1938 年 9 月	少将	总顾问	日加列夫②	1938 年 10 月返国
1938 年 11 月		总顾问	特霍尔	1939 年初返国
1939 年 5 月	上校	总顾问	阿尼西莫夫	1941 年返国
1940 年	上校	总顾问	雷巴尔阔(柯)	1941 年返国
1938 年 9 月		参谋长	葛力果力耶夫	1939 年初返国
1939 年初		参谋长	伊里茵	1940 年 2 月返国
1938 年 9 月		副参谋长	列别捷夫	又名聂衣
1938 年		副参谋长	且略奥	1939 年返国
1938 年		顾问	齐略恒	可能即为列别捷夫
1938 年		副顾问	叶尔少夫	
1939 年		副顾问	互鲁也夫	
1938 年		防空顾问	扎哈罗夫	在华隶属军事委员会同时担任空军顾问职
1938 年		机械顾问	布拉霍夫	1940 年返国
1939 年		DB3 轰炸机大队长	卡滋洛夫③	
1939—1940 年		DB3 轰炸机大队长	卡士里阔夫④	兼任八大队 DB3 机训练总教官

---

① 《外籍空军志愿队参加抗日战史》附表五,王正华:《抗战时期外国对华军事援助》,第129—131 页。张青松:《中国上空的鹰:苏联援华航空志愿队战史 1937—1941》,第7 页。

② 1949—1957 年任苏联空军总司令、空军主帅。

③ 又译为科兹洛夫(N. A. Kozlov)。

④ 一说为库里申科(G. A. Kulishenko),1939 年 10 月 14 日率队轰炸汉口日军机场负伤,返航途中迫降万县长江中溺水牺牲。张青松:《中国上空的鹰:苏联援华航空志愿队战史 1937—1941》,第 7 页。

续表

任职日期	阶级	职别	中文姓名	备考
1938 年 9 月	上校	SB 轰炸机大队长	波雷宁①	回国后升为少将,被授予苏联英雄称号
		SB 轰炸机大队长	阿利克谢也夫	
1938 年	上校	驱逐机团长	扎哈罗夫	负责指挥在华驱逐部队。1938 年在兰州失事受伤回国
1938 年	上校	驱逐机大队长	布拉戈维申斯基	回国后升为少将,被授予苏联英雄称号
		机械长	沙哈罗夫	1938 年返国,1940 年再次来华任顾问,继布拉霍夫职
1940 年 2 月	少校	参谋长	日列多夫	1940 年 6 月返国
1940 年 7 月	上校	参谋长	帕尔霍棉阔	兼任参校一、二期战术教官,雷巴阔夫返国后,代理总顾问
	中校	轰炸顾问	司齐切申	
1941 年		轰炸顾问	依瓦诺夫	兼任训练 SB 轰炸机飞行教官
1939—1940 年		驱逐队长	日列布乾阔	指挥驻兰州 E - 15、E - 16 驱逐机 20 架
1939—1941 年		驱逐队长	苏布罗斯阔悬	同上,受苏代表命令,任务为保护苏联侨民
1939—1940 年		SB 队长	谢晋阳诺维齐	志愿队解散后留用为飞行教官

---

① 1959—1971 年任苏联空军后勤部长、空军上将。

续表

任职日期	阶级	职别	中文姓名	备考
	少校	驱逐顾问	乌里也夫	兼任参校一、二期战术教官
1941年		机械顾问	卡札阔夫	
1936年		负责人	阿富也夫	在兰州指挥当地苏联飞机作战

苏联志愿航空队来华后,立即担负起两项任务:一是直接参加对日空战和轰炸,二是培训中国飞行员和航空技师,重建中国空军。1937年11月苏联志愿航空队在兰州和肃州集中,由在华空军总顾问 Π. B. 雷恰戈夫派赴华中和华南前线作战。

三、苏联志愿航空队在华参战

(一)参加南京保卫战

1937年10月底,第一批苏联志愿航空队人员抵达中国,开始承担兰州空防。库尔久莫夫牺牲后,由普罗科菲耶夫继任战斗机大队长,率领第一批援华航空志愿人员参加了来华助战的第一场战斗——南京保卫战。苏制 Cь 式轻型轰炸机和 И - 16 式驱逐机分别于11月5日与12日由兰州陆续东飞,参加南京保卫战。据2014年11月22日《南京日报》披露,南京是中苏两军并肩作战抗击日军的起点。根据苏方的记述,苏联志愿航空队与日本航空兵在南京最早的交锋发生在1937年11月21日。此后,中、苏飞行员为保卫南京、武汉而并肩奋战,给嚣张一时的日本航空兵以有力回击。之后经历了保卫南昌、空中支援徐州、武汉大空战、奇袭台湾、支援皖北豫东作战、支援华南、保卫兰州以及支援桂南、滇东等战役。

苏联志愿航空队一进入中国,便投入了保卫南京的战斗。经过开战初期的巨大消耗,中国空军"到了 11 月 6 日,我们在南京的飞机能够起飞的仅有 7 架"。苏联飞行员普罗科菲耶夫在后来的回忆中说当时南京是"灾难性的状况",日本飞机肆意轰炸。他说:"保卫南京时,中国空军作为一支作战力量已不复存在。"①对于苏联志愿航空队援华第一战发生的日期,是在 11 月 21 日还是在 22 日,研究者有不同的说法。一种说法认为,1937 年 11 月 21 日,由普罗科菲耶夫大队的 7 名苏联志愿航空队飞行员驾驶苏制 И-16 战斗机在南京迎战 20 架日本飞机,战斗中击落了两架日本轰炸机和一架 96 式战斗机,此为苏联志愿航空队援华第一战。② 俄罗斯研究者阿纳托尔·杰明(Anatolii Demin)也持此论。③ 另一种观点认为,1937 年 11 月 22 日上午普罗科菲耶夫率领战斗机大队 23 架 И-16到达南京大校场机场,"11 月 22 日,苏联援华航空志愿队多名飞行员驾驶的战斗机赶到南京上空,(下午)打响了援华第一战。当天的空战里,苏联援华航空志愿队在把起飞轰炸的日军航空兵驱逐出南京上空的同时,击落日军战斗机一架、击毙日军飞行员一名,首战即取得了战果。不幸的是空战里苏联战机也有一架被击中,坠落在当时中央陆军军官学校的校园内,飞行员涅日丹诺夫牺牲在南京的土地上。"④1937 年 11 月 22 日牺牲在南京的苏联航空志愿队的尼古拉·尼基福罗维奇·涅日丹诺夫(N. N. Nezhdanov 又译为尼柯莱·尼基弗洛维奇·涅日丹诺夫)中尉,被认为是牺牲在战场上的第一位苏联援华航空志愿队英雄,被苏联授予红旗勋

---

① 见张青松:《中国上空的鹰:苏联援华航空志愿队战史　1937—1941》,第 18 页。

② 高萍萍:《苏联航空援华抗日始末》(二),载《南京钟山文化研究》(内部资料),2019 年第 2 期,第 49—50 页。

③ 见张青松:《中国上空的鹰:苏联援华航空志愿队战史　1937—1941》,第 17 页。

④《苏联飞行员涅日丹诺夫为保卫南京牺牲》,见《南京日报》,2015 年 11 月 23 日。

章。2015年8月,他被列入第二批600名著名抗日英烈和英雄群体名录。日方描述说日本海军航空兵空袭时在南京上空遇到了"从没有见过的型号"的战斗机阻击。1937年11月22日下午的空战,由于得到中日双方文献的印证,目前被认为更接近于历史事实。当天,英国路透社电讯也记载了击落日机1架的南京空战,美国《纽约时报》驻南京记者也发文《苏联飞机保卫南京》。当日下午由基达林斯基大尉率领的20架Cь-2轰炸机降落南京。另有一种说法,认为普罗科菲耶夫机群和基达林斯基机群来南京的日期都是12月1日。[①]

　　11月22日下午2时30分,日本海军航空兵向南京发动了大空袭,遭遇6架"敌机"进攻,日本方面判断其为苏联飞机。

　　12月1日,马琴(M. G. Machin)副大队长率领20架Cь-2轰炸机降落南京大校场机场,歼击机5次升空迎战侵犯南京的日军轰炸机,先后击落日机6架。苏军损失飞机2架,飞行员安德烈耶夫牺牲,列米佐夫跳伞生还,中国飞行员敖居贤阵亡。[②]另有一说,在当天的空战中,苏联志愿航空队没有损失。同日,И. Н.科兹洛夫大尉指挥苏联志愿航空队轰炸机群9架轰炸了上海地区日军机场和黄浦江上的日军舰船,炸沉日军舰1艘、运输船2艘,炸伤日舰6艘。[③]日军高炮击中苏联飞机1架,领航员彼德罗夫中尉牺牲,飞行员萨沃宁负伤,顽强驾机返回南京。对于此战,也有说发生于

---

①②高萍萍:《苏联航空援华抗日始末》(三),载《南京钟山文化研究》(内部资料),2019年第3期,第51页。

③[苏]C. B.斯柳萨列夫:《在中国上空的空战》,《在中国土地上:苏联志愿兵的回忆1925—1945年》,莫斯科科学出版社1974年版,第194—195页。转引自李嘉谷:《合作与冲突:1931—1945年的中苏关系》,第142页。

12 月 2 日。① 这是苏联志愿航空队在中国获得的第一次重大胜利。

12 月 2 日,苏联志愿航空队与来袭的日机在南京上空激战,由于对日军 96 式舰战机性能和日军飞行员战法不熟悉,苏联志愿航空队在空战中受到重大损失。② 次日,志愿队与中国空军并肩作战,在南京迎击来袭日机,中国空军著名飞行员乐以琴牺牲。

在 11 月至 12 月上旬的南京保卫战中,中苏飞行员共击落日机 20 架,并对敌舰船和地面部队造成杀伤。③

（二）支援徐州、皖北及豫东作战

1937 年 12 月 13 日,日军占领南京,济南、杭州也相继沦陷。为占领长江以北各战略要地,打通津浦铁路,把华中战场与华北战场连接起来,日军 1938 年初开始发起对徐州的攻击。中苏空军为支援徐州台儿庄战役,从 1938 年 2 月开始,先后出动数百架次飞机,与日本航空兵进行 12 次空战,有力地支援了地面部队。1938 年 3 月中旬,徐州会战开始,中国空军第 3 大队第 7、第 8 中队各 9 架苏制 И - 15 从归德(今河南商丘)起飞,攻击日军阵地,日军把中国飞机误以为自己的飞机未加防范,我机俯冲而猛烈开火,击落飞临阵地上空的 2 架日机,地面上的中国陆军深受鼓舞。④ 1938 年 4 月 1 日 11 时 20 分,苏联志愿航空队 3 架苏制 Сь 型携带 50 公斤炸

---

① 高晓星、时平编著:《民国空军的航迹》,第 273 页。张青松:《中国上空的鹰:苏联援华航空志愿队战史 1937—1941》,第 19 页。

② 张青松:《中国上空的鹰:苏联援华航空志愿队战史 1937—1941》,第 19 页。

③ 高晓星、时平编著:《民国空军的航迹》,第 273 页。高萍萍:《苏联航空援华抗日始末》(三),载《南京钟山文化研究》(内部资料),2019 年第 3 期,第 51 页。

④ 高晓星、时平编著:《民国空军的航迹》,第 295 页。高萍萍:《苏联航空援华抗日始末》(三),载《南京钟山文化研究》(内部资料),2019 年第 3 期,第 51—52 页。

弹 12 枚、8 公斤炸弹 72 枚,起飞赴鲁南峄县轰炸,15 时左右到峄县上空,发现城中有密集的日军,日军见苏制轰炸机临空顿时秩序大乱。苏联志愿航空队投弹 84 枚,全部命中,日军死伤众多。轰炸后飞机在峄县上空盘旋多时,未见日机迎击,苏联志愿航空队完成任务后飞回汉口。① 同日上午苏联志愿队轰炸台儿庄附近日军车站、桥梁。4 月 5、8、9 日,志愿队多次赴鲁西鲁南侦察轰炸,在峄县、莒县、临沂上空轰炸日步兵。在徐州周边鏖战的同时,1938 年 2 月初苏联志愿航空队轰炸机群轰炸了杭州的日军空军基地,摧毁日军飞机 30 多架,烧毁机库和军用仓库,并且轰炸了停留在杭州车站的一大批日军列车。②

日军在攻击徐州、武汉的同时,在安徽的北部和河南东部展开全面进攻。1938 年 5 月中旬日军攻击河南开封,中日两军在此激战半月之久,中、苏飞机积极配合地面作战。1938 年 5 月 13 日,中国 3 架苏制 Сь - 2 轰炸机、8 架苏制 И - 15、9 架 И - 16 和 4 架美制霍克- 3 式歼击机分两批轰炸蚌埠、蒙城之日军。5 月 19 日,中国 3 架 Сь - 2 再袭蒙城日军车队。5 月 20 日清晨,中国空军 И - 15 飞机 10 架轰炸兰封日军,遭遇日本陆军航空队 24 架飞机拦截,由于寡不敌众,损失飞机 8 架,另 2 架安全着陆③,但机上留下累累弹痕。

(三)奇袭台湾松山日本航空基地

奇袭台北松山日军机场,是苏联志愿队在华助战中最辉煌的战果之一。松山机场位于台北郊外,机场除了具有可供庞大的航

---

① 李嘉谷:《合作与冲突:1931—1945 年的中苏关系》,第 144—145 页。

② 同上书,第 142 页。

③ 高萍萍:《苏联航空援华抗日始末》(三),载《南京钟山文化研究》(内部资料),2019 年第 3 期,第 52 页。

空兵团起降的多条跑道和导航设施外,还有巨型油库、弹药库和飞机修配厂。日军用来攻击中国江浙各地的鹿屋航空队也以松山机场作为前进基地。松山机场也是从日本本土南进东南亚的航管中心和重要战略基地。

1938 年 2 月初,中国方面获得情报,有一支运载巨大箱子的船队从日本本土抵达台湾,这些箱子被运到了台北松山基地。箱子里装的是有待组装的从意大利进口的重型轰炸机部件,日军准备组装后运用于中国战场。当时蒋介石召集航空委员会主任钱大钧,要求空军最高当局策划对日军发动主动进攻,于是,奇袭松山机场成为中、苏空军轰炸的首选目标。钱大钧、苏联顾问雷恰戈夫上校、波雷宁上尉等筹划打击日军占据的台北松山机场。2 月 22 日苏联航空志愿队司令雷恰戈夫上校和政委列托夫抵达汉口,与志愿队成员谈话,然后专门与波雷宁研讨了方案。出击任务由苏联志愿航空队指挥官雷恰戈夫上校负责,他计划出动两个飞机编队:一是驻南昌的 12 架轰炸机,由中、苏飞行员混合编队(中方 7 架,志愿队 5 架),由于中国飞行员对于 Cь 轰炸机的性能尚不熟悉,因此安排他们从距台北更近的南昌出发;二是驻武汉的 28 架轰炸机,全由苏联飞行员驾驶,由机群指挥员波雷宁领队。上述两个编队的轰炸机均为 Cь-2 轻型单翼轰炸机,而汉口与台北之间的直线距离超过了 1 000 公里,远超当时战斗机的续航距离,也几乎是 Cь 轰炸机的航程极限,所以波雷宁机群将在无战斗机护航的情况下执行任务,而且为了保证飞机能够返航,只能在加满油起飞后尽量保持最大航程飞行,而 Cь 轰炸机的飞行高度只有在海拔 4 100—5 000 米高空时航程才能达到最大,但在这个高度的氧气非常稀薄,当时的飞机没有供氧设备,飞行员没有氧气面罩。为了达到最好效果,志愿队确定选择长时间缺氧飞行。计划先东飞到台湾以北,然后迅速转南,下降到3 600米高度,抑制发动机音量以迷惑地面日军,隐蔽临空轰炸后折返。飞越台湾海峡时,下降至1 800米高度以让飞行员先缓解缺氧症状,之后再爬升至3 600米高度,进入松山机场施行轰炸。2月23日是苏联红军节,苏联志愿航空队想以实际行动纪念自己的节日,于是,空袭台湾松山机场的日期就定在这天。

为迷惑日军,中国方面故意散布各种假信息,2月23日清晨,在苏联机械师仔细检修、加油、挂弹和预热之后,7时整,苏联驻华大使馆武官、苏联军事总顾问德拉特文,空军总顾问日加列夫上校,来到汉口王家墩机场主持出发仪式,出击台湾的轰炸机群起飞。从南昌起飞的中、苏混合编队,由于领航人员飞行计算误差,在福州以北跨越海峡时偏离了航向,只得在福州迫降,加油后返航,返航途中志愿队1架飞机燃料耗尽迫降湖面,大队政委、导航员塔雷金(M. A. Tarygin)和伊格纳基耶维奇中尉遇难,南昌编队未完成任务。从汉口起飞的28架飞机在波雷宁的指挥下,为了节省燃料达到最大航速,飞机迅速升入云层,一直升到5 500米的高空,严格保持直线飞行。飞行员们忍受着缺氧与极低温度造成的生理反应,飞行两个小时后,到台湾海峡上空距离台北还有半小时航程时,波雷宁下令降低高度至2 000米,飞行员们大大地透了一口气,恢复了清醒和敏捷,并最后一次检查机上的武器系统。轰炸机上的炮手紧张地搜索着敌机,意外地发现根本没有日机来拦截攻击。台湾已近在眼前,轰炸机编队又迅速爬到4 000米高度。一刻钟后编队看到了海岸线,为了迷惑日军,编队先向台湾以北海面飞去,然后突然向右转弯,降低高度穿过台岛北部的山谷,出其不意地向松山机场扑去。日军没有料到松山机场会遭到空袭,毫无戒备。机场上整齐地停放着两排飞机,机库与巨大的储油罐延伸到机场尽头,未拆装的包装箱到处可见。在 3 000 米高度,志愿队波雷宁长机首先进入投弹,其余各机也依次进入,共投弹 280 枚,大部分命中。停放的日机纷纷燃起大火,巨大的储油罐也被掀翻燃烧。扔完炸弹后,志愿队员还用机枪扫射没有被击中的飞机和防空点。

关于这次奇袭,中国空军在 1938 年 2 月 23 日的《战斗要报》中说:"我 Cь 新轰炸机,八时由汉口起飞。八架于十二时五分,二架于十二时二十五分,先后到达台北。该处敌机场停敌机甚多,被炸命中,棚厂亦被炸起火。事前似全无防空准备,既无高射炮射击,亦无飞机起飞驱逐。我该十机于任务完毕后,回经丽水加油,除二架陷入泥中桨坏,俟明(二十四)日可飞回汉口外,均于十七时三十分安返汉口。"①苏联志愿航空队的 C. B. 斯柳萨列夫后来撰文回忆这次奇袭:"当接近目标时,波雷宁机群发现轰炸目标被云层遮住。这时飞行高度是五千五百米。怎么办? ……很幸运,突然在云层中找到了云洞……看来,日本人把我们的飞机当成他们自己的了:高射炮没开火,天上也没有一架敌歼击机。波雷宁也说:'我们展开队形,在没有干扰的情况下,按照空袭计划规定的那样,开始瞄准轰炸。'轰炸机机组对日军飞机的停机坪、机库、港口设施和港口内的军事运输船停泊场倾下了全部炸弹,机场上一片浓烟。我们的飞机继续攻击,开始用机枪扫射未炸中的敌机和高射火力点。"袭击后中国空军司令部说,空袭消灭了机场上约 40 架飞机,击沉、击伤一些船只,破坏了机库和港口设施,烧掉了三年的油料储备,松山机场瘫痪。波雷宁编队在完成任务后,全部安全返回。次日

---

① 国民政府军事机关档案,近代史研究所抄件。转引自李嘉谷:《合作与冲突:1931—1945 年的中苏关系》,第 143 页。

晚,航空委员会秘书长宋美龄女士设宴为出击台湾的苏联志愿航空队庆功。在致辞中,宋美龄首先表扬了苏联志愿航空队,她说:"你们用这次空袭表明,俄国人不是在口头上,而是在实际上帮助了中国人,在危难中援助了中国人。"宋美龄并指出,出击台湾在世界上引起了巨大反响,所有的报纸都报道了这件事,日本电台报道说日本政府将驻台湾的行政长官罢免,将松山基地指挥官撤职,交法庭审判。松山机场警备司令"剖腹自杀"①。事后查明,这些说法并不完全确切,比如日本的时任行政长官台湾总督小林跻造,实际上直到这次空袭发生近 3 年之后的 1940 年 11 月底才去职,而松山机场警备司令剖腹自杀也只是传闻而非事实。不过,由于抗战初期不断遭遇失败,使中国的全民精神处于极端悲愤压抑的状态之中,急需一个释放的出口。奇袭的胜利,使得处于低迷压抑气氛中的中国民气得到了极大释放,大大鼓舞了中国的民心士气。而以中国飞行员的口气描述这次奇袭的信息,很快出现在苏联的报纸上。从苏联援华抗战过程来看,这次奇袭是苏联援华空军志愿队在华作战中最为辉煌的一次胜利。奇袭台北日军机场取得的胜利,很快就被急剧放大。驻台日军惊慌失措,日军当时误以为空袭是由美国人指挥的英制飞机所为,日本舰队也大为慌乱。

（四）保卫南昌

在日本地面部队进入南京前夕,幸存的中国飞机撤往汉口、南昌、襄阳,苏联志愿航空队移往汉口、南昌、兰州。南昌是中国空军的重要基地之一,设有 2 个机场和 1 个飞机制造(修理)厂。驻有中

---

① [苏]C. B. 斯柳萨列夫:《在中国上空的空战》,《在中国土地上:苏联志愿兵的回忆 1925—1945 年》,第 122—123 页。转引自李嘉谷:《合作与冲突:1931—1945 年的中苏关系》,第 143 页。高萍萍:《苏联航空援华抗日始末》(二),载《南京钟山文化研究》(内部资料),2019 年第 2 期,第 53 页。

国空军第 3、4、9 大队各一部,还有苏联志愿航空队 2 个机群。苏联轰炸机大队由大队长科兹洛夫大尉率领,战斗机大队由队长布拉戈维申斯基率领。自 1937 年 12 月 9 日至 1938 年 8 月 4 日,共进行了 9 次空战。

日军占领上海、南京后,极力南进,并在广州开战,妄图南北并进占领中国沿海地区。自 1937 年 12 月 9 日日本海军第 2 联合航空队空袭南昌,中日空军开始进行激烈空战,苏联志愿队参加了保卫南昌的战斗。12 月 13 日日机空袭南昌,炸毁炸伤了中国以每架 24 万美元从苏联进口的 6 架 TB-3RN 重型轰炸机,使中国政府空袭日本本土的计划落空。在南昌空战中,苏联志愿队员多创佳绩:12 月 22 日,日本海军鹿屋航空队出动飞机 23 架袭击南昌新机场。苏联志愿航空队 И-16 歼击机迅速起飞,占据高度优势。机群指挥员布拉戈维申斯基在鄱阳湖以北的都昌上空击落日机 1 架,日机指挥官大林法人大尉空战后失踪,应是被布拉戈维申斯基击落而殉命。在 1938 年 1 月 7 日的空战中,苏联志愿队员和中国空军合作,击落日军著名飞行员潮田良平。当日日本海军第 12 航空战队 9 架战斗机,掩护木更津航空队 15 架攻击机再袭南昌新机场。参加此战的日方王牌飞行员、有"天王""红武士"之称的第 12 航空队舰战队分队长潮田良平大尉,曾经参加淞沪空战,空袭南京 20 余次,与另一位飞行员南乡茂章并称为日本海军航空兵的"空战至宝",在当时的日本海军航空兵中有"西南乡、东潮田"之称,在 1937 年 12 月 1 日南京附近溧水之战中他驾机击落了中国飞行员敖居贤。面对来犯日机,中、苏空军起飞迎战,在空战中,苏联志愿队战斗机大队长布拉戈维申斯基被潮田良平驾机咬住无法摆脱,危急关头中国飞行员罗英德急速赶到,从潮田背后占据攻击阵位反咬潮田,在极近距离将其击落,为在溧水之战牺牲的战友敖居贤报了仇。战后，布拉戈维申斯基手举香槟酒向罗英德表达感谢，并紧抱着他说："我根本没有机会开枪，是你救了我！"他向罗英德赠送了一块铭刻有"斯大林赠"的手表。苏联志愿队的其他队员和地勤人员把罗英德抬在肩上庆贺。事后罗英德与苏联战友勘察验视潮田坠落现场时，中方将潮田良平的勋章转赠于苏联飞行员留念。1938 年 3 月罗英德离开苏联志愿队时①，志愿队特别为他举行了一场小型欢送茶会。此后布拉戈维申斯基一直感念罗英德，1938 年 7 月回国后，一直希望能够与其联系。1942 年还曾托人带一块手表送给罗英德，近 30 年之后的 20 世纪 60 年代末期，已经担任苏联空军副总司令职务的布拉戈维申斯基还在广播中记述罗英德在危难中的救命之恩。1970 年退役后，他曾经几次寻找罗英德的下落。遗憾的是，这两位结下深厚情谊的战友，此生再也未能相会。②

2 月 21 日，中国空军和苏联志愿队混合编队从南昌出发，轰炸了日军杭州机场。25 日，日本海军第 2 联合航空队 18 架战斗机在南昌同中、苏飞行员交战。日空中指挥官田熊繁雄大尉等 3 人毙命。中、苏损失 7 架飞机，斯米尔诺夫等 3 人牺牲。此战中，被志愿队员击伤的一架日军飞机迫降于中方防区，日本飞行员自杀，其携带的一些重要文件和情报为中方所获。

6 月 26 日，日本海军第 12 和第 13 航空队，出动 46 架飞机，冒雨从南京起飞，再袭南昌。中国空军第 4 大队和苏志愿航空队共 28 架飞机迎战，共击落日机 6 架。其中，苏飞行员古班柯（古边科）

---

① 因苏联援华志愿队不熟悉中国地形又不懂中文，因而要求中方指派经验丰富的飞行员担任志愿队副领队以共同作战，罗英德是中方派在志愿队的副领队。
② 张青松：《中国上空的鹰：苏联援华航空志愿队战史 1937—1941》，第 30—31 页。

击落 2 架,后遭日军 3 机围攻起火,古班柯跳伞,又遭日机扫射,幸被克拉夫琴科(柯)的飞机援救,古班柯生还。此战我损失飞机 2 架,苏飞行员斯拉维克牺牲(一说牺牲者为德米特利耶维奇)。6 月 27 日,中国空军和苏联志愿队混合编队从南昌出发,轰炸马当日舰。飞到马当敌舰上空后,中国驱逐机飞行员柳哲生故意高飞以吸引日舰火力,掩护志愿队轰炸机低空轰炸,在敌人高炮火网中多次遇险,完成任务回到南昌机场,柳哲生一落地便被志愿队员们围住高高抛起,苏联飞行员们赞赏他的英勇行为。

　　在 7 月的空战中,中苏飞行员并肩作战,歼灭另一位日本"天王"级飞行员南乡茂章。7 月 4 日下午,日本海军又出动 49 架飞机进犯南昌,中国空军驾驶 И-15 和 И-16 飞机共 18 架,与苏志愿航空队飞机 28 架升空,近百架飞机在鄱阳湖上空激烈空战,场面壮观。日军被击落 7 架,中国第 4 大队飞行员信寿巽、张志超英勇牺牲,4 名苏志愿队员牺牲。7 月 8 日中国空军 2 架和苏联志愿队 4 架共 6 架 Сь 轰炸机混合编队从南昌出发,轰炸马当日舰。中国飞行员刘甫成投弹后被日舰火力击中飞机起火,他跳伞后重伤被俘,日军对他嘘寒问暖精心治疗,但他严守秘密,只向日军说参与空袭的全是中国人,未吐露苏联志愿队参战的实况。[①] 7 月 18 日,日本海军航空兵由著名飞行员南乡茂章大尉率领 25 架飞机(其中轰炸机 14 架)空袭南昌,中、苏空军迎击 ,4 架日机被击落。在空战中,志愿队员林琴·达多诺夫座机负伤后撞落了南乡茂章,被称作日本海军航空队"四大天王"之一的飞行队队长南乡茂章丧命鄱阳湖中。南乡曾经对海军空战做过深入研究,在南京空战中为日军建功,他的战死对于全面战争初期的日本海军打击很大,有

---

① 张青松:《中国上空的鹰:苏联援华航空志愿队战史　1937—1941》,第 48 页。

日本人认为由此导致对海军航空战的研究停滞了 5 年,时任日本海军大臣次官的山本五十六中将为此亲往祭拜,并且在南乡葬礼上非常失态地抚棺号哭。日军追授南乡为海军少佐,随后被裕仁天皇封为"军神",其头像列于靖国神社大门处。此战中南昌机场同时遭日机轰炸,我机被击落 3 架,地面 10 架飞机被炸毁。空战中,中国飞行员黄莺为援救苏机领队巴比洛夫而牺牲。①

7 月 28 日,苏联志愿队奉命轰炸马当湖口一带日舰,炸沉 1 艘日军大型医院船"橘丸"号。②

8 月 15 日、9 月 7 日,苏联志愿队轰炸九江日舰。当月,苏联志愿队的布拉戈维申斯基、古班柯、克拉夫琴科等著名队员完成半年轮训,载誉归国。古班柯回国后即任白俄罗斯军区空军副司令,1939 年 3 月 31 日在试飞时失事牺牲。克拉夫琴科回国后两次被授予"苏联英雄"称号和"列宁勋章",担任空军要职,后参加诺门坎战役痛击日军。

在南昌及其附近上空,中国空军和苏联志愿队总计进行了大小 40 多次空战,并且出击轰炸南京、上海、杭州和台北等地日军机场,共击落日机 41 架,击伤 24 架,炸毁近百架,缴获 1 架,炸沉日舰20 余艘、炸伤 6 艘。③ 可谓战果非凡,极大地挫伤了日军的气焰。

---

① 张青松:《中国上空的鹰:苏联援华航空志愿队战史 1937—1941》,第 50—53 页。
② 为新式客轮,曾有"东京湾皇后"美誉。1938 年 6 月底被日军征用作为医院船来华作战,被炸沉时船上有百多名日军伤员和船员。后被日军捞起修复返日,1944 年参加太平洋战争,作为陆军医院船。1945 年 8 月 3 日装运成建制现役日军官兵 1 612 人被美舰临检发现,日军官兵全部被俘,成为日军历史上最大规模的成建制被俘事件,战后美军对此违反《日内瓦公约》行为进行审判。该船复员,作为运输船服役到 1973年。见张青松:《中国上空的鹰:苏联援华航空志愿队战史 1937—1941》,第 54—55 页。
③ 张青松:《中国上空的鹰:苏联援华航空志愿队战史 1937—1941》,第 58 页。

（五）武汉大空战

武汉是中国中部最大城市，处长江和汉水之间，是平汉和粤汉铁路的衔接点，是中国东西南北水陆交通的枢纽。南京失守后，武汉成为中国政府军事指挥中心，日机多次前来袭击，中苏空军勇士给予侵略者迎头痛击。在"二·一八""四·二九""五·三一"等大空战中重创敌军。

1938年1月4日，日军空袭武汉，中苏空军开始迎战。为打击日军航空力量基地，苏联志愿队先发制人，于1月23、24日轰炸南京、芜湖日军机场。26日，马琴大队5架轰炸机从南昌起飞佯攻南京附近安徽宁国日军，同时波雷宁率领13架轰炸机从汉口起飞轰炸南京机场，据称炸毁日机48架，烧毁大量维修设施、燃料和弹药。数名志愿队员牺牲、受伤，波雷宁座机受伤迫降，他和机组人员凭借"来华助战洋人，军民一体救护"的中文身份证明，被中国渔民救助平安归队，其座机也被中国农民拉到长江边，用驳船运回了汉口。① 当晚苏联空军顾问日加列夫来到汉口机场，提醒参加空袭南京的志愿队员准备迎接日军的报复。次日日机即来报复轰炸，因中方提前戒备而未获利。

2月18日，日本海军26架飞机再袭汉口，中国空军第4大队29架飞机从汉口、孝感机场升空拦截。经过12分钟恶战，击落12架日机，日本指挥官金子隆司大尉坠机身亡。② 中国著名飞行员第4大队队长李桂丹牺牲。

3月10日、14日，中苏飞行员驾机轰炸了日军的南京机场、临

① 张青松：《中国上空的鹰：苏联援华航空志愿队战史　1937—1941》，第85页。
② 高萍萍：《苏联航空援华抗日始末》（二），载《南京钟山文化研究》（内部资料），2019年第2期，第51页。

淮关火车和芜湖长江中的军舰。在轰炸芜湖日舰时,苏联志愿队1架轰炸机和机组人员穆拉维约夫(P. V. Murav'yov)、库谢琴科(I. N. Kushchenko)、多姆宁(M. A. Domnin)3人失踪。该机被击落后机组人员穆拉维约夫(一说为多姆宁)跳伞被俘,日本由此获得了苏联人参战的证据。据此,1938年4月4日日本驻苏联大使重光葵向苏联外交人民委员李维诺夫提出了抗议。

1938年4月29日,是日本的天长节(即天皇生日)。中国空军司令周至柔、美国顾问陈纳德和苏联志愿航空队领队日加列夫,估计日本飞机要对武汉有大的空袭行动,但又怕它不来,五人商定了诱敌之计。28日黄昏,中、苏歼击机起飞,低空飞越武汉三镇而消失在暮色中。日本间谍速报指挥部,但当晚中、苏飞机又悄悄飞回了汉口。日军指挥部根据间谍情报果然派机偷袭,4月29日11时前沿观察哨报告:日本45架飞机出动,按敌机速度推算将于14时30分接近武汉,中国空军19架И-15起飞与敌战斗机缠斗,苏联志愿航空队45架И-16设伏,专打轰炸机群。空战30分钟,中、苏空军共击落敌机21架,取得辉煌战果。在激烈空战中,年轻的中国飞行员陈怀民驾机勇撞日本高桥宪一驾机,与其同归于尽。苏联志愿队克拉夫琴科击落2架日机,后被日机围攻,危急关头同期来华共住一室的战友古班柯,急速飞来掩护其安全迫降。对于此战,中日双方都宣称胜利,对于各自的战果,在当时的宣传和以后的研究中,都有各种数据差异极大的不同说法。

5月31日,日本海军第12航空队11架战斗机袭击武汉,苏联志愿航空队31架飞机升空迎战,中国空军亦出动18架飞机迎战,中、苏飞机在空中构成了立体纵深的阵势。日机进入武汉上空后见防备严整,于是掉头东逃,中、苏飞行员追击,苏联飞行古班柯击落1架敌机,并在子弹打完后将1架敌机的机翼撞断使其坠毁,自己负伤返回。因其功绩卓著(在华共击落日机 7 架)而被苏联政府授予"苏联英雄"称号,也被中国政府授予"金质奖章"。在这次空战中,苏联志愿队员马特维耶夫负伤后迫降于农田并与部队失联,凭其志愿者身份证被当地村民救治,当他养伤一周后归队时,看到队友们正准备为他举行简单的葬礼。其后,他被中国政府授予一枚勋章,转任教官培养学员。后来,为参加莫斯科 11 月 7 日纪念十月革命的大型活动,他在回国途中经停兰州遭遇恶劣天气,在山中迷途迫降时遇难。①

为了阻止日军沿江进攻武汉,中、苏空军频频出击,轰炸扫射溯江而上的日军舰船及两岸行进中的日军部队。6 月 10—28 日,中、苏 Cь-2 轰炸机群先后出动 5 批,共 27 架次,对敌机场和舰船进行瞄准轰炸,6 月间,中国空军和苏联志愿队共炸沉日舰船 30 余艘,炸毁日机 20 余架。②

6 月 10 日,苏联志愿航空队 Cь-2 轰炸机 5 架,各带百公斤炸弹 4 枚、8 公斤炸弹 20 枚,午后 13 时从汉口起飞,抵黄梅后改航东北至巢湖,再折向东南,到荻港江面上空,忽回航西向,至安徽铜陵对岸的凤凰镇时,发现江面 7 艘日军舰船,苏联志愿航空队从 4 000 米高空关闭油门减小音响,至 3 000 米上空时突然一齐投弹,随即爬升云上,不久又降至 600 米空中侦察,发现日舰 1 艘着火渐沉水中,另 1 艘舰上的日军纷纷跳水。16 时 15 分,苏联志愿航空队返回汉口。③ 同日,苏联志愿航空队的 Cь-2 轰炸机飞抵江西与安

---

① 张青松:《中国上空的鹰:苏联援华航空志愿队战史　1937—1941》,第 110 页。
② 高晓星、时平编著:《民国空军的航迹》,第 298 页。高萍萍:《苏联航空援华抗日始末》(二),载《南京钟山文化研究》(内部资料),2019 年第 2 期,第 51 页。
③ 李嘉谷:《合作与冲突:1931—1945 年的中苏关系》,第 145 页;高萍萍:《苏联航空援华抗日始末》(二),载《南京钟山文化研究》,2019 年第 2 期,第 51 页。

徽交界处的彭泽县上空时,遇敌机 4 架,击落其 1 架。同时从南昌起飞的 9 架 Сь-2 式轰炸机因天气恶化返航。[①] 6 月 19 日 15时 20 分,苏联志愿航空队员驾驶 Сь 型轰炸机 8 架(分 2 队),从汉口机场出发飞抵安庆上空,见江面日军舰船 50 余艘,轰炸机连续投弹,两个分队各命中 2 艘日舰使之起火。苏联志愿航空队17 时 40 分安全返回汉口。[②] 6 月 20 日 16 时 30 分,苏联志愿航空队 Сь 型轻轰炸机 4 架,从南昌机场出发到东流附近江面,发现日舰 20 余艘,投弹命中 2 艘使之起火,其中 1 艘沉没。日舰高射炮和驱逐机向苏联志愿航空队攻击,但未造成伤害,轰炸机组 18时 50 分返回南昌。[④] 6 月 21 日 16 时 35 分,苏联志愿航空队 Сь型轰炸机 5 架,从汉口机场出发飞抵彭泽上空,与日军轰炸机和驱逐机各 2 架遭遇,在空战中苏联志愿航空队击落 1 架日军驱逐机,其余日机逃遁。由于此时云幕低沉前行受阻,苏联志愿航空队无法完成预定轰炸任务,于是投弹于湖口江中,18 时 40 分返回汉口。[⑤] 6 月 23 日 12 时,苏联志愿航空队 Сь 型轰炸机 3 架,每机携带 100 公斤炸弹 6 枚,从南昌机场起飞,在东流附近发现日舰3 艘,日舰对空猛烈射击,苏联志愿航空队 2 架轰炸机投弹命中,日舰被炸冒烟,苏联志愿航空队 13 时 30 分安返南昌。[⑥] 6 月 24—26日,苏联志愿航空队每天数次出动,均取得不错的战果。6 月 24日,苏联志愿航空队 9 架 Сь-2 轰炸机在东流附近又袭敌舰,日舰4 艘中弹起火。接着又轰炸了香河地区的敌舰。[③] 6 月 25 日对安

---

① 高萍萍:《苏联航空援华抗日始末》(二),载《南京钟山文化研究》(内部资料),2019 年第 2 期,第 51 页。

②④⑤⑥ 李嘉谷:《合作与冲突:1931—1945 年的中苏关系》,第 145 页。

③ 高萍萍:《苏联航空援华抗日始末》(二),载《南京钟山文化研究》(内部资料),2019 年第 2 期,第 51 页。

庆江面日舰轰炸,炸伤大型军舰 3 艘。26 日的空战中,击落日机 6 架,苏联志愿航空队员史托维牺牲。①

7 月间,中苏 Сь-2 轰炸机共出动 11 批、30 余架次,对敌机场和舰船进行轰炸,共炸沉 12 艘、炸伤 29 艘;击落炸毁敌机 40 多架。② 主要战例有以下几次:7 月 3 日中苏空军出击 5 次,轰炸芜湖、马当、东流、香口江岸敌军阵地、机场及舰船,炸沉日舰船 2 艘、炸伤 5 艘。7 月 8 日,中、苏飞机出动 5 批轰炸安庆、芜湖日军前进机场及湖口江面舰船,共炸毁敌机 20 多架,重创敌船 10 余艘。③ 7 月 12 日,日军 68 架飞机空袭武汉,投弹 100 多颗,民众死伤 600 多人。中国空军第 1 大队 3 架和苏志愿航空队 2 架 Сь-2 出击。同日中苏飞行员分别从汉口和吉安机场出发,对安庆和贵池日舰进行了多轮轰炸,并与日机发生空战。7 月 16 日,苏联志愿队自汉口出发轰炸望江一带日舰,炸伤大型战舰 3 艘。7 月 28 日,苏联志愿队轰炸湖口日舰,重创大型战舰 2 艘、小型战舰 5 艘。29 日,又轰炸鄱阳湖日舰,炸沉 1 艘大型舰只。

该月战绩中,苏联飞行员的说法与中日文献记载有一例存在差异。7 月 3 日,苏联志愿队轰炸机大队长赫留金率领 10 架轰炸机从汉口出发,去轰炸安庆日舰。据其自述,当日机群在安庆江面炸沉了一艘日军航空母舰(在中国和日本文献中,均无此记载)。1939 年 7 月 6 日,苏联《共青团真理报》第三版的头条文章,作者署

---

① 国民政府航空委员会报送军令部之《空军战斗要报》,国民政府军事机关档案,近代史研究所抄件。转引自李嘉谷:《合作与冲突:1931—1945 年的中苏关系》,第 145 页。该员牺牲未见于有关统计(如附录三)中。

② 张青松:《中国上空的鹰:苏联援华航空志愿队战史 1937—1941》,第 129 页。

③ 高萍萍:《苏联航空援华抗日始末》(二),载《南京钟山文化研究》(内部资料),2019 年第 2 期,第 51 页。

名为中国飞行员"少校胡劲滔（实为赫留金在华投稿时的化名）"，该文写于1939年6月，其时赫留金已经完成在华使命回国。文章以一位中国飞行员的口吻，详细描述了炸沉日军航母的过程。虽然此事查无实证，但轰炸对日军打击甚大应是事实。为此，1938年8月13日国民政府以林森主席的名义特授他（在华化名安达来）一枚四等云麾勋章，这是苏联援华航空志愿队成员中唯一获此殊荣的人。他回国后，于1939年2月22日获得了"苏联英雄"称号。[①]虽然各种说法存在差别，但赫留金等苏联志愿队员勇敢作战、重挫日军锐气，是没有疑问的。

8月2日，苏联志愿队飞行员轰炸安庆机场和附近江面日舰，斯柳萨列夫驾驶的轰炸机被日军高射炮击伤，但在空战中他和另外2架志愿队轰炸机一起，依靠自卫火力击落5架日机。[②]

8月3日，日本海军第2联合航空队39架飞机再犯武汉，中国空军第3、4、5大队和苏联志愿航空队共52架飞机迎战。此战双方伤亡都很惨重，我方统计击落日机12架，我损毁7架。中国飞行员、苏联志愿队员都有人牺牲，日军飞行员新庄直久等毙命。

8月8日、11日、18日，苏联志愿航空队出动轰炸机轰炸了马当、九江、湖口日舰，炸伤日舰数艘。

8月12日，苏联志愿航空队出动5架轰炸机轰炸九江湖口日舰，炸沉日舰数艘，但在返航时被日机追击，空战中击落敌机7架，志愿队5机均被日机击落，15名志愿队机组人员牺牲9人，6名跳伞生还。这其中，苏联志愿队员邦达连科驾驶已经起火的轰炸机坚持飞到中国军队控制区才跳伞，落进了一个水蛇出没的湖中，他

① 张青松：《中国上空的鹰：苏联援华航空志愿队战史 1937—1941》，第 126—127 页。
② 同上书，第 130 页。

游泳到岸边时,被中国士兵误以为是日军,后来中国士兵发现他背上的"来华助战洋人,军民一致保护"血符,才解除了误会,将他送入医院精心治疗,恢复健康后归队。从 1937 年至 1941 年,苏联航空志愿队在华牺牲人数总计为 214 人,其中空战中牺牲的不到 70 人,这次轰炸九江日舰的行动中牺牲的人数,是苏联航空志愿队在华单次战斗行动中牺牲人数最多的一次。① 遭遇这样大的损失,原因主要在于领队在航路上错误地选择沿江飞行,以至于过早为敌发现,而且轰炸进入之路与航路一致,飞行高度也易为敌追击。加之僚机未能追随长机,导致机队散乱,火力无法集中。

在此战中牺牲的菲利普·杰尼索维奇·古里耶上尉出生于 1909 年,牺牲时年仅 29 岁。他 1935 年参加苏军,1936 年获得中尉军衔,1937 年晋升上尉,该年底升为高速轰炸机第 8 大队队长。1938 年初在克拉斯诺达尔参加援华航空志愿队,他 26 岁的妻子安娜·吉娜西莫夫娜·古拉娅正抚养着他们 2 岁的女儿。不久,她接到了苏联国防部正式告知其丈夫"因执行特定任务而牺牲"的死亡通知书,得到了仅次于"苏联英雄"的"红旗勋章"和每月 100 卢布的微薄抚恤金。每年的 5 月 9 日胜利纪念日,古拉娅都会收到俄罗斯联邦总统亲笔签名的慰问信,其中 2013 年普京总统的手书落款是:"衷心地祝愿您 68 周年胜利日快乐,你们这一代经历了艰难的岁月,并战胜了一切困难,保卫了祖国的独立和自由,从纳粹拯救了世界,我们为你们感到自豪,你们信仰坚定,是爱国主义的楷模。在团结的胜利日,祝您健康,一切顺利!"更让古拉娅自豪的是,她的后代也继承了丈夫的志业,女婿和她的第二个外孙都是飞行员。直到 2013 年她才知道丈夫的墓碑在武汉,但对于丈夫在中

---

① 张青松:《中国上空的鹰:苏联援华航空志愿队战史 1937—1941》,第 131—132 页。

国的战斗历程并不清楚,一家人办好了护照将启程来华祭扫并探寻战斗过的城市时,等待了 75 年的古拉娅却在 2013 年 10 月 15 日突然逝世,享年 101 岁,成为年龄最长也是最后一位烈士遗孀。①

中苏空军称 1938 年 8 月共炸沉日舰船 9 艘、炸伤 33 艘,炸毁日机多架。从当年 2 月开始到 8 月的武汉空战中,中苏空军共炸沉日舰船 23 艘、炸伤 67 艘、击落日机 62 架、击伤 9 架、炸毁日机 16 架。苏联飞行员牺牲 15 人。②

1938 年 9 月 21 国日军攻陷豫南罗山。22 日,中国空军第 1 大队和苏联志愿航空队指挥官飞往罗山前线观察地形,制订陆空协作的作战计划。9 月 27 日,中、苏空军混合编队开始连续轰炸扫射罗山—柳村一线日军。在中、苏空军空中火力支援下,10 月 2 日,中国陆军收复豫南光山。10 月 5 日,苏联志愿队斯柳萨列夫率领中苏轰炸机混合编队 9 架 Cь－2,猛烈轰炸罗山日军炮兵阵地,次日,中、苏混合编队 8 架 Cь－2 轰炸机自汉口出发轰炸罗山日军。遇敌 10 架战斗机拦截,击伤敌机 1 架后进入云中摆脱敌战斗机,飞回衡阳、湘潭。

经过多场战斗消耗,加之地面日军不断迫近武汉,9 月,苏联志愿航空队为保存飞机减少损失转场湖南衡阳机场。10 月 8—11 日,日机连续夜袭衡阳机场,先后出动 69 架轰炸机投弹 50 吨。由于敌特和汉奸纵火发出信号,6 架 Cь－2 飞机被炸毁,1 座军用仓库等设施被摧毁。③ 苏联志愿航空队歼击机机群指挥员拉赫曼诺夫紧急起飞追战敌机,被敌击中英勇牺牲。2015 年 8 月,他被中国

① 张青松:《中国上空的鹰:苏联援华航空志愿队战史 1937—1941》,第 132—133 页。
② 同上书,第 133 页。
③ 高萍萍:《苏联航空援华抗日始末》(二),载《南京钟山文化研究》(内部资料),2019 年第 2 期,第 52 页。

民政部列入第二批 600 名著名抗日英烈和英雄群体名录。此战共击落日机 4 架。此后,中苏空军基本停止主动出击。10 月下旬日军逼近武汉,10 月 24 日蒋介石下令放弃武汉,25 日武汉沦陷。

在保卫武汉的空战中,中苏飞行员并肩战,不畏强敌,给日军以迎头痛击,打了不少漂亮仗。据统计,在武汉会战中,中苏空军共炸沉敌舰船 33 艘、炸伤 67 艘,击落敌机 62 架、击伤 9 架,炸毁日机 16 架。日本方面称 1938 年 5—10 月,日本海军损失飞机 136 架,空军官兵死亡 116 名。[1] 中国空军从 1937 年 8 月 14 日淞沪空战开始至 1938 年 10 月 25 日武汉陷落,共牺牲飞行员 202 名,平均年龄为 23 岁。在武汉会战中,苏联援华的志愿航空队共有轰炸第 1 大队 26 架飞机与驱逐第 1、第 2 大队 55 架飞机参加这场战役。[2] 苏联援华志愿航空队飞行员表现了勇敢顽强、助战杀敌的国际主义精神。如苏联飞行员安东·古班柯在一次空战中弹药耗尽,就驾机撞击日机,撞落 1 架日机后在机场安全降落。他在中国共击落 7 架日机,获得了中国政府颁发的金质勋章。在阻击日军进攻时,由苏联志愿航空队的中国轰炸航空兵对长江上的日军运输船和军舰进行频繁空袭,在两三个月内,共击沉和击毁了大约 70 艘军舰和运输船,其中包括日本海军的大型军舰。[3]

关于苏联援华志愿航空队在武汉保卫战期间的业绩,还有另外一组数据,说在 1938 年 7 月至 10 月的武汉保卫战中,苏联志愿

[1] 高萍萍:《苏联航空援华抗日始末》(二),载《南京钟山文化研究》(内部资料),2019 年第 2 期,第 53 页。
[2] 国民政府军令部战史编纂委员会所拟《武汉会战我空军兵力编组表》,国民政府军令部战史会档案,近代史研究所抄件。转引自李嘉谷:《合作与冲突:1931—1945 年的中苏关系》,第 147 页。
[3] 李嘉谷:《合作与冲突:1931—1945 年的中苏关系》,第 147 页。

航空队共击沉敌舰 92 艘,击伤敌舰 16 艘,其中包括一艘排水量一万吨的航空母舰。① 不过,此说未见于其他文献。苏联志愿航空队的轰炸机群指挥员 C. B. 斯柳萨列夫说:"战斗在中国天空的我们的飞机和我们的人,在战争第一阶段担负了对日本空军的主要突击。只要提一点就够了:在战争的头几个月,我们的歼击机飞行员击落日军飞机一百余架。""我们机群的六十人中,只有十六人返回祖国。"②苏联志愿航空队的英勇战斗,给当时的中国人民留下了深刻的印象,中国著名文学家郭沫若以诗化的语言描述道:"保卫大武汉之战,先后支持了四个月以上……主要的原因,自当归功于民气、士气的旺盛。但另外有一个重要的原因,我们可不能忘记的,便是有苏联顾问团在帮助我们策划,更有苏联的飞机和义勇队在帮助我们守卫上空,并配合着前线作战……苏联义勇敢死队号称'正义之剑',在空战中有不少的人受了伤,更有不少的人牺牲了……苏联义勇队生活纪律特别严,他们是在飞机的银翼下过着天幕生活的……武汉上空有好几次的保卫战,事实上都是苏联义勇队的战绩。就我亲自看见的一次来说吧:四月二十九日……敌机大量侵袭武汉……那天的天气很好,上午我们正在武昌城内……空袭警报发了,大家都进了园子里的防空室,我却在室外眺望。晴朗的天空中泛着团团的白云,高射炮更射出朵朵的绒花。高射炮的轰鸣、飞机的拍音、炸弹的爆炸、机关枪的连响,构成一个四部合奏。双方的银翅在日光下穿梭翻腾,或上或下,或反或侧的

---

① 见范方镇译:《苏联空军志愿队老战士回忆录》,南京:孙中山纪念馆等编印,2011 年 12 月,第 6 页。

② [苏]C. B. 斯柳萨列夫:《在中国上空的空战》,《在中国土地上:苏联志愿兵的回忆 1925—1945 年》,第 194—195 页。转引自李嘉谷:《合作与冲突:1931—1945 年的中苏关系》,第 147—148 页。

搏斗……忽然有的放出红光,泄着黑烟,划空而坠,有的又在空中爆炸了。真是有声有色、鬼哭神嚎的画面呀。那样足足有三十分钟光景,宇宙复归于沉寂了。那是最热烈的一场大空战,辉煌的战果,是击落了敌机二十一架,我方损失五架。"①透过这种诗人气质的文学话语,我们依然能够感受到当时的战场气息。

1951年,为纪念为保卫武汉牺牲的苏联志愿航空队英雄,在汉口中山大道原"万国公墓"内有埋葬苏联空军志愿烈士骨骸处,湖北省武汉市政府修建了烈士纪念碑。1956年3月,苏联空军志愿队烈士骨骸被移葬于汉口解放公园,公园里修建了苏联空军志愿队烈士陵园,整个墓地都是依照俄罗斯的习俗建立的,墓台是长方形(中国墓墓顶是圆形),园内竖立了8米高的方锥形(中国碑是方柱形)纪念碑,碑的正面刻有"苏联空军志愿队烈士墓"几个汉字,墓碑碑座四面镌刻着中苏两国国徽浮雕,碑身背面用中俄两种文字铭刻着:"在中国人民抗日战争中牺牲的苏联空军志愿队烈士永垂不朽!"公墓前一排大理石,以中俄两种文字刻着15位烈士的姓名、出生日期和牺牲日期,这些烈士是:瓦连金·谢尔盖耶维奇·考兹洛夫(1912年生,1938年2月15日牺牲)、瓦西里·瓦西里耶维奇·别索茨基(1907年生,1938年2月15日牺牲)、乌拉基米尔·伊凡诺维奇·巴拉莫洛夫(1911年生,1938年2月15日牺牲)、莫伊塞·伊萨阿科维奇·基吉里什登(1913年生,1938年2月15日牺牲)、米哈伊尔·德米特里耶维奇·师什洛夫(1908年生,1938年2月15日牺牲)、德米特里·巴甫洛维奇·马特维耶夫(1907年生,1938年7月16日牺牲)、伊凡·伊里奇·斯图卡洛夫(1905年生,1938年7月16日牺牲)、德米特里·费奥法诺维奇·

---

① 郭沫若:《洪波曲》,天津:百花文艺出版社1959年版,第169—171页。

库列申(1914年生,1938年8月21日牺牲)、马尔克·尼古拉耶维奇·马尔琴科夫(1914年生,1938年7月9日牺牲)、乌拉基米尔·格拉西莫维奇·乌尔戈夫(1907年生,1938年2月16日牺牲)、列昂尼德·伊凡诺维奇·斯柯尔尼亚科夫(1909年生,1938年8月17日牺牲)、菲利普·杰尼索维奇·古里耶(1909年生,1938年8月12日牺牲)、柯西杨·柯西杨诺维奇·楚里亚科夫(1907年生,1938年8月12日牺牲)、尼古拉·米哈伊洛维奇·泰列霍夫(1907年生,1938年8月12日牺牲)、伊凡·尼科诺罗维奇·古罗夫(1914年生,1938年8月3日牺牲)。碑文是:"1938年,当中国人民正遭到日本法西斯疯狂侵略的时候,苏联人民无私派遣了自己的优秀儿女——苏联空军志愿队来到了中国,援助了中国人民反抗日本法西斯侵略的伟大的正义的斗争。苏联空军志愿队与中国人民一道在反击日本法西斯的斗争中创立了无数的英雄战绩。他

武汉市汉口解放公园内苏联空军志愿队烈士墓

们以武汉为基地,曾英勇地远征台北,猛烈地轰击过长江中的敌舰,并顽强地参加了保卫武汉的斗争,严重地打击了日寇的疯狂气焰,鼓舞了中国人民的战斗意志。在激烈的战斗中有许多名志愿队员献出了自己的生命,其中有重轰炸机大队队长库里申科和战斗机大队队长拉赫曼诺夫,为了中国人民的解放事业,苏联空军志愿队的烈士们的鲜血和中国人民鲜血融结在一起了。他们将永

远活在中国人民的心里。"①

停泊在兰州机场的苏联飞机,准备随时起飞痛击日寇。

（六）保卫兰州

1938 年 10 月日军占领武汉和广州以后,无力发动进一步的地面攻势,中日之战形成对峙局面,日本于是企图以不断的空袭轰炸来涣散中国人民的抵抗意志,从而结束战争。1938 年 12 月 2 日,日本大本营下达了《大陆命令第 241 号》,要求日本陆海军航空兵打击中国首脑机关运作。为此,日本陆军部和海军部制订了《陆海军关于航空的中央协定》,规定:"陆海军航空队协同在全中国各要地勇敢的进行战略、策略的航空作战,挫败敌人继续战斗的意志。"②为此日军决策者把轰炸的重心放在中国陪都重庆和中国接收苏联军事援助的基地兰州。为执行《大陆命令第 241 号》,切断西北国际大通道,日军决定以运城、包头和彰德为基地,空袭兰州。

---

① 《党史研究资料》,1988 年第 7 期,第 30—31 页。

② 张青松:《中国上空的鹰:苏联援华航空志愿队战史 1937—1941》,第 169 页。

兰州作为中苏合作的西北国际大通道的目的地,是当时苏联援华飞机和航空器材集散地及中国提供给苏联农矿物资的出发地,同时还是中国空军大后方的重要基地。苏联援华物资和军事顾问专家及航空志愿队员,均在兰州编组分赴各地。苏联在兰州设有外交代表处、军事代表处和空军招待所。兰州还是中国空军重要的训练中心,兰州周围共有大小机场5个,拱星墩是西北地区最大的空军基地,苏方派阿基莫夫为苏联兰州空军基地司令,热列别琴科率领苏联志愿队协助保卫拱星墩基地,基地经常聚散着各种军用物资,并建有航空修理总厂,专修苏制飞机。从苏联来华的飞机都在此加油检修,再飞往前线机场。中国飞行员均在兰州改装训练,苏联志愿航空队也在这里休整和训练。兰州同时也是民用航空站,中德合资的欧亚航空公司每周2班容克斯Ju-52飞机到此停留,因而兰州早已成为日军对我大后方实施轰炸的重要目标。1937年12月4日,日军首次空袭兰州,之后在1938年2月23日和11月15日,日军3次空袭兰州,但由于中苏空军及地面防空火力的有力反击,日军均无功而返。

1938年底到1939年初,日军多次空袭重庆,但由于重庆防守严密,加之冬季重庆雾气浓厚,日军空袭效果不明显,于是决定改为重点空袭兰州。1939年2月初,日本陆军第1飞行团主力从汉口移驻山西运城,以便就近空袭兰州及其周边地区,从此中、苏空军与日军之间展开了兰州空战。

为消灭日军运城基地的力量,1939年2月5日,中、苏空军混合编队3架Сь-2轰炸机从成都起飞奇袭运城,投弹40多枚,地面敌机纷纷起火燃烧,然而这些都是日军伪装的木板飞机。我机返航时,第8大队中队长刘福洪、轰炸员汪善勋、通信员谢光明因飞机故障在临潼失事牺牲。刘福洪新婚一月的妻子年仅20多岁的陈影凡闻讯后,悲痛至极,自尽而逝,成为当时大后方广为传颂的悲壮故事。

1939年2月11日是日本的"纪元节"(传说中的第1代神武天皇公元前660年的登基纪念日),日军决定以轰炸兰州作为对"纪元节"的献礼,后因天气不好而推迟。2月12日,日本陆军航空兵司令官江桥英次郎中将赴运城亲自指挥。他集中了第12、60、98三个战队的轰炸机29架,在第59战队的战斗机掩护下,偷袭西安、宝鸡,以阻拦该地中国飞机支援兰州,另以20架轰炸机袭击兰州东机场。由于日本领航员失误,9架日机将兰州东北100公里的靖远县城误当成兰州进行了轰炸。苏联志愿航空队出动15架飞机、中国空军第17中队中队长岑泽鎏率11架 И-15 升空迎战。在中、苏空军和地面防空炮火的打击下,不少日机中弹受伤,匆匆投弹后逃窜。

2月20日,日本陆军航空队出动30架飞机分3批袭击兰州,中国空军第15、17中队和苏联志愿航空队共出50多架飞机拦截,中、苏飞机集中攻击的日军第98战队的轰炸机全部中弹。我第17中队中队长岑泽鎏击落敌领队长机,分队长郭耀南、副分队长马国廉各击落日机1架。日机的炸弹多数投到机场之外。中国飞行员保觉民受轻伤迫降西安。苏联飞行员左洛塔辽夫虽身中3弹,仍安全着陆。战后,西安防空司令部电话告知:向东返航的敌机仅21架,另9架可能均被击落。

2月23日,日军利用中、苏战斗机续航时间短的弱点,提前1小时30分以第98战队的2批18架飞机佯攻平凉、宝鸡,并同时出动侦察机飞临兰州,引诱中、苏空军出战。中、苏空军31架飞机起飞迎敌,日本陆军第12、第60战队的21架轰炸机趁机轰炸兰州,苏联志愿航空队和中国空军痛击日军,共击落日机十多架,

兰州空战中被击落的日本飞机

这是在 8 年全面抗战期间中国空军在一次战斗中歼敌最多的战绩。3 月初空军兰州第一军区司令部举办了盛大的祝捷晚会,包括负责由苏联向兰州转场的苏援队成员 6 人和苏联志愿队队员 7 人及多位中国空军飞行员获得嘉奖。由于遭遇这次惨败,加之 3 月日机在几次空袭兰州及其周围地区未占到便宜,3 月中旬,日军大本营决定暂停对兰州的轰炸,将重型轰炸机战队从运城撤出。

1939 年 9 月,侵华日军为切断苏联援华路线,决定实施以中国西北地区为主要攻击目标的"田"号作战计划,把留在华北和华中的日本陆军航空队新编为第 3 飞行集团,由木下敏中将坐镇运城指挥。日军于 9 月下旬至 10 月上旬集结山西运城,先后出动飞机 35 批、582 架次对陕西、山西、河南的各城市,如西安、延安、洛阳、宝鸡、南郑、平凉等进行轰炸[1],以此强化训练,减小攻击西北内陆

[1] 高萍萍:《苏联航空援华抗日始末》(二),载《南京钟山文化研究》(内部资料),2019 年第 2 期,第 54 页。

时的损失。

　　在此期间,苏联志愿队策划了一次极其不成功的运城空袭作战。根据中国方面的情报,当时约百架日机集中于运城。为了消灭运城日机,苏联志愿队借鉴 10 月 3 日和 14 日成功空袭汉口日军的经验,在未做空中侦察的情况下,10 月 31 日,苏联空军顾问阿尼西莫夫决定倾其所有的 Tь-3 式轰炸机 16 架,分为两队,从成都从发,各机携带 100 公斤炸弹 4 枚、50 公斤炸弹 2 枚空袭运城,阿尼西莫夫亲自参加行动,计划空袭行动结束后分别返回成都和兰州。由于运城处于从成都起飞的 Tь-3 式轰炸机航程的极限,加之天气恶劣,空袭机群迷航,没有能飞到运城,而各机组又没有沿途备降机场的资料,只好迫降于宁夏、湖南、湖北各处,导致 10 架 Tь-3 式轰炸机丧失作战能力,而苏联援华的 Tь 式轰炸机总共只有 24 架。[1]

　　1939 年 12 月,日本陆、海军航空又决定联合行动,制订了所谓“100”号作战计划,在运城集结 114 架飞机再袭兰州。12 月 26 日—28 日,日军每天出动上百架飞机对兰州进行狂轰滥炸,使市区居民和机场遭受很大损失。由苏联向兰州转场的苏援队成员和苏联志愿队队员在处于劣势的情况下,仍全力升空作战。此后日军确定以重点轰炸重庆来摧毁中国人民的抗战意志,同时调集兵力出关对付苏联,海军航空兵谋划太平洋战争,因而逐步停止了对兰州的战略轰炸。

　　从 1937 年底到 1939 年底,日军机群共空袭兰州 14 次,尤其是 1939 年一年就达 11 次。中国空军和苏联志愿队并肩作战,沉重打击了来犯日军,日军想彻底摧毁兰州的梦想终未得逞。在保卫兰

---

[1] 张青松:《中国上空的鹰:苏联援华航空志愿队战史 1937—1941》,第 203—204 页。

州空战中,苏联志愿队员 20 多人献出了年轻的生命。

在保卫武汉、兰州等地作战的同时,苏联志愿队与中国空军一起,在华南地区与日本航空兵展开作战,有效地配合了地面战斗。

（七）支援桂南、滇东会战

中国全面抗日战争前期,从法属越南河内到广西的南宁、从河内经云南的蒙自至昆明,是两条重要的陆路外联通道。1939 年 11 月,日本为了进一步封锁中国华南沿海,彻底切断援华物资流通供应线,执行了轰炸广西南部的"和"号作战计划（日本海军称"N"号作战计划）,同时对南宁、蒙自等地进行轰炸。1939 年 11 月 15 日,日本陆军第 21 军第 5 师和台湾混成旅在海军第 5 舰队掩护下,由广东钦州湾（现属广西）登陆,开始了桂南会战。

此役日军动用大量航空兵力,日本陆军除原有的第 21 独立飞行队的 2 个中队外,又从华中、东北等地调来 2 个轰炸机中队、1 个战斗机中队和 2 个侦察机中队。日本海军也投入第 3 联合航空队、第 2 航空战队,后来又增加了第 15 航空队、高雄航空队。日本陆海军共有飞机 200 多架。

中国空军第 3 大队首先从内地移驻柳州,支援陆军抗击登陆之敌。第 4、第 5、第 6 大队,独立第 18 中队,以及苏联志愿航空队也先后参加桂南会战。中、苏空军参战飞机共 115 架,数量仅为日军的一半。

1939 年 10 月 25 日下午,中、苏空军派 3 架轰炸机和 1 架战斗机飞临昆仑关。日军误为是自己的飞机,赶紧铺设信号板进行联络。中国空军乘势俯冲扫射、投弹,日军伤亡惨重。中国陆军第 200 师立即发动强攻,夺取部分日军阵地。日军 12 月 4 日夺取昆仑关,18 日,中国军队从东、北、西三个方面开始反攻。① 中、日双方都动用大批飞机支援地面作战。1939 年 12 月 25 日 6 时 24 分,按照中国军方领导人白崇禧的要求,苏联志愿航空队派遣 3 架 Сь 轰炸机,各带 4 枚 50 公斤燃烧弹和 16 枚 10 公斤杀伤弹,由桂林秧塘机场出发去轰炸九塘日军阵地,后为避免误伤地面中国军队而改为轰炸日军占领下的南宁。7 时 50 分,苏联志愿航空队在南宁市区东南部目标投弹,目标燃起大火,直到下午 15 时进行第二波轰炸时,还看到早晨轰炸造成的冲天大火。轰炸后,苏联志愿航空队循原路返回桂林。当日,奉白崇禧命令苏联航空队第二次派机轰炸九塘日军阵地,由驻柳州苏联志愿航空队驱逐机指示目标协同攻击,13 时 55 分,苏联航空队派遣 3 架 Сь 轰炸机,各带 6 枚 50 公斤燃烧弹和 8 枚 10 公斤杀伤弹,由秧塘机场出发轰炸九塘日军阵地,15 时 10 分飞抵日军阵地上空,日军误以为是日军飞机而聚集并且摆示信号,苏联志愿航空队驱逐机先是俯冲扫射,指示轰炸目标,轰炸机在 15 时 19 分投弹并完全命中目标,驱逐机则连续扫射三次,发射 500 余弹。在苏联志愿航空队的扫射轰炸之下,地面日军溃散,中国陆军乘机发起攻击,夺回几处据点。苏联志愿航空队飞机离去后 10 多分钟,1 架日机飞临上空,地面日军再次误以为是中国飞机而向其射击,中国陆军于是再度攻击,攻克日军碉堡数处。②

1939 年 12 月 27 日,是昆仑关争夺战最激烈的一天,中国空军第 3 大队出动 И-15 和"格罗斯特"式战斗机共 6 架,掩护苏联

---

① 高萍萍:《苏联航空援华抗日始末》(三),载《南京钟山文化研究》(内部资料),2019 年第 3 期,第 53 页。

② 李嘉谷:《合作与冲突:1931—1945 年的中苏关系》,第 148 页。

志愿队轰炸地面日军。中国空军在二塘上空与数倍于己的敌机空战,第32中队中队长韦一青击落1架日机后,在追击另一架敌机时,被从后面偷袭的敌机击中,坠落在敌我阵地之间。中国陆军官兵眼见空军战士壮烈牺牲,大受感动,冒着敌人的炮火冲出掩体,将韦一青烈士的遗体抢回,并乘势进攻,大破敌军。在空战中,中国著名飞行员陈瑞钿机毁跳伞受重伤,被送柳州抢救,苏联志愿队大队长特意从衡阳赶来看望,表示感谢。[①] 在中苏空军的密切配合之下,中国陆军大举反攻,12月31日夺回昆仑关。同日,苏联志愿航空队3架 Cb 轰炸机轰炸了南宁日军机场,炸毁日机8架。[②]

1940年1月1、4、7、10日,中国空军和苏联志愿航空队连续出动Cb-2轰炸机31架次,轰炸南宁机场及敌军阵地,炸毁日机4架。苏联飞行员金爵洛哥(又译为金琴柯)在1月10日出击返航时迷失方向,迫降时遇难。[③] 1940年1月10日,日本海军航空队袭击桂林,驻柳州的苏联志愿航空队击落日机3架。苏飞行员列辛克牺牲,联队长柯基那基(又译为"科基纳基")在击落1架敌机后,遭敌机数架围攻中弹,飞机失速下坠,柯基那基沉着操纵安全着陆。柯基那基在援华期间共击落敌机7架,荣获"苏联英雄"称号。[④]

---

① 陈瑞钿个人战绩为击落敌机8架,官方认定6架,曾被击落3次。由于此战受伤严重,陈瑞钿此后未能再升空。1997年10月4日,在他去世1个月后,美国方面认定他为二战中第一个王牌飞行员。见张青松:《中国上空的鹰:苏联援华航空志愿队战史1937—1941》,第242页。

② 李嘉谷:《合作与冲突:1931—1945年的中苏关系》,第148页。

③ 高萍萍:《苏联航空援华抗日始末》(三),载《南京钟山文化研究》(内部资料),2019年第3期,第53页。

④ 高晓星:《民国空军的航迹》,第334页。

苏联志愿队在桂林秧塘机场破坏日军后勤补给的战斗
(1939 年 12 月—1940 年 1 月)①

日期	参战单位	兵力	携弹量	概况
1939 年 12 月 21 日 7 时 06 分	志愿队	9 架 Сь	7.62 毫米子弹 3 万发,100 公斤炸弹 36 枚、10 公斤 18 枚	轰炸机大队长费金率队轰炸钦州湾日舰,投弹于广州湾西营海面及深山
12 月 25 日 6 时 24 分	志愿队 费金大队	3 架 Сь	子弹 1.2 万粒,100 公斤高爆弹 12 枚、50 公斤燃烧弹 49 枚	轰炸九塘日军阵地,因地面未铺设布板符号,为免误伤国军,转往南宁投弹
12 月 25 日 12 时 30 分	志愿队	3 架 Сь	子弹1.2 万粒,50 公斤燃烧弹 18 枚、10 公斤杀伤弹 48 枚	轰炸九塘日军阵地,掩护指示目标,协助陆军占领四五处据点
1940 年 1 月 2 日 12 时 42 分	志愿队 费金大队	3 架 Сь	苏制 20 毫米子弹 384 发,7.62 毫米子弹1.2 万粒,50 公斤燃烧弹 65 枚、10 公斤杀伤弹 72 枚	轰炸九塘日军阵地,飞至柳州因大雾而折回
1 月 4 日 9 时 25 分	志愿队 费金大队	4 架 Сь	7.62 毫米子弹 1 万粒,100 公斤高爆弹 24 枚	轰炸南宁日军机场,因判断失误,误投贵县附近
1 月 7 日 12 时 49 分	志愿队	5 架 Сь	苏制 7.62 毫米子弹 2 万粒,50 公斤炸弹 72 枚	轰炸南宁日军阵地

① 张青松:《中国上空的鹰:苏联援华航空志愿队战史 1937—1941》,第 249 页。因材料来源不同,表中数据与文字描述中的数据之间存在差异,待进一步研究考证。

续表

日期	参战单位	兵力	携弹量	概况
1月8日12时57分	志愿队费金大队	6架 Cь	苏制7.62毫米子弹2.4万粒,100公斤炸弹24枚、50公斤12枚	轰炸七塘日军阵地,预备目标为南宁,将炸弹投于南宁市区北部
1月10日9时40分	志愿队费金大队	6架 Cь	7.62毫米子弹2.4万粒,100公斤高爆弹36枚	轰炸南宁日军机场,炸毁日机3架

在桂南会战期间,中国空军和苏联志愿队共对敌投弹28吨,炸毁日机15架,在桂林、柳州、芷江、零陵上空发生空战11次,击落日机11架。[①] 中、苏空军多次以轰炸扫射掩护地面作战,对于地面作战任务的完成发挥了重要作用。

(八)保卫大后方,奇袭武汉日军航空基地

全面抗战时期,四川省的重庆和成都处于中国的国防纵深地带,全面抗战开始不久,国民政府就宣布迁都重庆,1938年10月武汉陷落后,中国政府政略和战略中心全部移驻重庆,重庆也就成为中国抗战的军事指挥中枢。1939年1月,中国空军最高统帅机构——航空委员会从贵阳迁设于成都,成都也成了抗战时期中国空军的指挥中心。空军机械、通信、军士、参谋、防空等学校先后迁来或在成都创建,并一度成立空军轰炸总队,形成了当时中国空军最大的教育、训练基地。同时,对日作战的空军总指挥部、空军第3路司令部、空军第5大队部的作战飞机,也驻扎在以成都为中心包括温江、双流和新津等地的空军基地。显然,成都也是战时中国空军最大的指挥中心。为此,侵华日陆、海军航空队早就盯上了四川

---
① 张青松:《中国上空的鹰:苏联援华航空志愿队战史 1937—1941》,第247页。

这一战略要地。1938 年 2 月 18 日,日军进行了对重庆的首次远途轰炸,11 月 5 日,中国空军与来袭日机在四川上空发生首次空战。12 月 2 日,日本天皇裕仁下令对重庆进行战略轰炸,日军总参谋长闲院宫载仁亲王向侵华日军下达第 241 号和 345 号大陆令,要运用航空兵消灭中国的最高统帅和最高政治机关,还特别允许对华作战在严格保密的情况下运用毒气武器。根据这些命令,日军进行了远距离航空作战和轰炸的训练。

　　1938 年 12 月 18 日汪精卫叛逃越南河内,暴露了国民政府高层对日态度的分裂,日本认为这是打击和彻底瓦解中国抗战政府的大好时机,12 月 25 日,日军正式下达轰炸重庆的命令,次日,32 架日机分两批次空袭了重庆。由于重庆防空力量强大,加之冬季重庆上空经常云雾笼罩,在经过几轮轰炸和空战后,日军损失惨重而轰炸效果不佳,日军高层决定暂时把轰炸重点转移到兰州方向。1939 年 5 月,日军又开始对重庆进行大规模轰炸,苏联志愿队和中国空军也继续坚持艰苦卓绝的大后方保卫战。

　　应中国政府请求,1939 年 6 月 11 日苏联空军又有志愿航空队 4 个大队来华支援,由库里申科和科兹洛夫各率领一个由 20 架重轰炸机组成的轰炸机大队进驻四川省成都,由苏普伦和柯基那基各率领一个由 И‐15 和 И‐16 驱逐机组成的驱逐机大队进驻重庆,到 1939 年 10 月,当时在华航空人员达 425 人。苏联驻华空军顾问阿尼西莫夫、副顾问胡鲁耶夫、参谋长伊里茵也常驻四川省成都,并经常与中国空军共同研究对日空战的对策。到 1939 年 12 月,苏联在华飞行员、地勤人员共 712 人[1],此时是苏联志愿队来华的最鼎盛时期,他们的到来大大提高了中国军民保卫大后方的实

---

① 张青松:《中国上空的鹰:苏联援华航空志愿队战史 1937—1941》,第 269 页。

力和信心。

1938年10月日军占领武汉后,决定用持续大规模空袭中国大后方的方式彻底瓦解中国军民的抗战意志,为此大肆扩建汉口王家墩机场,将汉口基地变成了日军在华最大的航空基地,空袭成都、重庆的飞机大多从此起飞。为了保卫大后方的安全,中国方面决定打击日军汉口基地,苏联志愿队为此进行了两次成功的奇袭作战。

1939年10月3日凌晨5时,成都太平寺机场的苏联志愿队9架① Tь-3式轰炸机开始整备,每机载满油料,各携带100公斤爆裂弹10枚,由大队长库里申科率领。早晨9时飞机起飞,于12时40分机群以紧密楔形编队飞抵汉口王家墩机场上空,发现机场密集排列停满了飞机。由于该机场位于日军占领地的纵深之处,超过了中国空军常用的 Cь 式轰炸机的作战半径,日军对于中苏空军远程奔袭能力估计不足,因此机场上停放了超过百架战机,对于机场周围也疏于防备。当日上午10时先有日机警戒飞行武汉上空,至11时30分全部降落,没有一架战机在空中警戒,防空炮火也没有准备。当时基地正在准备迎接从日本本土运来的木更津航空队6架"新锐"攻击机的到来,并有日本海军舰队司令部代表和汉口伪政权代表出席交接仪式,日海军航空队的军官全都聚集在指挥所门前,正兴高采烈地翘首蓝天。一向自大轻狂的日军认为,此刻中国空军避战还来不及,岂敢到"皇军"头上动土,因而毫无戒备。下午1时30分,这批日机刚刚降落,日军第1联合航空司令官冢原二四三少将及以下军官都在战斗指挥所门前迎接,并听取接收新机的指挥官报告情况。日本本土运来的战机着陆后,刚刚完成报告

---

① 一说为29架,此说似不确。见高晓星、时平编著:《民国空军的航迹》,第328页。

仪式,苏联志愿队机群突然飞临,Ть－3式轰炸机群即以机场中心为瞄准点连续投弹,将炸弹全部倾泻下去。机群在6 000米高空第一波轰炸倾泻了混合挂载的高爆弹、杀伤弹和燃烧弹,除少量几颗落进附近水田之外,50多个100公斤的炸弹大多正好落在指挥所门前。由于没有遭遇任何反击,苏联志愿队降低到1 400米低空,进行了第二波饱和轰炸。在突然而来的巨大震撼面前,日军一时反应不及,高射炮竟然没有开火。亲身经历了这次奇袭的日本王牌飞行员坂井三郎,一生历经无数生死考验,但他对这次空袭留下的印象终生无法磨灭,他回忆说:

我清楚地记得1939年10月3日。这天,我读完信后就检查自己那架战斗机的机关炮。机场上,人们工作从容,情绪松懈。

机场的平静突然被控制塔传来的叫声打破了。接着,没有任何其他警报,四面八方就响起了轰隆隆的爆炸声,大地颤簸摇荡,响声震耳欲聋。"空袭!"不知谁喊了一声,但没有必要。这时,所有警报器都尖叫起来,当然也是为时过晚,毫无用处。

轰炸开始前没法到隐蔽所了。炸弹愈来愈强烈的爆炸声,有如天边不断的雷鸣。地面烟尘滚滚,空中弹片横飞。有几个驾驶员与我一起,发疯似的从机修车间往隐蔽所跑。我把身子弯得低低的,以躲避嘶叫着飞来的钢片。我一头向两个水箱中间砸下去,要不是动作快,恐怕连人影子都找不着了。因为附近弹药撒了一机场,震得耳朵发痛,地面飞沙走石。

所以,我若有片刻迟疑,恐怕早就见阎王去了。附近的爆炸声突然停止,我抬起头来,看看发生了啥事。机场里,炸弹还在乒乓作响,透过爆炸声,传来人们痛苦的叫喊与呻吟,躺在我周围的人都负了重伤。我立刻向离我最近的那个驾驶员爬去。此刻我才感到大腿和屁股痛得像刀割,顺手一摸,血已经把裤子浸湿了。伤口很痛,幸好不深。

我慌了,站起身来就跑,不过这次是向机场里跑。奔到跑道时,抬头向天上一望。头顶上有十二架轰炸机在编队①,它们飞得很高,至少在 20 000 英尺的高度上大转弯盘旋。它们是俄国的 C_b 双引擎飞机②,是中国空军的主要轰炸机。不可否认,敌机的突然袭击达到了惊人的效果,打得我们措手不及,狼狈不堪。可以说,在敌机尖叫着俯冲投弹时,我们实际上没有一人事先知道。

看到机场上情况,我吃了一惊。

一架挨一架地停在那长长跑道上的两百架海军的轰炸机和陆军的战斗机,大部分在燃烧。一片片火焰从炸开的油箱中飘出,翻起滚滚浓烟。有些飞机的机身被弹片击穿后正在漏油,暂时还没烧着。火从一架飞机烧到另一架飞机,汽油淌到哪里就烧到哪里,整个长长的一排飞机全都变成一团团暗红色的蘑菇云。轰炸机噼里啪啦像鞭炮一样爆炸;战斗机烧得呼呼啦啦,像一盒盒点着了的火柴。

我疯也似的围着燃烧的飞机跑,极想找一架没损坏的飞机。也巧,真还有几架隔开停着的"克劳德"没挨炸呢。我赶紧爬进坐舱,发动引擎,甚至没等全部发热,就开着它向跑道冲去。

轰炸机正在渐渐升高。我径直追上去,把油门推到底,从这架不甘示弱的"三菱"飞机获取每一点速度。起飞二十分钟

---

①② 原文如此。

后才赶上敌机。

我没注意自己飞的是空中唯一的一架战斗机,很明显,这架轻武装"克劳德"对那十二架轰炸机根本不是个大威胁。飞机下面长江边上的宜昌市,它仍在中国防卫部队的控制之下。倘若我在这里被击落,即使当场不死,落到敌人手中也不会生还的。我从后下方接近,敌人全然不知,当炮弹通通通地发射出动时,敌机炮手打不着"克劳德"了。我尽可能靠近最后那架飞机,集中火力打左引擎。开火后我迅速爬到它的上方,看见那台被击中引擎冒出了长长的一条黑烟。它已掉离编队,开始下降高度,我掉过机头,想结果这残废,可是没能那么做。因为就在我向前推驾驶杆进入小角度俯冲时,我记起宜昌在汉口以西至少150英里,若继续追击轰炸机,就没有足够油料飞回基地,那就得迫降敌区。

继续有利的冒险与拿自己的生命和飞机开玩笑完全是两码事。继续攻击就是自杀,这种极端行为没有必要。我转弯回飞,那架俄国轰炸机是否成功地到达了自己的机场,不得而知。当然,最坏莫过于坠毁在友军控制区内。

回到汉口机场一看,十二架敌机所带来的重大破坏真难以相信。我们几乎所有飞机不是被炸毁,就是被炸坏。基地司令的左臂被炸掉,他手下的几名上校以及一些驾驶员和维修人员,死的死,伤的伤。猛烈的追击和战斗的激情,使我忘记了自己的伤痛,但从飞机上下来只走几步,便晕倒在跑道上。①

完成奇袭任务后,苏联志愿队轰炸机开始升高加速脱离,此时日军才如梦方醒,一些日机开始升空,机场和市区里的高射炮纷纷

---

① 张青松:《中国上空的鹰:苏联援华航空志愿队战史 1937—1941》,第 277—279 页。

发射,高射炮弹在志愿队轰炸机群后面爆炸,志愿队轰炸机仅 1 架受轻伤,凯旋。

这次奇袭对日军造成了巨大打击,日海军鹿屋航空队副队长小川弘中佐、木更津航空队副队长石河淡中佐、第 12 航空队冈崎兼武中尉等 4 名军官和 1 名士官当场被炸死,指挥轰炸重庆的日第 1 联合航空队司令冢原二四三少将的左臂被炸掉,鹿屋航空队第三任司令官兼新任中国方面舰队司令部附大林末雄大佐等 25 人也负伤,"现场满目疮痍,血肉模糊惨不忍睹",死伤多达 240 多人。根据 2007 年日本学者中山雅洋考证,当天有 12 人被炸死。日方证实 50 架日机被完全炸毁,近 100 架被炸伤,汉口机场的大部分飞机都被认定无法起飞。[①] 这次奇袭的意义不仅在当时,而且对以后的影响也非常深远。在空袭中,被炸掉左臂的久经战阵的冢原二四三少将虽然于 11 月 15 日晋升为海军中将,但因为残疾而被认定不再适宜舰队勤务,转任基地航空队指挥官,这使得第 1 联合航空队司令官职位空缺了 2 个月,直到 1940 年 1 月才有人接任。由于日本海军无法找到像他那样精通航空的人才,只得让一直与航空无缘的南云忠一出任海军机动部队司令官,这被认为是后来导致日军在太平洋战争中的中途岛战役惨败、日军由此走向颓势的间接原因。这次轰炸还产生了另外一个重要效果,由于苏联志愿队汉口大轰炸导致冢原二四三少将以及大批航空兵军官死伤,身在武汉而未列入伤亡名单的日军航空兵司令官级别的高级军官,只剩了有日军"轰炸大王"之称的奥田喜久司一人。遭到痛击的日军恼羞成怒,严令迅速运来新机,对发动奇袭的志愿队成都基地进行报复。在这种情况下,奥田为了荣誉而指挥这次战斗责无旁贷。

---

① 张青松:《中国上空的鹰:苏联援华航空志愿队战史 1937—1941》,第 279 页。

在准备非常不充分的情况下,他匆忙组织了对成都的报复性轰炸,而且亲自带队,在不久之后的成都轰炸中被中国空军击毙,他成了抗战时期中国空军击毙的日海军航空队军阶、军职最高的军官。

1939年10月14日上午,苏联志愿航空队派出20架轰炸机再次出击,库里申科再度率领11架轰炸机,每机除携带100公斤爆破弹2枚外,又追加了50公斤燃烧弹3枚、14公斤杀伤弹27枚和8公斤杀伤弹11枚;科兹洛夫率领9架轰炸机,每机携带100公斤爆破弹5枚、50公斤燃烧弹5枚,于当日9时完成编队起飞。飞行中,科兹洛夫机群失联,分成为6架和3架两个编队。11时55分,库里申科首批11架轰炸机以7 800米高空飞抵王家墩机场,发现机场停机约70架,志愿队机群连续投下炸弹。12时20分,科兹洛夫机群中的6架也来到机场上空投弹,10分钟后,科兹洛夫机群中的另外3架也赶来参战,一举炸毁日机60架,毙伤日陆、海军航空队官兵300多人。志愿队机群进入机场上空投弹时正好背对太阳,在空中警戒的日机始终未能察觉,只有高射炮对志愿队飞机开炮。由于志愿队轰炸机进行高空轰炸,高射炮弹在机群下方爆炸。等到空中警戒和地面日机赶来拦截时,志愿队飞机已经飞走。

志愿队轰炸机群在凯旋途中,遭遇从孝感机场起飞追来的9架日军战斗机,在交战中,又击落3架日战斗机。其他追击日机因为飞行高度过低,未能发现志愿队轰炸机群。在空中交战中,库里申科大队1架飞机重伤坠落于湖北沙洋附近襄河东岸日军阵地,机组人员3人跳伞后被日机扫射,其中2人牺牲,1人落地后被附近对岸中国军队组织的营救突击队经过两夜一天的抢救脱险。在抢救过程中,地面中国军队渡河攻击了五六次,突入日军阵地抢回了志愿队员的随身物品、部分飞机残骸、引擎等,还用集束手榴弹将残机炸毁,为此中国军队伤亡了 20 余人。① 在空战中,库里申科的飞机左发动机被击中,他用单发坚持飞行。返航至四川万县上空时,飞机失去平衡,他尽力控制飞机超低空摇摆着避开居民区,最初在长江南岸陈家坝上空盘旋,发觉空地过小难以降落大型轰炸机,为保全战机他坚持驾机迫降于长江水面。飞机落水尚未沉没时,他叮嘱机组人员记住岸边特征以便日后打捞,并要他们脱掉飞行服向江岸游泳。机组领航员、报务员和轰炸员都爬出机舱,惟有库里申科大队长因筋疲力尽未能爬出机舱,牺牲在长江里。②

1939 年 10 月 14 日的这次空袭使日军遭受了巨大的损失。日军承认,光被炸毁的地面军机有 60 架,还炸毁了机场的 1 座油库、40 多辆汽车和 3 万箱弹药,炸死炸伤日军海陆军少佐 2 人、飞行员60 余人及海陆军官兵 300 余人,日军说"这是事变以来发生的最大损害"。

经过 3 日和 14 日的两次轰炸,日军汉口基地被炸毁飞机至少84 架,被击落 3 架,日军在华中地区的空军力量元气大伤。为加强华中地区的航空力量,日军大本营于是派遣刚刚结束诺门坎战役的飞行第 11 战队进驻武汉。中方得到消息后,不久又组织苏联轰炸机群进行了第三次轰炸,根据苏联方面报道,加上前面两次空袭,日军损失的飞机多达 136 架。③

（九）击毙日本"轰炸之王"

在 1939 年 10 月 3 日汉口机场轰炸中负伤的冢原二四三、本队飞

---

① 张青松:《中国上空的鹰:苏联援华航空志愿队战史 1937—1941》,第 282 页。

② 一说库里申科牺牲时间是 1939 年 8 月 15 日,当日他率队空袭汉口机场。这样他就
　不可能参加 10 月 3 日和 14 日的两次袭击武汉机场的行动,但查阅其他文献,此说存
　疑。见高晓星、时平编著:《民国空军的航迹》,第328 页。

③ 张青松:《中国上空的鹰:苏联援华航空志愿队战史 1937—1941》,第 283—284 页。

机40架被炸毁的第13航空队司令官奥田喜久司大佐,发誓要进行报复轰炸。在复仇情绪的支配下,11月4日,汉口基地残余的可以远航到成都的72架96式陆上攻击机倾巢出动,由奥田喜久司大佐亲自带队。按计划,奥田的第13航空队36架飞机,鹿屋航空队、木更津航空队各18架飞机,分别轰炸四川省成都凤凰山、太平寺、温江机场。当日早晨,驻成都中国空军起飞29架驱逐机严阵以待,准备迎击日机。当奥田直接指挥的第13航空队首批27架96式攻击机飞临四川省成都凤凰山机场上空时,遭到中国空军迎头痛击。中国飞行员邓从凯发现日长机时,立即猛拉机头爬升到有利高度猛然开火。日长机伺机逃脱,邓从凯紧追不舍终将其击落,机上日本飞行人员全部毙命。但邓从凯自己也被日机击中,光荣殉国。事后查明,邓从凯击落的正是日海军第13航空队司令官奥田的座机。在清理遗物时发现有中国驻成都军政机关详细位置的地图、刻有"爆击之王"的佩剑和奥田大佐的印章,此外还有一个内装小佛像的银盒。奥田早在1937年就晋升为大佐,曾任日海军航空本部总务部第一课长,1938年12月15日任第13航空队司令官,曾多次指挥和参与轰炸南京、武汉、重庆等地,罪行累累。奥田是抗战期间中国空军击毙的日本海航军衔、军职最高者,死后被追晋为海军少将。与奥田同时被击毙的还有在日军中很有名的两名飞行员。一个是森千代次大尉,淞沪会战一开始,他就投入了侵华战争,任日海军鹿屋航空队轰炸飞行队第3分队长,曾率6架96式攻击机空袭南京、武汉、重庆、梁山等地;另一个是细川直三郎大尉,曾任日海军木更津航空队第3分队长,曾率5架96式攻击机袭击南京、兰州等地。奥田与森千、细川同时丧命,给日军侵华航空队带来沉重打击。

1940年1—5月,苏联空军志愿队还参加了轰炸汉口、运城、岳阳等地日军,以及1941年5月的兰州保卫战。

从 1937 年 11 月到 1941 年夏天,苏联对中国空军的支援和苏联志愿航空队来华,在中国抗战最艰难的时刻起到了雪中送炭的效能,使中国空军得以重整旗鼓并且和苏联援华志愿航空队并肩作战,有力地打击了日本侵略军。全面抗战期间,苏联先后派遣空军志愿队员 2 000 余人来华参战,先后进驻南昌、武汉、重庆、梁山(今梁平)、成都等地,为中国的抗日战争做出重大贡献,其中 236 名官兵献出了生命。据苏联公布的战史资料,从 1937 年 12 月在南京上空秘密参战,到 1939 年底基本从各地机场撤出,共有 700 多名志愿队员直接参加了保卫南京、武汉、南昌、成都、重庆、兰州等地的 25 次战役,出动飞机千余架次,击落日机数百架,炸沉日军各类船舰 70 余艘。1938 年 10 月,武汉、广州沦陷后,中苏空军的中心基地从南昌、武汉西移四川成都、重庆等地。苏联志愿飞行员对中国抗战的支持,当时的蒋介石也作出极高的评价。1939 年 10 月蒋介石与苏联大使谈话,在谈及中国空军对于汉口的空袭成果时,蒋介石说:"在这方面苏联志愿者发挥了很大的作用,其中三人在作战中阵亡,一个就在此地——在重庆牺牲的。我们钦佩他们的英勇无畏,在为他们的牺牲而悲痛的同时,我们还打算在当地为其建一座纪念碑。"[1]其后不久,中国空军负责人周至柔在与苏联大使会谈时,也高度赞扬了苏联的巨大贡献,他说:"我们得到了苏联巨大的援助,其中不仅包括机械,还包括人员(志愿者),后者不论是在学校还是在实践活动中都为中国干部的培训做了许多工作。为此我们非常感谢苏联。"[2]

---

[1]《潘友新与蒋介石会谈记录》(1939 年 10 月 18 日),见沈志华编译:《俄国解密档案:新疆问题》,第 87 页。

[2]《潘友新与周至柔会谈记录:乌鲁木齐飞机厂》,见沈志华编译:《俄国解密档案:新疆问题》,第 102 页。

四、来华助战的苏联航空英雄

苏联航空志愿队来华助战的历任率队将领有：日加列夫、雷恰戈夫、阿尼西莫夫、波雷宁等。日加列夫少将（来华时的军衔，回国后任苏联空军副总司令、空军元帅军衔）是1937年12月至1941年的总领队；第二任为特霍尔上校；第三任为阿尼西莫夫上校；第四任为雷恰戈夫上校。参谋长有：格里戈利耶夫、伊里茵。副参谋长有：列别杰夫、切罗奥、扎哈罗夫。轰炸机群指挥员有：科洛夫、库里申科、卡西里科夫；中程轰炸机群指挥员有：波雷宁、阿列克谢耶夫；И-15、И-16歼击机群指挥员有布拉戈维申斯基、普罗科菲耶夫等。①

在三年多的时间里，苏联援华航空志愿队与日军作战及在中国的忘我工作中，涌现出15位战斗英雄，回国后受到苏联政府最高奖赏，荣获"苏联英雄"的光荣称号。他们是：Ф. П. 波雷宁（波留宁）、В. В. 兹维列夫（兹韦列夫）、А. С. 布拉戈维申斯基、О. Н. 波洛维科夫（博罗维科夫）、А. А. 古班柯（古边科）、С. С. 盖达连柯（盖达连科）、Т. Т. 赫留金、Г. П. 克拉夫琴柯（克拉夫琴科）、С. В. 斯柳萨列夫、С. П. 苏普伦、М. Н. 马尔琴科夫、Е. М. 尼柯拉英科（尼古拉延科）、И. Н. 谢利瓦诺夫（谢里瓦诺夫）、И. С. 苏霍夫、К. К. 柯基那基（科基纳基）。这些英雄很多在不久后又参加了苏德战争，其中的苏普伦和克拉夫琴科在苏德战争中牺牲。

波留宁

波留宁是退伍空军上将，苏联英雄。他生于1906年，1929年

① 高萍萍：《苏联航空援华抗日始末》（四），载《南京钟山文化研究》（内部资料），2019年第4期，第55页。

加入苏联共产党。1931年从航校毕业,1933—1934年奉苏联政府命令以苏联军事专家组成员的身份参加在中国的军事行动并建立和巩固了中国的空军。1937—1939年作为志愿飞行员率领轰炸机大队到中国参加对日作战。苏联卫国战争开始后,他参加了布良斯克、西北地区及第一、二白俄罗斯战区的战斗,指挥布良斯克战区空军师和第六空军师。1944—1947年任波兰军队空军司令,后来在苏联军队中担任了一系列指挥职务。他曾被选为苏联最高苏维埃代表,是拉脱维亚共产党中央委员,还是苏共十九大代表。

赫留金

赫留金·季莫费伊·季莫费耶维奇是苏联军事首长,空军上将(1944),两次苏联英雄称号(1939.2.22,1945.4.19)获得者。1929年加入苏联共产党,1932年参加苏军。毕业于卢甘斯克军事飞行员学校(1933)和总参军事学院高级指挥人员进修班(1941)。1933年起当军事飞行员,后任航空兵中队长。西班牙内战(1936—1939)时期,于1936—1937年支援西班牙共和国军队,任轰炸机飞行员,后任航空兵支队长。因作战英勇,荣获红旗勋章。1938年志愿赴中国同日本军队作战,曾任航空兵大队长、轰炸机群指挥员,因出色完成任务,被授予苏联英雄称号。1939—1940年苏芬战争期间,任第14集团军空军司令。卫国战争爆发前,他共完成战斗出动约100次。卫国战争开始时,任第12集团军空军司令。1941年8月起任卡累利阿方面军空军司令,为组织空军在北方条件下作战做了大量工作,使空军协同国土防空军为基洛夫斯克铁路和摩尔曼斯克提供了可靠的空中掩护。1942年6月任西南方面军空军司令,在极端复杂的情况下指挥空军在斯大林格勒近郊作战,与此同时完成了组建空军第8集团军的任务。1942年6月至1944年7月指挥空军第8集团军参加斯大林格勒会战和解放顿巴斯、第

聂伯河右岸乌克兰地区和克里米亚的作战。1944 年 7 月起任空军
第 1 集团军司令,曾参加解放白俄罗斯、波罗的海沿岸地区的作
战,以及东普鲁士战役及其他战役。因指挥集团军有方,作战英勇
果敢,再次荣获“金星”奖章。苏联卫国战争后,在空军担任领导职
务,曾两任空军副总司令(1946—1947 年,1950—1953 年),空军上
将。1947—1950 年在空军和国土防空军担任指挥要职。获列宁勋
章 1 枚,一级库图佐夫勋章 2 枚,一级波格丹·赫梅利尼茨基勋章、
二级苏沃洛夫勋章、二级卫国战争勋章和红星勋章各 1 枚,奖章及
外国勋章多枚。

克拉夫琴科

克拉夫琴科·格里戈里·潘捷列耶维奇(1912.9.29—
1943.2.23),1931 年加入苏联共产党,参加苏军。1932 年毕业于卡
恰军事飞行员学校,1932—1933 年任卡恰军事飞行员学校飞行教
官,后任航空兵作战部队中队长、支队长、大队长、试飞员、歼击航
空兵团长和特别航空兵群指挥员。1938—1940 年间,曾作为志愿
人员到中国与日本侵略者作战。参加过 1939 年夏季的哈勒欣河
(诺门坎)对日作战和 1939—1940 年的苏芬战争。因胜利完成政
府交给的特殊任务,于 1939 年被授予苏联英雄称号。同年,因在
哈勒欣河地区作战战功显赫,获第二枚“金星”奖章。他是苏联最
早荣获两次苏联英雄称号的两人中的一个,1940 年 7 月起任波罗
的海沿岸特别军区空军司令,同年被授予空军中将军衔,1941 年任
航空兵第 64 师师长。苏联卫国战争时期,曾在布良斯克方面军、
加里宁方面军、西方面军、沃尔霍夫方面军和列宁格勒方面军作
战,先后任混成航空兵第 11 师师长、第 3 集团军空军司令、最高统
帅部大本营突击航空兵群司令。1942 年 7 月起任歼击航空兵第
215 师师长。牺牲于空战中。

苏普伦

苏普伦·斯捷潘·巴甫洛维奇（1907.7.2—1941.7.4），1930
年加入苏联共产党，毕业于初级航空专业人员学校，1931年毕业于
军事飞行员学校。1931年起任试飞员。1939—1940年在中国指
挥歼击机机群，掩护重要目标免遭日本空军的袭击。由于出色地
完成了政府交给的任务和在完成任务中表现英勇无畏，被授予苏
联英雄称号。1940年被授予中校军衔。苏联卫国战争开始后，任
试飞员组成的航空兵团长，该团从1941年6月起作为特种使命歼
击航空兵团在西方面军参加战斗。他在与德军作战中表现出了勇
敢、机智和自我牺牲精神，以高超的飞行技能抗击了数量上占优势
的敌人，在第一次空战中即消灭敌机1架。在其指挥下，航空兵团
的飞行员仅两天时间（1941年7月2—3日）即击落敌机8架。他
参加过该团的多次战斗出动，勇敢地投入了对优势兵力之敌的作
战，因孤身对抗6架法西斯德国战斗机而英勇牺牲。由于这一功
绩以及在反击敌机攻击时对航空兵团的出色指挥，荣获第二枚"金
星"奖章。他是苏联第一届最高苏维埃代表。获列宁勋章2枚，外
国勋章1枚。

斯柳萨列夫

斯柳萨列夫生于1906年，卒于1982年。1929年参加苏联共
产党。空军中将，苏联英雄。1930年从航校毕业后，历任苏联红军
空军团长、师长等职务。1938年至1939年2月，在中国任苏联志
愿轰炸航空兵指挥员，参加对日空战。1938年2月23日，随波雷
宁奔袭日军台北松山机场，取得了辉煌战果。参加过苏联卫国战
争，历任西南方面军空军司令员，第25集团军航空指挥员，曾参加
克里米亚、利沃夫、散多梅布、柏林、布拉格等战役。战后任后贝加
尔军区空军集团军司令。1950—1951年再次到中国，帮助中国组

织上海的防空。后来又到中国东北,担任第 2 防空军军长,晋升为中将。

柯基那基

K. K. 柯基那基生于 1910 年,是退伍上校、苏联功勋试飞员、苏联英雄。他于 1930 年加入苏联共产党,1925—1929 年是商船队船员,1929 年响应苏联列宁共产主义青年团中央的号召志愿加入红军,空军飞行员学校毕业后在空军战列部队服务。1936—1937 年任试飞员。1939 年－1940 年作为苏联志愿飞行员在中国作战,任副联队长,后来任战斗机联队长、战斗机空军顾问。1940 年 1 月,在保卫桂林的空战中,在敌众我寡的情况下,柯基那基凭高超的技战术,击落 1 架敌机。共在华击落 7 架日本飞机,获得“苏联英雄”的称号。参加过苏联卫国战争。

未获“苏联英雄”称号的英雄大队长库里申科

1939 年 5 月,格里戈里·阿基莫维奇·库里申科率远程轰炸机志愿队来到中国。库里申科是乌克兰人,优秀的共产党员,空军少校,出生于 1903 年。据一位翻译人员回忆,库里申科有点像山东大汉。他为人刚直不阿,战斗勇敢顽强,因而被人称为“老虎”,又称“张飞”。1939 年 8 月中旬,库里申科率领ⅡB－3 远程轰炸机群奔袭日军汉口机场。在武汉上空同敌德制 Me－109 式战斗机相遇,展开激烈空战。在激战中,库里申科的飞机左发动机被击中,他用单发坚持飞行。返航至四川万县上空时,飞机失去平衡,他尽全力控制飞机超低空摇摆着避开居民,迫降于长江水面。机组人员在水中挣扎,大部分爬出机舱,当地民众目睹这一惊险过程,纷纷跳入江中营救。机组成员被营救上岸,唯有库里申科大队长因筋疲力尽,未能爬出座舱,溺水牺牲。20 天后人们在下游发现了他的遗体。当地军民为纪念这位苏联英雄,在万县建立了库里申科纪念碑。1940 年元旦,万县人民把烈士安葬在景色壮美的太白岩。库里申科的事迹,在当时传遍了全中国,可是在他的祖国却毫无反响。在当时的苏联,援华志愿人员的去向是保密的,家人只知道他们奉命执行秘密任务,至于具体去向则一无所知。库里申科在给妻子的家书中也只是这样写道:"我调到东方的一个地区工作,这里人对我很好,我就像生活在家乡一样。"库里申科牺牲后,他的妻子接到一份军人阵亡通知书,上面写道:"格里戈里·阿基莫维奇·库里申科同志在执行政府任务时牺牲。"至于牺牲的具体经过和葬身的地方,她和家人全然不知。直到 1950 年代中期,库里申科的女儿英娜·库里申科考进了莫斯科机床制造学院。她的同学中有不少中国留学生,她从中国同学的口中才了解到父亲牺牲的真相。1958 年新中国国庆前夕,中国红十字会代表中国政府向库里申科的遗孀和女儿发出正式邀请,请她们到中国作客,并祭扫亲人墓地。周恩来总理接见了库里申科的妻子和女儿,说中国人民永远不会忘记格里戈里·库里申科。在这一年,万县人民在西山公园为库里申科专门修建了一处陵园,并隆重地把他的骸骨迁葬到这里。高大墓碑上用中、俄两种文字铭刻着几行闪闪发光的金字:"在抗日战争中为中国人民而英勇牺牲的苏联空军志愿队大队长格里戈里·阿基莫维奇·库里申科之墓(一九〇三——一九三九年)。"中国人民没有忘记这位英雄,一对普通的中国母子已为他守陵半个多世纪。

　　1958 年 10 月 8 日,库里申科夫人和女儿英娜曾来万州区库里申科烈士陵园扫墓。1989 年 4 月 10 日,英娜带着女儿别列谢多娃参加了万州区对外友协举行的库里申科牺牲 50 周年纪念活动。万州区人民政府将库里申科烈士陵园修葺一新,库里申科烈士陵园成为万州区西山公园最靓丽的景点之一。2009 年 9 月 14 日,库里申科被评为 100 位为新中国成立做出突出贡献的英雄模范之一。

附录一 中国与苏联商洽援华档案资料选

杨杰关于与苏联商洽援华武器情形致蒋介石函电稿

杨杰致蒋介石函稿(1937 年 12 月 21 日)①

委座钧鉴,兹将最近在苏工作情形摘要胪陈于下:

(一)钧座〇电嘱向苏方商洽二十个师兵器之供给事,职连日与伏罗希洛夫元脚面商,结果如下:

甲、二十个师之兵器,除步枪由我自备外,苏方供给每师十一公分五重炮四门,共计八十门,每门附炮弹一千发,共计八万发。每师七六公厘野炮八门,共计一百六十门,每门附炮弹一千发,共计十六万发。每师三七公厘防战车炮四门,共计八十门,每门附炮弹一千五百发,共计十二万发。每师重机关枪十五挺,共计三百挺。每师轻机关枪三十挺,共计六百挺,共附枪弹一千万发,双翼驱逐机六十二架,并附武器及弹药全副。飞机及轻武器弹药之一部,已下令即日开始陆运,余仍租轮由海道运华,但伏帅以在海防卸货较为安全,请饬向法方交涉准予通过安南。此项货品需载重

---

① 中国第二历史档案馆编:《中华民国史档案资料汇编》第 5 辑第 2 编,"外交",第 239—242 页。

十六吨货车约一千辆，请早为筹定，以便接运。

上项每师配备之兵器，与职提陈伏帅面商之原案，相差极大（尤以机关枪数相差为多），伏帅以现代师之编制，以富于灵动性及精于运用火力为主、不必过于扩大编制为词，职再四说明敌方装备之优良，请保留请示后再为决定。

乙、上项各武器代价，仍如上次所定。苏方本请我付予全部现金或一部分现金，职再三申述中国在激烈抗战期中，现金筹集既难，消耗复巨，苏联不惟为中国之诚挚友邦，且系我民族抗战之积极声援者，当能理解中国所处之困难环境而仗义相助也。苏方对此深为谅解，但请我尽量供给锡、铅、锑、镍、铜等金属原料，不足之数，以茶、生丝、棉花、羊毛、牛羊皮等补充之。请指定专员，负责办理。

愚见，如能经常供给苏联以上述各项原料，则此后向彼续商接济军火，当较易办到。盖苏联军需工业对上项金属原料甚感缺乏。若能补充其所缺，自可供我所需矣。

丙、双翼机六十二架，已到哈密装配，现又允让六十二架，可编为四大队，已派定人员组织（苏方已派定空军志愿参员一大队，约百五十人来华），惟到华技师仅三十人，当再增派。又，伏帅对新编二十师之专门人员甚关心，彼曾询问此二十师是否需要专门人员（如炮兵教练等）。若然，则所需者为何种人员？其数量若干？请示知，以便转告。

丁、订购二百万加仑汽油一节，苏方称事属商业范围，与军部职掌有别，请与苏联驻华大使馆商务员直接商洽，等语。请饬主管机关向苏联商务机关商洽办理，但须提出汽油种类、详数。

（二）前苏方因应我之需要，尽量供给军需各品，彼曾要求对于轻重机关枪一千架、弹一万发、载重汽车陆运费及防毒面具二十万个、通信材料等以现金购买，至今未闻我方之答复，殊以为患。究应如何答复，乞示，以便转商。

（三）前次报告苏方代为设计在华创办一飞机制造厂，发动机由苏供给，月出飞机五十架至一二百架。刻苏方一面调查中国飞机制造厂之状况，是否能利用，一面设计，拟在长沙或衡阳设厂，据称半年后可以出品。

（四）炮厂亦为苏方承许在中国旧兵工厂内添设机器，制造各中、小口径之炮，直至能出十五生的重炮为止。如钧座认为可办，苏方当派专家到中国设计制造。

（五）汽油为抗战中不可须臾缺之品，愚见：苏联在新疆已有调查，如钧座以为可以开采，由华自办，利用苏方专家及机器，在短期内亦可采出，以供军用。

（六）由阿拉木图至凤翔间已有公路，如能撤去不用之铁道，于凤翔公路向兰州铺设，似于军运有利，在长期抗战中，如欲另辟一欧、亚间之直通交通线，则与苏方商洽合资敷设此段铁道亦为要图，未悉当否。

（七）总合与苏联当局讨论参战问题，目前苏联不能参战之理由：

1. 中日战争，世界皆认日为侵略者，同情于中国，若苏联加入，则变为日俄战争，英、美更为观望。

2. 苏联原欲造成一反法西斯蒂之战线，奈英、美、法皆存观望。彼认为此战线不能造成以前，彼无保障，深恐应付东西两方之战事，危险殊大，尤以英国为可虑。

3. 英不愿华与日及俄胜利，尤其希望日俄战争，日胜或助俄，若俄胜，彼或助日，故苏对于英，颇深疑惧。

4. 职曾提出意见，苏联认为对日作战既有种种顾虑，可否另用一有效方法刺戟〔激〕日本或联合有利害相同之国家出面干涉,以利中国之抗战,伏帅称:于苏联国会开会时提出讨论(一个月后,苏联国会可以开会)。

总之,欲使苏联参战,职见:必须造成使苏联不能不参战之环境。其制造之法,第一,想法使英、美为其后援或使有西欧安全之保障。第二,中苏关系益密,日方感觉不利,对苏联挑衅,则苏联不能忍受,彼必起而与之周旋矣。谨呈。恭谨

崇绥

职杨杰谨肃

中华民国二十六年十二月二十一日于莫斯科

〔杨杰个人档案〕

孙科关于与苏方商洽购机及聘请志愿军事致杨杰函①

(1938 年 4 月 16 日)

耿光②大使吾兄勋鉴:关于购机事项,经连日与兄商讨,金觉有从速催交续购之必要,以应前方急需。兹请再向苏方商订驱逐机 E-15式八十架,E-16 式八十架,轻轰炸机 R-10 式八十架,同时对于去年经订待交之轻轰炸机 SB 式四十架,一并催请起运。所有新旧所订之机,均希从速分批起运,于本年七月前全数交竣。又:前方希望苏方志愿军参加作战至为急切,从前招待不周之种种错误,我方自应切实纠正,敬请吾兄即向苏方详为解释。至待遇条件,可据前年十一月周主任至柔兄马电所开各件酌商请派。其各地招待处之管理,如苏方同意,可由其派员负责办理。所有购机及

---

① 中国第二历史档案馆编:《中华民国史档案资料汇编》,第 5 辑第 2 编,“外交”,第242—243 页。

② 杨杰,字耿光。

聘请志愿军事项，敬请吾兄从速进行商洽，至纫公谊。专此。即颂
勋祺

　　　　　　　　　　　　　　　孙科（亲签）四月十六

　　　　　　　　　　　　　　　　〔杨杰个人档案〕

修正中苏第一、二次借款合约草案全文(月 日)①

修正中苏第一、二次借款合约草案全文（委员长艳侍参鄂电核
准签字）

　　苏维埃社会主义联邦共和国政府与中华民国政府间关于实施
五千万元美金信用借款。缘苏维埃社会主义联邦共和国政府允予
中华民国政府以向苏维埃社会主义联邦共和国购买工业产品之信
用借款，苏维埃社会主义联邦共和国政府与中华民国政府特签订
本条约，俾便订明上列信用借款之实施方法与条件，双方政府并为
此派全权代表。

　　第一条　苏维埃社会主义联邦共和国政府借予中华民国政府
五千万元美金，按照一九三七年十月三十一日每元美金合现金若
干格兰姆，以便中华民国政府在苏维埃社会主义联邦共和国境内
购买苏联制造之工业产品。

　　第二条　第一条内所载苏维埃社会主义联邦共和国政府借予
中华民国政府之信用借款，自一九三七年十月三十一日起算，利息
为年利三厘，自一九三八年十月三十一日起，五年内偿还。每年偿
付同额数目，即每年偿付一千万元美金，并同时付清已挪用之信用
借款之利息。

　　第三条　为实施苏维埃社会主义联邦共和国政府借予中华民

---

① 中国第二历史档案馆编：《中华民国史档案资料汇编》，第 5 辑第 2 编，"财政经济"
　　(2)，第 603—606 页。

国政府之信用借款起见,双方政府将派定全权代表,苏维埃社会主义联邦共和国政府全权代表耿精将军,中华民国政府全权代表杨杰将军。全权代表依据本条约各条款,于苏维埃社会主义联邦共和国政府借予中华民国政府之信用借款额内,订购各种工业产品,有互相订立特种合同之全权。

第四条　苏维埃社会主义联邦共和国政府供给中华民国政府之各种工业产品之名称,以及定货各部分之交货期限,由双方政府全权代表互相酌定成立各次定货之特种合同规定之。工业产品之价格,以及输送至苏维埃社会主义联邦共和国边境所需各项费用,由双方协议规定之。工业产品之价格,双方依据世界市场上出售之相当工业产品,并具有同一品质者之价格而规定之。

第五条　本条约第二条内规定之信用借款与利息,中华民国政府以苏维埃社会主义联邦共和国所需之物品与原料品偿还之。中华民国政府为偿还信用借款而交付之商品种类与数目,应与本条约附录第一品名单相符,并于年初按照苏联相当机关之指示,并于每年偿还款额内规定之。中华民国政府为偿还信用借款而供给苏维埃社会主义联邦共和国之物产品与各种原料品,中华民国政府可于全年期内实施之。惟为偿还本年度债务而供给之全部物产品与各种原料品,须于十月三十一日以前结束。中华民国政府为偿还信用借款而供给苏维埃社会主义联邦共和国政府之物产品与原料品之价格,双方依据世界市场上出售之相当物产品与原料品,并具有同一技术品质者之价格而规定之。

第六条　苏维埃社会主义联邦共和国所交付之工业产品,均以美金作价,并按照每批产品交付之日之美金同现金之折合市价。中华民国政府为偿还信用借款而偿付之物产品与各种原料品,亦以美金作价。美金合现金之折合市价,以每批物产品与原料品运至苏维埃社会主义联邦共和国领土之日之市价为准。

第七条　苏维埃社会主义联邦共和国政府供给之工业产品，交付中华民国政府或中华民国政府为此而特设之全权机关（其交付地点以苏联黑海港埠或其他相当之边境地点为止）。苏维埃社会主义联邦共和国政府为迎合中华民国政府所表示之愿望计，特表示同意供给之工业产品，由苏维埃社会主义联邦共和国边境运输至中华民国之领土内。工业产品由苏维埃社会主义联邦共和国边境向中华民国政府代表交付之地点起，至中华民国境内之目的地止，其所需之各种费用，概归中华民国政府。

第八条　中华民国政府输送之物产品与原料品，在苏联边境交付。中华民国政府负有全责，将上项物产品与原料品运达苏维埃社会主义联邦共和国边境。此项物品之用费，由中华民国政府于信用借款偿还额内拨付之，运价由双方依据本运输线现行之中等运价决定之。

为偿付信用借款而交付之物产品与各种原料品，于到达苏维埃社会主义联邦共和国为此特设之全权机关，或为此而赋予全权之人民委员会，应将偿还信用借款之物产品与各种原料品之验收，通告中华民国政府为此特设之全权机关。

第九条　本条约第三条内所称之全权代表，于执行本条约之过程中，互相发生可能之争执时，由双方政府代表组成简便审议委员会，按照本条约解决之。

第十条　本条约于双方签字后，即发生效力。信用借款之债务与利息未完全清偿及与其有关之各种义务未执行以前，双方均受本条约之约束。

第十一条　本条约以俄文与汉文缮制，两原本同效。在莫斯科制造两份，一份由苏维埃社会主义联邦共和国执存，一份由中华民国执存,双方全权代表特签字为证。

附录第一品名称:(一)茶叶;(二)皮革;(三)羊毛;(四)锑;(五)锡;(六)锌;(七)镍;(八)钨;(九)丝;(十)棉花;(十一)桐油;(十二)红桐①;(十三)药材。

(附注)第一次借款合约签字日期 一九三八年三月一日

第二次借款合约签字日期 一九三八年七月一日

〔南京国民政府财政部档案〕

中苏第三次借款合约②

(1939 年 6 月 13 日)

中苏第三次借款合约

苏维埃社会主义共和国联邦政府与中华民国国民政府间关于实施一万万五千万元美金信用借款条约

缘苏维埃社会主义共和国联邦政府允予中华民国国民政府以信用借款向苏维埃社会主义共和国联邦购买工业商品及工业设备,苏维埃社会主义共和国联邦政府与中华民国国民政府特签订本条约,俾便订明上称信用借款之实施方法与条件。双方政府并为此派定全权代表,苏维埃社会主义共和国联邦政府全权代表为阿那斯塔司·依凡诺维茨·米科扬,中华民国国民政府全权代表为孙科。

第一条

苏维埃社会主义共和国联邦政府借予中华民国国民政府信用

---

① 原文如此。

② 中国第二历史档案馆编:《中华民国史档案资料汇编》,第 5 辑第 2 编,"财政经济"(2),第 606—610 页。

借款总额一万万五千万元美金,按照公历一千九百卅九年六月十三日市价(每元美金合现金俄 O. 八八八六七格兰姆),以便中华民国国民政府在苏维埃社会主义共和国联邦境内购买苏联制造之工业商品及工业设备。

第二条

第一条内所载苏维埃社会主义共和国联邦政府借予中华民国国民政府之信用借款,自一千九百卅九年七月一日起算利息,为年息三厘;自一九四二年七月一日起,十年内偿还,每年偿付同额数目,即每年偿付一千五百万元美金。

信用借款之利息,自一千九百卅九年起付,每年付清实际支用之信用借款实数之利息。

第三条

为实施苏维埃社会主义共和国联邦政府借予中华民国国民政府之信用借款起见,双方政府特派定全权代表,苏维埃社会主义共和国联邦政府全权代表为阿那斯塔司·依凡诺维茨·米科扬,中华民国国民政府全权代表为孙科。

上述之全权代表,依据本条约各条款,于苏维埃社会主义共和国联邦政府借予中华民国国民政府之信用借款额内,订购各种工业商品及工业设备,有互相订立特种合同之全权。

第四条

苏维埃社会主义共和国联邦政府借给中华民国国民政府之各种工业商品及工业设备之名称,及定货各部分之交货期限,由双方政府全权代表互相酌定,以各次定货所成立之特种合同规定之。

工业商品及工业设备之价格,以及输送至苏维埃社会主义共和国联邦边境所需各项用费,由双方协议规定之。

工业商品及工业设备之价格,双方依据世界市场上出售之相当工业商品及工业设备,并具有同一技术品质者之价格而规定之。

第五条

本条约第二条内规定之信用借款与利息,中华民国国民政府以苏维埃社会主义共和国联邦所需之物产品与原料品偿还之。

中华民国国民政府为偿还信用借款而交付之商品种类与数目,应与本条约附录第一品名单相符,并于年初按照苏维埃社会主义共和国联邦对外贸易人民委员会之指定,于每年偿还额内规定之。

中华民国国民政府为偿还信用借款而供给苏维埃社会主义共和国联邦之物产品与各种原料品,可于全年期内实施之。惟为偿还本年度债务而供给之全部物产品及各种原料品,须于十月卅一日以前结束。

中华民国国民政府为偿还信用借款而供给苏维埃社会主义共和国联邦之物产品与原料品之价格,双方依据世界市场上出售之相当物产品与原料品,并具有同一技术品质者之价格,而规定之。其价格之计算,以终点交货——中苏陆地边境——时为准,或以中国港埠起点交货(若以伦敦交易所价格为准,则扣除自中国港埠至伦敦之运价)时为准。

第六条

苏维埃社会主义共和国联邦所交付之工业商品及工业设备,均以美金作价,并按照每批物品交付日之美金同现金之折合市价为准。

中华民国国民政府为偿还信用借款而偿付之物产品与各种原料品,亦以美金作价,并按照每批物产品与原料品运至苏维埃社会主义共和国联邦境地之日之美金同现金之折合市价为准。

第七条

苏维埃社会主义共和国联邦政府借给之工业商品及工业设

备,交付中华民国国民政府,或中华民国国民政府为此而特设之全权机关,其交付地点,以苏联黑海港埠或其他相当之边境为止。

苏维埃社会主义共和国联邦政府为迎合中华民国国民政府所表示之愿望起见,特表示同意将所借给之工业商品及工业设备,由苏维埃社会主义共和国联邦边境运输至中华民国之领土内。

工业商品及工业设备,从苏维埃社会主义共和国联邦边境交付中华民国国民政府代表之地点起,运至中华民国境内之目的地止,共所需之各种用费,概归中华民国国民政府。

第八条

中华民国国民政府输送之物产品与原料品在苏联边境交付,中华民国国民政府负有全责,将上项物产品与原料品运达苏维埃社会主义共和国联邦边境,并清付运费。此项物品运给苏维埃社会主义共和国联邦之海运费,由中华民国国民政府于信用借款偿还额内拨付之,运价由双方依据本航线现行之中等运价决定之。

为偿还信用借款而交付之物产品与各种原料品,于到达苏维埃社会主义共和国联邦境地之日起,十五日期内,苏维埃社会主义共和国联邦政府为此而特设之全权机关,或为此而赋予全权之人民委员会,应将偿还信用借款之物产品与各种原料品之验收通知中华民国国民政府,或为此而特设之全权机关。

第九条

本条约第三条内所称之全权代表,于执行本条约之过程中互相发生可能之争执时,由双方政府代表组成之审议委员会,按照本条约解决之。

第十条

本条约于双方签字后即发生效力。

信用借款之债务与利息未完全偿清,及与其有关之各种义务未执行以前,双方均受本条约之拘束。

第十一条

本条约以俄文与汉文缮制,两原本同效,在莫斯科制造两份,一份由苏维埃社会主义共和国联邦执存,一份由中华民国执存,双方全权代表为证。

中华民国国民政府全权代表 孙科(签字)

苏维埃社会主义共和国联邦政府全权代表

中华民国廿八年 六月十三日

公历一千九百卅九年

附录

依据苏联政府与中华民国国民政府于一九三九年六月十三日在莫斯科缔结之条约,中国政府为偿还信用借款及其利息而交付之物产品及原料品之品名单:

一、茶叶;二、皮革;三、羊毛;四、锑;五、锡;六、锌;七、镍;八、钨;九、丝;十、棉花;十一、桐油;十二、红铜;十三、药材;十四、皮毛。

〔国民政府财政部档案〕

蒋介石请求苏联援购武器速运来华事致斯大林等密电①

(1938 年 5 月 5 日)

莫斯科。极机密。杨次长②转史太林先生并伏罗希洛夫元帅,中国对日抗战,迭承尽量援助接济,俾战局克以支持迄今,敌人消

---

① 中国第二历史档案馆编:《中华民国史档案资料汇编》,第 5 辑第 2 编,"外交",第 243—244 页。

② 杨杰 1938 年 2 月任军委会军令部次长。

耗甚巨,不独私衷感激靡量,即全体将士与民众,对贵国仗义相助、抑强扶弱之厚意,均表示无限之钦佩与感激。现在中国缺乏必需之武器甚多,尤其需要飞机特别迫切。曾以此意面告贵国大使,并电令杨次长同时洽商,请贵国借给大批之武器与飞机,并准备订立正式贷借契约,想邀鉴察。中国此种希望与请求,实基于与贵国精神相契之道义关系,若以寻常商业手续及普通国际关系而言,直为不可能之举,既不能提供现款,何从取得物资?此在中国已明知之。其上次承借与之武器,款未清还,又承垫付多量之运输费用,亦尚未偿讫,无日不耿耿于心。但中国既深信贵国主持和平正谊之苦心,又鉴于两国在东亚局势上有共同之利害,认为中苏两国关系,乃超过了通常友谊之上,实为共患难之友。余深知足下之卓虑远识,必与吾人同感,故不惮提出此项出于通常手续以外之请求也。

上次垫借之款,未能如期清还,实深歉愧,但请谅解。我国实无外汇现金可资拨付,苟稍有可能,不待贵方催询,早应全偿。贵国如此热肠相助,中国为良知与信义计,岂容有丝毫延迟之理?若在无战事之平时尚不难于筹给,今则战争正在激烈进行,前线决胜之工具为武器与兵士,而后方所赖以支持抗战者,全在金融之安定。中国现金特别缺乏,如一时汇出如此巨款,则国际汇兑即难维持,整个经济即趋摇动,军队虽有牺牲决心,亦将无以克敌。故我方所希望于贵国者,固为接济武器,更望深谅中国目前之极端艰难而维持其经济力量。惭愧迫切之情,实非言语所能达其万一也。

关于前所借垫三千二百万之货价、运费,余于未接电之前,即面告贵国达武官,中国虽事实上不能立即清还,但必须揭算详细数额,准备可能时清偿。今欲为贵方明告者,中国已决定提出国币三千二百万元尽速购足同额之货物抵运。如此，庶不致影响外汇，而经济得以维持，战事亦可顺利进行。贵国当能谅解中国此种措置之苦衷而予以同意也。并恳将商请拨借之武器及飞机从速允诺，订成契约，分批起运，以发扬我战场之士气与军心。尤其飞机一项，实迫不及待，中国现只存轻轰炸机不足十架，需要之急，无可与比，请先将所商允之轰炸机与发动机尽先借给，速运来华。其他整批契约，亦请早日订立实行，使对日战事不致中途失败，使贵国援助我国之厚谊，不致因接济后而失其意义，全中国军民将永不忘贵国急难相扶之惠。鞠诚奉达，深信本于道义立场，必能慨允我所请。并祈面告杨次长电复为幸。敬颂进步、康健。蒋中正。中华民国二十七年五月五日于武昌。

〔杨杰个人档案〕

斯大林、伏罗希洛夫关于苏联援华事宜致蒋介石电①

（1938 年 5 月 10 日）

　　杨杰上将请转中国陆海空军总司令蒋介石元帅勋鉴，吾人完全理解中国金融财政之困难情况，并亦已顾虑及之。因之，吾人对武器之偿价，并不要求中国付给现金及外币。然吾人愿得中国之商品，如：茶、羊毛、生皮、锡、锑等等，吾人深知此类商品，中国能供给苏联，而对中国之国民经济与国防无若何妨害。因此，希望中国供给此类商品。

　　关于苏联方面援助一节，丝毫不必疑虑，苏联当尽其一切可能，援助在反抗侵略者的英勇解放斗争中之伟大的中国人民。

　　阁下所要求之飞机，当即运送。关于给予中国以新信用贷款

---

① 中国第二历史档案馆编:《中华民国史档案资料汇编》，第 5 辑第 2 编，“外交”，第 270 页。

问题,将付苏联最高机关讨论,吾人希望能底于成。

请接受吾人热烈敬礼,恭祝康健,并庆在中国解放斗争战线上之迭获胜利。

　　　　　　史太林　伏罗希洛夫　一九三八年五月十日

　　　　　　　　　　　　　　　　　　　　〔杨杰个人档案〕

蒋介石为感谢苏联援华致斯大林等电①

(1938年5月31日)

莫斯科。杨大使转史太林先生、伏罗希洛夫元帅钧鉴,接诵尊电,承谅解中国实际困难,同情中国抗战,并允尽一切可能协助,实深感激。又接孙院长来电称,对于第二次接济一万万六千万元数额之贷款,承蒙慨允,并允以后继续接济,尤为感慰。贵国于中国抗战难苦之中,一再仗义相助,此种盛情厚意,中国人民将深铭不忘,两国民族深厚固结之感情,必永垂于中苏屏藩之革命历史。最近,敌国内阁改组,其对华侵略必益趋急进。各种武器——尤其飞机之补充,需要迫切,刻不容缓,务请将第二次接济之一万万六千万元贷款契约先行订定,此间已令杨大使全权签订。至于应购飞机、军械之种类、数目,当另开单详报。华货供给,前因所需交通种种关系,运输迟缓,甚觉疚心。现在余决亲自严饬办理,兹后必源源输送,照余所允者办到,以副贵国之望。最后对于贵国屡次援助之稀有的高谊,愿代表中国军民重申恳挚之谢意。敬祝康健。蒋中正。一九三八年五月三十一日于武昌。

　　　　　　　　　　　　　　　　　　　　〔杨杰个人档案〕

---

① 中国第二历史档案馆编:《中华民国史档案资料汇编》,第5辑第2编,"外交",第270—271页。

杨杰关于苏联援华物资运输队在兰州附近遭袭击请加强保护密电稿①

（1938 年 7 月 15 日）

委员长蒋，〇密。元未、元酉电奉悉。苏方称，三日前我运军火之汽车二部在兰州东方数十里之处突遭袭击，致伤苏联运输者数人，苏方颇为震惊，对于今后之运输深抱不安。窃查陕甘大道为我运输唯一之交通线，前请驻兵保护，即备万一之意，现发生此事，必致影响将来中苏间之运输，恳请一面查明真相，安恤伤者，以释苏方之疑虑，一面加强保护以明责任，并候电复。职杨杰叩。删。

〔杨杰个人档案〕

杨杰关于与苏联商洽设飞机厂事电稿②

（1938 年 8 月 22 日）

委员长蒋：〇密。与苏商洽之飞机厂，年出四百至千架之数。厂址以暂设迪化为有利：一、材料供给，旬日内确实可到。二、开办迅速，短期内可出品。三、由出品地运至供给地较近。四、苏境内有华工数千，刻正移新疆及中亚一带，可利用。若在昆明：一、距材料供给地过远，开办较慢，即以后之补给，亦不可靠。二、海运有危险性，每次之供给，非有两月以上之准备不可，且不经济。在抗战中，自以出品迅速而经济、运输确实安全为主。谨申管见，伏乞钧裁。职杨杰叩。廿二日。

〔杨杰个人档案〕

---

① 中国第二历史档案馆编：《中华民国史档案资料汇编》，第 5 辑第 2 编，"外交"，第 245 页。
② 同上。

杨杰为苏联援华武器运经缅、新、越请饬与英法交涉事密电稿①

(1938 年 10 月 21 日)

武昌。委员长蒋:皓日两电奉悉。密。一、仰光、新加坡均英属地,此间无法接洽,预计戎船将过哥伦坡,抵新在即,如俟与英洽妥再转知船主,必须中途停候、悬挂红旗,似此则易泄机,致生危险,恳即饬与英商洽。又:西贡卸货,似亦妥善,于转运内地亦便,如属可行,即恳电饬顾〔维钧〕大使力向法交涉,时间迫促,伫候电示转遵。二、与法商订货事,据孔院长称,现金、原料,均属困难,则职前往交涉自难生效。职是否须即去,并恳电示。职杨〇叩。印。

〔杨杰个人档案〕

杨杰报告苏联援华武器装运情况电稿②

(1938 年 10 月 24 日)

委员长蒋:号电奉悉。〇密。一、所订各种武器,除飞机及其附件由陆运外,悉数约五千吨,已雇定英船于蒸日到敖港装运,因船在北非被英海军封扣,故误期,现虽称释放,迄未到达,俟到,即装运。二、驱逐机现在哈密装竣者四十架,待飞,余装配中。轻轰炸机六十架分三批飞华:第一批二十架,昨离英,十月廿日可抵兰,余每间隔六星期飞兰。三、欧局紧张,苏对波有严重之声明,如波对捷有军事行动,则苏波间之互不侵犯条约作为无效,等语。职杨杰叩。廿四。

〔杨杰个人档案〕

①② 中国第二历史档案馆编:《中华民国史档案资料汇编》,第 5 辑第 2 编,"外交",第 246 页。

杨杰报告武汉会战后中苏关系电稿①

（1938 年 10 月 31 日）

　　重庆。委员长蒋。艳电奉悉。△密。一、职访李外长,告以武汉撤退,不过战略上之运用,我抗战国策,毫无改变,外间谣传,幸勿置信。彼不独备致坦怀,并云深信中国只有一致在蒋元帅领导之下方能抗战建国,在集体制裁未能实现前,对物质亟愿继续援助。二、戍船原遵令开新,但宋部长艳电已改驰仰光并派员驰任照料。三、俄货应陆运者,正继运中。航校飞机厂现伏帅送呈苏政府审定,由黄光锐负责商办。四、孔院长有电促即赴法并指示军火偿款可匀拨原料一部抵换并望打通越南路线之军运,又汇英金二千镑作为订定军火之办事费。刻李石曾复来电催促,职遵于本日携 VIGOR, RAPIO 两密本,以备报告之用。再,职到法后,拟以代表钧座资格与法商洽,以期有相当收获,是否有当乞示遵。职杨〇叩。

〔杨杰个人档案〕

蒋介石为催询履行中苏借款条约事与行政院往来电函②

（1939 年 1 月 ）

　　（1）蒋介石电（1 月 20 日）

　　行政院孔院长勋鉴:查中苏所订借款条约,我国本年底抵偿应运之农矿产品苏方已有表示,亟应妥定适当办法施行,请兄即召翁部长咏霓详询实情,指示办理为荷。中正。哿。侍秘。渝。中华民国二十八年一月二十日

---

① 中国第二历史档案馆编:《中华民国史档案资料汇编》,第 5 辑第 2 编,"外交",第 247 页。
② 同上书,第 272—275 页。

（2）翁文灏（1 月 21 日）

院长钧鉴：顷准军政部何部长抄示：中苏借款条约其要点为，（一）第一次借款美金五千万元，年利三厘，自一九三八年十月三十一日起五年内偿还，每年偿付一千万元，并付清已挪用借款之利息。（二）上项借款由我国购运茶丝羊毛等农产品、钨锑锡等矿产品抵付，其运费亦由借款偿还额内拨付之。（三）所运物品种类数量，于每年初按照苏联相当机关之指示，在每年偿还额内规定之等语。查依照中苏借款条约，我国应于上年十月底起开始偿还借款及利息，计第一年即自上年十月底至本年十月底止，我国应运价值美金一千万元之农矿品以为偿还借款之用，同时并须另运相当数量作为偿还已挪用之借款利息。假定第一年应付利息为美金一百五十万元，则第一年应偿还之借款及利息共为美金一千一百五十万元。

（3）翁文灏函（1 月 21 日）

最近苏联出口协会经理格鲁申科来函声称：一九三九年苏方需要钨锑各五千吨、锡四千吨、锌二千吨，盼我方尽量供给，并将实际可以供给数量确数函告等语。窃按借款关系国际信用者甚巨，抗战期间尤为重要，自应遵照条约规定，妥为供给，切实履行。关于矿产部分，向由资源委员会经办，以后按月应供给若干，如何供给允宜预先筹划，谨就计虑所及条陈如左，伏祈垂察。

（一）应供数量及价值

（甲）依照上述估计，我方第 1 年应偿还美金一千一百五十万元。如以农产品与矿产品各半交付，则应运矿产品价值为美金五百七十五万元，除上年十一月十二月已运及本年一月将运矿产连同运费约值美金二百万元外，尚须续运矿产价值美金三百七十五万元，即自二月至十月每月约需购运钨砂二百吨、纯锑二百吨、锡二百吨，按照目前国际市价，香港交货约值美金四十二万余元。

（乙）如我方还款三分之一以农产品交付，三分之二以矿产品交付，则第一年运苏矿产总值应为美金七百六十六万余元，除去上年十一月十二月及本年一月所运矿产外，尚须续运矿产价值美金五百六十六万余元，即自二月至十年每月约需购运钨砂三百吨、纯锑三百吨、生锑一百吨、锡二百五十吨，按照目前国际市场价，香港交货约值美金六十二万余元。

（丙）按照格鲁申科来函所示需要数量约值美金一千万元。查苏方所开需要数目超过我方应供数量甚多，自不宜以此为准。至矿产品应占偿还借款半数或三分之二，敬乞裁示。

（二）供应方法

粤南事变发生以后，各项矿产均须绕道经由广州湾或海防出口，途远费增，且以往用火车运输者，现则改用卡车或帆船装运，运输能力相去倍蓰，故事变迄今，已经运抵出口地点矿产数量为数寥寥，此实当前大问题。如运输不能畅通，生产势将停滞，供给亦难继续，钨锑两项已由资源委员会自购卡车尽速赶运，尽先供给，每月二百吨至三百吨之数，如能由西南运输处拨车协运，当可如数供给。

锡系滇桂二省所产，桂锡已确定由资源委员会收购，惟亦因改道关系，运输十分困难，且每月产量有限，即充分供给，亦不敷用。查滇省产锡较桂省为多，且原系海防出口，粤南事变所加诸其他各项矿产运输上之困难并无影响，如能大量供给，自较便利，且目前钨砂内地运输日加困难，故购锡关系亦日益加重，而滇省出锡最多，尤为重要，惟滇锡现由该省统制，政府无法收购，虽叠经磋商，卒无效果，借款还债，信用攸关，且苏方屡次声言，需锡最亟，如何

再与滇省洽办之处,并乞核示,以便遵办,并转达苏方。再以上所
开矿产美金价值均系约数,将来结帐时自须另行核计,并此陈明。
肃此。敬请钧安。

职翁文灏谨上

一月二十一日

〔国民政府经济部档案〕

杨杰关于孙科与斯大林等会谈中苏间合作等问题电稿①

(1939年6月26日)

委员长蒋:梗电奉悉。○密。一、漾午偕哲公②与斯大林先生、
伏帅、莫洛托夫院〔外〕长晤谈,卡加那维契、米科扬、布尔加宁、沃
兹聂先司基等要员在座,斯氏阐明中苏间密切合作之重要及一贯
到底帮助抗战之宗旨,并有专函致钧座(交职回国面呈),详情已由
哲公电陈,祈免赘报。二、本午谒伏帅,哲公在座,据称:在第二次
借款项下拨付之陆、空军武器,日前已详告孙院长转报钧座矣。现
决定:甲、飞机两百架由陆运外,余均由海道运仰光。乙、航机到兰
州后,须有驱逐机保护,故令其先飞到哈密待命。丙、至我希望补
充之武器到达后,再定拨付。丁、本日蒙边日军以飞机六十架来
袭,交战结果,击落敌机二十架,苏方损失四架,以此观测,苏联不
能不积极备战。三、职俟此间各货起运手续完妥,即回国聆训,当
否,祈示遵。职杨杰叩。宥。

〔杨杰个人档案〕

---

① 中国第二历史档案馆编:《中华民国史档案资料汇编》,第5辑第2编,"外交",第
247—248页。

② 孙科,号哲生。

蒋介石催询所购苏联武器起运事致杨杰密电稿①

（1939 年 7 月）

（1）电之一（7 月 14 日）

真、电悉。所言极是，准照办。前托增购步枪、轻重机枪与迫炮之数，望能首批增运，以目前应用以此为最急也。哲兄处已电其回英矣。中正。侍参。印。寒。

（2）电之二（7 月 17 日）

购货有否起运，何日可到，请速详报，如未起运，应即催促详报。中正。机。印。手启。筱申。

〔杨杰个人档案〕

杨杰报告军火购运情况密电稿②

（1939 年 7 月 20 日）

重庆。委员长蒋：文、寒、删、筱四电奉悉。△密。甲、（一）阿货之已定妥者计：波、比造 792 轻、重机枪各一千挺附弹四千万发，七九二步枪三万枝，迫击炮六十门，荷兰造福克攻击机廿六架附二生的炮二门、机关枪三挺，惟山炮尚在进行中。（二）据陈庆云面告，福克机性能极优，各国多已采用，价亦轻廉，并愿赴福克厂鉴定，前奉转缓订时，阿氏即一再来电申述已订各情并托转恳，未便坚拒，拟请仍准照办，以便同时起运。（三）检验工作，以张少杰奉部令限期回国及黄正赴荷、比、波护照尚未签字之故，迄未成行，除加派武官王丕承赶往协办外，恳即电令顾大使迅予黄正签证并乞电饬荷、比、波各使予以协助，以便早日竣事。（四）检验竣事后包

---

① 中国第二历史档案馆编：《中华民国史档案资料汇编》，第 5 辑第 2 编，"外交"，第 248 页。

② 同上书，第 248—249 页。

装各手续尚需四星期,预计八月十五左右方能起运。乙、苏货除飞机用弹药陆续陆运外,陆军武器运输因哲公改由贸易部办理,故稍迟缓,刻已遵照催促。职杨○叩。号。

〔杨杰个人档案〕

杨杰关于与苏方洽商援华武器运输经过密电稿①

(1939 年 8 月 9 日)

重庆。委员长蒋,宥、卅两电奉悉。○密。(甲)惟致伏帅卅电及斯、伏两公江电四日始奉到,除与伏帅定期面转外,昨贸易部长米科扬约商,据告运械迟滞原因:一、前拟雇熟悉商轮以便保持机密,嗣因吨量过小不敷装载,现改雇英船,本月廿日可抵阿德萨埠,已准备密商运输方法。二、运华货品向由阁下与国防部会办,故顺利迅速,此次因孙科博士坚请代办,不便拒绝,但本人系生手,诸加审填(疑为"慎"),故迟延至今,嗣后请照旧案办理为宜。三、雇船虽为本人代办,但雇主究系中国,所有运费、奖金之规定、支付,应如何办理? 四、装载以及途次各种技术事项,应与阁下商定。(乙)职比答称,此批武器,伏帅两日前即已拨定,迭奉蒋委座催询,万难再延,总以愈快起运为要。至运费及奖金,据孙科院长回告,已请贵部代垫,如须更改,反又迟滞,仍请照办。俟起运后,垫付若干,即当负责依据电请政府拨还。又:装载暨运输途中技术各项事务,请随时约商。(丙)米部长随答称:甚善。如无孙博士之新请求,一切由阁下经办,想早已将起运手续办竣矣。兹请求三点:一、代垫各费,须由阁下负责在最短期内由中国政府汇还。二、装载、运输等项,明日即开始会商。三、雇船契约,请阁下或派代表签字。

---

① 中国第二历史档案馆编:《中华民国史档案资料汇编》,第 5 辑第 2 编,"外交",第 249—250 页。

（丁）职为迅速起运计，自不便稍涉诿卸，除已完全接受外，谨将商洽经过情形详陈，伏乞准予照办，并候示遵。职杨○叩。青。

〔杨杰个人档案〕

杨杰关于与苏方会商借款易货及运输等情况密电稿①

（1939 年 7 月—8 月）

（1）电稿之一（7 月 11 日）

重庆。委员长蒋：鱼、阳两电奉悉。△密。（一）谨当遵照克日乘机回国，除赶将孔院长交下驻华苏代办备忘录与我财政部所拟关于第一、第二两次借款还本起息暨抵付货物种类、成数以及去年十月卅一日以前我方所交农矿产计抵争执各点，连日继续与苏国防、贸易两部交涉外，昨复晋谒伏帅，催询军械并望在奉命回国前得一确切起运数量。比答：苏联助华，始终一贯，过去如此，将来亦如此，所有第一、二、三等次借款，不必严予划分界限，目前决定运华武器已超过第二次借款数额。以后，能力所及，随时均可办理。不过，苏联敌人过多，东西两方皆须兼顾，尤以伪蒙边境，日在不宣而战之状态中，扩大可虑，苏联不能不积极备战，故助华程度只能以无伤国防为限。嗣后，殷殷咨询奉召原因及其他数事。职以二年来深承助我抗战，公私两面，俱应竭诚。除直告外，谨将伏帅意见胪陈于下，（甲）中法协定，依兵力比较，虽有不平等之感，然中国在艰苦奋斗中能得一强国为与国，功用亟大，且英、法有共同利害，此约成立，英自随之。（乙）阿鲁福为一冒险企业家，余所深知。为求最后胜利，总以多得外援、准备反攻为得计，目前欧洲各国重兵器固难让售，但轻兵器尽可尽量搜罗。现既无需担保，正可利用，

---

① 中国第二历史档案馆编：《中华民国史档案资料汇编》，第 5 辑第 2 编，"外交"，第
282—285 页。

多积军火,以备反攻之用。(丙)第一、第二两次借款抵付问题(即孔院长交办者)总以减轻中国负担、便利偿还为原则,余所拟契约四份,已与贵大使会商多次,内列订货金额及起息,均以最后到华日期行市及动用部分计算,即本此意,务望在返国前再行会商二、三次,俾克全盘解决,以昨日后办事之准则,免致再有龃龉。等语。(二)阿氏提供各货,职奉六月梗电核准,始敢积极进行,刻已准备完竣,并派现在法陆大毕业学员张少杰前往检验,预计包装尚需三、四星期,一俟职到法签给收据后,即可起运,除卸货地点请先指示外,并拟请就便派其押运。似此,职返国行程因与苏尚有二、三次之商讨及到法与阿氏签给信据之必要,不能不略有推移,务恳稍予宽限,俾得完成任务,绝不敢故事迟滞,致增罪戾。至归程航线,拟即由法起飞,藉免往返,可否,统乞示遵。(三)苏联国势日强,观英、法一再就商,实有举足轻重欧局之势,依现状观测,若英、法、苏防守同盟成功,则我正可利用此机,促进中、苏、英、法之共同行动,或苏伪、蒙伪间军事冲突扩大时,我可仿照中法军协办法商讨一共同协定,似应随时有大员留苏待机进商之必要。职遵命即返国,拟恳电哲公返英主持,当否,乞鉴核。职杨○叩。真。

(2)电稿之二(8月10日)

重庆。委员长蒋、院长孔:△密。前奉交第一、第二两次借款还本起息暨抵付货物种类、成数意见一案,经与苏国防、贸易两部会商多次,谨将结果陈报于次并乞核示,(甲)一、借款起息:已同意仍按动用部分计算。二、在一九三八年十月以前我方交付货物,约共美金六百三十万元左右,请移作一九四〇至一九四一年应偿付之货物,以免打破苏方之运输计划,并允照年息三厘算还应得之利息。三、偿付货物,可按照条约附单开列各货,以农、矿产各半支付,惟希望矿产部分不比去年减少,并不专要钨、锡。万一矿产缺乏时,亦可多交农产品如茶叶、羊毛、羊皮等,皆所欢迎,并已令驻渝商务代表知照。四、茶叶在兰州交货,亦表赞同,并可按伦敦市价计算,但由香港至伦敦转列宁格勒之运费,较由兰州至霍尔果斯相差太大,仍有异议,刻正由苏方计算、比较(由兰至霍),四、五日内即可答复。五、前四次交我之货,每次应补签一契约以为利息计算之准则,数日内与职正式签订。(乙)苏方建议:一、甘肃兰州、西安区域内每年有羊、驼毛一千二百万公斤,一九三七至一九三八年积货尚多,目下流为走私,甚为可惜,若中政府组织机关统一收集、完全运苏,则于中苏有利甚大。二、由兰至霍之运输路线,望中政府责令甘、新两省负责组织完善运输机关与苏合作,则一切困难不难解决,刻已令熟悉路情草拟运输组织计划(即何处地带需用何项工具? 如:用马车与驼驮地带、汽车地带、木材汽车地带等)备我参考。职杨○叩。灰。

(3)电稿之三(8月11日)

重庆。委员长蒋:佳电奉悉。△密。谨当即日遵令起程,(甲)惟贸易部米部长以运船到达在即,且系初次办理,情形不熟,关于装载、运输以及途次各种技术事项,坚请十一、十五两日再行会商,俾期稳妥周密。又,孔院长交办之第一、第二两次借款还本起息暨抵付货物种类、成数与改变兰州交货等事,为一年来悬案,幸已次第解决(已于灰详陈),所订动用款额算息之契约四份,苏方亦预约于廿日与职正式签字,以昨日后办理准则,免致再有龃龉,职以事关重大,不能不经手完成,谨于廿一日由莫转阿经新、甘飞渝候训。(乙)运船廿日到达后,据米部长称,雇主系中国,须职或派代表与船签字,船既奉命返国,应如何办理之处,乞示遵。(丙)武官王丕承电称阿氏提供各货除飞机廿六架、预备器材五组,已于昨在荷验毕、开始包装,文日赴比点验飞机、枪炮,删日转波验收机关枪、步枪,等语。谨呈。职杨○叩。真。

〔杨杰个人档案〕

蒋介石关于苏联顾问班果夫对前方作战意见致何应钦等电①

(1939 年 8 月 13 日)

何总长、徐部长助鉴:据报:俄顾问班果夫目(疑为"自")前方归来后,对于前方作战意见如下:(一)战地情报截至现在止仍是毫无组织,影响抗战前途非浅,今后急应慎择干练军官,编练战地情报搜索队若干队,出发最前线,担任判断敌情责任。同时,并须携带通信用具(如无线电台及军用鸽等),俾能随时报告司令部作为决战之最好资料。(二)下级军官如营连排长等军事学识根底太差,应由高级军官随时随地监督指导,尤其对于空袭时,应令特别沉着处置防卫及隐蔽等勤务。(三)前方甚缺乏防空武器,如高射炮及高射机枪等,前方敌机飞行高度仅三四百公尺,可用普通机枪仰射之即有效力,因机枪过少致敌机能低飞肆虐。反之后方如长沙等市空袭时,各处用机枪乱射,因敌机飞行太高,致毫不发生效力,应将后方机枪多移至前方应用,使敌机不敢低飞,减少威胁,至为重要。(四)炮兵指挥官应特别机警,如敌机在炮兵阵地上空盘旋,即系侦查,应速将阵地移动,再在原地设置伪装,以欺瞒敌人,否则必遭敌机轰炸,此种情形在前方各地曾屡见不鲜,应特别注意改正等语等情。希即参考改进可也。中正。元七。侍参。鄂。

〔国民政府军令部战史会档案〕

---

① 中国第二历史档案馆编:《中华民国史档案资料汇编》,第 5 辑第 2 编,"外交",第 250—251 页。

杨杰报告与伏罗希洛夫商谈苏联对华军援情形密电稿①

（1939 年 8 月 16 日）

重庆。委员长蒋，本午伏帅约谈，据告如次：一、钧座卅、江两电敬悉。关于武器一节，于六月内即已拨定，迄今尚未起运者，其责任在华方，现雇船已到否，到即可装载，当告以据米科扬部长称〔船〕廿日可到阿埠。二、关于今后接济中国之武器，正斟酌中，约十日后可以具体奉告，请阁下返国面报。三、英、法、苏军事谈判，自十二日来仅讨论各国自身如何保护其国家，至谈判进展之程序，数日后再与阁下晤谈，届时当奉告，亦请返国面报，无庸电陈，以便保密。四、本年秋操系新装特别演习，各国请求参观均已拒绝，贵国之请求自当勉办，惟恐中国代表团到英引起各国之责难，改于明年新操时再为邀请，祈婉陈钧座，等语。谨呈。职杨杰叩。铣。

〔杨杰个人档案〕

国民政府公布中苏通商条约②

（1939 年 9 月 16 日）

中苏通商条约

中华民国、苏维埃社会主义共和国联邦为巩固并发展两国睦谊及彼此商务关系，决定依平等相互暨互尊主权之原则，订立通商条约。为此简派全权代表如左：

中华民国国民政府主席特派全权特使孙科

苏维埃社会主义共和国联邦最高会议主席团特派人民对外贸易部部长米科扬

---

① 中国第二历史档案馆编：《中华民国史档案资料汇编》，第 5 辑第 2 编，"外交"，第 251 页。

② 同上书，第 275—279 页。

两全权代表将所奉全权证书,互相校阅,均属妥善,议定各条如左:

第一条 此缔约国所出之天产及制造之货物,输入彼缔约国国境时,关于一切关税及一切通过海关之手续,彼缔约国不得令其享受异于或较劣于来自及运入自任何第三国同样之货物现在或将来所享受之待遇。

同样,此缔约国出产并输出之天产及制造之货物,其目的地为彼缔约国国境,关于一切关税及一切通过海关之手续,此缔约国不得令其享受异于或较劣于输出于任何第三国同样之货物现在或将来所享受之待遇。

因此,本来所规定之现在或将来任何第三国所享受之最惠待遇,得特别适用于下列各项:

甲、关于关税或附加关税及其他任何入口及出口之税捐;

乙、关于征收上列关税、附加关税及其他税捐之方;

丙、关于通关手续;

丁、关于使用海关货仓以存放货物,及关于货物到达存积或运出于海关货仓及其他公用货仓之章程;

戊、关于检验及分析货物之方法,关于准许货物之输入,或关于实施依货物之成分清洁及卫生品质等而完纳关税之便利;

己、关于关税之分类及现行税率之解释。

第二条 此缔约国对于彼缔约国天产或制造之货物输入于其国境时,不得设立不适用于来自任何第三国同样货物之任何禁令或限制。

此缔约国对于其天产或制造之货物,向彼缔约国国境输出时.亦不得设立不适用于向任何第三国输出之同样货物之任何禁令或限制。

但凡关系国家安全、社会安宁，维持公共卫生，保护动植物，保存美术上、古物学上及历史上有价值之物品，保护国家专利，或在国家监督下专利之实业，及统制关于白金黄金白银及由该金属作成之货币，及其他物品之贸易，两缔约国各保留随时设立关于输出及输入之禁令或制之权。惟此种禁令或限制，以对于在同样情形下之任何第三国，一律适用者为限。

同样，此缔约国对于彼缔约国之天产及制造之货物，输入于其国境，或其天产及制造之货物输出于彼缔约国境，得设立关于两国现在或将来因共同履行国际义务必要之禁令或限制。

第三条　彼缔约国货物输入于此缔约国国境，或此缔约国之货物，其输出之目的地，为彼缔约国国境，均应经过该国设有关卡之商埠或地方。倘有违反此项规定者，应认为私运，并应照该国之法律及规章处理之。

第四条　彼缔约国输入此缔约国之货物所缴纳之关于某种货物之出产、制造、出卖、使用之一切地方税捐，此项税捐之征收，无论用何名义，此缔约国应给予适用于其本国同样货物现在或将来所享受之待遇，或现在或将来所给予任何第三国同样货物之最惠待遇，若此种最惠待遇对于彼缔约国较为有利。

第五条　凡依照中国法律及规章认为中国之船舶，同样，凡依照苏维埃社会主义共和国联邦法律及规章认为苏维埃社会主义共和国联邦之船舶，则依照本条约之实施，应分别认为中华民国或苏维埃社会主义共和国联邦之船舶。

第六条　此缔约国船舶进入彼缔约国领水时，应严禁其悬挂本国以外之任何国国旗，以顶冒国籍。违反此项规定者，彼缔约国政府得将该船及其所载之货物没收之。

第七条　此缔约国应给予在其商港及其领水之彼缔约国船舶

现在或将来给予任何第三国船舶之待遇。

此种待遇应特别实施于关于在其商港或领水内驶入、停泊、驶出，充分利用各种航行之设备及便利之条件；关于船舶、货物、旅客及旅客行李之贸易行为；关于指定在码头装卸货物之地位及各种便利；关于缴纳各种以政府名义，或以其他团体名义所征收之一切费用及税捐。

第八条　凡悬有此缔约国国旗之船舶，进入彼缔约国商港，其目的为装载货物，或卸下原载货物之一部分者，如该船运载货物再往该国他埠或他国时，则其原装未卸部分之货物，得按照所在国法律规章，除缴纳检验费外，不得令付任何税捐或费用，且此项检验费，不得高于任何第三国船舶在同样情形之下所缴纳者。

第九条　此缔约国船舶，在彼缔约国沿海地方，遇有触礁、遭风、搁浅、或其他类似之紧急情事，得自由暂时驶入彼缔约国最近之碇泊所、港口或海湾，以便庇护修理，当地官厅应即通知该遇难船舶所属国之附近领事馆，并依照国际惯例，予以必须之助力。此项船舶，应准修理损坏，并购备必需粮食，其后应即时继续航程，得免纳入口税或港口捐。至关于救济费用，则应按照执行救济事务国之法律办理之。

倘此项船舶，不得已必须卸售所载货物时，则应依照所在法律规章完纳入口税及一切捐税。

第十条　此缔约国之人民、经济机关及船舶，不得经营彼缔约国之内河及沿海航行。

两缔约国人民及经济机关，得照两国政府所同意制定之规章，在两国共有之河流、湖泊暨公水内，有行船及捕鱼之权。

第十一条　依照苏维埃社会主义共和国联邦之法律，对外贸易，为政府专营之事业；此系苏联宪法所规定社会主义制度之根本原则之一。苏维埃社会主义共和国联邦政府得在中华民国设立商务代表处,为苏联大使馆之一部分,其法律地位,在本条约附件内另定之。该附件视为本条约之一部分。

第十二条　中华民国商人、企业家、人民或中华民国法律所承认之法人,在苏维埃社会主义共和国联邦国境内,依照苏联国政府之法律,经营经济事业,关于其身体财产,得享受不异于任何第三国人民或法人分别所享受之待遇。

凡享受法人权利之苏维埃社会主义共和国联邦之经济机关及其他依照苏维埃社会主义共和国联邦法律享受公权之法人,并苏维埃社会主义共和国联邦之公民,在中华民国国境内,按照中华民国法律,经营经济事业,关于其身体财产,得享受不异于任何第三国人民或法人分别所享受之待遇。

凡依照此缔约国法律规章所组织之商业公司、合作社及享受法人权利之政府经济机关,得依照彼约国法律规章,在缔约国境内设立分处,并经营经济事业。

此缔约国之人民或法人,有在彼缔约国法院内,由其本人或其代表,行使或防卫其权利之权,并得向所在国法院自由声诉。

关于此项事件,此缔约国之人民或法人,除彼缔约国之现行或将来实行之法律规章外,不受其他任何限制;并无论如何,得享受适用于任何第三国人民或法人分别所享受之待遇。

第十三条　本约以中文、俄文、英文三国文字合缮两份,如遇解释本约发生意见互异时,以英文文字为有效。

关于本约之解释,或实行发生意见互异时,两缔约国同意将该问题提交调解委员会。该调解委员会应在相当时期内,将其建议陈送于两缔约国。该调解委员会以委员六人组成之,两缔约政府各派三人。

第十四条　本约应由两缔约国按照各本国法律之规定,在最短期间内批准。批准文件,应在重庆互换。

第十五条　本约应于互换批准书之日,即时生效。

本约有效期间为三年。在该三年期限届满三个月之前,缔约国任何一方,得通知对方国不愿将本约展限之意。倘缔约国任何一方,未曾按时通知对方国,则此约认为自限期届满后,自动展限一年。再该一年限期届满三个月之前,缔约国任何一方,未曾通知对方国不愿将本约再行展限之意,则此约仍继续有效一年。此后依此类推。

为此,两国全权代表,将本约署名盖章,以昭信守。

中华民国二十八年六月十六日　　　　　　　孙科(印)

西历一九三九年六月十六日　　　　　　　　订于莫斯科

　　　　　　　　　　　　　　　　　　　　米科扬(印)

蒋介石要求继续向苏联交涉购买飞机致杨杰密电①

(1939 年 11 月 22 日)

我国陆军已开胜利之基,我军亦已略有表显,惟力量尚感不足,尤虑难以为继。兹为配合陆军之攻势起见,请向苏购买下列之飞机,计:DB 廿四架,CB 卅九架,最新驱逐机 53 及 ZKB－9 四十架,E－5 十二架,E－6 七架,远距侦察机十二架,零件照百分之十五计算,除另函伏罗希洛夫将军外,请先提出交涉为要。中正。侍参。印。养。川。

关于本年冬季向〔苏〕购置飞机案,尚须增购乌特四式(YT－4)驱逐练习机十架,CB 双架驶练习机十架,希一并提出为要。中正。

---

① 中国第二历史档案馆编:《中华民国史档案资料汇编》,第 5 辑第 2 编,"外交",第251—252 页。

侍参。印。祸。

〔杨杰个人档案〕

蒋介石责成各部会专人办理对苏贸易与交涉手令①

（1940 年 8 月 23 日）

对俄货贸易与交涉应专责成一个机关及一个人负责办理，其余机关与人员非经本委员长指定不得任意擅自交涉，此事准由何总长负责主持办理，其他财政、经济、交通、航空等各部会指定一人，日常受何总长指择，办理对俄贸易事宜可也。

魏秘书长转各部会长

蒋中正

八月二十三日

财政部报告新疆中运会组织及办理苏联援华物资内运情形电②

（1941 年 9 月 4 日）

行政院秘书处蒋秘书长勋鉴，勇肆字第 11719 号感代电奉悉。查关于新疆中央运输委员会组织详细情形，据前甘肃建设厅厅长陈体诚廿八年二月调查报告称：中运会系由新疆盛督办世才于廿六年呈奉委座核准设立，办理运输向苏订购之各项军用物资等事宜。该会成立于廿六年十月间，除由新疆边防督办公署选派委员数人外，并由中央政府派员参加组织，会务由盛督办指派常务委员一人主持。另设总务、会计、视察、油料四组，分掌所司各事务。至新省各县中运事宜，则视各航空站及汽车站设立地点，分别在各县设立。中途分会，由新疆边防督办公署指派驻在各区县之地方文武官吏组织之。

---

① 中国第二历史档案馆编：《中华民国史档案资料汇编》，第 5 辑第 2 编，"外交"，第 285—286 页。

② 同上书，第 255—256 页。

航空站已设有伊犁、乌苏、迪化、奇台、哈密等五处,汽车宿站共有新
二台、精河、乌苏、绥来、迪化、(土)鲁番、鄯善、七角井、哈密、星星峡
等十处,汽车间站则有五台、达板城、孚远、木垒土河、三堡等五处。
惟近来各中运航空站之管理权,实凡拣诸苏联站长之手,省方所派管
理员或翻译员,只能办理驾驭本国工友及转译等事。即在迪化中运
会,苏联顾问之意旨或态度,凡为决定处理事务方针之根据。其大权
业已逐渐旁落,中运会代中央各机关承运各项物资所需运输费,系由
新省以新币垫付,报请本部拨还归垫。自廿六年十月份起,截至现在
止,准盛督办先后电请本部拨还垫付之款约合美金三,二二〇,〇〇
〇元,国币九,二七七,二二八元二五。其中美金部分,经由本部先后
于俄借款项下划拨。该省运费美金壹百陆拾万元(据该省电称,此款
苏方尚未照付,业经本部迭电邵大使从速洽催办理在案)反拨购该省
载重汽车价款美金二十二万元,并另由国库代付。该省献机款美金
四十二万元,汽车汽油价款美金十八万元,又由国库拨汇。该省运费
美金八十万元,至国币部分,经由本部代缴寒衣捐款国币四十五万
元,代付该省在港渝购物价款国币二十一万二千元,拨汇该省运费八
百六十一万五千二百二十八元二角五分,各在案。特复查照,转陈为
荷。财政部。41570994渝。国。印。

〔国民政府行政院档案〕

张嘉璈关于调查新疆中运会成立经过及办理苏联
援助军用物资运输情形电[①]

(1941 年 10 月 9 日)

行政院副院长孔钧鉴:案奉勇肆字第 15404 号江代电略开,关

---

① 中国第二历史档案馆编:《中华民国史档案资料汇编》,第 5 辑第 2 编,"外交",第
256—257 页。

于新疆中运会成立以后,中央系派何人参加,又该会承运物资名称及数量,均希迅行查复等因。计抄发财政部代电一件,奉此。查此案发动于二十六年俞前部长任内,当时为接收苏联东运物资,由中央派陈体诚(代表全国经济委员会)、欧阳章(代表航空委员会)及谭伯英、顾耕野等四人前往新疆。顷据顾耕野面陈:当时参加其事之实际情形,略以奉派赴新时,仅知为苏联物资,并不知有中运会之名称组织,一行四人,于二十六年十月二十日到达迪化。次日由盛督办召集开会,出席人员并有苏联总顾问及督办公署办公厅主任、运输处处长、交通处处长、边务处处长、航空学校校长等八九人,另有秘书一人,担任纪录,由盛督办亲任主席,商讨如何接收物资之步骤,并对沿途食宿招待及加油设备等详加筹划。事后,始如(疑为"知")盛督办即将此次会议结果定为中央运输委员会。在新勾留一月,每日开会。经盛督办指定陈体诚为该会主席,苏联总顾问每次均出席,耕野担任接洽运输,谭伯英担任接收汽车,欧阳章担任接收飞机。经过一个月后,接收工作告一段落,亦即离新。二十七年二月,陈体诚与耕野又曾赴新开会二十余日,以苏联到达物资无多,会议时大部分工作为审核收入帐目。至物资方面,第一批接收汽车五百辆、飞机一百七十余架(内有四发动机飞机七架)及汽油等,详细数目已难追忆等语。查该会系新疆督办公署主持组织,其承运物资数量并未呈报到部,无法稽考。惟该会主要目的在代中央承运各项物资,所垫运费随时与财政部核算归垫,所有物资名称数量,未知财政部在运费帐单方面有无足资查考之资料。奉电前因。理合将当时实际参与中运会议之顾耕野面陈情形,肃电陈报,敬祈鉴察。交通部部部长张嘉璈叩。佳。秘。印。中华民国三十年十月九日 时 发

〔国民政府行政院档案〕

航空委员会报告新疆省航空站情形电①

（1941 年 11 月 14 日）

重庆行政院钧鉴，本年十月江勇肆字一五四〇号代电暨附件：奉悉。遵经转电本会空军总指挥部查照办理去后。兹据该部十一月鱼指站辛字第二四三一号代电称，十月删代电奉悉。遵经询据伊宁教导队前队长杨鹤霄及该队前科长沈延世，报告关于新疆省航空站各种情形前来。谨分陈于下：（一）中运会之组织分航空线及公路线。航空线，系由伊宁至哈密，为伊宁、乌苏、迪化、奇台、哈密等五站。（二）各站之组织有苏联站长一、医官一、无线电员一及测候员一，新疆省仅设事务员（称副官主任）及译员各一员，招待事项。但对中央人员常诡称站长外员则称副站长，实则站中一切权衡悉操诸苏联站长职员之手。（三）有 TB 机二架常往来各站运送物件，PC3 机五架则专载人员，不定期飞行各站。（四）往来该线之苏联飞机离站、留站、铺设信号加油击留等项，皆由俄站长亲自指挥之。（五）各站之本国人员事务员工友等，皆受俄员之指挥，形同附庸。（六）该线之天气情形，皆俄测候员担任，每一小时测报一次。（七）各站均附有特种车辆（如始动车、温滑油车、汽油车、医务车、座车、卡车、牵引车等）皆苏籍人员驾驶。（八）各站皆有无线电台，与公路线各站有电话联络，每周常有 45 式（系旧侦察机）2 架往来各站及阿拉木图间，连络及传递信讯。（九）哈密常驻有苏联空军队之 SB 机六架及 E15E16 机共十架。（十）往来苏籍人员。诸凡招待食宿皆由俄方站长指挥。（十一）各站苏籍工作人员之卫生，皆有医官指导。（可称卫生指导员）每

---

① 中国第二历史档案馆编：《中华民国史档案资料汇编》，第 5 辑第 2 编，"外交"，第257—258 页。

日之菜单,由医官开单,交招待所承办,并于每餐之前,由医官先行尝试。(十二)中运会经费,当地高级长官知为中央支付,但低级人员则认为新省所办,往来俄人亦只知为新省所办也。综合上情已确知中运航空站之管理权,操诸苏联站长之手。至调整办法,因新省情形特殊,事关内政,并牵连外交,本部实难策划。除径报军委会外谨复等语。理合据情电复鉴察。航空委员会。寒。参。辛。渝。

中华民国三十年十一月十四日

〔国民政府行政院档案〕

龙云关于苏联援华军火在海防受阻事致卢汉电①

（1942 年 2 月 25 日）

孝感第六十军卢军长勋鉴:密。此次向俄购得之军火有由迪化至兰州者,有由海道至香港者,有由西贡至海防者,又有由海防入桂转而取道滇省者,凌乱已极。其重量至九吨之坦克车,五百公斤之炸弹则无法输运。……目前未入滇之一部尚在海防,法政府已禁止通过。其理由一则以毫无装置困难应付日方,一则以办理退缓时间已过为藉口。以此推测运输上之困难,即在港起运者当亦不在例外。目前有少数轻重机关枪及五十门平射炮,于一、二月后可望运到前方……至其余全部须待全数到齐武汉,待俄国各种人才前来,始能装配。最速亦须本年秋季以后或年底,欲待目前使用,决无希望。委座心中以为不久可得大批武器补充,而不知事实上办理等于儿戏。兄瞻望前途,深受刺激,良心感动,为国家民族忧,为委座责任忧,唯有浩叹而已。特驰电告,对外勿宣。云。有。

---

① 中国第二历史档案馆编:《中华民国史档案资料汇编》,第 5 辑第 2 编,"外交",第 258—259 页。根据内容,此档产生年代存疑,似应为 1938 年。

秘密。印。

二月廿五日

（国民政府行政院档案）

中苏关于易货问题谈话记录①

（1942 年 5 月 22 日）

总长与苏联代表巴古林商谈易货在兰交接问题

时间：五月二十二日下午三时

地点：军委会总长会客室

在座：苏联代表之随员（通华语）一人

翻译：卜道明

记录：龚学遂

巴古林：今日来见总长，拟商谈中苏易货在兰交接事。西北现有物资需运往苏联，而苏联亦有汽油千余吨需运至兰州，交与资委会。

计运苏生丝及矿产品共二千余吨，需要运输卡车数十辆，此事已向关系方面初步接洽，惟苏联卡车经新疆至兰州，须请中央及甘肃省政府许可，拟请总长核定。

总长：苏联卡车拟自何处开至何处？

巴古林：过去易货系以星星峡为交接地点，嗣因贵方运输困难，拟改往兰州交接，可否命令运输机关及地方当局，给以沿途重要车站卸存油料及司机等食宿之便。

总长：此事以前不知，昨闻贵代表来谈运输问题，乃查得地方当局鉴于过去苏方运输人员在兰州等地因些小事情引起误会，致

---

① 中国第二历史档案馆编：《中华民国史档案资料汇编》，第 5 辑第 2 编，"外交"，第 286—288 页。

伤友谊。经电询地方当局，过去曾发现何种麻烦，据复，苏联卡车不受我方检查，而我国公商卡车早有检查制度，倘特别放行苏联卡车，自易引起误会，且我方检查不过查明车上带有何人乘坐，行装物资究为何物，但苏方常以保持行车安全及保守秘密两理由拒绝我方检查人员接近，此外常有随意设立无线电台之举。查在我境设立无线电台，须经中央政府许可，对于波长亦应规定，俾免扰乱其他无线电台之通讯。此即地方当局所顾虑者。就个人意见（尚未曾向政府商谈）此事关系中苏双方利益，最好在和谐中商定。我想办法不外两种：其一，系在星星峡交货手续甚为简单，如果顾虑双方便利，改在兰州交货，我们应该详细商定办法，以免地方政府感觉麻烦，兹就在兰州交货临时想起贵我两方应办事项摘述如次：

甲、我方应办事项

1. 我方在兰州、肃州、凉州、甘州及安西等五站，代苏方准备存放汽油地点及司机等人员食宿处所，全由我方管理。因该五站早由我国设有站场及招待所，毋须苏方派人筹设，所需食宿费用由苏方照付。

2. 苏方车辆由星驶兰时各站由西北公路运输局派员照料及协助。

乙、苏方应办事项即中国希望事项：

1. 苏方来程车辆（约三千吨运力）在甘州、肃州、凉州等地卸去自用油料后，若有空余吨位，应代运我方物资至兰州。

2. 苏方来程车辆除装运自用油料（约一千吨）外，其余二千吨拟分别装运资委会汽油一千二百吨、滑油一百吨及本局前购苏联卡车所需配件、五金材料及汽油等项约七百吨，务使勿开空车至兰。

3. 苏方先将带入我国之汽油空桶售给我方。

4. 苏方车辆行驶兰星线，应受我方检查所站照一般公商汽车检查办法检查之，并照向例缴纳养路费。

5. 苏方车辆行驶兰星线不准搭带旅客，并不得设立无线电台。

6. 本办法自三十一年六月起至同年十月十一日止为有效期间。

上述办法如果苏方同意，拟再电地方当局洽商，总之地方当局对于苏车应与我国公商车辆同受检查，及司机食宿不得由苏方派人筹办，应由路局代办两点特别注意。倘能与地方洽妥，亦仅限于此批三千吨货物之交换而已，嗣后如有继续易货必要时，另行商洽。

巴古林：关于检查问题，过去因是运输中国政府军品曾奉苏联中央政府命令，非运至终点不许开箱，故未受检查，但此次所运入者为汽油及其他材料，而运出者为农矿产品，自可照例检查。

苏联卡车当然不得带客，但经中国政府许可者例外，养路费增加货价，拟请免收，司机食宿等费自应照付，开始运输日期由贵方核定，苏方于下月初即可开始。

附注：本件共油印十二份编为一至十二号

第一号送　对外贸易委员会

第二号送　行政院秘书处

第三号送　经济部

第四号送　资源委员会

第五号送　军委会办公厅

第六号送　军政部

第七号送　军令部

第八号送　本局监察处

第九号送　西北公路局局长何竞武

第十、十一、十二号存卷

〔国民政府行政院档案〕

邵力子报告与苏方商洽援华物资假道苏联运输事宜致蒋介石电存①

(1942 年 5 月 28 日)

漾侍秘电奉悉。谨查经由收(疑为"波")斯湾苏联军济我国军械。三月二十二日接奉外交部电示,军事委员会所拟计划,二十四日即向苏联外交部提出,三十一日复遵部令补提,每月暂限四千吨之数。嗣又于四月十一日访洛外次催询,二十八日再访洛外次,遵照部电示钧座意旨洽商该路接运及供苏锡品问题,本月五日二十二日又两次催询,所得答复均同情我国之需要,而技术上须待研究,方能决定。英美两大使协催,结果大致相同,以上各情,均经电部呈报,此事提出迄今已两月,尚无成议,实深焦急。惟苏方并未谢绝,自应赓续进行,谨当再行催促。但罗总统倘肯径向史达林提及,必有大效。谨乞鉴核。

〔按:漾侍秘电,系转去宋部长之电,嘱其向苏联提出,并联络英美驻苏使节协助促成。〕

〔军事委员会委员长侍从室档案〕

邵力子要求速将假道苏联运输具体方案电示致蒋介石电存②

(1942 年 10 月 15 日)

文机电敬悉。职专候行政院之运输具体方案前往莫斯科,迄今未奉电示,想有郑重商讨之点。唯我利在立即开始运输,协商交涉愈早愈好,职未赴莫斯科前,甚难向苏方启齿,呈饬将此方案即

---

① 中国第二历史档案馆编:《中华民国史档案资料汇编》,第 5 辑第 2 编,"外交",第
259—260 页。
② 同上书,第 260 页。

日电示,俾可即赴莫斯科。再阿哈下月四日班机飞行,乞饬张部长
派机衔接哈渝,否则全会前职难到渝。

附蒋介石致邵力子电

按文电兄须全会前回国报告,并以此意通知苏联政府,预定机
位,请其早协商运输交涉。如届时不能结束,则兄亦可先行回国再
商。中○文。

〔军事委员会委员长侍从室档案〕

军委会侍从室为转发外交部等拟定关于假道
苏联运输方案致邵力子电存①

（1942 年 10 月 16 日）

十月十六日关于假道苏联运输事电邵大使

一、初期运输数量每月定为二千吨,以后国内运输能力增加
时,再向苏联政府交涉增加运量。

二、路线以印度之喀拉嗤为起点,阿拉木图为终点,中经印伊
铁路终点之都士大布及与苏联铁路交接之马什德。

三、我国接运地点以阿拉木图为起点。但现在以运输工具缺
乏,可否暂请苏联由阿拉木图转运哈密,自哈密由中国运输机关
接运。

四、各重要起卸站,如喀拉嗤、都士大布、马什德及阿拉木图等
地,我方拟派员照验物资及签署交接文件。

五、假道运输物资种类,暂照军事委员会运输统制局原列之物
资总类表提出洽商。惟汽车及另件项下应加列润滑油。

六、自阿拉木图或哈密内运物资及自兰州外运农矿产品,每月

---

① 中国第二历史档案馆编:《中华民国史档案资料汇编》,第 5 辑第 2 编,"外交",第
260—261 页。

约需汽油一千二百吨,拟请由苏方供给,此项汽油运量不包括在二千吨物资运量之内。

以上所议各点,如属可行,拟即饬由外交部电令邵大使速向苏商洽。并上列办法,系与何总长共同商定。

奉批,可照此意先由侍从室直电邵大使交涉,一面抄交外交部存案。

按上节已由第二组分别办发。

〔军事委员会委员长侍从室档案〕

军委会参事室关于研究援华物资假道苏联运输意见致蒋介石呈①

（1942 年 11 月 26 日）

谨签呈者。关于假道苏联境内输入军需用品事件,奉发下抄电一件（侍从室第一处抄送刘泽荣十一月四日第二六〇〇号电）,饬研究等因。兹谨将本室参事研究意见,缮呈察览。可否发交经办此事人员或机关注意,敬祈核夺。尤有进者,本案磋商已久,值兹物资需要正切,英苏态度好转之时,似宜及早与苏成立协定,以期早日付诸实施,纵若干具体事项不能尽如我方所期望,此时似亦不必坚持,可留待将来,利用时机,谋进一步之解决。否则往返磋商,多耗时日,于我方较为不利。以上意见,是否有当,并乞察核。

附呈"关于假道运输问题研究意见"一件

（一）关于第一项之（甲）、苏方声明接受九月十日之方案,即我输入英美物资年二万四千吨,并输出同量运苏物资。此层只要我方在西北把握有足量之运苏物资,应无不利。本室虽不知我十月

---

① 中国第二历史档案馆编：《中华民国史档案资料汇编》,第 5 辑第 2 编,"外交",第 262—263 页。

十七日方案未曾提及此点之原因究竟何在,然从前述原则上说,此层似无坚持之理由。万一我方运苏物资将来感觉不能足量,亦似可在将来再议补救方法,此时不必注重。

关于第一项之(乙),应无问题,因据外交部情报,印伊铁路之被洪水冲断部分,准可于本年十二月底修复。

(二)关于第二项之(甲),货物以运交哈密最好,如对方坚持运至星星峡,在我方密切监视之下,亦未为不可,但于必要时,得随时停止。

关于第二项之(乙),闻英方已允拨交汽车一千一百十辆,应无问题。

关于第二项之(丙)、苏方之重视,在彼方立场上自属当然,应可允诺。

(三)关于第三项,苏方虽因未奉训令暂不讨论,然从我方立场说,将来亦须坚持,因为第三项为派员点收物资之规定,此层如办不到,恐蹈过去一部分物资遗失无着或长滞中途之弊也。

(四)关于第四项,应无问题,因苏方根本不应过问英美输入物资之种类。

(五)关于第五项之(甲)、苏方所允最初三月每月供给三百吨之数,似嫌过少,宜力争至少月供四百吨,庶能供我由哈密运共及由兰州运哈密之用,至每月汽油一千二百吨之数,似无须在本案坚持,因本案所重者在英美物资之输入,此时不必因附带条项而危及本案之主要目标。

关于第五项之(乙)、我方似可据理作再度之要求,使苏方所供之月三百吨(我希望四百吨)汽油不包含于二千吨之内,因我九月十日所提请苏方供给汽油五千吨之数,察原意显系供英美输华(物)资在苏方代运路段上之用,不可与我十月十七日提案第五项所指中国自运路段上所需汽油混而为一也。

（六）关于米司长所提出之第一点"苏方运输费请以货物抵,偿或缴付新疆省币"一层,似不妨酌予让步。

（七）关于米司长所提出之第二点"新疆境内现有运输人员伙食供给组织应请华方扩大至每月运输二千吨之规模,其条件照现行办法办理"一层,我方似可就事实需要,扩大规模,但现行的由中国出钱,由苏联人包办办法,自宜酌加改变,因苏人来新境者愈多,则新省政治或不免增加困难。

（军事委员会委员长侍从室档案）

蒋廷黻关于苏联帮助中国运输抗战物资与张嘉璈往来函①

（1942 年 11—12 月）

（1）蒋廷黻致交通部函（11 月 14 日）

关于假道苏联运输问题一案,前经邀集商讨议定办法五项一呈奉委座核定,并电邵大使按照此项办法提出交涉,同时并由外交部提交潘友新大使在案。兹据驻苏联大使馆将初步交涉结果电呈到院。奉谕:"分交有关机关详加研究具复"等因。相应检同原议定办法五项及苏联大使馆来电一件,随函录达,敬希查核见复,以便转陈为荷。此致

交通部

附二件

政院政务处长蒋廷黻

中华民国卅一年十一月十四日

---

① 中国第二历史档案馆编:《中华民国史档案资料汇编》,第 5 辑第 2 编,"外交",第263—266 页。

抄驻苏大使馆来电

(衔略)本日应苏方贸易部商约司长米楚金约,对假道运输问题作第一次正式会商,根据钧部十月十七日四九八号电训示,各项逐条讨论。苏方对各项意见如下:(一)关于第一项(甲)声明苏方接受邵大使九月十日所提方案第一项,谨按诸方案,系遵照钧部九月七日四五八号电提出,其第一项与此次方案第一项之区别为前案,曾说明中国每年应交苏方货物约二万四千吨,我国经苏输入物资拟就此相等数量先行办理,而次方案未曾提及。(乙)苏方声明开办日期在乎英方,惟最要者英方应将印伊间铁路修复方能开办。(二)关于第二项(甲)大意愿将货物径运星星峡,因该处为历来双方交货地点。(乙)必要条件须由英方供给车辆,英方业已允诺,其数目于明、后日即可通知英方。(丙)为避免空军(疑为"车")回返程起见,务请华方早日准备货物以便在星星峡装运苏方对此极其重视云。(三)彼云:关于三、四两项,因未奉训令,暂不讨论。关于第五项(甲)华方所提每月供给汽油一千二百吨困难太大,允最初三月每月供给三百吨,余再行讨论。当询此项汽油是否代运至星星峡,据答云,苏方既完全担任,至星星峡之运输所允三百吨,想足够用,当经力争,允报告政府。(乙)所云三百吨汽油应包括二千吨总运量内,主要理由为中亚西亚军运过忙,对华只能担任二千吨,经力争后,允报告政府。此外米司长提出:(一)苏方运输请从货物抵偿或缴付新疆宣(疑为"省")币。(二)新疆境内发现有运输人员伙食供给组织,应请华方扩大至每月运输二千吨之规模,其条件照现行办法办理。最后告以报告政府,俟得复后再行商洽。谨请鉴核示遵,因该案重要,调陆秘书丰出席参加担任记录,一并谨陈。

抄原议定办法

（一）初期运量每月定为二千吨，以后国内运输能力增加时，再交涉增加运量。

（二）路线以印度喀拉嗤为起点，阿拉木图为终点，中经都士大布及马什德，但现因我国运输工具缺乏，可否暂请苏联由阿拉木图代运至哈密，以后中国运输能力增加时，再由中国自运，或由中苏组织联运机关，协同运输。其组织与办法另定之。

（三）各重要起卸站，如喀拉嗤、都士大布、马什德及阿拉木图等地，我方拟派员点验物资及签署交接文件。

（四）假道运输物资种类，暂照军委会运输统制局原列物资种类表提出洽商。惟汽车及零件项，不应加列润滑油。

（2）张嘉璈复行政院政务处函（12 月 12 日）

笺函

案准贵处本年十一月十四日机字第 1671 号函，略以关于假道苏联运输问题，抄同原议定办法五项及驻苏大使馆来电各一件，嘱查核见复，以便转陈等由。当经详加研究，谨将本案意见分述于下：

（一）我方原请苏联由阿拉木图代运至哈密，而苏方反见照惯例代运至星星峡，根据以交通政策促进对新省政治关系，及不必过分假手外人致便深入内地两原则，目前似可仍请代运至哈密，即由我方接运。

（二）每月二千吨之运量，拟分配如下：(1)迪化哈密间，我有驿力可用，至可能承运数量，正在派员调查中，至祈先向俄方说明。(2)哈密酒泉间水草艰难，每月二千吨，全由我汽车担任。(3)酒泉兰州间，汽车担任一千二百吨，驿运担任八百吨。(4)兰州广元间，汽车担任一千四百吨,驿运担任六百吨。(5)目前出口物资仅约一千吨,势必有一部分工具回空,汽车驿运均照比例分配。

(三)于进口物资开运以前,即应将出口物资陆续起运,以免双方工具脱节,贻人口实,再请运输统制局主持调度,随时向各方密取联系。

(四)此项输入系英美供应物品,至输出物品是否专对苏联,抑兼对英美,以及每月输出两千吨中,是否包括新疆省出口物资在内,拟请贸易委员会酌定。"苏联允月供三百吨汽油,是否敷用,以及是否包括在内运两千吨之内,拟请运输统制局酌定。并通知本部,以便调配工具。"

(五)苏方代运之运费,究应以货物抵偿或缴付新币,以请由财政部核定。

查此案原系何参谋总长主持办理,所有一切详细计划拟仍由何总长洽办,以免分歧。除分函何参谋总长外,相应函复,敬希查照为荷。此致

行政院政务处

交通部部长张○○

〔国民政府公路总局档案〕

附录二　全面抗战爆发后苏联援华方针
　　　　档案资料选

　　20 世纪 90 年代初，苏联解体。自那时以来，俄罗斯陆续解密并且公布了从 1917 年十月革命到 1991 年底苏联解体期间 70 余年的大量历史档案，引起了世界关注。我国历史学界也进行了收集整理和翻译出版工作。1995 年中国社会科学院成立了"苏联历史档案选编"课题组，收集各国有关俄国解密历史档案的文献专集和报刊、杂志上发表的有关苏联的历史档案，课题组成员还分赴有关国家的图书馆、档案馆，收集有关俄国解密的原始档案，组织了大批力量进行整理和翻译出版工作。本书这里收录的档案，出自沈志华总主编《苏联历史档案选编》第 11 卷（2002 年由社会科学文献出版社出版），该卷收录了"中国抗日战争爆发后苏联对远东的新方针"，一共 6 份文件，主要是斯大林和蒋介石之间关于苏联援助中国抗日问题的来往信件。档案正文之前所标的档案编号，是为便于核查原文由编者所做的收藏编号。

NO02459

斯大林与蒋介石特使关于援华问题的谈话记录(摘录)

（1937 年 11 月 11 日）

　　斯大林同志:你们应该记住,只要中国没有军事工业,它就会一直动荡不定。谁想独立,谁就应该建立自己的军事工业。外国人出卖不好的武器,他们还可以完全拒绝出卖武器。我们可以把我们的教官供你们,这要比向外国人买武器更便宜。

　　杨杰:这是对的,我请求你给予援助。

　　斯大林同志:我们是要援助你们的。

　　杨杰:我们全国都寄希望于你们的援助。

　　斯大林同志:你们的航空事业怎么样? 你们制造飞机吗?

　　杨杰:我们不能制造发动机,其余的我们都能制造。

　　斯大林同志:我们给你们发动机,要多少给多少。我们自己用材料造飞机,你们也可以制造……开创自己的飞机制造业吧,我们将给你们提供教官……如果中国想站立起来,就应该发展自己的空军和炮兵。

　　杨杰:请求援助我们。

　　斯大林同志:要记住,仅仅指望外援是不可靠的。需要发展自己的工业。英国人指望中国同日本打仗,然而,英国既害怕日本胜利也害怕中国胜利,它希望中国和日本都被削弱。中国人无疑能够战胜日本人。……假如我是中国人,我将号召我的人民不止抵抗 3 个月而是抵抗 3 年,在这 3 年内我们都将支援你们。你们将有自己的飞行员、自己的大炮,在这样的情况下,谁也不能战胜中国。……需要发展自己的石油生产。如你们想成为独立的国家,你们就应该有飞机、大炮和石油。当你们打垮日本人后,将需要发展自己的重工业……我以为,中国不应忽视任何援助,可以而且也应当向美国和德国购买飞机和机枪。盟友有坚定的,也有不坚定的。也要和不可靠的盟友,比方说英国打交道。仅仅从苏联获得援助是不对的。中国也需要从不坚定的盟友那里得到援助……

杨杰:伟大领袖斯大林所说的一切,我将转达给蒋介石,而且,如果我们濒临灭亡,我们将寄希望于苏联。

斯大林同志:不,这样伟大的国家是不会死亡的。

……

NQ11857

蒋介石关于请求苏联派部队援助中国致斯大林的电报

(1937 年 11 月 26 日)

莫斯科,杨杰元帅并转

苏联元帅伏罗希洛夫先生

请您,伏罗希洛夫元帅,将这份电报转斯大林先生。

读了杨杰元帅的书面授告和听了张群的口头汇报后,我很高兴,并深深地感谢您对中国命运的真诚同情和全力关怀。

中国和苏联这两个伟大的国家是东亚和平的基石。两国人民不仅有着共同的利益而相互依存,他们还有共同的敌人——日本。

我屡次得到您的援助。在中国的这一困难时期,在这生死存亡的时刻,我再次斗胆向您提出下列衷心的请求。

为了中国人民的生存,出于国际义务,中国正与日本侵略者进行着坚决的斗争。

现在,中国军队在最大限度地做出最后努力的同时,在进行着撤退,但仍保卫着南京。

我希望友好的苏联将给予中国重大的援助。如果此时此刻为挽救东亚的危险局势您决定派出您的部队,那么这一决定将加强中苏之间永远合作的精神。上述一切完全有赖于您,也只有您能解决。

艰难时刻书此,惟望拨冗作复。

蒋中正(蒋介石)

中华民国 26 年 11 月 26 日

于南京

NQ02460

蒋介石关于尽快提供武器援助致斯大林的电报

（1938 年 5 月 5 日）

绝密

莫斯科,副总参谋长杨杰转

斯大林先生和伏罗希洛夫元帅

由于你们多次给予了全力支援,中国在对日作战中才能坚持到现在。敌人遭受了重大损失。

对于贵国的互助精神和支持弱小的行动,不仅我个人感激不尽,所有的官兵和人民大众也都无限钦佩和感谢。

现在中国缺少许多武器,特别需要飞机。我本人曾和贵国大使谈及此问题,同时电告杨杰,让他开始关于从贵国获得大宗武器和飞机贷款的谈判。我要求他申明我们愿意缔结正式的贸易信贷协议。我想,对此你们已经知晓。

中国上述的愿望和请求与贵国的精神一致。如果从通常的贸易方法和正常的国际关系的角度来考虑,上述请求不可能满足,因为既然我们不能提供现金,也就不能得到商品。中国对此当然十分理解。对于过去以贷款的形式得到的武器,我们尚未最终付清,也不曾补偿大量运货的开支。对于此种情形,我甚感不安。

然而中国深信,苏联拥护和平和正义。中国和苏联在东亚政治局势方面有着共同的利益。我们认为,中苏之间的关系超出了一般友好关系的范围。中国和苏联是患难与共的朋友,我深信您亦忧我们所忧,故斗胆向您提出上述超出常规的请求。

我很抱歉没能及时付清以前你们预先贷给我的款项。请您相信中国没有可以送出国的现成黄金。如果略有可能,那我不等您提醒早就全部付清了。贵国热诚相助,中国为保全国与国之间信任着想,岂能稍有耽搁。和平时期不难筹款,而现在战争正激烈进行。前方决定战争胜利的手段是武器和战士,后方在战争进程中要依赖资金周转的稳定。中国特别缺少现成的黄金,如果马上转汇如此巨大的数额,难以保持中国的国际货币结算汇率,中国的整个经济将会受到打击。那时尽管军队充满决心,却无法战胜敌人。因此,我们当然希望贵国援助武器并深刻理解中国当前的极端困难。我们为保持国家的经济实力而采取的措施更是一言难尽。

在收到要求加快偿还垫付的商品及其运输的 3 200 万预支款的电报之前,我本人曾对德拉特温武官说,中国虽然实在不能立刻还清,但需要编制详细的结算,并准备在可能时全数偿还。

现在我愿向您宣布,中国决定并已调拨 3 200 万中国元,作为补偿款项以便紧急购买这一数额的商品。这不至于影响中国的国际结算汇率,也能维持经济的正常状态并顺利地继续进行战争。

贵国定会理解中国采取这一措施的难处并予以同意。

真诚请求你们尽快同意签订以贷款形式提供武器和飞机的协议,并开始成批装运,这将提高我们军队的士气和战斗力。特别需要的是飞机,现在中国只剩下约 10 架轻型轰炸机,由此可知对飞机的迫切需要。请求首先以贷款的形式提供轰炸机和发动机,对此我们已经达成一致,并且要赶快运到中国。

对于余下的所有武器也请尽快缔结协议并付诸实现。为使对日作战不致半途失败,为使贵国慷慨给与中国的援助不致因拖延时日而失去意义,这样做是必要的。全中国的军队和人民永远不会忘记贵国在极其艰难的时刻给予的援助。

我深信您出于原则上的考虑将会满足我的请求。请将您的签复亲自交给杨杰并由他发电报转我。

祝您成功并祝健康

蒋中正(蒋介石)

1938年5月5日于武昌

电文无误,元帅(杨杰)

1938年5月8日

附录

伏罗希洛夫给斯大林的送件便函①

斯大林同志:

今天杨杰曾来我处,带来他收到的蒋介石给你和我的电报。现附上电报:杨杰口头复述了蒋介石的电报并补充道:前线深感轰炸机不足,请求尽快提供65架这种飞机。此外,他还要求快些对蒋介石关于5亿新贷款条件的电报做出回答。杨杰谈了以下几点:1)贷款将用中国货币支付;2)规定只用于向我们购买武器;3)偿还条件为每年偿还5 000万美元,另加付全部债款总额的 ％。② 接着他告知,蒋介石和政府未征询他的意见就任命他为大使,他请求在这新的、尚不习惯的职务上和其他方面给予帮助。

1938年5月9日

---

① 便函附在蒋介石电报的后面,写在国防人民委员会公文用纸上。

② 原文如此。

NQ02461

斯大林等关于中国偿付货款方式致蒋介石的电报

（1938 年 5 月 10 日）

杨杰元帅转致蒋介石大元帅：

我们完全理解中国艰难的外汇财政状况并考虑到了这一点。因此我们既不要求中国用黄金也不要求用外币支付武器的贷款，但我们希望从中国得到茶、毛皮、锡、钨等类商品。我们清楚地知道，中国能够向苏联提供这类商品且无损于中国的国民经济和国防，因此我们希望中国将提供这样一些商品。

至于苏联的援助，你们可以毫不怀疑，我们将尽一切可能给予为反对侵略者而进行英勇解放斗争的伟大中国人民以援助。您所要求的飞机我们即将送去。关于向中国提供新贷款的问题将在苏联最高机构内讨论。我们希望取得成功。

请接受我们热烈的敬礼，祝您在中国解放斗争前线取得军事上的胜利！

斯大林、伏罗希洛夫

1938 年 5 月 10

NQ02462

蒋介石感谢苏联援助致斯大林的信

（1939 年 6 月 22 日）

最尊敬的斯大林先生：

趁首席参赞恰金返回祖国之际，请他向您转达我的问候和最好的祝愿。

我国与日本的战争已进行两年多了。

由于您领导下的苏联全体军民的深切同情，给予我们物质上和精神上的支援，使得我们能够进行长期的解放斗争。为此我们向您深表谢意。

特别是由于不久前签订的协议，中国得到更大的援助，对此永远难以忘怀。

现在解放战争进入了第二阶段。敌人的兵力消耗殆尽，正处于灭亡的边缘。我们在竭尽全力驱逐掠夺者和维护正义的同时，仍一如既往希望苏联作为中国的特殊好友，能够更进一步带领在远东有利害关系的国家，对日本进行有效的制裁。

现在，最受尊敬的贵国，正与英国和法国进行缔结反侵略协议的谈判。如果这一协议涉及远东，则由此将完成一件人类历史上的伟大事业。

我们的前领袖孙逸仙终时给友好的苏联国家留下了一封信，信中表达了他的深切希望，希望进步的革命国家帮助中国完成国民革命，从而使弱小民族获得解放。我相信您无疑会这样做。

首席参赞恰金在中国热情工作，并有着良好的态度，这应该说是您的正确领导的结果。

衷心感谢，并祝一切顺利。

蒋介石

NO2463

蒋介石感谢苏联援助致斯大林的信

（1939 年 8 月 26 日）

斯大林先生：

您 6 月 19 日的亲笔来信①收到了。为崇高的友谊向您表达无限的谢意。

对于我们在艰苦的条件下进行保卫战争的、处于孤立状态的

---

① 在收集的档案中没有该信。

军队来说,苏联是惟一为解放被压迫民族而斗争的国家,自始至终被寄于真诚而热切的期望的国家,而且是您亲自领导着全世界保卫和平事业的斗争。

在争取民族解放斗争将要取得的胜利中,全中国各民族永远不会忘记贵国的真诚援助和在为伸张正义的斗争中您的卓越领导。

苏中两国的伟大人民对于维护全面和平和正义负有同样责任。

我深信两国之间的合作将日益加强,侵略者最后失败的日子定会到来。

我惟一的愿望就是:与您一道,通力合作,尽快促其实现。

谨以此信作复,并祝健康!

蒋中正亲笔

8月26日

附录三 苏联志愿队烈士名录

从 1937 年到 1941 年，苏联先后派遣 2 000 多名空军志愿人员组成航空志愿队来华助战，他们与中国军人并肩作战，其中有 200 多人牺牲在援华抗战的战场上，下表为烈士名录。[①] 表中对个别错讹作了订正，对一些烈士姓名，也按照现在惯用的译法（如原文中的"尼柯莱"改为"尼古拉"）列出。因资料来源不同，此处烈士姓名的翻译、牺牲日期与地点，与本书第 6 章中相关内容略有差别。

烈士姓名	军衔/职务	出生年份	牺牲日期（年月日）	埋葬或牺牲地	牺牲原因
米哈依尔·米哈依洛维奇·阿诺索夫	中尉	1908	1937.2.24	南昌	空难
瓦西里·米哈耶维奇·库尔久莫夫	上尉/大队长	1906	1937.10.28	肃州	空难
尼古拉·伊万诺维奇·基里洛夫	准尉	1910	1937.11.7	肃州	空难
特卡钦科·尼古拉·查哈洛维奇	中尉	1911	1937.11.7	肃州	空难

① 张青松：《中国上空的鹰：苏联援华航空志愿队战史 1937—1941》，第 333—341 页。

续表

烈士姓名	军衔/职务	出生年份	牺牲日期 （年月日）	埋葬或 牺牲地	牺牲 原因
尼古拉·尼基弗洛维奇·涅日丹诺夫	中尉	1913	1937.11.22	南京	空战①
亚历山大·伊万诺维奇·布尔达诺夫	上尉	1911	1937.12.2	南京	空战
阿尔西尼·彼得洛维奇·彼得罗夫	中尉	1909	1937.12.2	南京	空战
谢尔盖·格里戈里耶维奇·波波夫	准尉	1915	1937.12.2	南京	空战
瓦西里·谢尔盖耶维奇·阿列克谢耶夫	中尉	1907	1937.12.2	南京	空战
米哈伊尔·伊万诺维奇·安德烈耶夫	中尉	1910	1937.12.2	南京	空难
A. D. 普拉霍洛夫	中尉		1937.12.4	南京	空战
卡申·格里戈里·雅科夫列维奇	中尉	1911	1937.12.22	南昌	空战
杜日尔金·格里戈里·瓦西里耶维奇	中尉	1912	1938.1.1	洛阳	空战
康斯坦丁·叶戈洛维奇·查巴鲁耶夫	上尉	1907	1938.1.7	南昌	空战
伊万·伊万诺维奇·波塔波夫	中尉	1909	1938.1.7	南昌	空战
亚历山大·瓦西里耶维奇·奥连霍夫	中尉	1912	1938.1.9	南昌	空战
瓦西里·巴甫洛维奇·格里雅切夫	初级指挥官	1913	1938.1.12	芜湖	空战

---

① 原文为"空难"，但根据有关文献记载，他在193年11月的南京保卫战中牺牲，是在援华助战中第一个牺牲的苏联空军志愿队员。

续表

烈士姓名	军衔/职务	出生年份	牺牲日期（年月日）	埋葬或牺牲地	牺牲原因
阿列克谢·安德烈耶维奇·约西弗夫	中尉	1908	1938.1.15	南昌	空难
阿列克谢·基里尔洛维奇·利特维诺夫	中尉	1912	1938.1.15	南昌	空难
亚科夫·拉夫连季耶维奇·柳巴里	中尉	1912	1938.1.15	南昌	空难
安德烈·马尔基安诺维奇·舒曼	中尉	1907	1938.1.15	南昌	空难
柯西金·格里戈里·彼得洛维奇	初级指挥官	1913	1938.1.21	南京	空战
彼得·叶尔莫拉耶维奇·波依科夫	中尉	1913	1938.1.26	南京	空战失踪
符多维钦科·弗拉基米尔·伊万诺维奇	中尉	1913	1938.1.26	南京	空战失踪
亚历山大·尼古拉耶维奇·拉兹古洛夫	中尉	1908	1938.1.26	衡山	空战
舍夫琴柯·菲利普·米哈依洛维奇	上尉	1910	1938.1.26	衡山	空战
贝利茨基·格里戈里·查哈洛维奇	初级指挥官	1913	1938.1.26	衡山	空战
葛尔琴柯·伊万·福明	中尉	1906	1938.1.30	洛阳	空战
亚历山大·瓦西里耶维奇·克留科夫	中尉	1908	1938.1.30	洛阳	空战
尼古拉·瓦西里耶维奇·沙拉依斯基	中尉	1908	1938.1.30	洛阳	空战
尼古拉·伊万诺维奇·查兰斯基		1914	1938.1.30	洛阳	空战
米哈依尔·伊万诺维奇·茹拉夫列夫	少校	1901	1938.2.4	不详	空难

续表

烈士姓名	军衔/职务	出生年份	牺牲日期（年月日）	埋葬或牺牲地	牺牲原因
卡杜克·亚历山大·莫依赛耶维奇	上尉	1904	1938.2.4	不详	空难
库库施金·格里戈里耶维奇·雅科夫	少校	1897	1938.2.4	不详	空难
瓦连金·瓦西里耶维奇·奥西波夫	初级指挥官	1911	1938.2.4	不详	空难
米哈伊尔·德米特里耶维奇·绍什洛夫	2级军事技术员	1908	1938.2.8①	汉口	空难
莫伊赛·伊萨阿科维奇·基吉里什登	初级指挥官	1913	1938.2.15	汉口	因伤不治
瓦连金·谢尔盖耶维奇·考兹洛夫	初级指挥官	1912	1938.2.15	汉口	空战
乌拉基米尔·伊凡诺维奇·巴拉莫诺夫	2级军事技术员	1911	1938.2.15	汉口	因伤不治
瓦西里·瓦西里耶维奇·别索茨基	中尉	1907	1938.2.15	汉口	因伤不治
米哈依尔·马克西莫维奇·鲁缅采夫	准尉	1908	1938.2.17	南昌	事故
福明·瓦西里·尼古拉耶维奇	上尉	1908	1938.2.17	不详	空战
亚历山大·马特维耶维奇·别柳科夫	初级指挥官	1914	1938.2.17	南昌	事故
费道尔·谢苗诺维奇·罗曼诺夫	中尉	1908	1938.2.18	兰州	飞行事故
米哈依尔·阿列克谢耶维奇·塔留金	大队政委	1900	1938.2.24	南昌	空难

---

① 一说牺牲于 1938 年 2 月 15 日武汉空战

烈士姓名	军衔/职务	出生年份	牺牲日期（年月日）	埋葬或牺牲地	牺牲原因
恰邦·彼得·伊格纳基耶维奇	中尉	1908	1938.2.24	南昌	空难
尼古拉·伊万诺维奇·瓦西里也夫	中尉	1909	1938.2.25	南昌	空战
尼古拉·阿列克谢耶维奇·斯米尔诺夫	中尉	1907	1938.2.25	南昌	空战
谢尔盖·德米特利耶维奇·斯米尔诺夫	上尉	1908	1938.2.25	南昌	空战
米哈依尔·安德列耶维奇·多姆宁	2级军事技术员	1907	1938.3.14	芜湖	空战被俘
伊万·尼古拉耶维奇·库谢琴科	中尉	1911	1938.3.14	芜湖	空战被俘
巴维尔·瓦西里耶维奇·穆拉维约夫	中尉	1909	1938.3.14	芜湖	空战被俘
阿尔谢尼·马特维耶维奇·奥布霍夫	初级指挥官	1913	1938.3.15	南昌	空难
加夫利林·伊万·安那利耶维奇		1901	1938.3.16	兰州	空难
马特维·格奥尔基耶维奇·葛洛莫夫		1902	1938.3.16	兰州	空难
安东·格里戈里耶维奇·古雪夫		1912	1938.3.16	兰州	空难
捷里雅金·尼古拉·安德列耶维奇		1907	1938.3.16	兰州	空难
斯捷潘·尼古拉耶维奇·德洛科夫	上尉	1907	1938.3.16	兰州	空难
尼古拉·拉里沃诺维奇·祖伊科夫		1911	1938.3.16	兰州	空难

烈士姓名	军衔/职务	出生年份	牺牲日期（年月日）	埋葬或牺牲地	牺牲原因
安德列·尼古拉耶维奇·耶鲁沙利莫夫	1级军医	1903	1938. 3.16	兰州	空难
庸金·尼古拉·伊万诺维奇		1908	1938. 3.16	兰州	空难
亚历山大·伊万诺维奇·鲁施科夫		1910	1938. 3.16	兰州	空难
维克多·瓦西里耶维奇·波利卡诺夫		1916	1938. 3.16	兰州	空难
沙文·谢尔盖·伊万诺维奇		1902	1938. 3.16	兰州	空难
尼古拉·叶菲莫维奇·捷里诺夫	上尉	1910	1938. 3.16	兰州	空难
格奥尔基·伊诺肯基诺维奇·舍尔加切夫			1938. 3.16	兰州	空难
彼得·伊万诺维奇·阿列尼科夫	大尉	1902	1938. 3.16	兰州	空难
尼古拉·彼得洛维奇·别索诺夫		1912	1938. 3.16	兰州	空难
布申·安德列·叶甫多基莫维奇	中尉	1910	1938. 4.4	西安	空难
瓦西里·米哈依洛维奇·涅斯缅洛夫	中尉	1906	1938. 4.4	西安	空难
舒库拉·伊万·伊万诺维奇	2级军事技术员	1909	1938. 4.4	西安	空难
契赫拉窦依·亚历山大·涅斯捷洛维奇	中尉	1914	1938. 4.4	西安	空难
列夫·扎哈罗维奇·舒斯特尔	中尉	1914	1938. 4.29	汉口	空战

烈士姓名	军衔/职务	出生年份	牺牲日期（年月日）	埋葬或牺牲地	牺牲原因
阿列克谢·叶夫根尼耶维奇·乌斯片斯基	大尉	1906	1938. 4. 29	汉口	空战
格奥尔基·尼古拉耶维奇·韦利古罗夫	中尉	1911	1938. 5. 21	安庆	空战
格里戈里·费道洛维奇·列别杰夫	初级指挥官	1915	1938. 5. 24	不详	失踪
伊万·巴甫洛维奇·马卡洛夫	中尉	1909	1938. 5. 24	不详	失踪
苏里曼·阿赫梅章诺维奇·穆尔秀卡也夫	上尉	1905	1938. 5. 24	不详	失踪
沙姆松·安德列耶维奇·莫斯卡利	中尉	1907	1938. 6. 3	安庆	空战
巴维尔·米哈依洛维奇·祖柏科夫	准尉	1913	1938. 6. 13	咸阳	空难
拉夫连丘克·尼古拉·伊万诺维奇	2级军事技术员	1907	1938. 6. 13	咸阳	空战
伊万·弗多洛维奇·乌达诺夫	中尉	1910	1938. 6. 21	重庆	空战
斯杜尔明·安那托里·德米特利耶维奇	上尉	1908	1938. 6. 26	南昌	空战
安德列·伊里奇·马特金	上尉	1907	1938. 7. 3	安庆	失踪
伊万·沙维里耶维奇·巴斯季丘克	初级指挥官	1912	1938. 7. 3	安庆	失踪
瓦西里·阿列克谢耶维奇·卡什卡罗夫	中尉	1907	1938. 7. 4	南昌	空战
康斯坦丁·季莫费耶维奇·奥帕索夫	上尉	1908	1938. 7. 4	南昌	空战

烈士姓名	军衔/职务	出生年份	牺牲日期（年月日）	埋葬或牺牲地	牺牲原因
叶甫盖尼·伊里奇·苏霍鲁科夫	中尉	1912	1938.7.4	南昌	空战
谢苗·阿列克谢耶维奇·赫留科夫	中尉	1911	1938.7.4	南昌	空战
谢尔盖·瓦西里耶维奇·费多罗夫	初级指挥官	1914	1938.7.6	汉口	牺牲
马尔克·尼古拉耶维奇·马尔琴科夫	初级指挥官	1914	1938.7.9	汉口	因伤不治
乌拉基米尔·格拉西莫维奇·多尔戈夫	上尉	1907	1938.7.16	汉口	空战
德米特里·巴甫洛维奇·马特维耶夫	中尉	1907	1938.7.16	汉口	牺牲
伊凡·伊里奇·斯图卡洛夫	上尉	1905	1938.7.16	汉口	牺牲
康斯坦丁·马特维耶·乌达洛夫	1级军事技术员	1914	1938.7.16	汉口	牺牲
弗拉基米尔·米哈伊洛维奇·乌达洛夫	初级指挥官	1914	1938.7.16	汉口	牺牲
尼基塔·叶菲莫维奇·波德瓦尔斯基	初级指挥官	1915	1938.7.26	安庆	空战
伊凡·尼科诺罗维奇·古罗夫		1914	1938.8.3	汉口	空战
维克多·彼得罗维奇·沃尔科夫	准尉		1938.8.5	迪化	空难
德米特利·康斯坦丁诺维奇·沃洛霍夫	中尉	1915	1938.8.5	迪化	空难
格诺也弗依·维克多·安东诺维奇	上尉		1938.8.5	迪化	空难

烈士姓名	军衔/职务	出生年份	牺牲日期（年月日）	埋葬或牺牲地	牺牲原因
巴维尔·尼基弗洛维奇·哥洛沙波夫	3级军事工程师	1905	1938.8.5	迪化	空难
阿列克谢·阿列克山得洛维奇·茹科夫	2级军事技术员		1938.8.5	迪化	空难
齐赛尔·波利斯·伊兹拉依列维奇	中尉	1913	1938.8.5	迪化	空难
维克多·巴甫洛维奇·克尼亚采夫	中尉	1911	1938.8.5	迪化	空难
米哈依尔·谢苗诺维奇·科洛特可夫	中尉	1912	1938.8.5	迪化	空难
维克多·伊诺肯基耶维奇·库兹涅佐夫	1级军事技术员		1938.8.5	迪化	空难
米哈依尔·尼古拉耶维奇·梅尔库洛夫	初级指挥官		1938.8.5	迪化	空难
瓦西里·卡皮多诺维奇·尼基弗洛夫	1级军事技术员	1909	1938.8.5	迪化	空难
彼得洛维奇·格奥尔基·安东诺维奇	2级军医	1902	1938.8.5	迪化	空难
格奥尔基·尼古拉耶维奇·帕列沙科夫	中尉		1938.8.5	迪化	空难
沙夫金·彼得·法缅科维奇	1级军事技术员	1907	1938.8.5	迪化	空难
尼古拉·米哈依洛维奇·斯米尔诺夫	中尉	1914	1938.8.5	迪化	空难
伊万·尼古拉耶维奇·雅姆希科夫	1级军事技术员	1908	1938.8.5	迪化	空难
伊万·德米特里耶维奇·费多林诺夫	中尉	1911	1938.8.5	迪化	空难

烈士姓名	军衔/职务	出生年份	牺牲日期 （年月日）	埋葬或 牺牲地	牺牲 原因
亚历山大·谢尔盖耶维奇·楚古诺夫	红军战士	1914	1938. 8.5	迪化	空难
亚历山大·谢尔盖耶维奇·波格丹诺夫	初级指挥官	1910	1938. 8.5	迪化	空难
尼古拉·伊万诺维奇·阿加福诺夫	政治指导员	1909	1938. 8.11	不详	病逝
菲利普·杰尼索维奇·古里耶	上尉	1909	1938. 8.12	九江	空战
格奥尔基·康斯坦丁诺维奇·达维多夫	初级指挥官	1911	1938. 8.12	九江	空战
亚历山大·彼得洛维奇·伊万诺夫	初级指挥官	1915	1938. 8.12	九江	空难
马格里亚克·亚历山大·格里戈里耶维奇	中尉	1913	1938. 8.12	九江	空战
巴维尔·格里戈里耶维奇·波波夫	初级指挥官	1912	1938. 8.12	九江	空战
尼古拉·米哈伊洛维奇·捷列霍夫	上尉	1907	1938. 8.12	九江	空战
亚历山大·巴甫洛维奇·吉洪诺夫	大尉	1910	1938. 8.12	九江	空战
柯西杨·柯西杨诺维奇·楚里亚科夫	上尉	1907	1938. 8.12	九江	空战
阿列克谢·费道洛维奇·别柳科夫	初级指挥官	1911	1938. 8.12	九江	空战
彼得·阿列克山德洛维奇·雅伯利科夫		1904	1938. 8.16	兰州	空难
列昂尼德·伊凡诺维奇·斯柯尔尼亚科夫	上尉	1909	1938. 8.17	武汉	牺牲

续表

烈士姓名	军衔/职务	出生年份	牺牲日期（年月日）	埋葬或牺牲地	牺牲原因
德米特里·费奥法诺维奇·库列申	初级指挥官	1914	1938. 8. 21	福州①	因伤不治
亚历山大·伊万诺维奇·索洛维耶夫	准尉	1912	1938. 8. 21	汉口	空战
亚历山大·伊拉里昂诺维奇·雷苏金	大尉	1910	1938. 9. 9	衡阳	空战
鲁巴什金·安纳托利·德米特利耶维奇	中尉	1909	1938. 9. 15	南昌	牺牲
萨拉姆·库尔别柯维奇·柏达依采夫	大尉	1909	1938. 10. 4	白石地区	空战
伊万·彼得洛维奇·波多戈夫	中尉	1909	1938. 10. 5	不详	不详
A. C. 拉赫曼诺夫	战斗机大队长		1938. 10. 10	衡阳	空战
尼古拉·彼得洛维奇·马特维耶夫	大尉	1907	1938. 10. 19	兰州	空难
科斯窦斯金·安德列·巴甫洛维奇	2级军事技术员	1906	1938. 10. 20	汉中	牺牲
彼得·伊万诺维奇·捷连霍夫			1938. 10. 20	不详	牺牲
亚历山大·马克西莫维奇·瓦西尤科夫	准尉	1911	1938. 11. 1	汉中	空难
列昂尼德·季洪诺维奇·季里雅也夫	上尉	1901	1938. 11. 1	汉中	空难
安德列·瓦西里耶维奇·格里沙也夫	初级指挥官	1908	1938. 11. 1	汉中	空难

———————————

① 一说牺牲于武汉。

烈士姓名	军衔/职务	出生年份	牺牲日期（年月日）	埋葬或牺牲地	牺牲原因
阿尔赛尼·费道洛维奇·茹霍夫	初级指挥官	1913	1938. 11. 1	汉中	空难
彼得·伊万诺维奇·伊万诺夫	2级军事技术员	1912	1938. 11. 1	汉中	空难
卡西扬尼基·特洛菲姆·阿列克山洛维奇	初级指挥官	1911	1938. 11. 1	汉中	空难
基尔纽斯·阿尔卡基·祖赛维奇	2级军事技术员	1913	1938. 11. 1	汉中	空难
尼古拉·伊沙耶维奇·科瓦列夫	中尉	1908	1938. 11. 1	汉中	空难
亚历山大·巴甫洛维奇·柯金采夫	2级军事技术员	1909	1938. 11. 1	汉中	空难
阿列克谢·伊万诺维奇·柯列斯尼科夫	初级指挥官	1911	1938. 11. 1	汉中	空难
马里明·费道尔·瓦西里耶维奇	大尉	1904	1938. 11. 1	汉中	牺牲
伊万·巴甫洛维奇·奥采洛夫	2级军事技术员	1915	1938. 11. 1	汉中	空难
尼古拉·瓦西里耶维奇·西良夫斯基	上尉	1904	1938. 11. 1	汉中	空难
亚历山大·格里戈里耶维奇·捷连霍夫	1级军事技术员	1910	1938. 11. 1	汉中	空难
伊万·叶菲莫维奇·托尔季诺夫	初级指挥官	1911	1938. 11. 1	汉中	空难
伊沙克·安德列耶维奇·舍夫卓夫	2级军事技术员	1911	1938. 11. 1	汉中	空难
维克多·伊万诺维奇·舍施塔科夫	2级军事技术员	1913	1938. 11. 1	汉中	空难

续表

烈士姓名	军衔/职务	出生年份	牺牲日期（年月日）	埋葬或牺牲地	牺牲原因
阿列克谢·尼古拉耶维奇·舍尔巴科夫	2级军事技术员	1908	1938.11.1	汉中	空难
格里戈里·伊万诺维奇·弗洛罗夫	2级军事技术员	1907	1938.11.1	汉中	空难
米哈依尔·查哈洛维奇·契连科夫	初级指挥官	1908	1938.11.1	汉中	空难
恰依金·谢尔盖·伊格纳基耶维奇	1级军事技术员	1904	1938.11.1	汉中	空难
季洪·列昂尼多维奇·阿芙捷也夫	上尉	1903	1938.11.1	汉中	空难
德米特利·彼得洛维奇·安德烈耶夫	中尉	1913	1938.11.1	汉中	空难
伊万·阿列克山德洛维奇·波柏洛夫	中尉	1909	1938.11.1	汉中	空难
费道尔·格里戈里耶维奇·雅申科夫	中尉	1908	1938.11.2	兰州	空难
彭达莲科·瓦西里·依卓托维奇	大尉	1906	1938.12.19	成都	空难
亚历山大·叶梅里亚诺维奇·觉格捷夫	3级军事工程师	1906	1938.12.19	成都	空难
亚历山大·伊万诺维奇·克留科夫	准尉	1907	1938.12.19	成都	空战
列文·伊万·马克西莫维奇	2级军事技术员	1910	1938.12.19	成都	空难
尼古拉·瓦西里耶维奇·马里采夫	2级军事技术员	1913	1938.12.19	成都	空难
巴维尔·瓦西里耶维奇·米洛特沃尔采夫	2级军事技术员	1915	1938.12.19	成都	空难

续表

烈士姓名	军衔/职务	出生年份	牺牲日期 （年月日）	埋葬或 牺牲地	牺牲 原因
斯捷潘·米哈依洛维奇·米哈依洛夫	初级指挥官	1911	1938. 12. 19	成都	空难
奥波隆·亚历山大·瓦西里耶维奇	初级指挥官	1913	1938. 12. 19	成都	空难
波古金·阿尔卡基·伊万诺维奇	初级指挥官	1911	1938. 12. 19	成都	空难
米哈依尔·丹尼洛维奇·波波夫	2级军事技术员	1909	1938. 12. 19	成都	空难
尼古拉·费道洛维奇·斯梅斯里雅也夫	2级军事技术员	1911	1938. 12. 19	成都	
托夫钦尼克·伊万·阿列克山得洛维奇	2级军事技术员	1914	1938. 12. 19	成都	空难
托洛波维奇·斯捷潘·雅科夫列维奇	3级军医		1938. 12. 19	成都	空难
谢尔盖·瓦西里耶维奇·特里弗诺夫	2级军事技术员	1907	1938. 12. 19	成都	空难
施平·瓦西里·库帕里雅诺维奇	上尉	1907	1938. 12. 19	成都	空难
尼古拉·伊万诺维奇·费里莫诺夫	初级指挥官	1915	1938. 12. 19	成都	空难
依格纳特·安东诺维奇·阿列克山德连科	2级军事技术员	1914	1938. 12. 19	成都	空难
科瓦里·亚历山大·叶梅里亚诺维奇	上尉	1907	1938. 12. 20	成都	空难
德米特利·盖拉西莫维奇·柯列斯尼科夫	2级军事技术员	1908	1938. 12. 20	成都	空难
亚历山大·阿列克谢耶维奇·库兹涅佐夫	初级指挥官	1913	1938. 12. 20	汉中	牺牲

续表

烈士姓名	军衔/职务	出生年份	牺牲日期（年月日）	埋葬或牺牲地	牺牲原因
别达克·德米特里·丹尼洛维奇		1915	1938. 12. 20	成都	空难
卡那施科·谢尔盖·季莫菲耶维奇	准尉	1915	1938. 12. 22	南京	不详
维尼亚明·伊万诺维奇·沙尔马诺夫	红军战士	1916	1939. 2. 9	兰州	轰炸中牺牲
西蒙宁柯·格里戈里·彼得洛维奇	红军战士	1917	1939. 2. 9	平凉	轰炸中牺牲
巴克拉金·尼基福·格里戈里耶维奇	红军战士	1917	1939. 2. 9	平凉	轰炸中牺牲
伊万·彼得洛维奇·斯捷潘诺夫	大尉	1907	1939. 8. 3	兰州	空难
彼得·谢苗诺维奇·菲利波夫①	上尉	1910	1939. 8. 3	汉口	空战
亚历山大·马卡洛维奇·巴巴诺夫	中尉	1914	1939. 8. 3	兰州	空难
米哈依尔·费道洛维奇·波里雅科夫	中尉	1913	1939. 8. 18	天水	空难
鲁卡舍维奇·米哈依尔·瓦西里耶维奇			1939. 8. 20	不详	牺牲
库里申科·格里戈里·阿基莫维奇	大尉	1907	1939. 10. 14	万县	空战
鲁金·伊万·丹尼洛维奇	上尉	1913	1939. 10. 14	湖北沙洋	空战
谢尔盖·安德烈耶维奇·费多谢耶夫	机枪手/准尉	1912	1939. 10. 14	湖北沙洋	空战

---

① 另一种说法，认为他战死于 1938 年 8 月 3 日，见张青松著《中国上空的鹰：苏联援华航空志愿队战史 1937—1941》，第 142、144 页。

烈士姓名	军衔/职务	出生年份	牺牲日期（年月日）	埋葬或牺牲地	牺牲原因
纳查鲁克·米哈依尔·伊万诺维奇	少尉	1909	1939.10.19	不详	牺牲
尼古拉·米哈依洛维奇·戈尔杰耶夫	中尉	1914	1939.12.26	兰州	空战
伊万·瓦西里耶维奇·伊萨耶夫	中尉	1913	1939.12.26	兰州	空战
库尼察·米哈依尔·叶菲莫维奇	中尉	1915	1939.12.28	兰州	不详
伊万·卡尔波维奇·罗津卡	上尉	1910	1939.12.30	柳州	空战
柯金·阿列克谢·叶菲莫维奇	1级军事技术员	1914	1940.1.2	宝庆	空难
金琴柯·费道尔·菲利波维奇	上尉	1911	1940.1.10	延河地区①	空难
伊万·季莫菲耶维奇·英科夫采夫	初级指挥官		1940.3.26	不详	战役中牺牲
叶戈尔·马克西莫维奇·柏里略夫	红军战士		1940.4.1	哈密	病逝
德米特利·尼古拉耶维奇·沃洛帕也夫	中尉	1914	1940.5.16	莫斯科	因伤不治
瓦西里·查哈洛维奇·叶尔菲莫夫	红军战士	1917	1940.8.13	哈密	牺牲
伊万·米哈依洛维奇·巴布什金	大尉	1905	1940.9.16	桂林	病逝
科托鲁平柯·瓦西里·德米特里耶维奇	少校	1904	1940.11.15	重庆	病逝

---

① 原文如此。文献表明他是在轰炸广西南宁日军机场后,返程中迷航迫降时发生空难而牺牲,遇难地应在广西。

烈士姓名	军衔/职务	出生年份	牺牲日期（年月日）	埋葬或牺牲地	牺牲原因
亚历山大·瓦西里耶维奇·帕基莫夫	红军战士	1918	1941.4.12	不详	空难
伊万·巴甫洛维奇·谢列波良尼柯夫	2级军事技术员	1916	1941.4.12	不详	车祸
彼得·拉夫连基耶维奇·斯柯科夫	团长	1901	1941.5.1	重庆	病逝
基达耶夫·康斯坦丁					不详

附录四 苏籍顾问及教官名册①

姓名	职务	备考
古巴列维赤	军委会代总顾问	
骆道巴巴	通信兵监顾问	正签办中
曰列兹内	炮兵监顾问	
骆巴新	兵工署防毒处顾问	
司威威柯巴	军医署顾问	
密哈罗夫	第九战区长官部顾问	
司柯林柯	同上	
伊万诺夫	第二战区长官部顾问	
包格丹诺夫	五战区长官部顾问	
克林秋克	八战区长官部顾问	
得米特连柯	陕坝八战区副长官部顾问	

---

① 国民政府军令部战史编纂委员会档案:《军委会外事局抄送苏联援华抗日军事顾问及教官名册函》(1943年5月24日),见中国第二历史档案馆编:《中华民国史档案资料汇编》,第5辑第2编,"外交",第266—269页。

姓名	职务	备考
亚阔乌略夫	同上	
斯克雷巴	西安三十四集团军总司令部顾问	
搭拉先柯	同上	
斯米尔诺夫	陆军大学顾问	
皮罗高夫	航委会防空总监部顾问	
安得列也夫	第九战区顾问	
司克沃尔错夫	第一战区长官部顾问室技术员	
基和米罗夫	同上	
节林柯夫	第四战区长官部顾问室技术员	
贝赤柯夫	同上	
别洛夫	第三战区长官部顾问室技术员	
刘德金	同上	
奥维赤金	第九战区长官部顾问室技术员	
郭瓦略夫	苏籍总顾问办公室技术员	
包博夫	第三十一集团军顾问	
波尔特诺夫	第七战区长官部顾问	
褚利罗夫	第一战区长官部顾问	
喀喀林	第六战区长官部顾问	
格利高里也夫	第四战区长官部顾问	
拔夫雷车夫	第三战区长官部顾问	
特拉夫尼柯夫	第九战区长官部顾问室技术员	
索罗金	苏籍总顾问办公室技术员	
司米尔诺夫	同上	
奥西波夫	同上	
益万诺夫	军训部顾问	来渝途中

续表

姓名	职务	备考
费尔柯	同上	同上
马卡列维赤	正商定中	同上
蔡尔宁柯	同上	同上
别图霍夫	同上	同上
乌沙柯夫	苏籍总顾问办公室技术员	
柯里瓦哈	第六战区长官部顾问室技术员	
别敦	苏籍总顾问办公室技术员	
褚布略柯夫	第五战区长官部顾问室技术员	
考斯特略夫	同上	
长尔布兴	第八战区长官部顾问室技术员	
瓦良纽克	第一战区顾问	
瓦西里也夫	第三战区顾问	
茹拉乌略夫	第四战区顾问	
多布隆诺夫	第五战区顾问	
阔丽别尼阔夫	第五战区顾问	
崔木柳阔夫	第六战区长官部顾问室技术员	
车尔诺怕托夫	第八战区副长官部顾问室技术员	
沃罗比也夫	第九战区顾问	
米利肯	后勤部顾问	
卡别罗夫	第三十四集团军顾问室技术员	
叶林斯基	同上	
成都区		
帕尔霍棉科	上校代理空军首席顾问	
依万诺夫	中校轰炸顾问	
巴拉鲁也夫	少校驱逐顾问	来华途中

姓名	职务	备考
卡扎柯夫	中校机械顾问	
拉维叶子基	首席顾问秘书	
叶先柯夫	无线电员	
梅子林	无线电员	
	伊宁教导队	
喀热夫尼可夫	中校教导队副队长	
马克也夫	少校轰炸教官代理参谋长	
基谢略夫	上尉第一中队中队副	
格鲁季宁	上尉第二中队中队副	
马里亚年科	上尉第三中队中队副	
施克瓦尔金	医官	
卡拉别衣尼可夫	通信教官	
萨莫杜洛夫	仪表教官	
结连阔夫	战术教官	
怕夫连阔	第一中队教官	
魏列目颜阔	机械教官	
连仁	同上	
别俩也夫	同上	

参考文献

一、档案史料

1. 中国第二历史档案馆编:《中华民国史档案资料汇编》,第五辑(第一、二、三编),南京:江苏古籍出版社,1994、1997、2000 年。

2. 沈志华总主编:《苏联历史档案选编》,第 11 卷,北京:社会科学文献出版社,2002 年。

3. 沈志华编译:《俄国解密档案:新疆问题》,乌鲁木齐:新疆人民出版社,2013 年。

4. 沈志华主编:《俄罗斯解密档案选编:中苏关系》,上海:东方出版中心,2014 年。

5. 马振犊主编:《抗战时期西北开发档案史料选编》,北京:中国社会科学出版社,2009 年。

6. 全国政协文史资料委员会编:《中华文史资料文库》,北京:中国文史出版社,1996 年。

7. 秦孝仪主编:《中华民国重要史料初编——对日抗战时期·第三编·战时外交》,台北:"中国国民党中央委员会党史委员会"编印,1981 年。

8. 李嘉谷编:《中苏国家关系史资料汇编(1933—1945)》,北京:中国社会科学出版社,1997 年。

9. 郝成铭、朱永光主编:《中国工农红军西路军(文献卷)》(上、下),兰州:甘肃人民出版社,2004年。

10. 孔庆泰编:《抗战初期杨杰等和苏联磋商援华事项秘密函电选》,《民国档案》,1985年第1期。

11. 孔倾泰、吴菊英编:《中国军事代表团与苏联商谈援华抗日械弹记录稿》,《民国档案》,1987年第3期。

12. 财政科学研究所、中国第二历史档案馆编:《民国外债档案史料》第十一卷,北京:档案出版社,1991年。

13. 中国社会科学院近代史研究所近代史资料编辑部编:《近代史资料》,总108号,北京:中国社会科学出版社,2004年。

14. 中国社会科学院近代史研究所中华民国史组编:《胡适任驻美大使期间往来电稿》(中华民国史资料丛稿·专题资料选辑第三辑),北京:中华书局,1978年。

15. 西安市档案局、西安市档案馆编:《筹建西京陪都档案史料选辑》,西安:西北大学出版社,1994年。

16. [苏]彼得·弗拉基米洛夫著,吕文镜等译:《延安日记》,北京:东方出版社,2004年。

17. 孟宪章主编:《中苏贸易史资料》,北京:中国对外经济贸易出版社,1991年。

18. 杨杰档案,中国第二历史档案馆藏。

19. "国民党中央宣传部"档案:《中宣部为报载我方假道伊苏运输新路线苏联要求应守秘密、函告国际宣传处加以注意军令部请改善广播以利宣传洽借中国空军在美生活影片及各方请赠参考资料等往来函件》(1942年2月—1945年5月),中国第二历史档案馆藏,718(4)—211。

20. 经济部档案:《中国与苏联易货案》,第105页(1944年4月),中国第二历史档案馆藏,4—40426。

21. 重庆卫戍总司令部档案:《苏联政府因需用干部决定将在华服务之全体顾问召回的文书》(1944年5月6日),中国第二历史档案馆藏,801—568

22. 国防部史政局及战史编纂委员会档案：国防部战史编纂委员会资料室：《总顾问福尔根（苏联）对第三战区冬季攻势作战经过的报告》（1940 年 1 月 27 日），中国第二历史档案馆藏，787—9210。

二、学术论著

1. 李嘉谷著：《合作与冲突：1931—1945 年的中苏关系》，桂林：广西师范大学出版社，1996 年。

2. 张青松著：《中国上空的鹰：苏联援华航空志愿队战史 1937—1941》，北京：中国致公出版社，2018 年。

3. 刘志兵、邵志勇著：《西北国际大通道》，西安：未来出版社，2015 年。

4. 高晓星、时平编著：《民国空军的航迹》，北京：海潮出版社，1992 年。

5. 顾维钧著：《顾维钧回忆录》（缩编·上），天津编译中心编，北京：中华书局出版，1997 年。

6. 蒋廷黻著：《蒋廷黻回忆录》，长沙：岳麓书社，2017 年。

7. 包尔汗著：《新疆五十年》，北京：文史资料出版社，1984 年。

8. 罗志刚著：《中苏外交关系研究（1931—1945）》，武汉：武汉大学出版社，1999 年。

9. 沈强、王新华著：《抗战时期苏联援华史论》，北京：社会科学文献出版社，2013 年。

10. 孙维韬、温致强编著：《苏联三次援华征战纪实》，北京：世界华侨华人社团联合总会，2006 年。

11. 舒德骑著：《苏联飞虎队——苏联空军志愿队援华抗日纪实》，重庆：重庆出版社，2016 年。

12. 陈虎著：《长征后记：西路军血染大漠一百四十四天》，北京：华艺出版社，2011 年。

13. 黄修荣著：《苏联、共产国际与中国革命的关系新探》，北京：中共党史出版社，1995 年。

14. 蒋经国著：《伟大的西北》，银川：宁夏人民出版社，2001 年。

15. 沈志华主编:《中苏关系史纲（增订版）》,北京:社会科学文献出版社,2011年。

16. 朱培民著:《新疆革命史(1933—1957)》,乌鲁木齐:新疆人民出版社,1993年。

17. 秦生著:《红西路军史》,北京:中国社会科学出版社,2011年。

18. 张国焘著:《我的回忆》(下),北京:东方出版社,2004年。

19. 中共中央文献研究室编:《毛泽东年谱(1893—1949)》(上卷),北京:中央文献出版社,2002年。

20. 中共新疆维吾尔自治区委员会党史研究室编:《抗战中的新疆》,乌鲁木齐:新疆人民出版社,1995年。

21. 张大军著:《新疆风暴七十年》,台北:兰溪出版有限公司,1980年。

22. 陈纳德著:《飞虎将军陈纳德回忆录》,王湄、黄宜思等译,杭州:浙江文艺出版社,1998年。

23. 王绍昌编著:《飞向蓝天——飞行摇篮育英才史话》,2011年。

24. ［日］古屋奎二主笔,《蒋介石秘录》翻译组译:《蒋介石秘录》第四卷,长沙:湖南人民出版社,1988年。

25. 王建朗、曾景忠著:《中国近代通史·第九卷·抗日战争(1937—1945)》,南京:凤凰出版传媒集团、江苏人民出版社,2007年。

26. 周泓著:《民国新疆社会研究》,乌鲁木齐:新疆大学出版社,2001年。

27. 林利著:《往事琐记》,北京:中央文献出版社,2006年。

28. 王定烈主编:《当代中国空军》,北京:中国社会科学出版社,1989年。

29. 张宪文主编:《中国抗日战争史》,南京:南京大学出版社,2001年。

30.《中国抗日战争史》编写组:《中国抗日战争史》,北京:人民出版社,2011年。

31. 张明楚、张同新等著:《在历史的漩流中》,桂林:广西师范大学出版社,1996年。

32. 杨再明、赵德刚主编:《新疆公路交通史》第一册,北京:人民交通出版社,1992年。

33. ［苏］德波林主编，潘咸芳等译：《第二次世界大战（1939－1945 年）》（第二卷），上海：上海译文出版社，1981 年。

34. ［苏］瓦·崔可夫著，万成才译：《在华使命——一个军事顾问的笔记》，北京：新华出版社，1980 年。

35. 王正华：《抗战时期外国对华军事援助》，台北：环球书局，1988 年。

36. 孟宪章主编：《中苏经济贸易史》，哈尔滨：黑龙江人民出版社，1992 年。

三、论文及论文集

1. 陶勇：《民国时期新疆国际陆路交通线》，新疆大学硕士学位论文，2007 年。

2. 张蕾：《20 世纪 30—50 年代甘新公路修建及贡献研究》，西北师范大学硕士学位论文，2012 年。

3. 陈可科：《中苏外交战略协调背景下的苏联援华空军志愿队》，《抗日战争研究》，2015 年第 4 期。

4. 江李军：《抗战时期苏联援华问题再探讨——以援华借款数额为中心》，《淮海工学院学报》（人文社会科学版），2015 年第 10 期。

5. 侯凤云：《抗日战争时期的西北国际交通线》，《江苏社会科学》，2005 年第 4 期。

6. 周泓：《民国新疆交通概综》，《喀什师范学院学报》，2002 年第 5 期。

7. 李云峰、曹敏：《抗日时期的国民政府与西北开发》，《抗日战争研究》，2003 年第 3 期。

8. 刘俊凤：《抗日战争中西北地区的地位和作用》，《咸阳师范学院学报》，2005 年第 3 期。

9. 杨凯超：《浅析抗日战争时期的苏联"援华抗日"政策》，《黑龙江史志》，2015 年第 11 期。

10. 倪立保：《抗日战争时期的新疆国际交通线》，《新疆师范大学学报》（哲学社会科学版），1996 年第 2 期。

11. 董凯:《抗战期间苏联的援华政策评析》,《西安社会科学》,2011 年第 5 期。

12. 孔庆泰:《太平洋战争爆发前苏联对华军事援助述略》,《历史档案》,1991 年第 1 期。

13. 李静杰:《苏联援华抗日及其历史启示》,《俄罗斯学刊》,2015 年第 6 期。

14. 栗又文:《西安事变与张学良将军》,中国社会科学院近代史研究所编:《西安事变资料》第一、二辑,北京:人民出版社,1980 年。

15. 孙果达:《西安事变前张学良与莫斯科的秘密关系》,《北京日报》,2013 年 7 月 1 日。

16. 焦绩华:《张学良与苏使秘密会晤》,载吴福章编:《西安事变亲历记》,北京:中国文史出版社,1996 年。

17. 马宝华、乌传衮:《苏联及共产国际对西安事变的反应》,《文献和研究》,1986 年第 6 期。

18. 张磊《民国时期新疆通内地陆路交通线的变迁与发展》,《陇东学院学报》,2014 年第 4 期。

19. 满丽娜、张磊:《民国时期新疆与英属印度间交通线的变迁与发展》,《濮阳职业技术学院学报》,2014 年第 1 期。

20. 路琪琪:《20 世纪以来苏联西北援华物资通道研究综述》,《商》,2016 年第 22 期。

21. 秦诚至:《甘新公路首次整建纪实》,《甘肃文史资料选辑》第 14 辑,甘肃人民出版社,1983 年。

22. "中华民国外交部"编印:《苏联对新疆之经济侵略》,台北:阳明山庄,1959 年印。

23. 范方镇译:《苏联空军志愿队老战士回忆录》,孙中山纪念馆、钟山文化研究会编印,2011 年。

24. 李嘉谷:《关于抗日战争时期苏联援华贷款问题》,《近代史研究》,1992 年第 3 期。

25. 李嘉谷:《抗战时期苏联援华飞机等军火物资数量问题的探讨》,《近代史研究》,1993 年第 6 期。

26. 赵广军:《抗战时期苏联援华飞机数量及机型》,《军事历史》,2009 年第 1 期。

27. 高萍萍:《苏联航空援华抗日始末》(一至四),《南京钟山文化研究》(内部资料),2019 年第 1—4 期。

28. [苏]杜宾斯基:《抗日战争时期的苏中关系》,中国社会科学院近代史研究所国外史学动态研究室主编:《国外中国近代史研究》第 11 辑,中国社会科学出版社,1988 年。

29. 杨天石:《对苏外交的一鳞半爪——宋子文档案管窥之四》,《近代中国史事钩沉——海外访史录》,北京:社会科学文献出版社,1998 年。

30. 刘唐领:《赴苏采购抗日武器的回忆》,中国人民政治协商会议新疆维吾尔自治区委员会文史资料委员会编,王佳贵主编:《盟国军援与新疆——新疆文史资料第 24 辑》,乌鲁木齐:新疆人民出版社,1992 年。

31. 刘宗唐:《踏勘列城—叶城国际驿路及试运纪实》,中国人民政治协商会议新疆维吾尔自治区委员会文史资料委员会编,王佳贵主编:《盟国军援与新疆——新疆文史资料第 24 辑》,乌鲁木齐:新疆人民出版社,1992 年。

32. 徐智:《哈密见闻》,中国人民政治协商会议新疆维吾尔自治区委员会文史资料委员会编:《新疆文史资料选辑》第 7 辑,乌鲁木齐:新疆人民出版社,1981 年。

33. 李云峰、曹敏:《抗日时期的国民政府与西北开发》,《抗日战争研究》,2003 年第 3 期。

34. 刘俊凤:《抗日战争中西北地区的地位和作用》,《咸阳师范学院学报》,2005 年第 3 期。

35. 田澍主编:《西北开发史研究》,北京:中国社会科学出版社,2007 年。

36. 张永涛、任宝明:《试论蒋百里的抗日持久思想》,《十堰职业技术学院学报》,2007 年第 2 期。

37. 周春晖:《狱中八年记(上)》,中国人民政治协商会议全国委员会文史资料研究委员会《文史资料选辑》编辑部编：《文史资料选辑》第 24 辑，北京：中国文史出版社，1992 年。

38. 丁之：《中央红军北上方针的演变过程》，《文献和研究》，1985 年第 5 期。

39. 伍修权：《伍修权同志回忆录（之二）》，中共中央党史资料征集委员会、中共中央党史研究室编：《中共党史资料》，1982 年第 2 辑，北京：中共中央党校出版社，1982 年。

40. 张魁堂：《刘鼎在张学良那里工作的时候》，《党的文献》，1988 年第 2、3、4 期。

41. 陈云：《关于中共在新疆做盛世才统战工作的几点看法》，1984 年 12 月 20 日，《党的文献》，1993 年第 2 期。

42. 黄火青：《新疆工作的回顾》，《中共党史资料》第 39 辑，北京：中共党史出版社，1991 年。

43. 冉正全：《从祁连山到迪化》，《中国工农红军西路军左支队在新疆》，乌鲁木齐：新疆人民出版社，1991 年。

44. 方槐：《我们终于有了一支强大的人民空军》，《革命回忆录》（13），北京：人民出版社，1984 年。

45. 朱杨桂：《新疆各族人民在抗日战争中的贡献》，《新疆大学学报》，1985 年第 3 期。

46. 林祥庚：《我国少数民族在抗战中的重要贡献和伟大的爱国主义精神》，《中共福建省委党校学报》，2005 年第 11 期。

47. 张百顺：《抗日战争中的"西北国际大通道"》，《文史春秋》，2008 年第 4 期。

48. 张百顺：《"世界屋脊"上的抗战物资跨国大运输》，《文史春秋》，2010 年第 8 期。

49. 宁照宇：《1943：穿越昆仑的驮队》，《帕米尔》，2006 年第 Z1 期。

50. 《抗战时期甘新公路修建与苏联援华物资运输》，《兰州日报》，2013 年 7 月 30 日 R15 版。

索 引

后　记

　　改革开放以来,抗日战争史研究取得了丰硕的成果。随着阅读量的增加,我对这场中国历史上最伟大的民族解放战争的理解也在不断深化,尤其对于此战在凝聚中华民族形成民族观念过程中的影响产生了探索欲望。但观念史的研究,需要太苛刻的环境条件和学术功力,我自感力有不逮。恩师张宪文先生在组织抗日战争专题研究的过程中,确定把"战时西北国际交通线"作为其中的一项选题。多民族的新疆、甘肃远离抗战前线,经由此地的战时西北国际交通线,对于全面抗战初期的战局发生了重大影响,张先生由此安排我来承担这项选题任务。战时西北国际交通线牵涉到当时的中苏关系,而我本人对俄文完全不通,对于西北地区的近代历史,也只是略知一二,因此感觉承担这项工作有相当的难度。二十多年来,我在参加张先生主持的南京大学中华民国史研究中心的研究工作过程中,长期接受张先生的指导教育,对于张先生安排的工作,我相信一定都自有道理。在张先生的多次鼓励鞭策之下,我也只好迎难而上,硬着头皮来啃这块骨头。这几年时断时续几经周折,犹如丑媳妇见公婆一般,总算拿出了一份粗陋的制品来交工了。

　　相对于抗战史各方面的研究,中国学术界对于战时西北国际交通线的研究是非常不充分的,原因在本书"导论"中已有较多论述,其中有近几十年来中苏国家关系的波折,以及苏援与抗战后期的美援相比力度较小等等,但最主要的是受限于史料的匮乏,众多学者有巧妇难为无米之炊的感觉。中国全面抗战初期,苏联方面由于不愿意开罪于日本,为防止过度刺激日军导致引火烧身,其援华工作都在极端秘密状态下进行,据说许多活动和行为没有留下相应的文献资料。而撰写此书,很需要获取苏(俄)方的资料。为此我曾经同一位俄语专业的教师协商,准备个人出资,计划邀他共赴阿拉木图和莫斯科去查询这方面的资料。但函询俄罗斯驻上海领事馆负责文化事务的官员,得到的回答是对抗战时期苏联援华材料完全不知情。加之阅读已经翻译成为中文的苏联经济史学者专门研究这一段历史的著述,其中也对相关的材料语焉不详,缺乏详细确凿可信的信息,由此浇灭了我从俄方获得第一手材料的念头。经过查阅沈志华先生组织的已经翻译成为中文的俄文档案,除了一些苏共方面的宏观原则性声明宣示之类,也非常缺乏涉及这一话题的具体资料。于是,在无奈之下,我开始通过网络搜索相关的中文文献。这样能够找到的文献也为数寥寥,基本上都是二手材料。我把这些文献基本搜齐,通过阅览,对于战时西北国际交通线的概貌,逐渐清晰了起来。但仅凭这些材料,对完成一本专著的写作,还是远远不够的。尤其在对于中苏交涉和苏援物资的具体情况,苏联、中国国民政府、中国共产党、新疆与甘肃地方势力对于西北的设计及在开辟运营西北国际交通线过程中的具体活动,这些文献的记述还是比较零碎模糊。在阅读地方历史文献、一些当事人的回忆录和传记材料时,又得到了些零碎、片面的印记。这期间,还利用了一些公开出版的档案材料。通过消化这些资料,我完善了全书的框架提纲,在粗略完成部分章节的写作后,2019 底,我准备利用 2020 年春夏之间的两三个月,去新疆和甘肃查阅地方档案,以补充原始材料和细节内容,不期却遭遇了新冠疫情全球大流行,疫情蔓延使所有的出行均无法进行。原来曾经准备的实地考察西北国际通道和寻访可能在世的当事人的工作,也无法进行。而此时成书日期迫近,在中国第二历史档案馆马振犊馆长的大力帮助下,在疫情肆虐的环境中,借助于中国第二历史档案馆中能够查阅的有关文献,和中国第二历史档案馆编《中华民国史档案资料汇编》中的有关资料,得以完成此书。由于上述缘由,加之本人才疏学浅能力不足而又生性散漫,完成的书稿中一定缺失错讹甚多,对此我深感歉疚,期望方家不吝赐教,多多纠谬。

　　在参阅的文献中,对本书撰写帮助最大的有以下几位先生的著述:李嘉谷先生的《合作与冲突:1931—1945 年的中苏关系》一书,是我接触到的资料中,对于苏联在抗战初期援华问题研究得最深入最全面的文献,除对苏联援华物资和中国归还相关债务方面有清晰的交代外,书中对苏联专家顾问和苏联援华航空志愿队在华工作的业绩和作战情况,也做出了考察。刘志兵和邵志勇两位先生合著的《西北国际大通道》,则对于中苏交涉开辟西北国际通道,中国共产党为实现革命事业转移而对开通西北国际通道的设计与实践,和国共合作后为民族大义而积极参与西北国际通道的工作,以及苏联援华人员在华工作情况,都做出了比较细致的考察描述,并且对抗战后期的中印驿道运输援华物资,也有比较全面的介绍。张青松先生的《中国上空的鹰:苏联援华航空志愿队战史1937—1941》一书,多处借用日方材料,对于苏联援华航空志愿队的组成及在华作战情况,做出了全面的描述。本书的写作,多处参考和借用了上述几位的研究成果。此外,沈志华先生编译的档案和他的有关论述，也对本书的写作大有裨益。可以说，没有他们几位先生的成果，就没有这样的一部书的出现。在此对上述几位先生，表达真诚的谢意。

在此，特别要感谢恩师张宪文先生。因生性散漫用心不专，我虽然对学术有兴趣但游移不定，专心持久不足，虽经张先生长期教导鞭策，我依然无甚长进，业绩乏善可陈。恩师以学术报国，耄耋之年依然不知疲倦地工作，操劳于学术前沿和学术团队的研究工作，通过组织强大的学术研究团队和丰硕的学术研究成果张扬了国家利益。先生的专业业绩和精神气质，都令学界同行和我们这些晚辈赞叹敬仰。接受张先生安排给我的工作，我多有畏难情绪，也每每出现消极状态。但每当懈怠之时，我就像感到满头银发的张先生似乎正在看着我，于是心中立生愧疚之意，只好逼迫自己勉力前行。本书交稿了，但我自感写作状况不佳，距离恩师期望甚远，深感对不起恩师。

中国第二历史档案馆马振犊馆长、中国军事科学院田玄先生、南京理工大学图书馆崔琳女士，也对本书的写作提供了大力支持，在此表示衷心感谢。

陈　橹

2022 年 4 月 8 日于南京孝陵卫